Günter Hellmers und Sabine Holtmann

Kauffrau/-mann für Büromanagement

Rechnungswesen

Grundlagen und Lernsituationen & Übungen

2. Auflage

Bestellnummer 3548

Winklers
westermann

Verwendete Symbole am Seitenrand	
Grundlagen	**Lernsituationen & Übungen**
Einstiegsfall	Lernsituation
Beispiel	Aufträge zur Lernsituation
Gesetzestext	Übungen
Formel (x=a+b)	Check-up-Fragen
Merksatz	CD-ROM Zu Aufgaben, Übungen und Belegen enthält die Begleit-CD-ROM (Best.-Nr. 3553) ergänzende Materialien und/oder Kopiervorlagen für Arbeitsblätter zur Aufgabenlösung.
Exkurs	Einzelarbeit Die Aufgabe/Übung bietet sich für Einzelarbeit der Schülerinnen und Schüler an.
Lösung des Einstiegsfalls	Partnerarbeit Die Aufgabe/Übung bietet sich für Partnerarbeit der Schülerinnen und Schüler an.
	Gruppenarbeit Die Aufgabe/Übung bietet sich für Gruppenarbeit der Schülerinnen und Schüler an.
	Plenum Die Ergebnisse der Aufgabe/Übung können von den Schülerinnen und Schülern im Plenum präsentiert und diskutiert werden.

Druck: westermann druck GmbH, Braunschweig

service@winklers.de
www.winklers.de

Bildungshaus Schulbuchverlage Westermann Schroedel Diesterweg Schöningh Winklers GmbH, Postfach 33 20, 38023 Braunschweig
ISBN 978-3-8045-**3548**-0

westermann GRUPPE

Vorwort

Diese **handlungs- und kompetenzorientierte** Einführung in das **Rechnungswesen** befähigt die Schülerinnen und Schüler zu **selbstständigem Planen, Durchführen** und **Beurteilen** von Arbeitsaufgaben im Bereich **Buchhaltung** und **Kostenrechnung/Controlling** im Rahmen ihrer zukünftigen Berufstätigkeit als **Kauffrau/-mann für Büromanagement.**

Das neue Lern- und Arbeitsbuch bezieht sich auf **Lernfeld 6 (Werteströme erfassen und beurteilen)** und **Lernfeld 10 (Wertschöpfungsprozesse erfolgsorientiert steuern)** des neuen Rahmenlehrplans der Kultusministerkonferenz für diesen Beruf und bietet zusätzlich **zwei praxisnah gestaltete Beleggeschäftsgänge** zur vertiefenden Übung.

Um den **didaktischen Grundsätzen** des neuen Rahmenlehrplans Rechnung zu tragen, ermöglicht die neue Reihe zum Büromanagement mit einem **modernen Modellunternehmen aus der Musikbranche** (Blum Music4You KG) die einzelnen Kapitel der Lernfelder an Lernsituationen zu erarbeiten und Lernergebnisse in Übungen anzuwenden.

Zu diesem Zweck besteht das Konzept des vorliegenden Rechnungswesenbands aus zwei Teilen: Der **Grundlagenteil** unterstützt als „Wissensspeicher" die selbstständige Arbeit der Schülerinnen und Schüler mit den **Lernsituationen und Übungen.**

Da **praxis- und berufsbezogene Lernsituationen** nach dem neuen Lehrplan eine zentrale Stellung in der Unterrichtsgestaltung einnehmen, stehen auch bei der fachsystematischen Wissensvermittlung im Grundlagenteil zu Beginn der einzelnen Teilkapitel Einstiegsfälle, die den didaktischen Bezugspunkt für Situationen darstellen, die für die Berufsausübung bedeutsam sind. Die Grundlagenteilkapitel schließen mit der Lösung dieser Einstiegsfälle ab.

Zu den **Lernsituationen und Übungen** bietet der zugehörige **Lehrerband (Best.-Nr. 3553)** die entsprechenden **Lösungen.**

Die darin enthaltene **CD-ROM** ermöglicht mit **methodischen Alternativen (thematische Ein- und Ausstiege zu allen Teilkapiteln)** den Lehrenden eine abwechslungsreiche und methodenvielfältige Unterrichtsgestaltung. Darüber hinaus finden Sie auf der CD-ROM Hinweise zur Bearbeitung der Beleggeschäftsgänge mit **professioneller Finanzbuchhaltungssoftware.**

Die Webseite des Modellunternehmens www.music4youkg.de enthält aktuelle Hinweise zum Unternehmen. Dort stehen auch Datenstände für die Buchung der Beleggeschäftsgänge mit Lexware financial office Pro zum Download bereit.

Das Buch trägt dazu bei, **grundlegende buchhalterische Kompetenzen** und **Systemverständnis** im Bereich des **betrieblichen Rechnungswesens** aufzubauen. Außerdem erhalten die Schülerinnen und Schüler durch die **praxisnahe Darstellung von Produktion** (Gitarrenherstellung) und **Dienstleistung** (Eventmanagement) interessante Einblicke in Aufgaben, Eigenart und Funktionsweise von modernen Betrieben. Der Lehrplanempfehlung folgend ist der Kontenplan des Modellunternehmens Blum Music4You KG aus dem IKR (Industriekontenrahmen für Aus- und Fortbildung) entwickelt. Der Kontenplan des Modellunternehmens und der Industriekontenrahmen sind im Anhang abgedruckt.

Für Verbesserungsvorschläge und Anregungen sind die Verfasser stets dankbar.

Frühjahr 2017

Sabine Holtmann und Günter Hellmers

Inhalt

Kauffrau/-mann für Büromanagement – Rechnungswesen

Die Blum Music4You KG stellt sich vor

Claus Blum entwickelte Ende der 1980er Jahre seine erste E-Gitarre für einen befreundeten Gitarristen einer kleinen Kölner Band, weitere Gitarren folgten. Der gute Klang und die musikalischen Eigenschaften haben sich in der Musikszene schnell herumgesprochen. Mittlerweile geben renommierte Künstler Spezialanfertigungen bei ihm in Auftrag.

Neben seiner Leidenschaft für die E-Gitarre ist Claus Blum begeistert von Konzerten, insbesondere den technischen Arrangements von Licht und Ton. So entstand die Idee, ein Unternehmen zu gründen, das sich neben der **Herstellung und Wartung von Gitarren** als zweiter tragender Säule mit der **Organisation von Musikveranstaltungen und Events** beschäftigt. Schnell entstand in diesem Zusammenhang die dritte Unternehmenssäule, der **Vertrieb von Fanartikeln, Musikalien und Zubehör.**

Claus Blum gründete gemeinsam mit den Kommanditisten Franziska Neuroth und Alan Cooper vor einigen Jahren die Kommanditgesellschaft **Blum Music4You KG.** Inzwischen sind 23 Beschäftigte und 5 Auszubildende in dem Unternehmen.

Firma	Blum Music4You KG	BLUM Music4You KG
Anschrift	Veilchenweg 19, 50677 Köln	
Kommunikation	Telefon: 0221 386760-0 Telefax: 0221 386760-10	E-Mail: info@music4youkg.de Internet: www.music4youkg.de
Rechtsform	Kommanditgesellschaft	
Komplementär	Claus Blum	
Kommanditisten	Franziska Neuroth, Alan Cooper	
Geschäftsführung	Claus Blum	
Prokura	Egzone Zegon	
Registergericht	Köln HRA 47111	
Bankverbindung	Kölner Kreditanstalt AG Konto: 2 333 444 200, BLZ: 370 100 99	IBAN: DE98 3701 0099 2333 4442 00 SWIFT-BIC: KOEKDEKN280
Finanzamt, Steuerdaten	Finanzamt Köln Mitte (Blaubach 7, 50676 Köln), Steuernummer: 215/5870/0815, USt-IdNr: DE987654321	
Geschäftsjahr	1. Januar bis 31. Dezember	
Mitarbeiter/-innen	20 Angestellte; 5 Auszubildende (Kauffrau für Büromanagement, Einzelhandelskauffrau, Großhandelskaufmann, Veranstaltungskaufmann, Mediengestalterin Bild und Ton); diverse Aushilfen für Veranstaltungen	
Branche und Unternehmenstätigkeit	Organisation von Konzertveranstaltungen Verkauf von CDs, DVDs, Fanartikeln und Zubehör im Laden (Ladenlokal gemietet) und über einen Onlineshop Herstellung hochwertiger E-Gitarren in eigener Werkstatt	
Technische Anlagen und Maschinen	transportable Bühne, Studiomischpult, Prüfgeräte für gefertigte E-Gitarren; Ausstattung der Studio- und Livetechnik	
Fuhrpark	ein Transportfahrzeug (Lkw)	

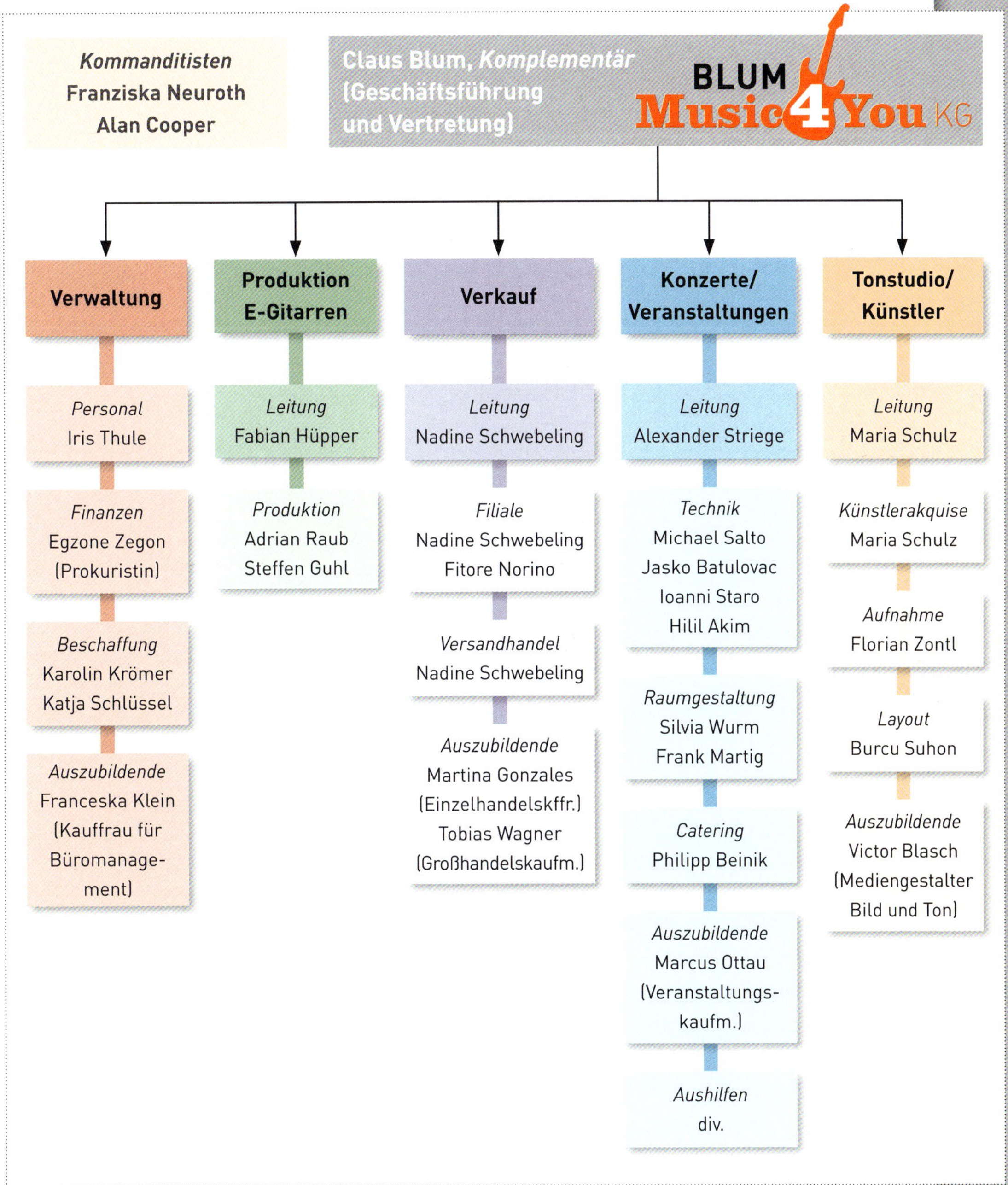

Weitere Geschäftsangaben der Blum Music4You KG (die Bilanz, die Gewinn- und Verlustrechnung und den Kontenplan u. a.) finden Sie im Anhang dieses Lehrbuchs.

6 Grundlagen

Werteströme erfassen und beurteilen

35529

Lernlandkarte 6.1 bis 6.8

6.1 Bereiche und Funktionen des Rechnungswesens

6.2 Buchen auf Bestandskonten

- Einkauf von Maschinen
- Rückzahlung eines Kredits
- ...

6.3 Buchen auf Erfolgskonten

- Abbuchung der Stromrechnung, Miete usw.
- Verkauf von Produkten
- Einkauf von Rohstoffen
- Überweisung der Löhne
- ...

6.4 Umsatzsteuer

Termin Finanzamt: Abgabe der Umsatzsteuervoranmeldung zum 10. des Monats

6.5 Buchungen im Einkauf

- Buchen von Rabatten, Bezugskosten, der Rückgabe von Leihverpackungen, Warenrücksendungen an Lieferanten, Rechnungskorrekturen, Lieferantenskonti, Lieferantenboni

6.6 Buchungen im Verkauf

- Buchen von Rabatten, Nebenkosten, Rückgabe von Leihverpackungen, Warenrücksendungen durch Kunden, Rechnungskorrekturen, Kundenskonti, Kundenboni

6.7 Periodenabschluss

Hat das Unternehmen im letzten Jahr einen Gewinn oder einen Verlust gemacht?

6.8 Beleggeschäftsgang I

6.1 Bereiche und Funktionen des Rechnungswesens

Im Rahmen des Rechnungswesens werden alle Vorgänge, die mit den betrieblichen Leistungs- und Finanzierungsprozessen zu tun haben, zahlenmäßig erfasst und ausgewertet. Das hier dargestellte Unternehmensmodell stellt den Leistungs- und Finanzierungsprozess am Beispiel der Blum Music4You KG dar.

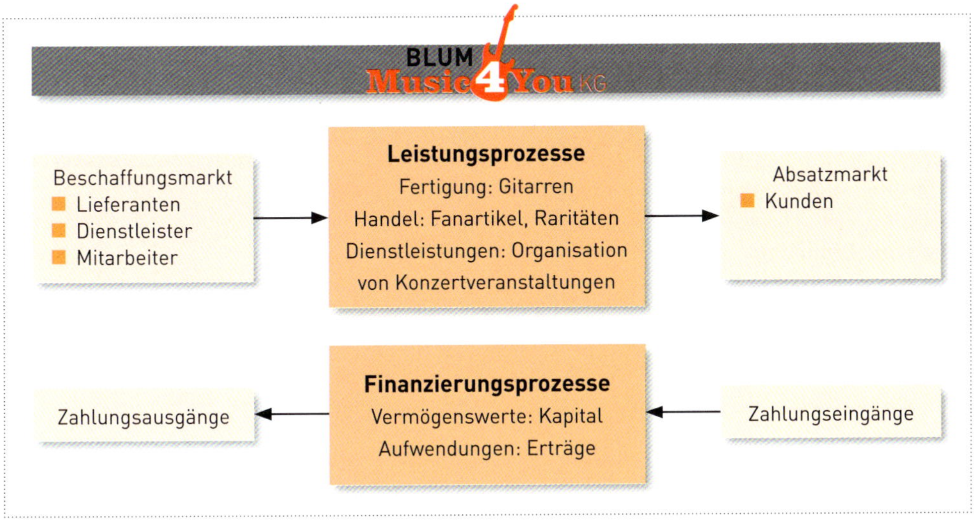

Für den betrieblichen Leistungsprozess fließen dem Unternehmen Werte zu. Die erstellten Leistungen fließen als neu geschaffene Werte über den Absatzmarkt wieder ab.

Wertezufluss	Werteabfluss
■ Nutzen der Gebäude und Maschinen ■ Beschaffen von Waren ■ Verbrauchen von Roh-, Hilfs- und Betriebsstoffen ■ Einsetzen menschlicher Arbeitskraft	■ hergestellte Erzeugnisse ■ Waren ■ Dienstleistungen

Die Werte, die von außen über den Beschaffungsmarkt zufließen, führen im Leistungsprozess zu einem Werteverzehr. Die erstellen Leistungen bilden einen Wertezuwachs. Der Werteverzehr entspricht aus der Sicht des Unternehmens einem Aufwand, der Wertezuwachs einem Ertrag. Die Differenz zwischen dem Wertezuwachs und dem Werteverzehr eines bestimmten Zeitraums stellt den Erfolg des Unternehmens dar.

Werteverzehr (= Aufwand)	Wertezuwachs (= Ertrag)
■ Abschreibungen ■ Wareneinsatz ■ Aufwendungen für Roh-, Hilfs- und Betriebsstoffe ■ Löhne und Gehälter	■ Umsatzerlöse für eigene Erzeugnisse ■ Umsatzerlöse für Waren ■ Umsatzerlöse für Dienstleistungen
Wertezuwachs – Werteverzehr = Erfolg	

Die Leistungs- und Finanzierungsprozesse sind immer in Informationsprozesse (Speichern und Nutzen des betrieblichen Wissens) und soziale Prozesse (Arbeitsplatz und Einkommensquelle der Mitarbeiter) eingebunden. Die praktische Umsetzung des Rechnungswesens findet unter Einsatz von Software statt, wobei es sich um eigene Systeme (Business-Software) oder die Inanspruchnahme von Dienstleistungen (Steuerberater) handeln kann.

Die Bereiche des Rechnungswesens sind:

- Finanzbuchführung
- Kosten- und Leistungsrechnung
- Lagerbuchführung
- Planungsrechnung
- Statistik
- Controlling

Jedes Unternehmen muss eine Finanzbuchführung betreiben. Die anderen Bereiche sind zwar vom Gesetzgeber nicht vorgeschrieben, sie sind jedoch in fast jedem Unternehmen zu finden. Die Abgrenzung zwischen den einzelnen Bereichen ist nicht immer exakt möglich, weil einmal erfasste Daten für unterschiedliche Bereiche des Rechnungswesens zur Verfügung stehen.

Finanzbuchführung

Jedes Unternehmen ist verpflichtet, sämtliche Veränderungen des Vermögens oder des Kapitals zu dokumentieren. Im Rahmen der Finanzbuchführung werden alle Geschäftsvorfälle des Unternehmens auf der Grundlage von **Belegen wertmäßig,** das heißt in Euro angegeben, **auf Konten** gebucht.

Die Kontostände können zum Beispiel zum Abschluss einer Rechnungsperiode (Monat, Quartal, Jahr) ausgewertet werden, sodass der Gewinn oder Verlust sowie das Vermögen und das Eigen- und Fremdkapital an einem bestimmten Stichtag als Euro-Wert vorliegen.

Gesetzlich vorgeschrieben ist ein **Jahresabschluss** (Erstellen einer Bilanz und einer Gewinn- und Verlustrechnung) zum Ende eines jeden Geschäftsjahres. Die meisten Unternehmen führen diesen Jahresabschluss zum 31. Dezember durch. Das in der Bilanz ausgewiesene Vermögen und das Kapital müssen den tatsächlichen Werten entsprechen, wobei das Handelsrecht und die Steuergesetze Spielräume in der Bewertung zulassen. Der ausgewiesene Gewinn (oder Verlust) ist Grundlage für die Berechnung der Steuern, die das Unternehmen oder seine Eigentümer bezahlen müssen.

Lagerbuchführung

Vorräte
Materialien
▸ Glossar

Die für den betrieblichen Leistungsprozess verwendeten oder erstellten Güter (Vorräte) werden im Rahmen der Lagerbuchführung mengenmäßig geführt. Die Zugänge und Abgänge der Materialien (Roh-, Hilfs- und Betriebsstoffe, bezogene Fertigteile), der Waren sowie der unfertigen und fertigen Erzeugnisse werden zeitnah erfasst, sodass die zur Verfügung stehenden Mengen angezeigt werden können. Die geführten Soll-Bestände werden durch die **Inventur** überprüft und gegebenenfalls angepasst. Die Lagerbuchführung unterstützt die für die Finanzbuchführung notwendige Bewertung der Vorräte zum Jahresabschluss. Die aktuellen Lagerbestände sowie die sich „in Bestellung" oder „in Auftrag" befindlichen Mengen aller Artikel sind jederzeit abrufbar, sodass Entscheidungen für Beschaffungen (Bestellungen) oder Verkäufe (Aufträge) getroffen werden können.

Kosten- und Leistungsrechnung

Die Kosten- und Leistungsrechnung betrachtet genau die Vorgänge, die den eigentlichen **Betriebszweck** des Unternehmens betreffen. Dabei kann es deutliche Abweichungen von der Finanzbuchführung geben, die sämtliche Geschäftsvorfälle zu berücksichtigen hat und damit unternehmensbezogen ist.

Die Kosten- und Leistungsrechnung ist **betriebsbezogen.** Der durch Beschaffung, Fertigung, Absatz und Verwaltung entstehende **Werteverzehr** wird als **Kosten** bezeichnet. Typische Kostenarten sind der Materialverbrauch, die Löhne und Gehälter, Abschreibungen, das Leasing und die Zinsen. Dabei kann für jede Kostenart die Höhe der Kosten von der Höhe der in der Finanzbuchführung gebuchten Aufwendungen abweichen. Die Wertezuwächse (im Wesentlichen die Umsatzerlöse) werden als **Leistungen** bezeichnet. Die Differenz zwischen den Leistungen und den Kosten einer bestimmten Periode ist das **Betriebsergebnis.** Das Betriebsergebnis kann sich auf einzelne Waren- oder Erzeugnisgruppen beziehen. Es kann sich um einen Betriebsgewinn oder um einen Betriebsverlust handeln, der wiederum vom in der Finanzbuchführung ermittelten Gewinn oder Verlust abweichen kann.

Die Ermittlung der Kosten bietet die Grundlage für die **Kalkulation.** Die vorliegenden Daten werden verwendet, um die Selbstkosten für Aufträge zu berechnen bzw. möglichst exakt zu schätzen. Neben der **Angebotskalkulation** werden im Rahmen der **Nachkalkulation** die tatsächlichen Kosten durchgeführter Aufträge ermittelt und damit festgestellt, ob tatsächlich ein Betriebsgewinn erzielt wurde.

Statistik

Die aus der Finanz- und Lagerbuchführung sowie aus der Kosten- und Leistungsrechnung vorliegenden Daten lassen sich **statistisch aufbereiten** und **auswerten.** Kunden-, Lieferanten- und Artikeldaten sowie Daten aus der Beschaffung, der Fertigung, der Lagerung und aus dem Absatz werden in Tabellen und Diagrammen anschaulich dargestellt. Aus den Daten werden **Kennzahlen** ermittelt, die **Zeitvergleiche** (Vergleich mit Kennzahlen abgelaufener Rechnungsperioden) oder **Branchenvergleiche** (Vergleich mit Kennzahlen anderer Betriebe oder Niederlassungen) ermöglichen. In Konzernen mit mehreren Betriebsstätten können betriebliche Kennzahlen für jede Betriebsstätte exakt ermittelt werden. Der Vergleich dieser Kennzahlen kann zu einem harten Wettbewerb zwischen den Betriebsstätten führen.

Die aufbereiteten Kennzahlen liegen den Entscheidungsträgern eines Betriebs vor und sollen bei betrieblichen Maßnahmen berücksichtigt werden. So können aus der Auswertung der Kennzahlen zu Betriebsunfällen gezielte Maßnahmen für einzelne Arbeitsplätze oder Betriebsstätten abgeleitet werden.

Planungsrechnung

Aus den vorliegenden Daten aus der Buchführung, Kostenrechnung und Statistik sollen künftige Entwicklungen abgeleitet werden. Aus der erwarteten Umsatz- oder Absatzentwicklung werden beispielsweise der Personalbedarf oder Investitionen ermittelt und Planzahlen berechnet. Denkbar sind unterschiedliche Szenarien, wobei für unterschiedliche Annahmen entsprechende Planzahlen abgeleitet werden. Die Planungsrechnung kann kurzfristig (ca. ein Jahr), mittelfristig (ca. fünf Jahre) oder langfristig angelegt sein.

Die Auflistung der zu erwartenden Einnahmen und Ausgaben wird als **Finanzplan** bezeichnet. Ziel des Finanzplans ist insbesondere, die Liquidität, also die Zahlungsfähigkeit des Unternehmens, zu gewährleisten.

Controlling

Die wörtliche Übersetzung des Begriffs Controlling ist „Steuerung". Gemeint ist damit, dass die im Unternehmen vorliegenden Daten für betriebliche Entscheidungen herangezogen werden. Die für das Controlling zuständigen Mitarbeiter eines Unternehmens ermitteln Kennzahlen aus den Daten der Buchführung, Kostenrechnung, Statistik und Planungsrechnung, sie führen Soll-Ist-Analysen durch und erarbeiten Lösungsvorschläge. Organisatorisch wird das Controlling oft als Stabsstelle oder Stabsabteilung geführt. Die Controllingergebnisse unterstützen die Geschäftsleitung oder einzelne Abteilungsleiter bei ihren Entscheidungen. Die Controllingmitarbeiter entscheiden aber nicht selbst.

Die sechs aufgeführten Bereiche des Rechnungswesens haben gleiche Funktionen, die allerdings unterschiedlich stark ausgeprägt sind. **Funktionen des Rechnungswesens** sind:

- **Dokumentation:** Aufzeichnen und Archivieren der Geschäftsvorfälle, Kalkulationen und weiterer vorliegender Daten. Diese Funktion spielt in der Finanzbuchführung eine herausragende Rolle, weil jedes Unternehmen verpflichtet ist, sämtliche Geschäftsvorfälle zu buchen und auf die Buchungen sowie die zugrunde liegenden Belege über Jahre zugreifen zu können. Als Hilfsmittel werden Dokumentenmanagementsysteme eingesetzt, die die digitale Erfassung der Belege ermöglichen.
- **Information:** Betriebliche Stellen und Abteilungen greifen auf die vorliegenden Daten des Rechnungswesens zu. Neben unternehmensinternen Adressaten werden die Eigentümer, die Finanzbehörden oder Kreditgeber informiert. Teile des Jahresabschlusses der Finanzbuchführung müssen – abhängig von der Größe und der Rechtsform des Unternehmens – veröffentlicht werden. Große Unternehmen nutzen die Pflicht zur Veröffentlichung aber auch, um Geschäftsberichte mit breit angelegten Daten des Rechnungswesens zu erstellen. Ziel ist die zukunftsorientierte, positive Darstellung des Unternehmens.
- **Kontrolle:** Die vorliegenden Daten und deren statistische Aufbereitung führen zu Soll-Ist-Analysen und damit zur Überprüfung der gesetzten Ziele. Diese Funktion haben insbesondere die Bereiche Statistik, Planungsrechnung und Controlling. Kennzahlen der Rentabilität, der Wirtschaftlichkeit und der Liquidität ermöglichen Rückschlüsse auf den betrieblichen Erfolg.
- **Planung:** Sowohl die strategischen Entscheidungen der Geschäftsleitung als auch die Vorhersage der zu erwartenden Einnahmen und Ausgaben greifen auf Daten des Rechnungswesens zu. Diese Funktion wird überwiegend im Bereich Planungsrechnung umgesetzt.

Zusammenfassung

Bereich des Rechnungswesens	Merkmale
Finanzbuchführung	■ wertmäßige Erfassung ■ verpflichtend, viele gesetzliche Vorgaben ■ vollständige Erfassung aller Geschäftsvorfälle ■ Jahresabschluss: Bilanz und GuV-Rechnung
Lagerbuchführung	■ mengenmäßige Erfassung ■ Erfassung aller Zu- und Abgänge ■ Lagerbestände als Soll-Bestände ■ Inventur: Lagebestände als Ist-Bestände
Kosten- und Leistungsrechnung	■ Kosten: betrieblicher Werteverzehr ■ Leistungen: betrieblicher Wertezuwachs ■ Angebotskalkulation ■ Nachkalkulation
Statistik	■ Aufbereitung und Auswertung von Unternehmensdaten ■ Kennzahlen für Zeit- und Branchenvergleiche
Planungsrechnung	■ Ermittlung von Planzahlen aus vorliegenden Daten
Controlling	■ Nutzen vorliegender Daten und Kennzahlen für betriebswirtschaftliche Entscheidungen

6.2 Buchen auf Bestandskonten

Einstiegsfall Finanzbuchhaltung – wozu?

Franceska Klein, eine Auszubildende der Blum Music4You KG, ist heute den ersten Tag bei Frau Zegon in der Finanzbuchhaltung eingesetzt. „Warum soll ich Buchführung lernen?", fragt sich Franceska. Sie ist unsicher, was in dieser Abteilung auf sie zukommt, hat sie doch noch die Worte eines befreundeten Azubis, der im Groß- und Außenhandel ausgebildet wird, im Ohr: Die Finanzbuchhaltung sei eintönig und unwichtig, schließlich würde das Geld im Verkauf verdient. Seiner Meinung nach könnte man diesen Bereich des Unternehmens weniger aufwendig betreiben. Franceska stellt sich die berechtigte Frage, warum es diese Abteilung überhaupt gibt und beschließt, Frau Zegon und ihre Tätigkeiten genau zu beobachten.

6.2.1 Buchführungspflicht und Grundsätze ordnungsmäßiger Buchführung

Wer interessiert sich für die Daten der Finanzbuchhaltung?

- Interne Adressaten
  Das sind in erster Linie die **Eigentümer** des Unternehmens. Sie benötigen für ihre Entscheidungen jederzeit einen Überblick über die finanzielle Lage des Unternehmens. Auch Arbeitnehmer und ihre Interessensvertretungen sind an dessen wirtschaftlicher Entwicklung interessiert, um berechtigte Anliegen in die Entscheidungsprozesse einfließen zu lassen.

- Externe Adresssaten
  Jeder, der mit einem Unternehmen Geschäfte tätigt oder in einer finanziellen Verbindung zu ihm steht (Banken, Gläubiger, Finanzamt), hat ein berechtigtes Interesse an der wirtschaftlichen Situation dieses Unternehmens. Mögliche **neue Gesellschafter** oder Unternehmen, die sich an einer anderen Gesellschaft beteiligen wollen, verlangen in regelmäßigen Abständen Informationen über die wirtschaftliche und finanzielle Lage des Unternehmens. Auch die Öffentlichkeit verlangt Informationen über ein Unternehmen und seine ökonomische Entwicklung.

Der Gesetzgeber hat im Handelsgesetzbuch (HGB) und der Abgabenordnung (AO) vorgeschrieben, welche Unternehmen in welchem Umfang „Bücher führen" müssen. Jeder, der ein Handelsgewerbe betreibt und einen in kaufmännischer Weise eingerichteten Geschäftsbetrieb benötigt, ist Kaufmann nach HGB. Er ist damit buchführungspflichtig gem. § 238 HGB und zudem auch nach Steuerrecht (§ 140 AO). Zusätzlich sind bestimmte Gewerbetreibende, die nicht unter die Regelungen des HGB fallen, nach § 141 AO zur Führung von Büchern verpflichtet.

§ 238 HGB Buchführungspflicht

(1) Jeder Kaufmann ist verpflichtet, Bücher zu führen und in diesen seine Handelsgeschäfte und die Lage seines Vermögens nach den Grundsätzen ordnungsmäßiger Buchführung ersichtlich zu machen. Die Buchführung muss so beschaffen sein, dass sie einem sachverständigen Dritten innerhalb angemessener Zeit einen Überblick über die Geschäftsvorfälle und über die Lage des Unternehmens vermitteln kann. Die Geschäftsvorfälle müssen sich in ihrer Entstehung und Abwicklung verfolgen lassen.

Die Grundsätze ordnungsmäßiger Buchführung (GoB)

§ 238 HGB schreibt vor, dass eine fremde Person mit entsprechendem Fachwissen (z. B. Steuerberater, Wirtschaftsprüfer, Steuerprüfer) sich innerhalb kurzer Zeit einen genauen Überblick über die Unternehmenssituation verschaffen können muss. Dies geht nur, wenn jedes Unternehmen bei der Gestaltung seiner Buchführung die gleichen Regeln, die sogenannten GoB, befolgt:

Grundsatz der Vollständigkeit

- Alle Geschäftstätigkeiten müssen in Handelsbüchern verständlich dokumentiert werden (§ 239 Abs. 1 HGB).
- Fortlaufende, vollständige, lückenlose, richtige, zeitgerechte, sachlich geordnete Buchungen.
- Kasseneinnahmen und -ausgaben sind täglich aufzuzeichnen.

Grundsatz der Wahrheit und Nachprüfbarkeit

- Alle Eintragungen müssen richtig, zeitgerecht und geordnet vorgenommen werden (§ 239 Abs. 2 HGB).
- Alle Änderungen müssen jederzeit nachvollziehbar sein (Folge: keine Radierungen, kein Tipp-Ex oder Ähnliches; § 239 Abs. 3 HGB).
- Keine Buchung ohne Beleg (§ 257 HGB).

Grundsatz der Klarheit und der Kontinuität

- Keine Verrechnung zwischen Vermögen und Schulden sowie zwischen Aufwendungen und Erträgen.
- Bilanz und Gewinn- und Verlustrechnung (GuV) unterliegen abhängig von der Rechtsform besonderen Gliederungs- (§§ 266, 275 HGB) und Bewertungsvorschriften (§§ 267 ff. HGB).

Grundsatz der ordnungsgemäßen Aufbewahrung

- Alle Unterlagen müssen über bestimmte Zeiträume hin aufbewahrt werden (§ 257 HGB). Bis auf die Bilanz und die GuV können alle übrigen Unterlagen und Aufzeichnungen auch auf Datenträgern gespeichert werden (§ 239 Abs. 4 HGB).
- Aufbewahrungspflicht für Belege, Konten, Bücher, Inventare, Eröffnungsbilanzen, Jahresabschlüsse: 10 Jahre; Geschäftsbriefe: 6 Jahre

Weitere Vorschriften einer ordnungsgemäßen Buchführung

Der deutsche Gesetzgeber schreibt die Einhaltung der im HGB und anderen deutschen Gesetzen festgelegten Bilanzierungs- und Bewertungsvorschriften vor. Unternehmen, die jedoch nicht nur in Deutschland ansässig sind, sondern z. B. einem ausländischen Konzern angehören, müssen neben den deutschen Regeln auch die für den Mutterkonzern geltenden Regeln beachten. Dies kann dazu führen, dass ein Unternehmen einzelne Geschäftsvorfälle verschieden beurteilen muss und am Jahresende zwei oder mehrere Buchführungen parallel führt und voneinander abweichende Bilanzen und GuV-Rechnungen erhält.

In den USA müssen Unternehmen die **US GAAP** (United States Generaly Accepted Accounting Principles) befolgen. Diese weichen in einigen Vorschriften erheblich von den deutschen ab. Mit den

IFRS (International Financial Reporting Standards) werden international gültige Regelungen geschaffen, die losgelöst von den nationalen Vorschriften die Aufstellung internationaler Abschlüsse vergleichbar machen sollen. Zahlreiche Länder schreiben die Beachtung der IFRS mittlerweile für bestimmte Unternehmenstypen vor.

Rechtliche und wirtschaftliche Folgen einer nicht ordnungsgemäßen Buchführung

Strafrechtliche und steuerrechtliche Konsequenzen

- Festsetzung von Ordnungsgeldern, Bußgeldern bis zu 50.000,00 € oder Verhängung von Freiheitsstrafen mit bis zu drei Jahren gegen verantwortliche Personen (§ 331 ff. HGB).
- Schätzung der Besteuerungsgrundlage seitens des Finanzamtes (§162 AO), die immer zu Ungunsten des Steuerpflichtigen ausfallen.
- Fehlende Beweislage bei unsachgemäßer Aufbewahrung der Unterlagen.

Finanzielle Konsequenzen

- Fehlende, unvollständige oder zu niedrige Unternehmensdaten aus Bilanz und GuV können zu einer Verweigerung von Krediten oder dem Abspringen von Investoren führen.
- Zu hohe („geschönte") Unternehmensdaten verschleiern das Risiko einer Zahlungsunfähigkeit.

Betriebswirtschaftliche Konsequenzen

- Fehlende Kontrollmöglichkeit über Umsatz, Verbrauch und Kosten.
- Falsche Verkaufspreisermittlung kann zu Verlusten (zu niedrig kalkuliert) oder zu Absatzeinbußen (zu hoch kalkuliert) führen.

6.2.2 Bilanz

Was muss man wissen, um richtig zu buchen?

Bilanz
▸ Glossar

Ausgangspunkt jeder Buchführung ist die **Bilanz**. In der Bilanz werden alle Vermögens- und Schuldenpositionen eines Unternehmens in einer übersichtlichen Struktur (Kontenform) dargestellt.

Aktiva	**Bilanz**	**Passiva**
Anlagevermögen		Eigenkapital
Umlaufvermögen		Fremdkapital

Liquidität
Fristigkeit
▸ Glossar

Die **Aktivseite** gibt Auskunft über die Geldmittelverwendung, die **Passivseite** informiert über die Geldmittelherkunft. Beide Seiten sind nach bestimmten Kriterien geordnet, die Aktivseite nach der **Liquidität**, die Passivseite nach der **Fristigkeit**.

- Auf der **Aktivseite** sind zuerst Vermögensgegenstände verzeichnet, die sehr lange dem Unternehmen dienen und schwer zu Geld zu machen sind (zum Beispiel Grundstücke). Vermögensgegenstände, die nur kurze Zeit im Unternehmen bleiben oder sehr schnell in Geld umgesetzt werden können, stehen weiter unten auf der Aktivseite (zum Beispiel die Kasse).
- Auf der **Passivseite** steht zunächst das Kapital, das am längsten zur Verfügung steht (Eigenkapital). Danach folgen die Schulden geordnet nach Fristigkeit; am Ende stehen die Positionen, die am schnellsten zurückzuzahlen sind.

Die **Bilanz** wird
- zu Beginn eines Unternehmens,
- am Ende eines jeden Geschäftsjahrs sowie
- bei Auflösung eines Unternehmens

erstellt.

Als Beispiel die Bilanz der Blum Music4You KG zum 31.12.20.., die gleichzeitig die Eröffnungsbilanz zum 01.01. des nachfolgenden Jahres darstellt:

Aktiva	**Blum Music4You KG Bilanz zum 31.12.20..**		**Passiva**
A. Anlagevermögen		**A. Eigenkapital**	196.700,00
1. Grundstücke	120.000,00		
2. Gebäude	200.000,00	**B. Rückstellungen**	10.000,00
3. Technische Anlagen u. Maschinen	50.000,00		
4. Fuhrpark	20.000,00	**C. Verbindlichkeiten**	
5. Betriebs- u. Geschäftsausstattung	8.000,00	1. Verb. geg. Kreditinstituten	200.000,00
		2. Verbindlichkeiten a. LL	75.000,00
B. Umlaufvermögen		3. Verbindlichkeiten geg. Finanzamt	3.500,00
1. Rohstoffe	36.000,00		
2. Unfertige Erzeugnisse	3.000,00		
3. Fertige Erzeugnisse und Waren	4.000,00	**D. Rechnungsabgrenzungsposten**	800,00
4. Forderungen a. LL	24.000,00		
5. Bankguthaben	18.000,00		
6. Kassenbestand	2.500,00		
7. Rechnungsabgrenzungsposten	500,00		
	486.000,00		486.000,00

6.2.3 Werteveränderungen in der Bilanz

Die in einer Bilanz dargestellten Zahlen gelten nur für den Zeitpunkt, an dem die Bilanz tatsächlich erstellt wurde, denn die in den **Bilanzpositionen** zusammengefassten Beträge verändern sich ständig.

Bilanzpositionen ▸ Glossar

Beispiel **Veränderung von Bilanzpositionen**

Ein Unternehmen zahlt Bargeld aus der Geschäftskasse auf das betriebliche Bankkonto ein. Dadurch verringert sich die Position „Kassenbestand", das Konto „Bankguthaben" hingegen nimmt zu.

Merke Jeder Geschäftsvorfall verändert immer zwei oder mehr Bilanzpositionen.

Es können vier Fälle für die **Veränderung einer Bilanz** auftreten:

1. Der Geschäftsvorfall betrifft zwei Positionen auf der Aktivseite der Bilanz **(Aktivtausch).**
2. Der Geschäftsvorfall betrifft zwei Positionen auf der Passivseite der Bilanz **(Passivtausch).**
3. Der Geschäftsvorfall erhöht eine Position auf der Aktivseite und eine auf der Passivseite der Bilanz **(Aktiv-Passiv-Mehrung).**
4. Der Geschäftsvorfall vermindert eine Position auf der Aktivseite und eine auf der Passivseite der Bilanz **(Aktiv-Passiv-Minderung).**

So verändert jeder Geschäftsvorfall die Bilanz. Um nicht jedes Mal eine neue Bilanz erstellen zu müssen, wird die Bilanz in sogenannte **Konten** zerlegt. Für jede Bilanzposition (Vermögensgegenstände und Schulden) werden ein oder mehrere **Bestandskonten** eröffnet.[1] Vermögen und Schulden werden mithilfe der Bilanz erst am Ende des Geschäftsjahres (= Schlussbilanz) wieder zusammenfassend dargestellt.

6.2.4 Buchen auf Bestandskonten

Wenn ein Geschäftsvorfall erfasst werden muss, passiert das in den jeweiligen Konten. Die Konten „Grundstücke", „Eigenkapital", „Kasse" und „Verbindlichkeiten a. LL" von obiger Bilanz (s. vorige Seite unten) sehen so aus:

Soll	Grundstücke		Haben
AB[2]	120.000,00		

Soll	Eigenkapital		Haben
		AB	196.700,00

Soll	Kasse		Haben
AB	2.500,00		

Soll	Verbindlichkeiten a. LL		Haben
		AB	75.000,00

1 Hier beschränkt auf eine vereinfachte Darstellung, in der jeder Bilanzposition nur ein Konto zugewiesen wird.
2 Erläuterung: AB = Anfangsbestand

Geschäftsvorfall (1): Bareinzahlung aufs Bankkonto – Aktivtausch

Die Tageseinnahmen aus dem Kassenbestand werden auf das betriebliche Bankkonto eingezahlt, Wert 500,00 €.

Kölner Kreditanstalt AG **Kontoauszug** Nr. 1 vom 02.01.20.. **Blatt** 1

			Soll	Haben
		Alter Kontostand am 31.12.20.. in EUR		18.000,00
Datum	**Wert**	**Buchungstext**	**Umsätze**	
02.01.	02.01.	Bareinzahlung Tageseinnahmen 02.01.20..		500,00
		Neuer Kontostand am 02.01.20.. in EUR		18.500,02

Blum Music4You KG
Veilchenweg 19
50677 Köln

IBAN: DE98 3701 0099 2333 4442 00
BIC: KOEKDEKN280

Das Bankkonto erhöht sich um 500,00 €, der Kassenbestand verringert sich um 500,00 € (Aktivtausch). Das Konto „Bank" aus der Bilanz des Eingangsbeispiels (vgl. Kap. 6.2.3) hat damit einen Schlussbestand (SB) von 18.500,00 €, das Konto „Kasse" einen Schlussbestand (SB) von 2.000,00 €.

In den Konten stellt sich der Geschäftsvorfall (1) so dar:

Soll	Bank		Haben
AB	18.000,00	SB	18.500,00
(1)	500,00		
	18.500,00		18.500,00

Soll	Kasse		Haben
AB	2.500,00	(1)	500,00
		SB	2.000,00
	2.500,00		2.500,00

Kontenabschluss
Kap. 6.7.1

Auf dem Kontoauszug ist der Betrag von 500,00 € (die Bareinzahlung der Tageseinnahmen) im Haben ausgewiesen, weil es sich für die Kölner Kreditanstalt um eine Verbindlichkeit handelt. Im Bestandskonto „Bank" steht es auf der Soll-Seite. Der Sachverhalt wird in Kapitel 6.7.1 zum Abschließen von Konten im Rahmen des Periodenabschlusses behandelt.

Geschäftsvorfall (2): Auszahlung eines Darlehens – Aktiv-Passiv-Mehrung

Die Auszahlung eines Darlehens erfolgt auf das betriebliche Bankkonto, Wert 5.000,00 €.

Kölner Kreditanstalt AG **Kontoauszug** Nr. 2 vom 03.01.20.. **Blatt** 1

			Soll	Haben
		Alter Kontostand am 02.01.20.. in EUR		18.500,00
Datum	**Wert**	**Buchungstext**	**Umsätze**	
03.01.	03.01.	Auszahlung Darlehen 20../4711		5.000,00
		Neuer Kontostand am 03.01.20.. in EUR		23.500,00

Blum Music4You KG
Veilchenweg 19
50677 Köln

IBAN: DE98 3701 0099 2333 4442 00
BIC: KOEKDEKN280

Das Bankkonto erhöht sich um 5.000,00 €, die Verbindlichkeiten gegenüber Kreditinstituten nehmen ebenfalls zu (Aktiv-Passiv-Mehrung). Das Konto „Bank" hat damit einen Schlussbestand von 23.500,00 €, das Konto „Verbindlichkeiten gegenüber Kreditinstituten" einen Schlussbestand von 205.000,00 €.

Soll	Bank		Haben
AB	18.000,00	SB	23.500,00
(1)	500,00		
(2)	5.000,00		
	23.500,00		23.500,00

Soll	Verb. geg. Kreditinstituten		Haben
SB	205.000,00	AB	200.000,00
		(2)	5.000,00
	205.000,00		205.000,00

Analog kann es einen **Passivtausch** sowie eine **Aktiv-Passiv-Minderung** geben.

Daraus lässt sich folgende **Regel** ableiten:

Merke In einem **Aktivkonto** stehen der Anfangsbestand und die Zugänge auf der Soll-Seite, die Abgänge und der Schlussbestand auf der Haben-Seite.
In einem **Passivkonto** stehen der Anfangsbestand und die Zugänge auf der Haben-Seite, die Abgänge und der Schlussbestand auf der Soll-Seite.

Soll	Aktivkonto Haben
Anfangsbestand	Abgänge (–)
Zugänge (+)	Schlussbestand

Soll	Passivkonto Haben
Abgänge (–)	Anfangsbestand
Schlussbestand	Zugänge (+)

Der Schlussbestand wird nur dann ausgewiesen, wenn die Konten abgeschlossen werden. Mehr dazu in Kapitel 6.7.

Kontenabschluss
Kap. 6.7.1

6.2.5 Buchungssätze

Wie wird gebucht?

Die Regel für einen Buchungssatz lautet: **Soll an Haben.** Das Konto, das sich auf der Soll-Seite verändert, wird zuerst genannt. Es folgt das Wort „an" und dahinter wird das Konto genannt, das sich auf der Haben-Seite verändert.

Bezogen auf die obigen Beispiele lauten die Buchungssätze:

Geschäftsvorfall (1):

Konto	Soll	Haben
Bank	500,00 €	
an Kasse		500,00 €

Geschäftsvorfall (2):

Konto	Soll	Haben
Bank	5.000,00 €	
an Verbindlichkeiten gegenüber Kreditinstituten		5.000,00 €

6.2.6 Umsatzsteuer buchen

Wie wird die Umsatzsteuer gebucht, die in den Rechnungen ausgewiesen ist?

Umsatzsteuer Kap. 6.4

Alle Lieferungen und Leistungen, die von Unternehmen im Inland gegen Entgelt erbracht werden, unterliegen der Umsatzsteuer. Auf den Belegen, die die Lieferungen und Leistungen in Rechnung stellen bzw. quittieren (Ausgangsrechnungen, Ausgangsquittungen), muss die Umsatzsteuer gesondert ausgewiesen werden (mit Ausnahme bei Kleinbetragsrechnungen, siehe Kapitel 6.4 Umsatzsteuer). Die Eingangsrechnung des Käufers ist dabei gleichzeitig die Ausgangsrechnung des Verkäufers. Rechtsgrundlage dieser Bestimmungen ist das Umsatzsteuergesetz (UStG).

Beispiel Umsatzsteuer auf Rechnungen

Kauft die Blum Music4You KG zum Beispiel einen Verstärker bei der 2020 Sound AG dann ist in der Rechnung neben dem Warenwert des Verstärkers zusätzlich die Position Umsatzsteuer ausgewiesen. Dieser Betrag errechnet sich vom Warenwert. Die Blum Music4You KG muss die Summe aus beiden Positionen bezahlen. Verkauft die Blum Music den Verstärker weiter an die Ikabo GmbH in Hamburg, wird wiederum die Umsatzsteuer, errechnet aus dem Warenwert, ausgewiesen.

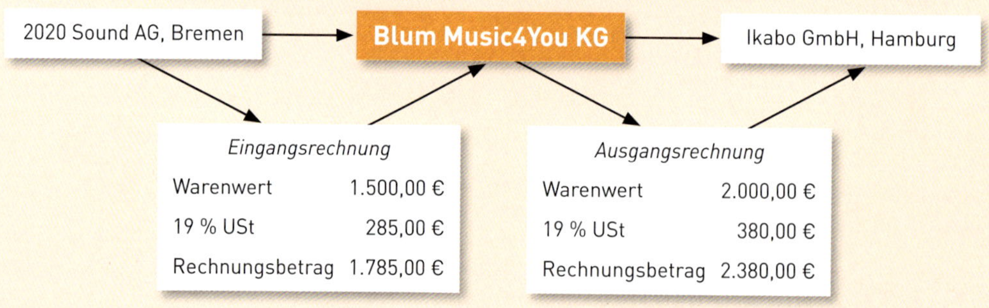

Die Umsatzsteuer des Verkäufers wird zur Vorsteuer des Einkäufers.

von ... an ...	Preis netto	Preis brutto	Umsatzsteuer des Verkäufers	Vorsteuer des Einkäufers
2020 Sound AG .... Blum Music	1.500,00 €	1.785,00 €	285,00 €	285,00 €
Blum Music .... Ikabo GmbH	2.000,00 €	2.380,00 €	380,00 €	380,00 €

Das Finanzamt verlangt, dass jedes Unternehmen separat die Summe der abzuführenden Umsatzsteuerbeträge und die Summe der gezahlten Vorsteuerbeträge zu ermitteln hat.

Für die Buchung ergibt sich daraus:

- Das Unternehmen, das die Lieferungen und Leistungen in Anspruch nimmt, bucht die auf den Belegen (Eingangsrechnungen, Eingangsquittungen) ausgewiesene Umsatzsteuer auf das Konto „Vorsteuer" (Aktivkonto).
- Das Unternehmen, das die Belege erstellt (Ausgangsrechnungen, Ausgangsquittungen), bucht die ausgewiesene Umsatzsteuer auf das Konto „Umsatzsteuer" (Passivkonto).

Beispiel **Vorsteuer**

Die Blum Music4You KG kauft einen Drucker für die EDV bar zum Bruttopreis von 1.904,00 € inklusive 19 % Umsatzsteuer. Ein Drucker gehört zur Betriebs- und Geschäftsausstattung. Die Buchung dafür lautet:

Konto	Soll	Haben
Betriebs- und Geschäftsausstattung	1.600,00 €	
Vorsteuer	304,00 €	
an Kasse		1.904,00 €

Lösung des Einstiegsfalls **Finanzbuchhaltung – wozu?**

Vorgänge und Geschäfte in einem Unternehmen sind komplexer als bei Privatleuten. Eine einfache Gegenüberstellung von Einnahmen und Ausgaben reicht da nicht aus. Franceska Klein wird also als Auszubildende zur Kauffrau für Büromanagement die Grundlagen der Finanzbuchhaltung lernen müssen. Mit dem Buchen von Bestandskonten hat sie bereits angefangen, es folgen die Buchungen auf den Erfolgskonten.

6.3 Buchen auf Erfolgskonten

Einstiegsfall **Buchen von Kundenrechnungen und Wareneinkäufen**

Franceska Klein hat bei Frau Zegon gelernt, dass die Grundlagen der Buchführung aus der Bilanz abgeleitet werden. Allerdings hat sie bislang noch keine Kundenrechnungen oder Wareneinkäufe gebucht. Diese scheinen nichts direkt mit der Bilanz zu tun zu haben. Aber was passiert damit?

6.3.1 Aufwendungen und Erträge

Gibt es noch weitere Konten außer den Bestandskonten?

Das Ziel eines Unternehmers ist es, seine Produkte mit Gewinn oder zumindest kostendeckend zu verkaufen. Will der Unternehmer wissen, wie erfolgreich er war, also ob er beim Verkauf eines Produkts einen Gewinn oder im schlechtesten Fall sogar einen Verlust erzielt hat, zieht er vom Verkaufspreis (Erlös, Ertrag) alle Kosten[1] (Aufwendungen) ab, die er im Zusammenhang mit diesem Produkt hatte (zum Beispiel den Einkaufspreis, die Bezugskosten, die Personalkosten, die Miete für den Geschäftsraum usw.).

Diese Berechnung erfolgt nicht nur für ein Produkt, sondern für alle Positionen im Unternehmen, die Geld (oder einen Wert) einbringen oder die etwas kosten. Bei der Ermittlung des Erfolgs werden daher alle **Aufwendungen** und **Erträge** gegenübergestellt. Dies geschieht in der **Gewinn- und Verlustrechnung.** Jeder Kaufmann ist verpflichtet, für jedes Geschäftsjahr eine Gewinn- und Verlustrechnung aufzustellen (§ 242 Abs. 2 HGB), ebenso wie zur Aufstellung einer Bilanz (§ 242 Abs. 1 HGB).

1 Der Begriff der Kosten wird im Rahmen der Kostenrechnung genauer definiert (siehe Kapitel 10.2.1).

Zu den **Aufwendungen** und **Erträgen** gehören alle Geschäftsvorfälle, die man keiner Bilanzposition zuordnen kann.

Beispiel Aufwendungen, Erträge

Zinserträge aus einem Sparbuch, Mietaufwendungen für eine gemietete Lagerhalle, Briefmarken usw.

Rohstoffe usw. ▸ Glossar

Jahresabschluss Kap. 6.9

Bei der **Beschaffung** von **Roh-, Hilfs- und Betriebsstoffen, Fremdbauteilen** sowie **Handelswaren** gibt es eine Besonderheit, die sich in der Bilanz in entsprechenden Positionen niederschlägt. Diese Positionen werden jedoch während eines Geschäftsjahrs nicht verwendet, stattdessen wird die Beschaffung der Produkte sofort auf ein Aufwandskonto gebucht. Der Grund hierfür: Man geht davon aus, dass alle in einem Jahr eingekauften Güter und Produkte wieder verkauft bzw. verarbeitet werden. Lediglich zum Geschäftsjahresende werden die gebuchten mit den tatsächlich vorhandenen Beständen abgeglichen.[1]

Beispiel Buchhalterisches Erfassen von Rohstoffeinkäufen

Der Einkauf von Rohstoffen wird nicht auf dem Konto „Rohstoffe", sondern sofort auf dem Konto „Aufwendungen für Rohstoffe" erfasst.

Materialarten

- **Rohstoffe**: gehen unmittelbar in das Produkt ein (z. B. Holz)
- **Hilfsstoffe**: gehen ebenfalls in das Produkt ein (z. B. Schrauben)
- **Betriebsstoffe**: werden für die Produktion benötigt und verbraucht (z. B. Schmierstoffe)
- **bezogene Fertigteile**: gehen in das Produkt ein, werden dazu gekauft (z. B. Gitarrensaiten)
- **Handelswaren**: ergänzen das Sortiment und werden weiter veräußert (z. B. Gitarre)

6.3.2 Buchen auf Erfolgskonten

Wie wird auf den Erfolgskonten gebucht?

Vereinfacht kann man sagen, dass Aufwandskonten wie Aktivkonten und Ertragskonten wie Passivkonten verwendet werden. Der Unterschied besteht darin, dass ein Aufwands- bzw. Ertragskonto keinen Anfangsbestand hat. Es wird jedes Jahr neu eröffnet.

Soll	Aufwandskonto	Haben
Zugänge (+)		Abgänge (–)

Soll	Ertragskonto	Haben
Abgänge (–)		Zugänge (+)

1 Aufwandsrechnerisches Verfahren; auf das bestandsorientierte Buchen wird hier nicht eingegangen.

Wie wird die Umsatzsteuer gebucht?

Die Buchungsregel zur Buchung der Umsatzsteuer bleibt weiterhin bestehen: Im Einkauf wird die in der Rechnung ausgewiesene Umsatzsteuer als Vorsteuer erfasst, beim Verkauf als Umsatzsteuer.

Umsatzsteuer buchen Kap. 6.4.1

Zur Verdeutlichung im Folgenden einige Geschäftsvorfälle mit Erläuterungen.

Geschäftsvorfall (1) Barkauf von Druckerpapier

Die Blum Music4You KG kauft Druckerpapier bar ein zu einem Bruttopreis von 119,00 € (inkl. 19 % Umsatzsteuer). Druckerpapier kann nur einmalig verwendet werden, daher wird auf das Aufwandskonto „Büromaterial" und nicht auf das Konto „Betriebs- und Geschäftsausstattung (BGA)" gebucht.

Konto	Soll	Haben
Büromaterial	100,00 €	
Vorsteuer	19,00 €	
an Kasse		119,00 €

Geschäftsvorfall (2) Einkauf von Rohstoffen

Die Blum Music4You KG kauft Rohstoffe ein, erhält eine Rechnung über 1.000,00 € zzgl. 19 % Umsatzsteuer und überweist den Rechnungsbetrag an den Verkäufer. Rohstoffe (Hauptbestandteile eines Produkts) werden in der Produktion verarbeitet und verbraucht. Deswegen werden sie auf dem Konto „Rohstoffaufwand" erfasst.

Konto	Soll	Haben
Rohstoffaufwand	1.000,00 €	
Vorsteuer	190,00 €	
an Bank		1.190,00 €

Geschäftsvorfall (3) Zahlungseingang

Die Blum Music4You KG erhält eine **Bankgutschrift** über 500,00 € für eine vermietete Lagerhalle auf ihrem Betriebsgelände. Der Zahlungseingang erfolgt auf dem Bankkonto bei der Kölner Kreditbank AG. Mieteinnahmen stellen einen Ertrag dar.

Gutschrift ▸ Glossar

Konto	Soll	Haben
Bank	500,00 €	
an Mieterträge		500,00 €

Geschäftsvorfall (4) Verkauf von Handelswaren

Die Blum Music4You KG verkauft Handelswaren auf Rechnung zu einem Nettopreis von 120,00 € zzgl. 19 % Umsatzsteuer. Durch den Verkauf von Handelswaren tätigt die Blum Music Umsätze, daher muss auf ein Ertragskonto gebucht werden.

Konto	Soll	Haben
Forderungen a. LL	142,80 €	
an Umsatzerlöse Handelswaren		120,00 €
an Umsatzsteuer		22,80 €

Kontenrahmen siehe innen in der Umschlagrückseite

6.3.3 Kontenplan und Kontenklassen

Woher weiß man, welche Konten es gibt?

In jeder Branche gibt es typische Konten, die fast jedes Unternehmen verwendet. Diese Konten sind zusammengestellt in sogenannten **Kontenrahmen.** Jedes Unternehmen entwickelt daraus einen individuellen **Kontenplan,** der nur die Konten enthält, die dieses Unternehmen benötigt.[1]

Die Konten werden in **Kontenklassen** unterteilt.

- **Bestandskonten (Bilanzkonten):** Kontenklasse 0 bis 4

Klasse 0	Anlagevermögen – immaterielle Vermögensgegenstände und Sachanlagen
Klasse 1	Anlagevermögen – Finanzanlagen
Klasse 2	Umlaufvermögen
Klasse 3	Eigenkapital und Rückstellungen
Klasse 4	Fremdkapital

- **Erfolgskonten (Gewinn- und Verlustkonten):** Kontenklasse 5 bis7

Klasse 5	Erträge
Klasse 6	betriebliche Aufwendungen
Klasse 7	weitere Aufwendungen

Innerhalb jeder Kontenklasse werden die Positionen der Bilanz und der Gewinn- und Verlustrechnung aufgelistet und mit einer Nummer versehen.

Bei der Formulierung der Buchungssätze wird in der Praxis nicht mehr der ganze Kontoname erfasst, sondern stellvertretend die jeweilige **Kontonummer.**

So lautet der Buchungssatz für den Geschäftsvorfall (4) Verkauf von Handelswaren:

Kontenplan Blum Music im Anhang

Konto	Soll	Haben
2400	142,80 €	
an 5100		120,00 €
an 4800		22,80 €

1 Diese Strukturierung gilt für den Industriekontenrahmen (IKR). In den Ausbildungsbetrieben werden andere Kontenrahmen verwendet, zum Beispiel die Datev-Kontenrahmen.

6.4 Umsatzsteuer

Umsatzsteuer buchen Kap. 6.2.6

Die Buchung der auf Belegen ausgewiesenen Umsatzsteuer ist in Kapitel 6.2.6 beschrieben. Folgende Punkte sind bei der Ermittlung der abzuführenden Umsatzsteuer zu berücksichtigen:

- Alle Lieferungen und Leistungen, die von Unternehmen im Inland gegen Entgelt erbracht werden, unterliegen der Umsatzsteuer.
- Auf den Belegen, die die Lieferungen und Leistungen in Rechnung stellen bzw. quittieren (Ausgangsrechnungen, Ausgangsquittungen) muss die Umsatzsteuer gesondert ausgewiesen werden.
- Das Unternehmen, das die Belege erstellt (Ausgangsrechnungen, Ausgangsquittungen), bucht die ausgewiesene Umsatzsteuer auf das Konto „4800 Umsatzsteuer".
- Das Unternehmen, das die Lieferungen und Leistungen in Anspruch nimmt, bucht die auf den Belegen (Eingangsrechnungen, Eingangsquittungen) ausgewiesene Umsatzsteuer auf das Konto „2600 Vorsteuer".

6.4.1 Umsatzsteuerbuchungen am Monatsende

Die auf den Konten „2600 Vorsteuer" und „4800 Umsatzsteuer" im Laufe eines Monats aufgelaufenen Beträge werden saldiert. Im Regelfall ist die im Monat aufgelaufene Umsatzsteuer höher als die Vorsteuer des gleichen Monats. Der Differenzbetrag wird als Zahllast bezeichnet. Die **Zahllast** muss, falls die Umsatzsteuer monatlich abzuführen ist, spätestens bis zum 10. des Folgemonats an das zuständige Finanzamt überwiesen werden. (Kleinere Betriebe rechnen die Umsatzsteuer pro Quartal oder nur einmal jährlich ab. Genaues regelt § 18 UStG.)

In einzelnen Monaten kann es auch vorkommen, dass die gebuchten Vorsteuerbeträge dieses Monats höher sind als die gebuchten Umsatzsteuerbeträge. In diesem Ausnahmefall liegt ein Vorsteuerüberhang vor. Der **Vorsteuerüberhang** wird vom Finanzamt erstattet.

6.4.2 Zahllast

Beispiel **Zahllast im Mai**

Die in der Finanzbuchhaltung der Blum Music4You KG im Monat Mai gebuchten Eingangsrechnungen und Eingangsquittungen weisen insgesamt eine Umsatzsteuer von 14.000,00 € aus. Aus der Sicht der Blum Music4You KG handelt es sich bei diesem Betrag um die **Vorsteuer.** Die Ausgangsrechnungen und Ausgangsquittungen des gleichen Zeitraums belegen insgesamt Nettoumsatzerlöse von 100.000,00 €. Die darauf entfallende **Umsatzsteuer** beträgt 19.000,00 €. Es liegt also eine Zahllast von 5.000,00 € vor.

Die Konten „2600 Vorsteuer" und „4800 Umsatzsteuer" weisen am Ende des Monats folgende Kontostände aus:

Soll	2600 Vorsteuer	Haben
14.000,00		

Soll	4800 Umsatzsteuer	Haben
		19.000,00

Der Soll-Saldo des Kontos „2600 Vorsteuer" weist eine Forderung, der Haben-Saldo des Kontos „4800 Umsatzsteuer" eine Verbindlichkeit gegenüber dem Finanzamt aus. Deshalb gehört das Konto „Vorsteuer" in die Kontenklasse 2 (Umlaufvermögen) und die Umsatzsteuer in die Kontenklasse 4 (Fremdkapital, Verbindlichkeiten).

Beispiel Fortsetzung **Zahllast im Mai**

Um die Zahllast buchhalterisch zu ermitteln, wird das Konto „2600 Vorsteuer" über das Konto „4800 Umsatzsteuer" abgeschlossen.

Die Buchung lautet:

Konto	Soll	Haben
4800 Umsatzsteuer	14.000,00 €	
an 2600 Vorsteuer		14.000,00 €

Damit ist das Konto „2600 Vorsteuer" abgeschlossen (Saldo = Null) und das Konto „4800 Umsatzsteuer" weist als Haben-Saldo (die Haben-Seite überwiegt) die Zahllast von 5.000,00 € aus.

Soll	2600 Vorsteuer	Haben
14.000,00		14.000,00

Soll	4800 Umsatzsteuer	Haben
14.000,00		19.000,00

Die Überweisung der Zahllast an das Finanzamt kann jetzt direkt vom Konto „4800 Umsatzsteuer" vorgenommen werden:

Konto	Soll	Haben
4800 Umsatzsteuer	5.000,00 €	
an 2800 Bank		5.000,00 €

Damit hat das Konto „4800 Umsatzsteuer" ebenfalls den Saldo Null. Die Forderungen (Vorsteuer) und die Verbindlichkeiten (Umsatzsteuer) gegenüber dem Finanzamt sind miteinander verrechnet, die Differenz (Zahllast) ist überwiesen. Die buchhalterische Behandlung der Umsatzsteuer für den Monat Mai ist damit abgeschlossen.

6.4.3 Vorsteuerüberhang

Beispiel Vorsteuerüberhang im Juni

Die im Juni in der Finanzbuchhaltung der Blum Music4You KG gebuchten Ausgangsrechnungen und Ausgangsquittungen belegen insgesamt Nettoumsatzerlöse von 90.000,00 €. Die darauf entfallende **Umsatzsteuer** beträgt 17.100,00 €. Die zu buchende **Vorsteuer** auf den Eingangsbelegen des gleichen Zeitraums beträgt 19.100,00 €. Es liegt also ein Vorsteuerüberhang von 2.000,00 € vor.

Um den Vorsteuerüberhang buchhalterisch zu ermitteln, wird das Konto „4800 Umsatzsteuer" über das Konto „2600 Vorsteuer" abgeschlossen. Die Buchung lautet:

Konto	Soll	Haben
4800 Umsatzsteuer	17.100,00 €	
an 2600 Vorsteuer		17.100,00 €

Damit ist das Konto „4800 Umsatzsteuer" abgeschlossen und das Konto „2600 Vorsteuer" weist als Soll-Saldo (die Soll-Seite überwiegt) den Vorsteuerüberhang von 2.000,00 € aus.

Soll	2600 Vorsteuer	Haben
19.100,00		17.100,00

Soll	4800 Umsatzsteuer	Haben
17.100,00		17.100,00

Der Zahlungseingang vom Finanzamt kann jetzt direkt auf das Konto „2600 Vorsteuer" gebucht werden:

Konto	Soll	Haben
2800 Bank	2.000,00 €	
an 2600 Vorsteuer		2.000,00 €

Damit weisen beide Konten, „2600 Vorsteuer" und „4800 Umsatzsteuer", den Saldo Null aus. Die buchhalterische Behandlung der Umsatzsteuer für den Monat Juni ist damit abgeschlossen.

6.4.4 Umsatzsteuervoranmeldung

Die Umsatzerlöse, die darauf entfallende Umsatzsteuer und die abziehbaren Vorsteuerbeträge müssen dem Finanzamt bis zum 10. des Folgemonats online per **Elster** mitgeteilt werden. Das dafür auszufüllende Formular heißt **Umsatzsteuervoranmeldung** (siehe nächste Seite).

www.elster.de (Link Elster Formular – Downloads)

In das Feld zu Kennziffer (Kz) 81 (linke Spalte) werden die Umsatzerlöse (netto) eingetragen. Die darauf entfallende Umsatzsteuer (rechte Spalte) ist rechnerisch zu ermitteln. Unter Ziffer 66 (siehe Abb. übernächste Seite) werden in einer Summe die Vorsteuerbeträge des Voranmeldezeitraums eingetragen. Für das in Kapitel 6.4.2 dargestellte Beispiel „Zahllast im Mai" erfolgen die Eintragungen:

- Kennziffer 81: 100.000 € (Umsatzerlöse netto, nur volle Eurobeträge) und 19.000,00 € (Umsatzsteuer)
- Kennziffer 66: 14.000,00 € (Vorsteuer)
- Kennziffer 83: 5.000,00 € (Zahllast)

Umsatzsteuer-Voranmeldung, Seite 1 — zu Seite 2

Zeile

Umsatzsteuer-Voranmeldung 2017

Steuernummer: 215/5870/0815
Finanzamt: Köln-Mitte

Steuernummer und Finanzamt ändern / löschen

Unternehmer
– Anschrift der Betriebsstätte – Telefonnummer – E-Mail –

Name: Blum Music4You KG
Straße: Veilchenweg 19
Postleitzahl (Inland): 50677 | Ort: Köln | Postleitzahl (Ausland):
Telefon: 0221 386760-0
E-Mail: info@music4youkg.de

Voranmeldungszeitraum

bei **monatlicher** Abgabe bitte ankreuzen						bei **vierteljährlicher** Abgabe bitte ankreuzen		
17 01	Jan.		17 07	Juli		17 41	I. Kalendervierteljahr	
17 02	Feb.		17 08	Aug.		17 42	II. Kalendervierteljahr	
17 03	März		17 09	Sept.		17 43	III. Kalendervierteljahr	
17 04	April		17 10	Okt.		17 44	IV. Kalendervierteljahr	
17 05	Mai	X	17 11	Nov.				
17 06	Juni		17 12	Dez.				

Berichtigte Anmeldung (falls ja, bitte ankreuzen) — 10

15 **Belege** (Verträge, Rechnungen, Erläuterungen usw.) sind beigefügt
16 bzw. werden gesondert eingereicht (falls ja, bitte ankreuzen) — 22

17 **I. Anmeldung der Umsatzsteuer-Vorauszahlung**

Zeile		Kz	Bemessungsgrundlage ohne Umsatzsteuer volle EUR	Ct	Kz	Steuer EUR	Ct
18	**Lieferungen und sonstige Leistungen** (einschließlich unentgeltlicher Wertabgaben)						
19	**Steuerfreie Umsätze mit Vorsteuerabzug**						
20	**Innergemeinschaftliche Lieferungen** (§ 4 Nr. 1 Buchst. b UStG) an Abnehmer **mit** USt-IdNr.	41		–			
21	neuer Fahrzeuge an Abnehmer **ohne** USt-IdNr.	44		–			
22	neuer Fahrzeuge außerhalb eines Unternehmens (§ 2a UStG)	49		–			
23	**Weitere steuerfreie Umsätze mit Vorsteuerabzug** (z.B. **Ausfuhrlieferungen**, Umsätze nach § 4 Nr. 2 bis 7 UStG)	43		–			
24	**Steuerfreie Umsätze ohne Vorsteuerabzug** Umsätze nach § 4 Nr. 8 bis 28 UStG	48		–			
25	**Steuerpflichtige Umsätze** (Lieferungen und sonstige Leistungen einschl. unentgeltlicher Wertangaben)						
26	zum Steuersatz von 19 v. H.	81	100.000	–		19.000	00
27	zum Steuersatz von 7 v. H.	86		–			
28	zu anderen Steuersätzen	35		–	36		
29	Lieferungen land- und forstwirtschaftlicher Betriebe nach § 24 UStG an Abnehmer **mit** USt-IdNr.	77		–			
30	Umsätze, für die eine Steuer nach § 24 UStG zu entrichten ist (Sägewerkserzeugnisse, Getränke und alkohol. Flüssigkeiten, z.B. Wein)	76		–	80		
31	**Innergemeinschaftliche Erwerbe**						
32	**Steuerfreie innergemeinschaftliche Erwerbe** Erwerbe nach §§ 4b und 25c UStG	91		–			
33	**Steuerpflichtige innergemeinschaftliche Erwerbe** zum Steuersatz von 19 v. H.	89		–			
34	zum Steuersatz von 7 v. H.	93		–			
35	zu anderen Steuersätzen	95		–	98		
36	**neuer Fahrzeuge** von Lieferanten **ohne** USt-IdNr. zum allgemeinen Steuersatz	94		–	96		
37	**Ergänzende Angaben zu Umsätzen**						
38	Lieferungen des ersten Abnehmers bei **innergemeinschaftlichen Dreiecksgeschäften** (§ 25b Abs. 2 UStG)	42		–			
39	Steuerpflichtige Umsätze, für die der **Leistungsempfänger** die **Steuer nach § 13b Abs. 5 Satz 1 i.V.m. Abs. 2 Nr. 10 UStG schuldet**	68		–			
40	Übrige steuerpflichtige Umsätze, für die der **Leistungsempfänger** die **Steuer nach § 13b Abs. 5 UStG schuldet**	60		–			
41	**Nicht steuerbare sonstige Leistungen** gem. § 18b Satz 1 Nr. 2 UStG	21		–			
42	**Übrige nicht steuerbare Umsätze** (Leistungsort nicht im Inland)	45		–			
43	**Übertrag** — zu übertragen in Zeile 45					19.000	00

Das Formular wird in den ersten Tagen des Folgemonats online an das Finanzamt gesendet. Mithilfe des verwendeten Finanzbuchhaltungsprogramms wird das Formular automatisch erstellt: Umsatzerlöse und Vorsteuer werden von den entsprechenden Konten übernommen. Die Übertragung erfolgt per Mausklick über das Internet.

Der zu überweisende Betrag wird im Umsatzsteuervoranmeldungsformular als „verbleibende Umsatzsteuervorauszahlung" bezeichnet (im Fall des Vorsteuerüberhangs als „verbleibender Überschuss"). Die endgültige Festlegung der Umsatzsteuer erfolgt nach der **Umsatzsteuerjahreserklärung** des Unternehmens in Form eines **Umsatzsteuerbescheids** des Finanzamts.

Die „verbleibende Umsatzsteuervorauszahlung“ (= Zahllast) oder der „verbleibende Überschuss“ (= Vorsteuerüberhang) führen immer dazu, dass die Kontostände der Konten „2600 Vorsteuer“ und „4800 Umsatzsteuer“ in der Summe Null sind. Die Umsatzsteuer wird deshalb als „durchlaufender Posten“ für die Unternehmen bezeichnet. Sie hat keine Auswirkung auf den Gewinn oder den Verlust. Die Umsatzsteuer trägt der Endverbraucher.

Umsatzsteuer-Voranmeldung, Seite 2 — zu Seite 1

	Kz	Bemessungsgrundlage ohne Umsatzsteuer volle EUR	Kz	Steuer EUR Ct
Übertrag				19.000,00
Leistungsempfänger als Steuerschuldner (§ 13b UStG)				
Im Inland steuerpflichtige sonstige Leistungen eines im übrigen Gemeinschaftsgebiet ansässigen Unternehmers (§ 13b Abs. 1 UStG)	46	–	47	,
Andere Leistungen eines im Ausland ansässigen Unternehmers (§ 13b Abs. 2 Nr. 1 und 5 UStG)	52	–	53	,
Lieferungen sicherungsübereigneter Gegenstände und Umsätze, die unter das GrEStG fallen (§ 13b Abs. 2 Nr. 2 und 3 UStG)	73	–	74	,
Lieferungen von Mobilfunkgeräten und integrierten Schaltkreisen (§ 13b Abs. 2 Nr. 10 UStG)	78	–	79	,
Andere Leistungen eines im Inland ansässigen Unternehmers (§ 13b Abs. 2 Nr. 4 und 6 bis 9 UStG)	84	–	85	,
Steuer infolge Wechsels der Besteuerungsform sowie Nachsteuer auf versteuerte Anzahlungen u. ä. wegen Steuersatzänderung			65	,
Umsatzsteuer				19.000,00
Abziehbare Vorsteuerbeträge				
Vorsteuerbeträge aus Rechnungen von anderen Unternehmern (§ 15 Abs. 1 Satz 1 Nr. 1 UStG), aus Leistungen im Sinne des § 13a Abs. 1 Nr. 6 UStG (§ 15 Abs. 1 Satz 1 Nr. 5 UStG) und aus innergemeinschaftlichen Dreiecksgeschäften (§ 25b Abs. 5 UStG)			66	14.000,00
Vorsteuerbeträge aus dem innergemeinschaftlichen Erwerb von Gegenständen (§ 15 Abs. 1 Satz 1 Nr. 3 UStG)			61	,
Entstandene Einfuhrumsatzsteuer (§ 15 Abs. 1 Satz 1 Nr. 2 UStG)			62	,
Vorsteuerbeträge aus Leistungen im Sinne des § 13b UStG (§ 15 Abs. 1 Satz 1 Nr. 4 UStG)			67	,
Vorsteuerbeträge, die nach allgemeinen Durchschnittssätzen berechnet sind (§§ 23 und 23a UStG)			63	,
Berichtigung des Vorsteuerabzugs (§ 15a UStG)			64	,
Vorsteuerabzug für innergemeinschaftliche Lieferungen neuer Fahrzeuge außerhalb eines Unternehmens (§ 2a UStG) sowie von Kleinunternehmern im Sinne des § 19 Abs. 1 UStG (§ 15 Abs. 4a UStG)			59	,
Verbleibender Betrag				5.000,00
Andere Steuerbeträge				
In Rechnungen unrichtig oder unberechtigt ausgewiesene Steuerbeträge (§ 14 c UStG) sowie Steuerbeträge, die nach § 4 Nr. 4a Satz 1 Buchst. a Satz 2, § 6a Abs. 4 Satz 2, § 17 Abs. 1 Satz 6 oder § 25b Abs. 2 UStG geschuldet werden			69	,
Umsatzsteuer-Vorauszahlung / Überschuss				5.000,00
Anrechnung (Abzug) der festgesetzten **Sondervorauszahlung** für Dauerfristverlängerung (nur auszufüllen in der letzten Voranmeldung des Besteuerungszeitraums, in der Regel Dezember)			39	,
Verbleibende Umsatzsteuer-Vorauszahlung (automatische Berechnung)				5.000,00
alternativ **Verbleibender Überschuss** – bitte dem Betrag ein Minuszeichen voranstellen – (durch Unternehmer berechnet)			83	,

II. Sonstige Angaben

Ein Erstattungsbetrag wird auf das dem Finanzamt benannte Konto überwiesen, soweit der Betrag nicht mit Steuerschulden verrechnet wird.

Verrechnung des Erstattungsbetrages ist erwünscht / Erstattungsbetrag ist abgetreten. (falls ja, bitte ankreuzen) .... 29 ☐
Geben Sie bitte die Verrechnungswünsche auf einem besonderen Blatt an oder auf dem beim Finanzamt erhältlichen Vordruck „Verrechnungsantrag“

Die **Einzugsermächtigung** wird ausnahmsweise (z.B. wegen Verrechnungswünschen) für diesen Voranmeldezeitraum **widerrufen** (falls ja, bitte ankreuzen) .... 26 ☐
Ein ggf. verbleibender Restbetrag ist gesondert zu entrichten.

Hinweis nach den Vorschriften der Datenschutzgesetze:
Die mit der Steueranmeldung angeforderten Daten werden auf Grund der §§ 149 ff. der Abgabenordnung und der §§ 18, 18b des Umsatzsteuergesetzes erhoben.
Die Angabe der Telefonnummern und der E-Mail-Adressen ist freiwillig.

Bei der Anfertigung dieser Steueranmeldung hat mitgewirkt:
Name
Beruf | Vorwahl | Telefon

Datenlieferer – sofern vom Unternehmer abweichend
Name
Straße
Postleitzahl (Inland) | Ort | Postleitzahl (Ausland)
Telefon | E-Mail

Exkurs Konto „4820 Umsatzsteuervorauszahlungen"

Auf den Konten der Buchhaltung müssen die Umsatzerlöse und die Höhe der gebuchten Umsatzsteuer das ganze Jahr über ersichtlich sein. In der betrieblichen Praxis werden die Überweisungen an das Finanzamt und eventuelle Erstattungsbeträge des Finanzamts nicht direkt über das Konto „4800 Umsatzsteuer", sondern über ein weiteres Konto „4820 Umsatzsteuervorauszahlungen" abgewickelt. Der Abschluss des Kontos „Vorsteuer" über „Umsatzsteuer" findet nicht statt.

In der oben dargestellten Zahllast für den Monat Mai lautet die Buchung der Überweisung an das Finanzamt dann:

Konto	Soll	Haben
4820 Umsatzsteuervorauszahlungen	5.000,00 €	
an 2800 Bank		5.000,00 €

Anschließend weisen die Konten folgende Kontostände aus:

Soll	2600 Vorsteuer	Haben
	14.000,00	

Soll	4800 Umsatzsteuer	Haben
		19.000,00

Soll	4820 USt.-Vorauszahlungen	Haben
	5.000,00	

Addiert man die Salden aller drei Konten, so ist das Ergebnis ebenfalls Null. Damit ist die monatliche buchhalterische Behandlung der Umsatzsteuer abgeschlossen. Erst im Rahmen des Jahresabschlusses werden die Kontoumsätze aller drei Konten gelöscht.

Hinweis: Mit „Kontoumsatz" sind hier die einzelnen Buchungen auf den Konten gemeint. Im Jahresabschluss werden diese Kontoumsätze gelöscht und das Konto wird im neuen Jahr nur mit dem aktuellen Saldo, dem Kontostand am 1. Januar, vorgetragen.

Exkurs Unterschiedliche Erlöskonten

Dadurch, dass in dem Formular für die Umsatzsteuervoranmeldung die Umsatzerlöse für unterschiedliche Steuersätze getrennt eingetragen werden, ergibt es sich, dass unterschiedliche Umsatzerlöskonten für die einzelnen Umsatzsteuersätze eingerichtet werden müssen. Also zum Beispiel:

- 5000 Umsatzerlöse für eigene Erzeugnisse 19 %
- 5010 Umsatzerlöse für eigene Erzeugnisse 7 %
- 5020 Umsatzerlöse für eigene Erzeugnisse ohne USt

Die gesamten Umsatzerlöse der Blum Music4You KG unterliegen dem Umsatzsteuersatz von 19 %. Die Blum Music hat deshalb nur Erlöskonten mit dem Umsatzsteuersatz von 19 % eingerichtet.

6.5 Buchungen im Einkauf

Einstiegsfall Buchungen im Einkauf

Die Auszubildende Franceska Klein ist in der Abteilung Rechnungswesen der dortigen Leiterin, Egzone Zegon, zugeteilt. Franceska Klein soll heute - jeden Tag nach dem Posteingang - alle Eingangsrechnungen bearbeiten. Ihr ist aufgefallen, dass in den Rechnungen häufig außer der Artikelbezeichnung Begriffe wie Rabatte, Verpackungskosten oder **Rechnungskorrektur** auftauchen. Sie fragt Frau Zegon: „Müssen diese Vorgänge einzeln gebucht werden? Wenn ja, auf welchen Konten werden sie erfasst? Und was passiert mit diesen Konten zum 31. Dezember?"

Rechnungskorrektur ▸ Glossar

Beim Einkauf von Roh-, Hilfs- und Betriebsstoffen sowie Handelswaren stellt der Lieferant in der Regel außer dem reinen Warenwert noch weitere Aufwendungen in Rechnung. So kann eine Eingangsrechnung zum Beispiel Verpackungs- und Frachtkosten enthalten. Daneben gewähren Lieferanten dem Kunden häufig Preisnachlässe in Form von Rabatten, Skonti oder Boni. Preisminderungen aufgrund von Mängeln können ebenfalls anfallen.

Buchen von Rabatten

Lieferanten gewähren den Kunden **Rabatte** (zum Beispiel auf Messen, für langjährige Treue oder bei Abnahme größerer Mengen). Diese Rabatte verringern den Einkaufspreis. **Sie werden nicht gesondert gebucht.** Der auf der Rechnung ausgewiesene verminderte Einkaufspreis (der sogenannte Zieleinkaufspreis) wird gebucht.

Zieleinkaufspreis Kap. 10.1.3

Beispiel Rabatt

Die Blum Music4You KG kauft unbehandeltes Holz für die Gitarrenproduktion im Wert von 2.000,00 € netto ein. Aufgrund häufiger Bestellungen erhält Blum Music vom Lieferanten einen Rabatt von 10 % des Nettowarenwerts. Die Lieferung erfolgt auf Ziel zuzüglich 19 % Umsatzsteuer.

	Rohstoffeinkauf auf Ziel	2.000,00 €
–	10 % Rabatt	200,00 €
=		1.800,00 €
+	19 % USt	342,00 €
=		2.142,00 €

Buchung der Eingangsrechnung (ER):

Konto	Soll	Haben
6000 Aufwendungen für Rohstoffe	1.800,00 €	
2600 Vorsteuer	342,00 €	
an 4400 Verbindlichkeiten a. LL		2.142,00 €

Buchen von Bezugskosten

Bezugskosten umfassen alle Kosten, die außer dem reinen Warenwert in Rechnung gestellt werden. Dazu gehören Fracht, Verpackung und Transportversicherung. Die Bezugskosten sind Bestandteile der Anschaffungskosten. Sie werden zunächst auf einem gesonderten Konto „Bezugskosten" erfasst, aus folgendem Grund: Das Unternehmen möchte am Jahresende wissen, wie hoch der reine Warenwert und wie hoch die Nebenkosten waren.

Am Jahresende wird das Unterkonto „Bezugskosten" dann über das jeweilige Konto „Aufwendungen für ..." abgeschlossen.

Beispiel **Bezugskosten**

Die Blum Music4You KG kauft diverse Fanartikel für einen neuen Künstler im Wert von 1.000,00 € ein. Der Lieferant berechnet für die Lieferung eine Frachtpauschale von 200,00 €. Die Lieferung erfolgt auf Ziel, 19 % Umsatzsteuer sind enthalten.

	Wareneinkauf auf Ziel	1.000,00 €
+	Frachtpauschale	200,00 €
=		1.200,00 €
+	19 % USt	228,00 €
=		1.428,00 €

Buchung der Eingangsrechnung (ER):

Konto	Soll	Haben
6080 Aufwendungen für Waren	1.000,00 €	
6081 Bezugskosten für Waren	200,00 €	
2600 Vorsteuer	228,00 €	
an 4400 Verbindlichkeiten a. LL		1.428,00 €

Buchung zum 31. Dezember:

Konto	Soll	Haben
6080 Aufwendungen für Waren	200,00 €	
an 6081 Bezugskosten für Waren		200,00 €

Buchen der Rückgabe von Leihverpackung

Verpackungsmaterial (zum Beispiel Kisten) wird zunächst in Rechnung gestellt; die Bezugskosten nehmen dadurch zu. Durch die Rückgabe von Verpackungsmaterial nehmen die zuvor gebuchten Bezugskosten aber wieder ab. Gleichzeitig werden die Verbindlichkeiten gegenüber dem Lieferanten geringer und die Vorsteuer muss aufgrund des geringeren Einkaufswerts korrigiert werden.

Beispiel **Rückgabe von Leihverpackung**

Die Blum Music4You KG sendet vertragsgemäß Verpackungsmaterial von eingekauften Hilfsstoffen zurück. Die Rechnungskorrektur des Lieferanten über 180,00 € zuzüglich 19 % Umsatzsteuer wird mit der noch offenen Rechnung verrechnet.

Buchung der Rechnungskorrektur:

Konto	Soll	Haben
4400 Verbindlichkeiten a. LL	214,20 €	
an 6021 Bezugskosten für Hilfsstoffe		180,00 €
an 2600 Vorsteuer		34,20 €

Buchen von Warenrücksendungen an den Lieferanten

Erhält ein Unternehmen falsche oder nicht für die Produktion bzw. den Verkauf geeignete Ware, dann wird diese Ware zurückgeschickt.

Der Lieferant erstellt für diesen Vorgang eine Rechnungskorrektur. Um diese Rechnungskorrektur zu buchen, wird der bei der Eingangsrechnung erstellte Buchungssatz spiegelverkehrt gebucht.

Durch die Rückgabe nehmen die zuvor gebuchten Aufwendungen wieder ab. Gleichzeitig wird die Vorsteuer entsprechend gemindert und die Verbindlichkeiten gegenüber dem Lieferanten werden geringer.

Beispiel Warenrücksendung an den Lieferanten

Die Blum Music4You KG schickt noch nicht bezahlte Hilfsstoffe im Wert von 595,00 € brutto (inklusive 19 % Umsatzsteuer) an den Lieferanten zurück.
Buchung der Rechnungskorrektur:

Konto	Soll	Haben
4400 Verbindlichkeiten a. LL	595,00 €	
an 6020 Aufwendungen für Hilfsstoffe		500,00 €
an 2600 Vorsteuer		95,00 €

Buchen der Rechnungskorrektur des Lieferanten bei mangelhafter Warenlieferung

Erhält ein Unternehmen mangelhafte Ware, hat es das Recht, entweder neue, einwandfreie Ware geliefert zu bekommen oder, wenn es die mangelhafte Ware behält, dafür einen Preisnachlass zu erhalten. Ein nachträglicher Preisnachlass mindert den bereits gebuchten Warenaufwand, die Vorsteuer sowie die Verbindlichkeiten. Aus Gründen der Übersichtlichkeit wird dieser Preisnachlass zuerst auf einem gesonderten Konto „Nachlässe" erfasst.

mangelhafte Lieferung Kap. 9.5.4

Am Jahresende wird das Unterkonto „Nachlässe" über das entsprechende Aufwandskonto abgeschlossen.

Beispiel Rechnungskorrektur des Lieferanten bei mangelhafter Warenlieferung

Die Blum Music4You KG reklamiert eine Lieferung von Betriebsstoffen. Der Lieferant gewährt der Blum Music einen Preisnachlass über 300,00 € netto (zuzüglich 19 % Umsatzsteuer), der mit der noch offenen Rechnung verrechnet wird.
Buchung der Rechnungskorrektur:

Konto	Soll	Haben
4400 Verbindlichkeiten a. LL	357,00 €	
an 6032 Nachlässe für Betriebsstoffe		300,00 €
an 2600 Vorsteuer		57,00 €

Buchung zum 31. Dezember (mit entsprechendem Saldo von Konto 6032):

Konto	Soll	Haben
6032 Nachlässe für Betriebsstoffe	... €	
an 6030 Aufwendungen für Betriebsstoffe		... €

Buchen von Lieferantenskonti

Der Lieferant gewährt seinem Kunden in der Regel die Möglichkeit, die Rechnung unter Abzug von **Skonto** zu bezahlen. Dabei darf der Kunde die Rechnung um einen prozentualen Anteil kürzen, wenn er innerhalb einer bestimmten Frist bezahlt (zum Beispiel innerhalb von zehn Tagen). Dieser Preisnachlass mindert den bereits gebuchten Warenaufwand; aus Gründen der Übersichtlichkeit wird dieser wieder zuerst auf dem gesonderten Konto „Nachlässe" erfasst.[1] Zudem muss die Vorsteuer korrigiert werden, da sie ursprünglich auf den höheren Warenwert berechnet wurde.

Beispiel Lieferantenskonto

Die Blum Music4You KG begleicht eine Rechnung für Rohstoffe unter Abzug von 2 % Skonto (Bruttorechnungsbetrag: 833,00 €) durch Banküberweisung.

Buchung der Zahlung:

Konto	Soll	Haben
4400 Verbindlichkeiten a. LL	833,00 €	
an 2800 Bank		816,34 €
an 2600 Vorsteuer		2,66 €
an 6002 Nachlässe für Rohstoffe		14,00 €

Buchen von Lieferantenboni

Um treue Kunden zu belohnen, gewähren Lieferanten beim Erreichen einer bestimmten Umsatzhöhe häufig Umsatzrückvergütungen. Dieser nachträgliche Preisnachlass wird **Bonus** genannt. Boni mindern nachträglich den Warenaufwand, die Vorsteuer und i. d. R. die Verbindlichkeiten. Aus Gründen der Übersichtlichkeit werden sie auf dem gesonderten Konto „Nachlässe" erfasst.

Beispiel Lieferantenbonus

Ein Fremdbauteilelieferant gewährt der Blum Music4You KG einen Umsatzbonus von 714,00 € inklusive 19 % Umsatzsteuer. Der Bonus wird mit den noch offenen Rechnungen saldiert.

Buchung der Rechnungskorrektur:

Konto	Soll	Haben
4400 Verbindlichkeiten a. LL	714,00 €	
an 6012 Nachlässe für Fremdbauteile		600,00 €
an 2600 Vorsteuer		114,00 €

Abschluss der Konten „Bezugskosten" und „Nachlässe"

Die Konten „Bezugskosten" und „Nachlässe" werden nicht direkt in das Gewinn- und Verlustkonto gebucht, sondern als Unterkonten des jeweiligen Aufwandskontos in dieses abgeschlossen.

1 In diesem Buch wird die Vorsteuer bzw. Umsatzsteuer nach der „Nettomethode" berichtigt. Die sogenannte „Bruttomethode" bleibt außen vor.

Soll	Bezugskosten ...		Haben
	350,00	Aufwendungen für ...	350,00

Soll	Nachlässe ...		Haben
Aufwendungen für ...	200,00		200,00

Soll	Aufwendungen für ...		Haben
	1.500,00	Nachlässe	200,00
Bezugskosten	350,00	GuV	1.650,00
	1.850,00		1.850,00

Der im Konto „Aufwendungen für ...“ ermittelte Saldo, der ins Gewinn- und Verlustkonto gebucht wird, ist der sogenannte **Materialaufwand** oder **Warenaufwand. bzw. Wareneinsatz**

Zusammenfassung

Eingangsrechnung für Roh-, Hilfs-, Betriebsstoffe, Fremdbauteile, Handelswaren	6000 Aufwendungen für Rohstoffe 6010 Aufwendungen für Fremdbauteile 6020 Aufwendungen für Hilfsstoffe 6030 Aufwendungen für Betriebsstoffe 6080 Aufwendungen für Waren 2600 Vorsteuer	an 4400 Verbindlichkeiten a. LL
Berechnung von Verpackung, Fracht, Versicherung beim Einkauf von Roh-, Hilfs-, Betriebsstoffen, Fremdbauteilen, Handelswaren	6001 Bezugskosten für Rohstoffe 6011 Bezugskosten für Fremdbauteile 6021 Bezugskosten für Hilfsstoffe 6031 Bezugskosten für Betriebsstoffe 6081 Bezugskosten für Waren 2600 Vorsteuer	an 4400 Verbindlichkeiten a. LL
Rabatt	wird sofort vom Einkaufspreis abgezogen und nicht separat gebucht	
Rücksendung der Roh-, Hilfs-, Betriebsstoffe, Fremdbauteile, Handelswaren	4400 Verbindlichkeiten a. LL	an 2600 Vorsteuer 6000 Aufwendungen für Rohstoffe 6010 Aufwendungen für Fremdbauteile 6020 Aufwendungen für Hilfsstoffe 6030 Aufwendungen für Betriebsstoffe 6080 Aufwendungen für Waren
Rücksendung der Verpackung	4400 Verbindlichkeiten a. LL	an 2600 Vorsteuer 6001 Bezugskosten für Rohstoffe 6011 Bezugskosten für Fremdbauteile 6021 Bezugskosten für Hilfsstoffe 6031 Bezugskosten für Betriebsstoffe 6081 Bezugskosten für Waren
nachträgliche Preisminderung wegen Mängeln	4400 Verbindlichkeiten a. LL (oder) 2800 Bank	an 2600 Vorsteuer 6002 Nachlässe für Rohstoffe 6012 Nachlässe für Fremdbauteile 6022 Nachlässe für Hilfsstoffe 6032 Nachlässe für Betriebsstoffe 6082 Nachlässe für Waren

Fortsetzung Tabelle siehe nächste Seite

nachträglich gewährter Bonus	4400 Verbindlichkeiten a. LL (oder) 2800 Bank	an 2600 Vorsteuer 6002 Nachlässe für Rohstoffe 6012 Nachlässe für Fremdbauteile 6022 Nachlässe für Hilfsstoffe 6032 Nachlässe für Betriebsstoffe 6082 Nachlässe für Waren
Zahlung unter Abzug von Skonto	4400 Verbindlichkeiten a. LL	an 2600 Vorsteuer 2800 Bank 6002 Nachlässe für Rohstoffe 6012 Nachlässe für Fremdbauteile 6022 Nachlässe für Hilfsstoffe 6032 Nachlässe für Betriebsstoffe 6082 Nachlässe für Waren
Abschluss des Kontos „Bezugskosten"	6000 Aufwendungen für Rohstoffe 6010 Aufwendungen für Fremdbauteile 6020 Aufwendungen für Hilfsstoffe 6030 Aufwendungen für Betriebsstoffe 6080 Aufwendungen für Waren	an 6001 Bezugskosten für Rohstoffe an 6011 Bezugskosten für Fremdbauteile an 6021 Bezugskosten für Hilfsstoffe an 6031 Bezugskosten für Betriebsstoffe an 6081 Bezugskosten für Waren
Abschluss des Kontos „Nachlässe"	6002 Nachlässe für Rohstoffe 6012 Nachlässe für Fremdbauteile 6022 Nachlässe für Hilfsstoffe 6032 Nachlässe für Betriebsstoffe 6082 Nachlässe für Waren	an 6000 Aufwendungen für Rohstoffe an 6010 Aufwendungen für Fremdbauteile an 6020 Aufwendungen für Hilfsstoffe an 6030 Aufwendungen für Betriebsstoffe an 6080 Aufwendungen für Waren

6.6 Buchungen im Verkauf

Einstiegsfall Buchungen im Verkauf

In der Abteilung Rechnungswesen der Blum Music4You KG werden täglich alle Ausgangsrechnungen gedruckt und nachmittags per Briefpost an die Kunden verschickt. Jeweils eine Kopie erhalten die Abteilungen Verkauf und Buchhaltung. Franceska Klein hat sich inzwischen mit den Eingangsrechnungen intensiver beschäftigt, nun nimmt sie sich die Ausgangsrechnungen genauer vor. In einigen Ausgangsrechnungen findet sie Hinweise auf Rabatte, Versandkosten oder Skonti. Franceska Klein bittet Frau Zegon um Antworten auf ihre Fragen: „Müssen diese Vorgänge einzeln gebucht werden? Wenn ja, auf welchen Konten werden sie erfasst? Was passiert mit den Konten zum 31. Dezember?"

Beim Verkauf von Produkten und Dienstleistungen gibt es – ähnlich wie im Einkauf – besondere Vorgänge, die bei der Buchung unter Umständen separat auf Konten erfasst werden müssen.

Buchen von Rabatten

Beim Verkauf gewährte Rabatte werden auch aus Lieferantensicht nicht gesondert gebucht.

Beispiel Rabatt

Die Blum Music4You KG verkauft eine fertige Gitarre zum Preis von 2.000,00 €. Der langjährige Kunde erhält einen Rabatt von 10 %. Die Lieferung erfolgt auf Ziel zuzüglich 19 % Umsatzsteuer.

	Verkauf Fertigerzeugnisse auf Ziel	2.000,00 €
–	10 % Rabatt	200,00 €
=		1.800,00 €
+	19 % USt	342,00 €
=		2.142,00 €

Buchung der Ausgangsrechnung (AR):

Konto	Soll	Haben
2400 Forderungen a. LL	2.142,00 €	
an 4800 Umsatzsteuer		342,00 €
an 5000 Umsatzerlöse für eigene Erzeugnisse		1.800,00 €

Buchen von Nebenkosten

Nebenkosten sind alle Kosten außer dem reinen Warenwert, die dem Kunden berechnet werden. Dazu gehören Fracht, Verpackung sowie Transportversicherung. Nebenkosten für Verpackung und Transport stellen für den Verkäufer bzw. Lieferanten einen Aufwand dar, den er zwar später dem Kunden in Rechnung stellen, aber vorab bezahlen muss.

Das für den sicheren Transport zum Kunden notwendige Verpackungsmaterial wird als Aufwand auf dem Konto „Aufwendungen für Verpackungsmaterial" gebucht und dem Kunden später in Rechnung gestellt. Am Jahresende wird das Konto „Aufwendungen für Verpackungsmaterial" über das Konto „Gewinn- und Verlust" abgeschlossen.

Beispiel Verpackungskosten

Die Blum Music4You KG kauft Kartons für den Versand von Waren im Wert von 300,00 € zuzüglich 19 % Umsatzsteuer.

Buchung der Eingangsrechnung (ER):

Konto	Soll	Haben
6040 Aufwendungen für Verpackungsmaterial	300,00 €	
2600 Vorsteuer	57,00 €	
an 4400 Verbindlichkeiten a. LL		357,00 €

Warenschulden sind Holschulden. Grundsätzlich muss der Käufer der Ware die Transportkosten tragen (vertragliche Abweichungen möglich). Die von dem Verkäufer vorgestreckten Kosten werden auf dem Konto „Ausgangsfrachten" gebucht und dem Kunden später in Rechnung gestellt.

Am Jahresende wird das Konto „Ausgangsfrachten" über das Konto „Gewinn- und Verlust" abgeschlossen.

Beispiel Transportkosten

Die Blum Music4You KG erhält eine Rechnung über 200,00 € (zuzüglich 19 % Umsatzsteuer) eines Spediteurs, der die Ware von Blum Music zum Kunden gebracht hat.

Buchung der Eingangsrechnung (ER):

Konto	Soll	Haben
6140 Ausgangsfrachten	200,00 €	
2600 Vorsteuer	38,00 €	
an 4400 Verbindlichkeiten a. LL		238,00 €

Nebenkosten werden dem Kunden zusätzlich zum Warenwert berechnet. Nebenkosten erhöhen die Umsatzerlöse. Ein Unterkonto ist nicht vorgesehen.

Beispiel Nebenkosten

Die Blum Music4You KG verkauft diverse Fanartikel einer neuen Künstlerin im Wert von 1.000,00 €. Für die Lieferung berechnet Blum Music eine Frachtpauschale von 200,00 €. Die Lieferung erfolgt auf Ziel zuzüglich 19 % Umsatzsteuer.

	Warenwert	1.000,00 €
+	Frachtpauschale	200,00 €
=		1.200,00 €
+	19 % USt	228,00 €
=		1.428,00 €

Buchung der Ausgangsrechnung (AR):

Konto	Soll	Haben
2400 Forderungen a. LL	1.428,00 €	
an 4800 Umsatzsteuer		228,00 €
an 5100 Umsatzerlöse für Waren		1.200,00 €

Buchen der Rückgabe von Leihverpackung

Verpackungsmaterial (zum Beispiel Kisten) werden zunächst in Rechnung gestellt und dann vom Kunden zurückgegeben. Dadurch nehmen die zuvor gebuchten Umsatzerlöse wieder ab. Gleichzeitig wird die Umsatzsteuer entsprechend gemindert und die Forderungen gegenüber dem Kunden werden geringer.

Beispiel Rückgabe von Leihverpackung

Ein Kunde schickt die Verpackung einer Gitarrenlieferung vereinbarungsgemäß zurück. Die Blum Music4You KG schreibt ihm dafür 180,00 € zuzüglich 19 % Umsatzsteuer gut.

Buchung der Rechnungskorrektur:

Konto	Soll	Haben
4800 Umsatzsteuer	34,20 €	
5000 Umsatzerlöse für eigene Erzeugnisse	180,00 €	
an 2400 Forderungen a. LL		214,20 €

Buchen von Warenrücksendungen durch Kunden

Bei einer mangelhaften Lieferung schickt der Kunde die Ware an den Lieferanten zurück. Der Lieferant storniert daraufhin den Buchungssatz, den er bei der Ausgangsrechnung gebucht hatte.

Beispiel Warenrücksendung durch Kunden

Ein Kunde schickt eine Gitarre im Wert von 500,00 € zuzüglich 19 % Umsatzsteuer an die Blum Music4You KG zurück. Die Blum Music schreibt dem Kunden den Betrag gut.
Buchung der Rechnungskorrektur:

Konto	Soll	Haben
4800 Umsatzsteuer	95,00 €	
5000 Umsatzerlöse für eigene Erzeugnisse	500,00 €	
an 2400 Forderungen a. LL		595,00 €

Buchen von Rechnungskorrekturen an Kunden wegen mangelhafter Warenlieferung

Wenn einem Kunden mangelhafte Produkte geliefert werden, hat er Anspruch auf die Lieferung neuer, einwandfreier Produkte oder auf einen Preisnachlass. Ein nachträglicher Preisnachlass mindert den bereits gebuchten Umsatz, die Umsatzsteuer und die Forderungen. Aus Gründen der Übersichtlichkeit wird der Nachlass zuerst auf einem gesonderten Konto „Erlösberichtigungen" erfasst.

Das Konto „Nachlässe" wird nur beim Einkauf von Waren gebucht, beim Verkauf heißt das entsprechende Konto „Erlösberichtigungen".

Am Jahresende wird das Unterkonto „Erlösberichtigungen ... " über das jeweilige Konto „Umsatzerlöse ..." abgeschlossen.

Beispiel Rechnungskorrektur an Kunden wegen mangelhafter Warenlieferung

Die Blum Music4You KG gewährt einem Kunden, der eine fehlerhafte Warenlieferung reklamiert hat, eine Rechnungskorrektur über 300,00 € zuzüglich 19 % Umsatzsteuer.
Buchung der Rechnungskorrektur:

Konto	Soll	Haben
4800 Umsatzsteuer	57,00 €	
5101 Erlösberichtigungen für Waren	300,00 €	
an 2400 Forderungen a. LL		357,00 €

Buchung zum 31. Dezember (mit entsprechendem Saldo von Konto 5101):

Konto	Soll	Haben
5100 Umsatzerlöse für Waren	... €	
an 5101 Erlösberichtigungen für Waren		... €

Buchen von Kundenskonti

Ein Unternehmen bietet seinen Kunden in der Regel die Möglichkeit, die Rechnung unter Abzug von Skonto zu bezahlen, wenn sie dies innerhalb einer vereinbarten Frist tun. Dieser Preisnachlass mindert den bereits gebuchten Umsatz, die Umsatzsteuer und die Forderungen. Aus Gründen der Übersichtlichkeit wird der Nettoskontobetrag auf dem Konto „Erlösberichtigungen" erfasst.

Beispiel Kundenskonto

Ein Kunde überweist eine Gitarren-Rechnung mit einem Bruttorechnungsbetrag von 833,00 € unter Abzug von 2 % Skonto.

Buchung des Zahlungseingangs:

Konto	Soll	Haben
2800 Bank	816,34 €	
4800 Umsatzsteuer	2,66 €	
5001 Erlösberichtigungen für eigene Erzeugnisse	14,00 €	
an 2400 Forderungen a. LL		833,00 €

Buchen von Kundenboni

Um treue Kunden zu belohnen, kann ein Unternehmen ihnen ab einer bestimmten Umsatzhöhe eine Umsatzrückvergütung gewähren. Boni mindern nachträglich den Umsatz, die Umsatzsteuer und die Forderungen bzw. erhöhen das Bankkonto. Auch sie werden auf dem Konto „Erlösberichtigungen" erfasst.

Beispiel Kundenboni

Die Blum Music4You KG bewilligt einem Kunden für gekaufte Fanartikel einen Umsatzbonus von 700,00 € zuzüglich 19 % Umsatzsteuer und überweist den Bonus.

Buchung der Rechnungskorrektur:

Konto	Soll	Haben
4800 Umsatzsteuer	133,00 €	
5101 Erlösberichtigungen für Waren	700,00 €	
an 2800 Bank		833,00 €

Abschluss der Konten „Erlösberichtigungen", „Umsatzerlöse", „Aufwendungen für Verpackungsmaterial" und „Ausgangsfrachten"

Das Konto „Erlösberichtigungen" wird nicht direkt in das Gewinn- und Verlustkonto gebucht, sondern als Unterkonto des jeweiligen Ertragskontos über dieses abgeschlossen.

Soll	Erlösberichtigungen ...		Haben
	350,00	Umsatzerlöse ...	350,00

Soll	Umsatzerlöse ...		Haben
Erlösber. ...	350,00		1.500,00
GuV	1.150,00		
	1.500,00		1.500,00

Die Konten „Aufwendungen für Verpackungsmaterial" und „Ausgangsfrachten" werden direkt über das Konto „Gewinn- und Verlust" abgeschlossen.

Zusammenfassung

Ausgangsrechnung für fertige Erzeugnisse, Handelswaren	2400 Forderungen a. LL	an	5000 Umsatzerlöse für eigene Erzeugnisse 5100 Umsatzerlöse für Waren 4800 Umsatzsteuer
Berechnung von Verpackung, Fracht, Versicherung beim Verkauf	2400 Forderungen a. LL	an	5000 Umsatzerlöse für eigene Erzeugnisse 5100 Umsatzerlöse für Waren 4800 Umsatzsteuer
Rabatt	wird sofort abgezogen und nicht separat gebucht		
Rücksendung der fertigen Erzeugnisse, Handelswaren	5000 Umsatzerlöse für eigene Erzeugnisse 5100 Umsatzerlöse für Waren 4800 Umsatzsteuer	an	2400 Forderungen a. LL
Rücksendung von Verpackung	5000 Umsatzerlöse für eigene Erzeugnisse 5100 Umsatzerlöse für Waren 4800 Umsatzsteuer	an	2400 Forderungen a. LL
nachträgliche Preisminderung wegen Mängeln	5001 Erlösberichtigungen für eigene Erzeugnisse 5101 Erlösberichtigungen für Waren 4800 Umsatzsteuer	an	2400 Forderungen a. LL (oder) 2800 Bank
nachträglich gewährter Bonus	5001 Erlösberichtigungen für eigene Erzeugnisse 5101 Erlösberichtigungen für Waren 4800 Umsatzsteuer	an	2400 Forderungen a. LL (oder) 2800 Bank
Zahlung unter Abzug von Skonto	5001 Erlösberichtigungen für eigene Erzeugnisse 5101 Erlösberichtigungen für Waren 4800 Umsatzsteuer	an	2400 Forderungen a. LL
Kauf von Verpackungsmaterial für den Versand	6040 Aufwendungen für Verpackungsmaterial 2600 Vorsteuer	an	4400 Verbindlichkeiten a. LL
Kauf von Frachtleistung oder Lagerung für Kundenwaren	6140 Ausgangsfrachten oder Fremdlager 2600 Vorsteuer	an	4400 Verbindlichkeiten a. LL
Abschluss des Kontos „Erlösberichtigungen“	5000 Umsatzerlöse für eigene Erzeugnisse 5100 Umsatzerlöse für Waren	an an	5001 Erlösberichtigungen für eigene Erzeugnisse 5101 Erlösberichtigungen für Waren
Abschluss des Kontos „Aufwendungen für Verpackungsmaterial“	8020 Gewinn- und Verlustkonto	an	6040 Aufwendungen für Verpackungsmaterial
Abschluss des Kontos „Ausgangsfrachten oder Fremdlager“	8020 Gewinn- und Verlustkonto	an	6140 Ausgangsfrachten oder Fremdlager

6.7 Periodenabschluss (Monats-, Quartals- oder Jahresabschluss)

laufende Geschäftsvorfälle Kap. 6.2.4

Sämtliche Geschäftsvorfälle müssen nach Vorliegen des Belegs in der Finanzbuchhaltung gebucht werden. Neben diesen laufenden Geschäftsvorfällen werden regelmäßig für bestimmte Perioden (monatlich, vierteljährlich oder jährlich) Abschlüsse durchgeführt, um eine Übersicht über das Vermögen, über die Schulden und über die Gewinn- und Verlustsituation dieses Zeitraums zu bekommen.

Jahresabschluss Kap. 6.9

Jedes Unternehmen ist verpflichtet, mindestens einmal im Jahr den **Jahresabschluss** durchzuführen. Dieser Abschluss unterliegt umfangreichen und detaillierten gesetzlichen Vorschriften.

Um den Gewinn oder Verlust einer Periode korrekt zu ermitteln, müssen neben den Aufwendungen und Erträgen aus den laufenden Geschäftsvorfällen auch Aufwendungen und Erträge, die sich aus der Inventur ergeben, berücksichtigt werden.

Grundsätzlich gilt:
- Weicht der Kontostand eines Kontos (= Buchbestand) von dem bei der Inventur ermittelten tatsächlichen Bestand (Ist-Bestand) ab, so muss mithilfe einer vorbereitenden Abschlussbuchung der Buchbestand korrigiert werden.
- Der Buchungsbetrag ist immer die Differenz zwischen Ist-Bestand und Buchbestand.
- Ist der Ist-Bestand auf dem aktiven Bestandskonto höher als der Buchbestand, so wird auf dem Bestandskonto im Soll gebucht.
- Ist der Ist-Bestand auf dem aktiven Bestandskonto niedriger als der Buchbestand, so wird auf dem Bestandskonto im Haben gebucht.
- Das Gegenkonto ist immer ein Erfolgskonto.
- Bevor die Bilanz aufgestellt wird, müssen sämtliche Buchbestände auf allen Bestandskonten mit den Ist-Beständen übereinstimmen.

Die Anpassung der Buchbestände an die Ist-Bestände muss insbesondere auf den Konten vorgenommen werden, auf denen keine laufenden Geschäftsvorfälle gebucht werden. Dazu gehören:
- die unfertigen und fertigen Erzeugnisse (Gegenkonto Bestandsveränderungen),
- die Materialbestände wie die Rohstoffe (Gegenkonto Materialaufwand).

Außerdem müssen die Wertminderungen der Sachanlagen durch Abschreibungen berücksichtigt werden.

Übersicht über die Werteströme der Blum Music4You KG

Wertezufluss → **Blum Music4You KG** → **Werteabfluss**

Wertezufluss
- Nutzen der Sachanlagen
- Wareneinsatz
- Verbrauch von Materialien
- Einsetzen von Arbeitskraft

Blum Music4You KG

Lagerung/Verarbeitung
- Waren
- Materialien
- unfertige Erzeugnisse
- fertige Erzeugnisse

Werteabfluss
- Dienstleistungen und Waren
- fertige Erzeugnisse

Zu den Wertezuflüssen gehören die Nutzung der **Sachanlagen** (Gebäude, Geschäftsausstattung, Lagereinrichtung, Maschinen), die Beschaffung von **Waren** (CDs, DVDs, Fanartikel) und **Materialien** für die Fertigung der E-Gitarren (Rohstoffe, Hilfsstoffe, bezogene Fertigteile) sowie der Einsatz der **Arbeitskraft** der Mitarbeiter des Betriebs.

Die geschaffenen Werte fließen als **Dienstleitungen** (Organisation von Konzertveranstaltungen), **Waren** und **fertige Erzeugnisse** (E-Gitarren) an die Kunden.

Die Wertezuflüsse werden in der Finanzbuchhaltung als **Aufwendungen,** die Werteabflüsse als **Erträge** erfasst.

Der Betrag, um den die Erträge die Aufwendungen übersteigen, ist der **Gewinn.** Sind die Aufwendungen höher als die Erträge, handelt es sich um einen **Verlust.**

Die in der Bilanz aufgeführten Vermögensgegenstände (Aktiva) und das eingesetzte Kapital (Passiva) werden auf **Bestandskonten** geführt (Klassen 0 bis 4). Für die Wertezuflüsse werden **Aufwandskonten** (Klassen 6 und 7) und für die Werteabflüsse **Ertragskonten** (Klasse 5) eingerichtet. Aufwandskonten und Ertragskonten werden zusammen als **Erfolgskonten** bezeichnet.

Buchen auf Erfolgskonten Kap. 6.3
Kontenplan Blum Music im Anhang

Übersicht über die wichtigsten Aufwendungen und Erträge der Blum Music4You KG

Aufwendungen → **Blum Music4You KG** → **Erträge**

Aufwendungen
- Abschreibungen auf Sachanlagen
- Aufwendungen für Waren
- Aufwendungen für Roh-, Hilfsstoffe und für bezogene Fertigteile
- Löhne und Gehälter

Erträge

Umsatzerlöse für
- Dienstleistungen
- Waren
- fertige Erzeugnisse

Im Rahmen des Periodenabschlusses werden die bereits im Rahmen der laufenden Geschäftsvorfälle gebuchten Aufwendungen und Erträge ergänzt bzw. korrigiert.

6.7.1 Kontostand ermitteln durch Abschließen von Konten

Jedes Konto in der Finanzbuchhaltung weist einen Kontostand aus. Der Kontostand ist die Differenz zwischen der Buchungssumme auf der Soll-Seite und der Buchungssumme auf der Haben-Seite des Kontos. Die Summen werden als **Soll-Kontoumsatz** und **Haben-Kontoumsatz** bezeichnet. Überwiegt der Soll-Kontoumsatz, wird der Kontostand im Soll ausgewiesen, das Konto weist einen **Soll-Saldo** aus. Überwiegt der Haben-Kontoumsatz wird der Kontostand im Haben ausgewiesen, das Konto weist einen **Haben-Saldo** aus.

Die Kontoumsätze und Kontosalden können in der **Summen- und Saldenliste** zusammenfassend dargestellt werden.

Beispiel Summen- und Saldenliste

Am 14. April 20.. weisen die Konten „Bankdarlehen" und „Umsatzerlöse", dargestellt als T-Konten, folgende Buchungen aus:

Soll	4230 Bankdarlehen		Haben
Bank	5.000,00	EBK	50.000,00
Bank	5.000,00	Bank	20.000,00
Bank	5.000,00		

Soll	5000 Umsatzerlöse		Haben
...		Ford. a. LL	12.000,00
...		Ford. a. LL	7.000,00

Die Buchungen werden in der Summen- und Saldenliste folgendermaßen dargestellt:

Konto	Soll-Umsatz	Haben-Umsatz	Soll-Saldo	Haben-Saldo
...				
4230 Bankdarlehen	15.000,00 €	70.000,00 €		55.000,00 €
...				
5000 Umsatzerlöse		19.000,00 €		19.000,00 €
...				
Summen	21.234.000,00 €	21.234.000,00 €	34.400,00 €	34.400,00 €

Wird die Summen- und Saldenliste von sämtlichen in der Finanzbuchhaltung geführten Konten (Bestandskonten und Erfolgskonten) erstellt, sind sowohl die Summen der Soll-Umsätze und der Haben-Umsätze als auch die Summen der Soll-Salden und der Haben-Salden identisch.

Im Rahmen des Periodenabschlusses wird der Kontostand durch **Abschließen des Kontos** ermittelt. Das Abschließen eines Kontos, das als T-Konto dargestellt ist, erfolgt in folgenden Schritten:

1. Die Buchungen der Soll-Seite und die Buchungen der Haben-Seite werden jeweils addiert. (Soll-Kontoumsatz und Haben-Kontoumsatz werden ermittelt.)
2. Zwischen beiden Summen wird die Differenz ermittelt. Die Differenz entspricht dem Saldo des Kontos bzw. dem Kontostand.
3. Überwiegt die Soll-Seite (es handelt sich also um einen Soll-Saldo) erfolgt die Abschlussbuchung in Höhe des Saldos auf der Haben-Seite des Kontos. Liegt ein Haben-Saldo vor, erfolgt die Abschlussbuchung auf der Soll-Seite.
4. Das Gegenkonto ist das Konto, über das die Abschlussbuchung erfolgt. Die Kontonummer des Gegenkontos wird – wie üblich – eingetragen.
5. Mit der **Abschlussbuchung** ist der Saldo auf das Gegenkonto übertragen. Ein abgeschlossenes Konto hat den Saldo Null.
6. In der folgenden Rechnungsperiode wird der Saldo mithilfe einer Eröffnungsbuchung wieder vorgetragen.

Beispiel Abschließen des Kontos „Forderungen a. LL“

Das Konto „Forderungen aus Lieferungen und Leistungen“ wird am 1. Januar mit einem Anfangsbestand von 5.950,00 € eröffnet. Im Laufe des Geschäftsjahres werden drei Ausgangsrechnungen an Kunden und zwei Zahlungseingänge von Kunden gebucht. Vor Durchführung der Abschlussbuchung hat das Konto folgendes Aussehen:

Soll	2400 Forderungen a. LL		Haben
8000	5.950,00	2800	4.760,00
5000, 4800	4.760,00	2800	2.380,00
5000, 4800	3.570,00		
5000, 4800	2.380,00		

1. Schritt: Ermitteln der folgenden Beträge

- Soll-Kontoumsatz (Summe Soll-Seite): 16.660,00 €
- Haben-Kontoumsatz (Summe Haben-Seite): 7.140,00 €
- Soll-Saldo (Soll-Seite überwiegt): 9.520,00 €

2. Schritt: Durchführen der Abschlussbuchung

Das Gegenkonto für die Abschlussbuchung ist das Schlussbilanzkonto (SBK). Der zu buchende Betrag ist der im 1. Schritt ermittelte Saldo. Die Abschlussbuchung lautet:

Konto	Soll	Haben
8010 Schlussbilanzkonto (SBK)	9.520,00 €	
an 2400 Forderungen a. LL		9.520,00 €

Damit hat das Konto **nach** Durchführung der Abschlussbuchung folgendes Aussehen:

Soll	2400 Forderungen a. LL		Haben
8000	5.950,00	2800	4.760,00
5000, 4800	4.760,00	2800	2.380,00
5000, 4800	3.570,00	8010	9.520,00
5000, 4800	2.380,00		
	16.660,00		16.660,00

Das abgeschlossene Konto „2400 Forderungen a. LL“ hat den Saldo Null. Der Kontostand ist auf das SBK übertragen. Im SBK ist damit ersichtlich, welcher Betrag am 31. Dezember insgesamt noch von Kunden aussteht, in diesem Fall sind es 9.520,00 €.

Abschließen der Bargeldkonten

Für die Bargeldkonten (Konto „Kasse“) gibt es eine Besonderheit: Die Abrechnung muss täglich erfolgen. Der ermittelte Kontostand (Buchbestand) muss mit dem tatsächlich vorhandenen Betrag (Ist-Bestand) abgestimmt werden. Bei Differenzen muss der Buchbestand, also der auf dem Konto ausgewiesene Kontostand, durch eine Buchung in Höhe des Differenzbetrags korrigiert werden.

6.7.2 Periodenabschluss buchungstechnisch durchführen

Um den Gewinn bzw. Verlust einer Rechnungsperiode zu ermitteln, werden alle Erfolgskonten über das **Gewinn- und Verlustkonto** (GuV-Konto), die Bestandskonten über das **Schlussbilanzkonto** (SBK) abgeschlossen.

Beispiel Einfacher Jahresabschluss

Die sehr einfache und übersichtliche Bilanz des Möbelherstellers Falk OHG enthält zum 1. Januar des Geschäftsjahres 01 die folgenden Positionen und Beträge.

Aktiva	**Eröffnungsbilanz 01**		**Passiva**
Rohstoffe	30.000,00	Eigenkapital	45.000,00
Forderungen	40.000,00	Verbindlichkeiten	75.000,00
Bank	50.000,00		
	120.000,00		120.000,00

Im Geschäftsjahr 01 fallen die folgenden Geschäftsvorfälle an:

1.	Kauf von Rohstoffen auf Ziel	20.000,00 €
2.	Überweisung der Löhne	10.000,00 €
3.	Zahlungseingang von Kunden per Überweisung	6.000,00 €
4.	Zahlungsausgang an Lieferanten per Überweisung	3.000,00 €
5.	Verkauf von fertigen Erzeugnissen auf Ziel	35.000,00 €

Die Inventur am 31. Dezember des Geschäftsjahres 01 ergibt, dass der Rohstoffbestand unverändert ist. Das bedeutet, dass exakt die eingekaufte Rohstoffmenge verbraucht wurde. Es befinden sich am 31. Dezember keine fertigen oder unfertigen Erzeugnisse im Lager, das heißt, genau die im Geschäftsjahr 01 gefertigten Produkte wurden auch im Geschäftsjahr 01 verkauft. Die Umsatzsteuer wird in dieser Betrachtung vernachlässigt.

Die folgende Darstellung zeigt die Hauptbuchkonten nach Eröffnung der Bestandskonten am 1. Januar und nach Buchung der laufenden Geschäftsvorfälle im Geschäftsjahr 01:

Soll	**2000 Rohstoffe**		**Haben**
EBK	30.000,00		

Soll	**3000 Eigenkapital**		**Haben**
		EBK	45.000,00

Soll	**2400 Forderungen a. LL**		**Haben**
EBK	40.000,00	2800	6.000,00
5000	35.000,00		

Soll	**4400 Verbindlichkeiten a. LL**		**Haben**
2800	3.000,00	EBK	75.000,00
		6000	20.000,00

Soll	**2800 Bank**		**Haben**
EBK	50.000,00	4400	3.000,00
2400	6.000,00	6200	10.000,00

Soll	**5000 Umsatzerlöse**		**Haben**
		2400	35.000,00

Soll	**6000 Aufw. für Rohstoffe**		**Haben**
4400	20.000,00		

Soll	**6200 Löhne**		**Haben**
2800	10.000,00		

Soll	**8000 Eröffnungsbilanzkonto**		**Haben**
3000	45.000,00	2000	30.000,00
4400	75.000,00	2400	40.000,00
		2800	50.000,00

Das **Abschließen der Konten** erfolgt in der Reihenfolge:

1. Abschließen der Erfolgskonten über das GuV-Konto. Dabei gilt:
   - Aufwandskonto (mit Soll-Saldo): GuV-Konto an Aufwandskonto
   - Ertragskonto (mit Haben-Saldo): Ertragskonto an GuV-Konto
2. Abschließen des GuV-Kontos über das Konto „Eigenkapital". Dabei gilt:
   - Aufwendungen < Erträge (Gewinn = Haben-Saldo): GuV-Konto an Eigenkapital
   - Aufwendungen > Erträge (Verlust = Soll-Saldo): Eigenkapital an GuV-Konto
3. Abschließen der Bestandskonten über das SBK

Beispiel **Einfacher Jahresabschluss (Fortsetzung)**

Nach Durchführung der Abschlussbuchungen haben sämtliche Konten, einschließlich des GuV-Kontos und des Schlussbilanzkontos, den Saldo Null:

Soll	8020 GuV-Konto		Haben
6000	20.000,00	5000	35.000,00
6200	10.000,00		
3000	5.000,00		
	35.000,00		35.000,00

Soll	8010 SBK		Haben
2000	30.000,00	3000	50.000,00
2400	69.000,00	4400	92.000,00
2800	43.000,00		
	142.000,00		142.000,00

Der Jahresabschluss für das Geschäftsjahr 01 weist einen Gewinn von 5.000,00 € aus.

6.7.3 Umsatzsteuerkonten im Jahresabschluss

Die abzuführende Umsatzsteuer ist monatlich zu ermitteln und bis zum 10. des folgenden Monats an das Finanzamt abzuführen. Die Durchführung des Jahresabschlusses erfolgt in der Regel am 31. Dezember. Zu diesem Zeitpunkt ist die abzuführende Umsatzsteuer bereits ermittelt, aber noch nicht abgeführt.

Umsatzsteuer-voranmeldung Kap. 6.4.4

Liegt eine Zahllast vor, hat das Unternehmen eine kurzfristige Verbindlichkeit gegenüber dem Finanzamt. Eine am 31. Dezember vorliegende Zahllast muss in der Bilanz als Verbindlichkeit auf der Passivseite ausgewiesen werden. Dieser Vorgang wird als **Passivierung der Zahllast** bezeichnet.

Liegt ein Vorsteuerüberhang vor, hat das Unternehmen eine kurzfristige Forderung an das Finanzamt. Ein am 31. Dezember vorliegender Vorsteuerüberhang muss in der Bilanz als Forderung auf der Aktivseite ausgewiesen werden. Dieser Vorgang wird als **Aktivierung des Vorsteuerüberhangs** bezeichnet.

Beispiel **Passivierung der Zahllast im Geschäftsjahr 01**

Die auf den Eingangsrechnungen und Eingangsquittungen des Monats Dezember ausgewiesene Umsatzsteuer, in der Finanzbuchhaltung der Blum Music4You KG als Vorsteuer gebucht, beträgt insgesamt 17.000,00 €. Die Ausgangsrechnungen und Ausgangsquittungen des gleichen Zeitraums belegen insgesamt eine Umsatzsteuer von 20.000,00 €. Es liegt also eine Zahllast von 3.000,00 € vor.

Die Zahllast wird, wie in den anderen Monaten auch, buchhalterisch durch Abschließen des Kontos „Vorsteuer" über das Konto „Umsatzsteuer" ermittelt (vgl. Kap. 6.4.2). Die Buchung lautet:

Konto	Soll	Haben
4800 Umsatzsteuer	17.000,00 €	
an 2600 Vorsteuer		17.000,00 €

Damit ist das Konto „2600 Vorsteuer" abgeschlossen (Saldo = Null) und das Konto „4800 Umsatzsteuer" weist als Haben-Saldo die Zahllast von 3.000,00 € aus.

Soll	2600 Vorsteuer	Haben
17.000,00		17.000,00

Soll	4800 Umsatzsteuer	Haben
17.000,00		20.000,00

Die Überweisung an das Finanzamt wird erst in den ersten Tagen des neuen Geschäftsjahres erfolgen. Zum Zeitpunkt der Bilanzerstellung am 31. Dezember wird das Konto „4800 Umsatzsteuer" über das Konto „8010 Schlussbilanzkonto" abgeschlossen. Die Buchung lautet:

Konto	Soll	Haben
4800 Umsatzsteuer	3.000,00 €	
an 8010 Schlussbilanzkonto		3.000,00 €

Damit ist das Bestandskonto „4800 Umsatzsteuer" abgeschlossen und die Zahllast erscheint im Haben des Schlussbilanzkontos.

Soll	4800 Umsatzsteuer		Haben
	17.000,00		20.000,00
8010	3.000,00		
	20.000,00		20.000,00

Soll	8010 SBK		Haben
...		...	
		4800	3.000,00

Die auf der Haben-Seite des Schlussbilanzkontos aufgeführten Konten werden in der Bilanz auf der Passivseite ausgewiesen. Die Zahllast von 3.000,00 € ist damit passiviert.

Mit der Eröffnungsbuchung im Geschäftsjahr 02 wird das Konto „4800 Umsatzsteuer" wieder mit dem Anfangsbestand von 3.000,00 € im Haben eröffnet:

Konto	Soll	Haben
8000 Eröffnungsbilanzkonto	3.000,00 €	
an 4800 Umsatzsteuer		3.000,00 €

Die Zahllast für Dezember des Geschäftsjahres 01 wird Anfang Januar des Geschäftsjahres 02 wie üblich mit der Buchung

Konto	Soll	Haben
4800 Umsatzsteuer	3.000,00 €	
an 2800 Bank		3.000,00 €

an das Finanzamt überwiesen.

Beispiel Aktivierung des Vorsteuerüberhangs im Geschäftsjahr 02

Die gebuchte Vorsteuer im Dezember des Geschäftsjahres 02 beträgt 21.000,00 €, die gebuchte Umsatzsteuer in diesem Zeitraum 17.000,00 €. Der Vorsteuerüberhang beträgt 4.000,00 € und wird durch Abschließen des Kontos „4800 Umsatzsteuer" buchhalterisch ermittelt.

Soll	2600 Vorsteuer		Haben
	21.000,00	4800	17.000,00

Soll	4800 Umsatzsteuer		Haben
2600	17.000,00		17.000,00

Die Erstattung des Vorsteuerüberhangs durch das Finanzamt wird erst in den ersten Tagen des Geschäftsjahres 03 erfolgen. Zum Zeitpunkt der Bilanzerstellung am 31. Dezember wird das Konto „2600 Vorsteuer" über das Konto „8010 SBK" abgeschlossen. Die Buchung lautet:

Konto	Soll	Haben
8010 Schlussbilanzkonto	4.000,00 €	
an 2600 Vorsteuer		4.000,00 €

Damit ist das Bestandskonto „2600 Vorsteuer" abgeschlossen und der Vorsteuerüberhang erscheint im Soll des Schlussbilanzkontos.

Soll	2600 Vorsteuer		Haben
	21.000,00	4800	17.000,00
		8010	4.000,00
	21.000,00		21.000,00

Soll	8010 SBK		Haben
...		...	
2600	4.000,00		

Die auf der Soll-Seite des Schlussbilanzkontos aufgeführten Konten werden in der Bilanz auf der Aktivseite ausgewiesen. Der Vorsteuerüberhang von 4.000,00 € ist damit aktiviert.

Das Konto „2600 Vorsteuer" wird am 1. Januar des Geschäftsjahres 03 wieder mit dem Anfangsbestand von 4.000,00 € im Soll eröffnet. Der Zahlungseingang des Finanzamts Anfang Januar des Geschäftsjahres 03 führt wie üblich zum Ausgleich des Kontos „2600 Vorsteuer".

6.7.4 Bestandsveränderungen an unfertigen und fertigen Erzeugnissen

Einstiegsfall Bestandsveränderungen bei Blum Music

In der Bilanz der Blum Music4You KG zum 31. Dezember des Vorjahres werden die unfertigen und fertigen Erzeugnisse mit 4.000,00 € bzw. 6.000,00 € ausgewiesen. Bei den unfertigen Erzeugnissen handelt es sich um die am Bilanzstichtag in der Fertigung befindlichen E-Gitarren. Die fertigen Erzeugnisse sind die bereits fertiggestellten, aber noch nicht ausgelieferten Gitarren. Die Bewertung der unfertigen und fertigen Erzeugnisse in der Jahresbilanz erfolgt nach den Herstellungskosten. Für die Bestimmung der **Herstellungskosten** gelten detaillierte gesetzliche Vorschriften.

Herstellungskosten Kap. 10.2.2

Die Blum Music berücksichtigt bei der Ermittlung der Herstellungskosten der E-Gitarren die Einkaufspreise der verwendeten Materialien und die Löhne für die eingesetzte Arbeitszeit.

Bestandsmehrungen im Geschäftsjahr 01

Die Saldenliste der Blum Music4You KG weist am 31. Dezember des Geschäftsjahres 01 ohne Berücksichtigung der Bestandsveränderungen unter anderem folgende Kontostände aus:

Konto	Bezeichnung	Soll	Haben
2100	Unfertige Erzeugnisse	4.000,00 €	
2200	Fertige Erzeugnisse	6.000,00 €	
6000 ... 7999	Aufwendungen gesamt	85.000,00 €	
5000	Umsatzerlöse		90.000,00 €

Die Finanzbuchhaltung weist damit einen vorläufigen Gewinn von 5.000,00 € aus. Der Bestand an unfertigen und fertigen Erzeugnissen hat sich im Geschäftsjahr 01 jedoch verändert. Die Bewertung ergibt sich aus der folgenden Darstellung der Lagerbestände:

Lagerbestand E-Gitarren in der Fertigung 31. Dezember Geschäftsjahr 01		
Auftrag Nr.	**Stand der Fertigung**	**Herstellungskosten bisher**
12340	nur Korpus und Gitarrenhals gefertigt	800,00 €
12339	Elektronik teilweise eingebaut	1.400,00 €
12338	in der Testphase, Saiten und Elektronik noch nicht endgültig bestimmt	2.000,00 €
Summe Herstellungskosten		**4.200,00 €**

Lagerbestand E-Gitarren fertiggestellt 31. Dezember Geschäftsjahr 01	
Auftrag Nr.	**Herstellungskosten**
12337	2.600,00 €
12336	3.900,00 €
Summe	**6.500,00 €**

Die Konten „2100 Unfertige Erzeugnisse" und „2200 Fertige Erzeugnisse" weisen am 31. Dezember nur die Eröffnungsbuchungen aus. Andere Buchungen sind auf diesen Konten während des gesamten Geschäftsjahres 01 nicht erfolgt.

Soll	2100 Unfertige Erzeugnisse	Haben
EBK	4.000,00	

Soll	2200 Fertige Erzeugnisse	Haben
EBK	6.000,00	

Buchen der Bestandsmehrungen

Um die am 31. Dezember festgestellten Bestände an unfertigen und fertigen Erzeugnissen zu berücksichtigen, ist auf dem Konto „2100 Unfertige Erzeugnisse" eine Bestandsmehrung von

200,00 €, auf dem Konto „2200 Fertige Erzeugnisse" eine Bestandsmehrung von 500,00 € zu buchen. Als Gegenkonto dient jeweils das Erfolgskonto „5200 Bestandsveränderungen".

Die Buchungen am 31. Dezember lauten:

Konto	Soll	Haben
2100 Unfertige Erzeugnisse ... an 5200 Bestandsveränderungen ...	200,00 €	 200,00 €
2200 Fertige Erzeugnisse ... an 5200 Bestandsveränderungen ...	500,00 €	 500,00 €

Damit weisen die Konten anschließend die Bestände korrekt aus:

Soll	2100 Unfertige Erzeugnisse		Haben
EBK	4.000,00	SBK	4.200,00
5200	200,00		

Soll	2200 Fertige Erzeugnisse		Haben
EBK	6.000,00	SBK	6.500,00
5200	500,00		

Das Konto „5200 Bestandsveränderungen" wird mit folgender Buchung über das Konto „8020 GuV-Konto" abgeschlossen:

Konto	Soll	Haben
5200 Bestandsveränderungen ... an 8020 GuV-Konto ...	700,00 €	 700,00 €

Soll	5200 Bestandsveränderungen		Haben
8100	700,00	2100	200,00
		2200	500,00
	700,00		700,00

Soll	8020 GuV-Konto		Haben
6000 ...		5000	90.000,00
... 7999	85.000,00	5200	700,00

Damit erhöht sich der ausgewiesene Gewinn des Geschäftsjahres 01 um 700,00 € . Die Bestandsmehrungen fließen als Ertrag in den Jahresabschluss ein. Der Ertrag bildet das Gegengewicht zu den im Geschäftsjahr gebuchten Aufwendungen für die Herstellung der gefertigten, aber nicht verkauften E-Gitarren.

Die neuen Kontostände werden in der Saldenliste vom 31. Dezember folgendermaßen ausgewiesen:

Konto	Bezeichnung	Soll	Haben
2100	Unfertige Erzeugnisse	4.200,00 €	
2200	Fertige Erzeugnisse	6.500,00 €	
6000 ... 7999	Aufwendungen gesamt	85.000,00 €	
5000	Umsatzerlöse		90.000,00 €
5200	Bestandsveränderungen		700,00 €

Der in der Finanzbuchhaltung am 31. Dezember ausgewiesene Gewinn beträgt **nach Berücksichtigung der Bestandsmehrungen** 5.700,00 €.

Merke **Bestandsmehrungen an unfertigen und fertigen Erzeugnissen**

- entstehen dadurch, dass im betrachteten Zeitraum mehr Produkte hergestellt als verkauft werden.
- fließen als Ertrag in die GuV-Rechnung ein.
- erhöhen den ausgewiesenen Gewinn.

Bestandsminderungen im Geschäftsjahr 02

In der Saldenliste der Blum Music4You KG vom 31. Dezember des Geschäftsjahres 02 sind **ohne Berücksichtigung der Bestandsveränderungen** unter anderem die folgenden Kontostände aufgeführt:

Konto	Bezeichnung	Soll	Haben
2100	Unfertige Erzeugnisse	4.200,00 €	
2200	Fertige Erzeugnisse	6.500,00 €	
6000 ... 7999	Aufwendungen gesamt	105.000,00 €	
5000	Umsatzerlöse		115.000,00 €

Die Finanzbuchhaltung weist damit einen vorläufigen Gewinn von 10.000,00 € aus. Der Bestand an unfertigen und fertigen Erzeugnissen hat sich im Geschäftsjahr 02 jedoch verändert. Die Bewertung ergibt sich aus der folgenden Darstellung der Lagerbestände:

Lagerbestand E-Gitarren in der Fertigung 31. Dezember Geschäftsjahr 02		
Auftrag Nr.	**Stand der Fertigung**	**Herstellungskosten bisher**
12341	nur Korpus gefertigt	1.100,00 €
12340	in der Testphase, Elektronik noch nicht endgültig bestimmt	3.000,00 €
Summe Herstellungskosten		**4.100,00 €**

Lagerbestand E-Gitarren fertiggestellt 31. Dezember Geschäftsjahr 02	
Auftrag Nr.	**Herstellungskosten**
12339	2.300,00 €
12338	3.800,00 €
Summe	**6.100,00 €**

Die Konten „2100 Unfertige Erzeugnisse" und „2200 Fertige Erzeugnisse" sind am 1. Januar mit den Kontoständen vom 31. Dezember des Geschäftsjahres 01 eröffnet worden. Sie weisen am 31. Dezember des Geschäftsjahres 02 immer noch die gleichen Kontostände aus. Buchungen sind auf diesen Konten im Geschäftsjahr 02 bisher nicht erfolgt.

Soll	2100 Unfertige Erzeugnisse		Haben
EBK	4.200,00		

Soll	2200 Fertige Erzeugnisse		Haben
EBK	6.500,00		

Buchen der Bestandsminderungen

Um die am 31. Dezember des Geschäftsjahres 02 festgestellten Bestände an unfertigen und fertigen Erzeugnissen zu berücksichtigen, ist auf das Konto „2100 Unfertige Erzeugnisse" eine Bestandsminderung von 100,00 €, auf das Konto „2200 Fertige Erzeugnisse" eine Bestandsminderung von 400,00 € zu buchen. Als Gegenkonto dient jeweils das Erfolgskonto „5200 Bestandsveränderungen".

Die Buchungen am 31. Dezember lauten:

Konto	Soll	Haben
5200 Bestandsveränderungen an 2100 Unfertige Erzeugnisse	100,00 €	 100,00 €
5200 Bestandsveränderungen an 2200 Fertige Erzeugnisse	400,00 €	 400,00 €

Damit weisen die Konten anschließend die Bestände korrekt aus:

Soll	2100 Unfertige Erzeugnisse		Haben
EBK	4.200,00	5200	100,00
		SBK	4.100,00
	4.200,00		4.200,00

Soll	2200 Fertige Erzeugnisse		Haben
EBK	6.500,00	5200	400,00
		SBK	6.100,00
	6.500,00		6.500,00

Das Konto „5200 Bestandsveränderungen" wird mit folgender Buchung über das Konto „8020 GuV-Konto" abgeschlossen:

Konto	Soll	Haben
8020 GuV-Konto an 5200 Bestandsveränderungen	500,00 €	 500,00 €

Soll	5200 Bestandsveränderungen		Haben
2100	100,00	8020	500,00
2200	400,00		
	500,00		500,00

Soll	8020 GuV-Konto		Haben
6000 ...		5000	115.000,00
... 7999	105.000,00		
5200	500,00		

Damit vermindert sich der ausgewiesene Gewinn des Geschäftsjahres 02 um 500,00 €. Die Bestandsminderungen fließen als Aufwand in den Jahresabschluss ein. Der Aufwand bildet das Gegengewicht zu den im Geschäftsjahr gebuchten Umsatzerlösen aus dem Verkauf der im Geschäftsjahr 01 gefertigten, aber im Geschäftsjahr 02 verkauften E-Gitarren.

Die neuen Kontostände werden in der Saldenliste vom 31. Dezember des Geschäftsjahres 02 folgendermaßen ausgewiesen:

Konto	Bezeichnung	Soll	Haben
2100	Unfertige Erzeugnisse	4.100,00 €	
2200	Fertige Erzeugnisse	6.100,00 €	
6000 ... 7999	Aufwendungen gesamt	105.000,00 €	
5000	Umsatzerlöse		115.000,00 €
5200	Bestandsveränderungen	500,00 €	

Der in der Finanzbuchhaltung am 31. Dezember des Geschäftsjahres 02 ausgewiesene Gewinn beträgt **nach Berücksichtigung der Bestandsminderungen** 9.500,00 €.

Merke **Bestandsminderungen an unfertigen und fertigen Erzeugnissen**
- entstehen dadurch, dass im betrachteten Zeitraum weniger Produkte hergestellt als verkauft werden.
- fließen als Aufwand in die GuV-Rechnung ein.
- mindern den ausgewiesenen Gewinn.

Das Konto „5200 Bestandsveränderungen" kann sowohl einen Haben-Saldo (Bestandsmehrung, Ertrag) als auch einen Soll-Saldo (Bestandsminderung, Aufwand) ausweisen.

6.7.5 Veränderungen der Materialbestände

Einstiegsfall Veränderungen der Materialbestände bei Blum Music

durchschnittliche Anschaffungskosten
▸ Glossar

In der Bilanz der Blum Music4You KG zum 31. Dezember des Vorjahres werden die Rohstoffe mit 2.400,00 € ausgewiesen. Es handelt sich um die bei der Inventur ermittelten Bestände an Holzblöcken, die für die Fertigung von Gitarrenhals und Gitarrenkorpus verwendet werden. Die Blum Music bewertet die Rohstoffe nach den **durchschnittlichen Anschaffungskosten.** Für die Bewertung der Vorräte in der Jahresbilanz gelten detaillierte gesetzliche Vorschriften.

Mehrbestand an Rohstoffen im Geschäftsjahr 01

Die Saldenliste der Blum Music4You KG weist am 31. Dezember des Geschäftsjahres 01 **vor Berücksichtigung der Veränderungen des Rohstoffbestands** unter anderem folgende Kontostände aus:

Konto	Bezeichnung	Soll	Haben
2000	Rohstoffe	2.400,00 €	
6000	Aufwendungen für Rohstoffe	21.000,00 €	

Bei dem auf dem Konto „2000 Rohstoffe" ausgewiesenen Materialbestand von 2.400,00 € handelt es sich um den Inventurbestand des Vorjahres, mit dem das Konto am 1. Januar des Geschäftsjahres 01 eröffnet wurde. Während des gesamten Geschäftsjahres 01 wurde auf dem Bestandskonto

„2000 Rohstoffe" nicht gebucht. Sämtliche Eingangsrechnungen für Rohstoffeinkäufe wurden direkt auf das Aufwandskonto gebucht:

Konto	Soll	Haben
6000 Aufwendungen für Rohstoffe .... 2600 Vorsteuer .... an 4400 Verbindlichkeiten a. LL	... € ... €	 ... €

Die im Geschäftsjahr 01 angeschafften Holzblöcke wurden jedoch nicht vollständig verarbeitet. Bei der Inventur am 31. Dezember des Geschäftsjahres 01 werden Holzblöcke im Wert von 7.500,00 € gezählt. Damit ist der tatsächliche Rohstoffaufwand im Geschäftsjahr 01 niedriger als der bisher gebuchte Betrag.

Korrekturbuchung des Mehrbestands an Rohstoffen

Die gebuchten Aufwendungen müssen um den Mehrbestand korrigiert werden.

Berechnung des Mehrbestands an Rohstoffen:

	Inventurbestand am 31. Dezember des Geschäftsjahres 01	7.500,00 €
–	Inventurbestand am 31. Dezember des Geschäftsjahres 00	2.400,00 €
=	Bestandserhöhung im Geschäftsjahr	5.100,00 €

Berechnung der tatsächlichen Rohstoffaufwendungen:

	über Eingangsrechnungen gebuchte Aufwendungen	21.000,00 €
–	davon nicht verbrauchte, noch im Lager befindliche Rohstoffe	5.100,00 €
=	tatsächlicher Aufwand für Rohstoffe	15.900,00 €

Die notwendige Korrekturbuchung am 31. Dezember des Geschäftsjahres 01 lautet:

Konto	Soll	Haben
2000 Rohstoffe .... an 6000 Aufwendungen für Rohstoffe	5.100,00 €	 5.100,00 €

Damit weisen die Konten die Aufwendungen für Rohstoffe und den Rohstoffbestand korrekt aus:

Soll	2000 Rohstoffe		Haben
EBK	2.400,00	SBK	7.500,00
6000	5.100,00		

Soll	6000 Aufw. für Rohstoffe		Haben
4400	21.000,00	2000	5.100,00
		GuV	15.900,00

Die Saldenliste der Blum Music4You KG weist am 31. Dezember des Geschäftsjahres 01 **nach Berücksichtigung der Veränderungen des Rohstoffbestands** folgende Kontostände aus:

Konto	Bezeichnung	Soll	Haben
2000	Rohstoffe	7.500,00 €	
6000	Aufwendungen für Rohstoffe	15.900,00 €	

Merke Mehrbestand an Materialien

- Ein Mehrbestand an Materialien entsteht dadurch, dass im betrachteten Zeitraum mehr Materialien eingekauft als verbraucht werden.
- Die bereits gebuchten Aufwendungen müssen um den Mehrbestand gesenkt werden.
- Der Lagerbestand muss buchhalterisch um den Mehrbestand erhöht werden.
- Die Korrekturen erfolgen durch die Buchung: Materialbestandskonto an Materialaufwandskonto.

Minderbestand an Rohstoffen im Geschäftsjahr 02

Die Saldenliste der Blum Music4You KG weist am 31. Dezember des Geschäftsjahres 02 **vor Berücksichtigung der Veränderungen des Rohstoffbestands** unter anderem folgende Kontostände aus:

Konto	Bezeichnung	Soll	Haben
2000	Rohstoffe	7.500,00 €	
6000	Aufwendungen für Rohstoffe	45.000,00 €	

Bei dem auf dem Konto „2000 Rohstoffe" ausgewiesenen Materialbestand von 7.500,00 € handelt es sich um den Inventurbestand des Vorjahres, mit dem das Konto am 1. Januar des Geschäftsjahres 02 eröffnet wurde. Der tatsächliche Verbrauch an Rohstoffen ist im Geschäftsjahr 02 jedoch höher als der bisher auf dem Aufwandskonto gebuchte Betrag: Ein Teil der seit dem 1. Januar im Lager befindlichen Holzblöcke wird im Geschäftsjahr 02 ebenfalls verarbeitet.

Bei der Inventur am 31. Dezember des Geschäftsjahres 02 werden Holzblöcke im Wert von 4.400,00 € gezählt. Damit ist der tatsächliche Rohstoffaufwand im Geschäftsjahr 02 höher als der bisher gebuchte Betrag.

Korrekturbuchung des Minderbestands an Rohstoffen

Die gebuchten Aufwendungen müssen um den Minderbestand korrigiert werden.

Berechnung des Minderbestands an Rohstoffen:

	Inventurbestand am 31. Dezember des Geschäftsjahres 02	4.400,00 €
–	Inventurbestand am 31. Dezember des Geschäftsjahres 01	7.500,00 €
=	Veränderung des Bestands im Geschäftsjahr 02	– 3.100,00 €

Berechnung der tatsächlichen Rohstoffaufwendungen:

	über Eingangsrechnungen gebuchte Aufwendungen	45.000,00 €
+	zusätzlich verbrauchte, dem Lager entnommene Rohstoffe	3.100,00 €
=	tatsächlicher Aufwand für Rohstoffe	48.100,00 €

Die Buchung am 31. Dezember des Geschäftsjahres 02 lautet:

Konto	Soll	Haben
6000 Aufwendungen für Rohstoffe	3.100,00 €	
an 2000 Rohstoffe		3.100,00 €

Damit weisen die Konten die Aufwendungen für Rohstoffe und den Rohstoffbestand korrekt aus:

Soll	2000 Rohstoffe		Haben
EBK	7.500,00	6000	3.100,00
		SBK	4.400,00

Soll	6000 Aufw. für Rohstoffe		Haben
4400	45.000,00	GuV	48.100,00
2000	3.100,00		

Die Saldenliste der Blum Music weist am 31. Dezember des Geschäftsjahres 02 **nach Berücksichtigung der Veränderungen des Rohstoffbestands** folgende Kontostände aus:

Konto	Bezeichnung	Soll	Haben
2000	Rohstoffe	4.400,00 €	
6000	Aufwendungen für Rohstoffe	48.100,00 €	

Merke **Minderbestand an Materialien**

- Ein Minderbestand an Materialien entsteht dadurch, dass im betrachteten Zeitraum weniger Materialien eingekauft als verbraucht werden.
- Die bereits gebuchten Aufwendungen müssen um den Minderbestand erhöht werden.
- Der Lagerbestand muss buchhalterisch um den Minderbestand gesenkt werden.
- Die Korrekturen erfolgen durch die Buchung: Materialaufwandskonto an Materialbestandskonto.

6.7.6 Abschreibung der Sachanlagen

Einstiegsfall Abschreibung Transportfahrzeug

Unter den Sachanlagen der Blum Music4You KG befindet sich ein Transportfahrzeug, für das in der Anlagenbuchhaltung die folgende Anlagenkarte vorliegt:

Bezeichnung: Transportfahrzeug B 200
Inventarnummer: 201
Nutzungsdauer in Jahren: 6 Jahre
Abschreibungsart: linear

Anschaffungs-/Herstellungsdatum: 12.01. Geschäftsjahr 01
Anschaffungs-/Herstellungskosten: 32.400,00 €

Afa-Plan:

Anschaffungs-/Herstellungskosten	32.400,00 €
Abschreibung Geschäftsjahr 01	5.400,00 €
Buchwert 31.12. des Geschäftsjahres 01	27.000,00 €
Abschreibung Geschäftsjahr 02	5.400,00 €
Buchwert 31.12. des Geschäftsjahres 02	21.600,00 €
Abschreibung Geschäftsjahr 03	5.400,00 €
Buchwert 31.12. des Geschäftsjahres 03	16.200,00 €
Abschreibung Geschäftsjahr 04	5.400,00 €
Buchwert 31.12. des Geschäftsjahres 04	10.800,00 €
Abschreibung Geschäftsjahr 05	5.400,00 €
Buchwert 31.12. des Geschäftsjahres 05	5.400,00 €
Abschreibung Geschäftsjahr 06	5.399,00 €
Buchwert 31.12. des Geschäftsjahres 06	1,00 €

Anlagenkarten

Für jeden Gegenstand des Anlagevermögens wird bei der Anschaffung (oder Herstellung) in der Finanzbuchhaltung eine Anlagenkarte angelegt. Im Folgenden werden einzelne auf der Anlagenkarte (vgl. Einstiegsfall) aufgeführte Begriffe erläutert:

- **Anschaffungs-/Herstellungskosten:** Gegenstände des Anlagevermögens, die gekauft wurden, werden mit ihren Anschaffungskosten bewertet; Gegenstände, die selbst hergestellt wurden, mit ihren Herstellungskosten.
- Die **Nutzungsdauer** ist die Zeit, die dieser Gegenstand bei betriebsgewöhnlicher Verwendung voraussichtlich eingesetzt werden kann.
- **Lineare Abschreibung** bedeutet, dass die Anschaffungs-/Herstellungskosten gleichmäßig auf die Nutzungsjahre verteilt werden. Es gilt die Formel:

x=a+b

$$\text{Jährlicher Abschreibungsbetrag} = \frac{\text{Anschaffungs-/Herstellungskosten}}{\text{Nutzungsdauer in Jahren}}$$

  Neben der linearen Abschreibung gibt es auch andere Methoden wie zum Beispiel die **degressive** oder die **progresssive Abschreibung.**
- Die Abkürzung **AfA** steht für **Absetzung für Abnutzung.** Dieser Begriff wird im Steuerrecht verwendet.

Abschreibungsbetrag ermitteln

Jahresbilanz Kap. 6.9.2

Für die Bewertung des Anlagevermögens der Jahresbilanz gelten detaillierte gesetzliche Vorschriften (HGB §§ 264–289). Grundsätzlich sind bei der Ermittlung des Abschreibungsbetrags folgende Hinweise zu berücksichtigen:

- Mit dem ermittelten Abschreibungsbetrag wird die Wertminderung zunächst pauschal berücksichtigt. Es handelt sich um die **planmäßige Abschreibung.** Die tatsächliche Wertminderung kann von dem berechneten Betrag abweichen. Liegt tatsächlich eine höhere Wertminderung als die planmäßige Abschreibung vor, muss diese im Jahresabschluss als **außerplanmäßige Abschreibung** (Teilwertabschreibung) berücksichtigt werden.
- Im Jahr der Anschaffung erfolgt die Abschreibung **zeitanteilig.** Nur wenn der Anlagegegenstand im Januar angeschafft wurde, wird bereits im ersten Jahr der vollständige Jahresabschreibungsbetrag angesetzt. Andernfalls vermindert sich der Abschreibungsbetrag um jeweils ein Zwölftel für jeden vollen Monat, der dem Anschaffungsmonat vorangeht. Wird ein Anlagegut z. B. am 8. Mai eines Jahres angeschafft, beträgt der anteilige Abschreibungszeitraum demnach acht Monate.
- Die Gründe für die Wertminderungen sind der Verschleiß durch Nutzung der Gegenstände. Aber auch bei geringem betrieblichem Einsatz verlieren Gegenstände des Anlagevermögens an Wert.
- Grundstücke gelten als „nicht abnutzbar“. Sie dürfen nicht planmäßig abgeschrieben werden.
- Gegenstände, die über die erwartete Nutzungsdauer hinaus im Unternehmen verwendet werden, können in der Finanzbuchhaltung mit dem **Erinnerungswert** von 1,00 € geführt werden.

Buchen der Abschreibung

Abschreibungen sind Aufwendungen. Sie werden auf dem Konto „6520 Abschreibungen auf Sachanlagen" erfasst. Das Gegenkonto ist das Bestandskonto, auf dem die Sachanlagen, deren Wertminderung gebucht wird, geführt werden.

Lösung des Einstiegsfalls Abschreibung Transportfahrzeug

Die folgende Darstellung zeigt das Konto „0840 Fuhrpark" zu Beginn des Geschäftsjahres 02. Das Konto wird mit dem Kontostand vom 31. Dezember des Geschäftsjahres 01 neu eröffnet:

Soll	0840 Fuhrpark		Haben
8000	27.000,00		

Das Transportfahrzeug B 200 ist das einzige auf dem Konto „0840 Fuhrpark" geführte Fahrzeug.

Ermittlung der in der Anlagenkarte aufgeführten jährlichen Abschreibungsbeträge:

$$\text{Jährlicher Abschreibungsbetrag} = \frac{\text{Anschaffungs-/Herstellungskosten}}{\text{Nutzungsdauer in Jahren}} = \frac{32.400{,}00\ €}{6\ \text{Jahre}}$$

$$= \underline{\underline{5.400{,}00\ €/\text{Jahr}}}$$

Damit ergibt sich folgende Buchung der Abschreibung im Geschäftsjahr 02:

Konto	Soll	Haben
6520 Abschreibungen auf Sachanlagen	5.400,00 €	
an 0840 Fuhrpark		5.400,00 €

Die folgende Darstellung zeigt die Konten im Hauptbuch nach Übernahme der Abschreibungsbuchung und Abschließen der Konten 6520 und 0840:

Soll	6520 Abschreibungen		Haben
0840	5.400,00	0820	5.400,00
	5.400,00		5.400,00

Soll	0840 Fuhrpark		Haben
8000	27.000,00	6520	5.400,00
		8010	21.600,00
	27.000,00		27.000,00

Soll	8020 GuV		Haben
6520	5.400,00		

Soll	8010 SBK		Haben
0840	21.600,00		

Die Abschreibung geht als Aufwand in Höhe von 5.400,00 € in das Geschäftsjahr 02 ein. Der Anlagegegenstand Transportfahrzeug wird mit dem um die Abschreibung verminderten Wert in die Schlussbilanz aufgenommen und somit ordnungsgemäß in den Büchern geführt.

Hinweis: Kapitel **6.8 Beleggeschäftsgang I** finden Sie im Teil „Lernsituationen und Übungen" ab Seite 198.

Lernlandkarte 6.9 bis 6.15

6.9 Jahresabschluss – Inventur, Inventar, Bilanz

6.10 Anlagevermögen bewerten

6.11 Vorräte bewerten

6.12 Forderungen bewerten

6.13 Schulden bewerten

6.14 Zeitliche Abgrenzungen

6.15 Rückstellungen

Bilanz der Blum Music4You KG zum 31. Dezember Geschäftsjahr 01

Aktiva		Passiva	
A. Anlagevermögen		**A. Eigenkapital**	**606.150,00**
1. Grundstücke und Bauten	392.500,00		
2. Technische Anlagen u. Maschinen	102.500,00	**B. Rückstellungen**	**15.500,00**
3. Andere Anlagen, Betriebs- u. Geschäftsausstattung	520.100,00	**C. Verbindlichkeiten**	
Summe A. Anlagevermögen	**1.015.100,00**	1. Verb. geg. Kreditinstituten	503.800,00
		2. Verbindlichkeiten a. LL	65.045,45
B. Umlaufvermögen		3. Sonstige Verbindlichkeiten	16.300,00
I. Vorräte		**Summe C. Verbindlichkeiten**	**585.145,45**
1. Roh-, Hilfs- und Betriebsstoffe	4.998,28		
2. Unfertige Erzeugnisse	3.000,00	**D. Rechnungsabgrenzungsposten**	**3.500,00**
3. Fertige Erzeugnisse u. Waren	102.900,00		
II. Forderungen			
1. Forderungen a. LL	15.507,40		
2. Sonstige Vermögensgegenstände	150,00		
III. Kassenbestand Guthaben bei Kreditinstituten	64.139,77		
Summe B. Umlaufvermögen	**190.695,45**		
C. Rechnungsabgrenzungsposten	**4.500,00**		
Summe Aktiva	**1.210.295,45**	**Summe Passiva**	**1.210.295,45**

Gewinn- und Verlustrechnung der Blum Music4You KG im Geschäftsjahr 01

Umsatzerlöse	1.380.000,00 €
Bestandsveränderungen fertige/unfertige Erzeugnisse	100,00 €
Sonstige betriebliche Erträge	10.650,00 €
Materialaufwand	219.200,00 €
Personalaufwand	800.600,00 €
Abschreibungen	184.300,00 €
Sonstige betriebliche Aufwendungen	61.000,00 €
Zinsen und ähnliche Erträge	15.000,00 €
Zinsen und ähnliche Aufwendungen	23.000,00 €
Steuern vom Einkommen und Ertrag	11.500,00 €
Jahresüberschuss/-fehlbetrag	**106.150,00 €**

6.16 Bilanz und GuV-Rechnung auswerten

Das fließt rein:

Voraussetzungen für den Jahresabschluss der Blum Music4You KG:

- Alle laufenden Geschäftsvorfälle des Jahres 01 sind gebucht.
- Die Summen- und Saldenliste vom 30. Dez. 01 liegt vor.
- Am 31. Dezember findet kein Geschäftsbetrieb statt.

Das erstellt die Blum Musik4You KG:

Jahresabschlussbuchungen:

- Buchungsdatum: 31. Dezember 01
- Buchungsbetrag: Differenz zwischen Soll-Bestand und Ist-Bestand
- Soll-Bestand: Saldenliste vom 30. Dezember 01
- Ist-Bestand: Inventar, Anlagenkarten

Das geht raus:

Unterlagen nach der Durchführung des Jahresabschlusses:

- Bilanz zum 31. Dez. des Geschäftsjahres
- GuV-Rechnung für das Geschäftsjahr 01
- Summen- und Saldenliste vom 31. Dezember des Geschäftsjahres 01

6.9 Jahresabschluss erstellen und auswerten

Die Aufgaben der Finanzbuchhaltung eines Unternehmens haben zwei Schwerpunkte:

1. Buchen der **laufenden Geschäftsvorfälle**

Es handelt sich um die tägliche Arbeit in der Abteilung Buchhaltung. Eingehende Belege werden sortiert, vorkontiert und gebucht. Die Belege werden anschließend archiviert. Die Mitarbeiter in der Finanzbuchhaltung können auch während des Geschäftsjahres jederzeit eine **kurzfristige Erfolgsrechnung** erstellen. Auf der Basis der aktuellen Salden der Konten, die in der Finanzbuchhaltung geführt werden, werden eine vorläufige Bilanz und eine GuV-Rechnung erstellt. Unternehmen, die ein Finanzbuchhaltungsprogramm einsetzen, können kurzfristige Erfolgsrechnungen jederzeit mit wenigen Mausklicks erzeugen.

Buchen auf Bestands- und Erfolgskonten Kap. 6.2, 6.3

In kleineren Betrieben kann das Buchen der laufenden Geschäftsvorfälle auch von externen Dienstleistern (Steuerberatern) übernommen werden. Für die Mitarbeiter der Abteilung Buchhaltung bleibt dann noch das Sammeln, Sortieren und Einreichen der Belege.

2. **Erstellen des Jahresabschlusses**

Jedes Unternehmen muss am Ende des Geschäftsjahres den Jahresabschluss erstellen. Der Jahresabschluss besteht im Wesentlichen aus zwei Teilen:

- Aufstellen der **Jahresbilanz:** Das an einem **Stichtag** vorhandene Vermögen und das Kapital werden gegenübergestellt.
- Aufstellen der **GuV-Rechnung:** Die im **Zeitraum** des Geschäftsjahres festgestellten Aufwendungen und Erträge werden gegenübergestellt. Die Differenz zwischen den Erträgen und den Aufwendungen ist das Jahresergebnis, also der erwirtschaftete Gewinn oder Verlust des Geschäftsjahres.

einfacher Jahresabschluss Kap. 6.7

Wegen der teilweise sehr komplizierten gesetzlichen Vorschriften wird das Aufstellen des Jahresabschlusses häufig (häufiger als das Buchen der laufenden Geschäftsvorfälle) von externen Dienstleistern übernommen. Das Ergebnis muss aber immer von der Leitung des Unternehmens (Einzelunternehmer, geschäftsführender Gesellschafter, Vorstand) unterzeichnet und verantwortet werden.

6.9.1 Inventur, Inventar, Bilanz

Jedes Unternehmen ist gesetzlich verpflichtet, am Ende des Geschäftsjahres sein Vermögen und seine Schulden exakt zu erfassen und zu bewerten. Ist das Geschäftsjahr mit dem Kalenderjahr identisch, wird der Jahresabschluss zum 31. Dezember des Kalenderjahres durchgeführt. Sämtliche Bewertungen gelten für genau diesen Tag. Er wird als **Bilanzstichtag** bezeichnet. Das heißt jedoch nicht, dass sämtliche Arbeiten auch an diesem einen Tag durchgeführt werden. Die Jahresabschlussarbeiten beginnen häufig Ende Dezember und ziehen sich bis in den März des neuen Jahres hin.

Der Vorgang, die Vermögensbestandteile und die Schulden genau festzustellen, heißt **Inventur.** Wird die Inventur höchstens zehn Tage vor oder zehn Tage nach dem Bilanzstichtag durchgeführt, wird sie als **Stichtagsinventur** bezeichnet. Mengenveränderungen müssen dann bis zum Bilanzstichtag fortgeschrieben oder zurückgerechnet werden. Neben der Stichtagsinventur sind folgende Inventurarten möglich:

- die **vorverlegte Inventur:** innerhalb der letzten drei Monate vor dem Bilanzstichtag. Die Fortschreibung wird dokumentiert.
- die **nachverlegte Inventur:** innerhalb der ersten zwei Monate nach dem Bilanzstichtag. Bestandsbewegungen zwischen dem Bilanzstichtag und dem Tag der Inventur werden belegt.
- die **permanente Inventur:** Die Lagerbestände werden im Rahmen einer Lagerbuchhaltung zum Beispiel in einem Warenwirtschaftssystem geführt. Bestandskontrollen können frei über das Jahr verteilt werden.

Die Ergebnisse der Inventur fließen in ein Bestandsverzeichnis ein, das als **Inventar** bezeichnet wird. Die im Inventar aufgelisteten, tatsächlich im Unternehmen vorhandenen Werte können von den Kontoständen der Finanzbuchhaltung abweichen. Aufgabe der Arbeiten des Jahresabschlusses ist es nun, die Soll-Bestände der Buchhaltung den Ist-Beständen des Inventars anzupassen. Aus dem Inventar wird die Bilanz entwickelt. Die im Inventar und der **Bilanz** vorgenommenen Bewertungen wirken sich auf die **Gewinn- und Verlustrechnung** aus.

Perioden-abschluss Kap. 6.7

Der **Jahresabschluss** wird in folgenden Schritten durchgeführt:

- **Inventur.** Die Bestandteile des Vermögens werden mengenmäßig durch Zählen, Messen oder Wiegen festgestellt. Im Mittelpunkt der Inventurarbeiten stehen die Vorräte, die sich im Lager befinden (angeschaffte Materialien und Handelswaren sowie bereits ganz oder teilweise fertiggestellte Erzeugnisse). Die anderen Vermögensbestandteile (Sachanlagen, Forderungen, liquide Mittel) werden aus Belegen und anderen Aufzeichnungen ermittelt.
- **Inventar.** Nachdem die Bestände mengenmäßig bestimmt sind, werden sie bewertet. Das heißt aus der mengenmäßigen Angabe wird ein Eurobetrag ermittelt. Das Inventar ist die Liste aller Bestandsarten mit deren Mengen und Werten. In einem mittelständischen Unternehmen kann das Inventar mehrere hundert Seiten umfassen.
- **Anpassen der Soll-Bestände an die Ist-Bestände.** Das Inventar enthält die tatsächlichen Werte am Bilanzstichtag. Sämtliche Kontostände (= Soll-Bestände) müssen diesen Ist-Beständen angepasst werden.
- Nachdem die Kontostände angepasst, also die tatsächlichen Werte aus dem Inventar in die Buchführung übernommen sind, werden die endgültige **Jahresbilanz** und die **GuV-Rechnung** erstellt.

Übersicht über die Schritte der Arbeiten zum Jahresabschluss

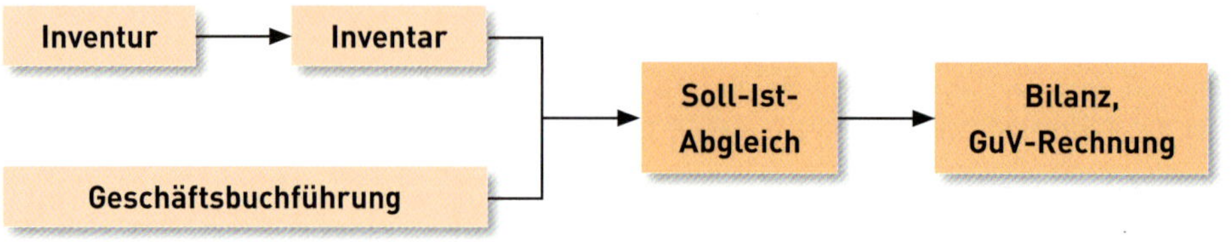

Sowohl das Inventar als auch die Bilanz stellen die Vermögensstruktur des Unternehmens an einem Stichtag dar. In der folgenden Übersicht sind die Unterschiede gegenübergestellt:

	Inventar	Bilanz
Umfang	vollständige Auflistung der Vermögenswerte und der Schulden	zusammenfassende Gegenüberstellung des Vermögens und des Kapitals
Angaben	Menge und Wert	nur Wert
Form	mehrseitige Tabellen	vorgeschriebene Gliederung
Zielsetzung	Anpassen der Soll-Bestände	Offenlegung der Unternehmenswerte für Interessengruppen

6.9.2 Wertansätze in Inventar und Bilanz

Für die Bewertung der Vermögensgegenstände und der Schulden gelten teilweise sehr detaillierte Vorschriften. In der folgenden Tabelle sind **Bewertungsregeln für unterschiedliche Bestandsarten** dargestellt:

Bestandsart	Bewertungsregeln
Anlagevermögen	fortgeführte Anschaffungskosten
Roh-, Hilfs- und Betriebsstoffe, bezogene Fremdbauteile und Handelswaren	Anschaffungskosten
unfertige und fertige Erzeugnisse	Herstellungskosten
Vermögenswerte allgemein	Niederstwertprinzip
Verbindlichkeiten	Rückzahlungsbetrag
Schulden allgemein	Höchstwertprinzip

Gegenstände des Anlagevermögens werden, soweit sie **abnutzbar** sind, mit den **fortgeführten Anschaffungskosten** bewertet. Beim Kauf werden diese Gegenstände mit den Anschaffungskosten (Kaufpreis + Nebenkosten – Preisminderungen) aktiviert, also auf das Bestandskonto der Buchhaltung übernommen. Im Jahr der Anschaffung und in jedem Folgejahr werden diese Gegenstände dann abgeschrieben.

Die gekauften Materialien und Handelswaren (Einsatzstoffe) werden mit ihren Anschaffungskosten, also in der Regel mit ihren Bezugs- oder Einstandspreisen, bewertet. Gleichartige Einsatzstoffe dürfen mit ihren **durchschnittlichen Anschaffungskosten** oder in Ausnahmefällen nach der vorliegenden Verbrauchsfolge (**Fifo- oder Lifo-Methode**) bewertet werden.

Fifo- oder Lifo-Methode
▸ Glossar

Für alle Vermögenswerte, also für die in der Bilanz auf der Aktivseite erscheinenden Beträge, gilt das **Niederstwertprinzip.** Das bedeutet, dass der ermittelte Betrag der Bewertung mit dem **Tageswert** verglichen werden muss. Der Tageswert wird mithilfe des am Bilanzstichtag geltenden Markt- oder Börsenpreises berechnet. Grundsätzlich gilt: Der niedrigere der beiden Werte (Tageswert oder berechneter Wert) wird gewählt. Für die Bewertung der Vorräte gilt das **strenge Niederstwertprinzip.** Das bedeutet, dass der niedrigere Wert (durchschnittliche Anschaffungskosten oder Tageswert) genommen werden **muss.**

Für die am Bilanzstichtag vorhandenen unfertigen und fertigen Erzeugnisse müssen die bis zu diesem Termin angefallenen **Herstellungskosten** ermittelt werden. Bestandteile der Herstellungskosten sind die **Materialeinzel- und -gemeinkosten** sowie die **Fertigungseinzel- und -gemeinkosten.** Darüber hinaus dürfen auch **Verwaltungsgemeinkosten** berücksichtigt werden.

Kosten- und Leistungsrechnung Kap. 10.2

Schulden werden mit ihrem **Rückzahlungsbetrag** bewertet. Bei Verbindlichkeiten in ausländischer Währung wirkt sich das für Passiva geltende **Höchstwertprinzip** aus: Bei gesunkenem Kurs bleibt der gebuchte Wert bestehen, bei gestiegenem Kurs muss die Verbindlichkeit mit dem höheren am Bilanzstichtag geltenden Kurs bewertet werden.

Die sehr umfangreichen Vorschriften zur Bewertung des Vermögens und der Schulden überlassen den Unternehmen in einzelnen Fällen Spielräume bei der Entscheidung. In den Fällen, in denen ein **Wahlrecht** besteht, entscheidet das Unternehmen in der Regel so, dass der zu versteuernde Gewinn möglichst niedrig ausfällt. Das bedeutet, Aktiva werden möglichst niedrig bewertet (zum Beispiel durch hohe Abschreibungen) und Passiva werden möglichst hoch bewertet (zum Beispiel durch Bildung hoher Rückstellungen). Weist die GuV-Rechnung einen Verlust aus, wird das Wahlrecht eher in entgegengesetzter Richtung genutzt.

6.10 Anlagevermögen bewerten

Einstiegsfall Anlagevermögen bewerten

In der Vorjahresbilanz der Blum Music4You KG mit dem Bilanzstichtag 31. Dezember des Geschäftsjahres 00 wird das Anlagevermögen mit 980.000,00 € ausgewiesen.

Bilanz Vorjahr siehe Anhang

A. Anlagevermögen	
1. Grundstücke und Bauten	400.000,00 €
2. Technische Anlagen und Maschinen	50.000,00 €
3. Andere Anlagen, Betriebs- und Geschäftsausstattung	530.000,00 €
Summe A. Anlagevermögen	**980.000,00 €**

Am 30. Dezember des Geschäftsjahres 01 (aktuelles Jahr) liegt der folgende Auszug aus der Summen- und Saldenliste vor. Sämtliche laufende Geschäftsvorfälle des Geschäftsjahres 01 sind gebucht. Am 31. Dezember findet kein laufender Geschäftsbetrieb statt. Jahresabschlussbuchungen sind **noch nicht** durchgeführt worden.

Konto	Kontostand 01.01.01 in €	Soll-Umsatz in €	Haben-Umsatz in €	Kontostand 30.12.01 in €
0510 Bebaute Grundstücke	150.000,00 S			150.000,00 S
0520 Gebäude	250.000,00 S			250.000,00 S
0700 Technische Anlagen	50.000,00 S	60.000,00		110.000,00 S
0800 Geschäftsausstattung	485.000,00 S	165.000,00		650.000,00 S
0840 Fuhrpark	40.000,00 S	32.400,00	40.000,00	32.400,00 S
0890 GWG-Sammelposten BGA	5.000,00 S	2.000,00		7.000,00 S
Summe Kontenklasse 0	980.000,00 S	259.400,00	40.000,00	1.199.400,00 S

Hinweise zur Bewertung der einzelnen Vermögensgegenstände der Blum Music4You KG:

- Grundstücke sind nicht abnutzbar. Sie dürfen nicht planmäßig abgeschrieben werden.
- Bei dem Gebäude handelt es sich um ein Betriebsgebäude. Es wird linear mit einem Abschreibungssatz von 3 % abgeschrieben.
- Bei den technischen Anlagen handelt es sich um eine Zuschneideanlage für die Gitarrenfertigung. Im aktuellen Geschäftsjahr 01 wurde zusätzlich eine Verstärkeranlage für die Qualitätssicherung der Gitarrenfertigung (Anschaffungskosten 60.000,00 €) gekauft. Die technischen Anlagen werden linear abgeschrieben.
- Sämtliche Gegenstände der Geschäftsausstattung (Studio- und Livetechnik, flexible Bühne) werden degressiv abgeschrieben. Die Neuanschaffungen für insgesamt 165.000,00 € erfolgten im Januar des Geschäftsjahres 01.
- Auf dem Konto „Fuhrpark" wird ein Transportfahrzeug geführt. Im Januar des Geschäftsjahres 01 wurde ein Fahrzeug zum Buchwert von 40.000,00 € verkauft und zeitgleich ein neuer Transporter für 32.400,00 € wieder angeschafft.
- Zur Geschäftsausstattung gehören Gegenstände, deren Anschaffungskosten unter 1.000,00 € betragen. Diese Gegenstände werden auf einem eigenen Konto „0890 GWG Sammelposten BGA" geführt.

Als **Abschreibungsmethoden** wendet die Blum Music4You KG

- die lineare Abschreibung,
- die degressive Abschreibung und
- die Abschreibung auf Sammelposten für geringwertige Wirtschaftsgüter an.

Für jeden Gegenstand des Anlagevermögens wird eine **Anlagenkarte** angelegt. Die Anlagenkarte enthält die Anschaffungskosten sowie die bereits gebuchten und die geplanten Abschreibungen. Aus der Anlagenkarte sind damit die **fortgeführten Anschaffungskosten** für jeden Sachanlagengegenstand zu entnehmen. Die Anlagenkarte für das Transportfahrzeug der Blum Music ist in Kapitel 6.7.6 auf Seite 59 angegeben. Die Blum Music bucht die Abschreibungen des Geschäftsjahres 01 mit der Belegnummer 2901 beginnend.

einfacher Jahresabschluss Kap. 6.7

6.10.1 Lineare Abschreibung

Die lineare Abschreibungsmethode ist das Standardverfahren der Abschreibung von Sachanlagen. Bei diesem Verfahren werden die Anschaffungskosten gleichmäßig auf die Nutzungsdauer verteilt. Jedes Jahr wird der gleiche Betrag abgeschrieben, sodass am Ende der Nutzungsdauer der Buchwert Null erreicht wird.

Beispiel Schweißanlage – lineare Abschreibung

Eine Schweißanlage mit Anschaffungskosten von 15.000,00 € wird bei einer geplanten Nutzungsdauer von 5 Jahren linear abgeschrieben.

Der jährliche **Abschreibungsbetrag** beträgt $\frac{15.000{,}00\ €}{5\ \text{Jahre}} = 3.000{,}00\ €$

Der **Abschreibungssatz** beträgt 20,0 %.

Fortsetzung Beispiel siehe nächste Seite

Für die Anlagenkarte wird der folgende AfA-Plan erstellt:

Anschaffungskosten Geschäftsjahr 01	15.000,00 €
Abschreibung Geschäftsjahr 01	3.000,00 €
Buchwert 31.12. des Geschäftsjahres 01	12.000,00 €
Abschreibung Geschäftsjahr 02	3.000,00 €
Buchwert 31.12. des Geschäftsjahres 02	9.000,00 €
Abschreibung Geschäftsjahr 03	3.000,00 €
Buchwert 31.12. des Geschäftsjahres 03	6.000,00 €
Abschreibung Geschäftsjahr 04	3.000,00 €
Buchwert 31.12. des Geschäftsjahres 04	3.000,00 €
Abschreibung Geschäftsjahr 05	3.000,00 €
Buchwert 31.12. des Geschäftsjahres 05	0,00 €

Die folgende grafische Darstellung zeigt, dass die Buchwerte in den Nutzungsjahren mit gleichbleibenden Beträgen sinken.

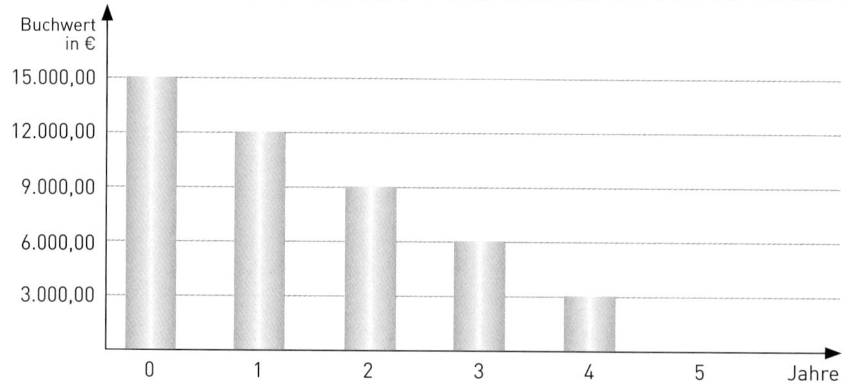

Zeitanteilige Abschreibung im Jahr der Anschaffung

Das oben angegebene Beispiel gilt jedoch nur, wenn der Anlagegegenstand im Januar angeschafft wurde. Im Jahr der Anschaffung muss **zeitanteilig** abgeschrieben werden.

Beispiel

Ein Pkw mit Anschaffungskosten von 54.000,00 € wird am 4. Mai des Geschäftsjahres 01 angeschafft. Nutzungsdauer 6 Jahre.

Der jährliche **Abschreibungsbetrag** beträgt $\frac{54.000,00 €}{6 \text{ Jahre}} = 9.000,00 €$

Die Abschreibung im Geschäftsjahr 01 wird anteilig nach Monaten berechnet. Die Anschaffung erfolgt im Mai, also wird das Fahrzeug 8 Monate des Anschaffungsjahres genutzt. Der Monat der Anschaffung zählt als Nutzungsmonat.

Der anteilige **Abschreibungsbetrag** im Anschaffungsjahr beträgt $\frac{9.000,00 € \cdot 8 \text{ Monate}}{12 \text{ Monate}} = 6.000,00 €$

Damit ergibt sich für den Pkw der folgende AfA-Plan:

Anschaffungskosten Geschäftsjahr 01	54.000,00 €
Abschreibung Geschäftsjahr 01	6.000,00 €
Buchwert 31.12. des Geschäftsjahres 01	48.000,00 €
Abschreibung Geschäftsjahr 02	9.000,00 €
Buchwert 31.12. des Geschäftsjahres 02	39.000,00 €
Abschreibung Geschäftsjahr 03	9.000,00 €
Buchwert 31.12. des Geschäftsjahres 03	30.000,00 €
Abschreibung Geschäftsjahr 04	9.000,00 €
Buchwert 31.12. des Geschäftsjahres 04	21.000,00 €
Abschreibung Geschäftsjahr 05	9.000,00 €
Buchwert 31.12. des Geschäftsjahres 05	12.000,00 €
Abschreibung Geschäftsjahr 06	9.000,00 €
Buchwert 31.12. des Geschäftsjahres 06	3.000,00 €
Abschreibung Geschäftsjahr 07	3.000,00 €
Buchwert 31.12. des Geschäftsjahres 07	0,00 €

Nach Ablauf des Geschäftsjahres 06 bleibt ein Buchwert von 3.000,00 €, das entspricht $^4/_{12}$ des jährlichen Abschreibungsbetrags. Dieser Anteil kann erst im Geschäftsjahr 07 abgeschrieben werden.

Teillösung des Einstiegsfalls **Lineare Abschreibung**

Von den in der Summen- und Saldenliste auf Seite 66 aufgeführten Sachanlagen werden linear abgeschrieben:

- das Betriebsgebäude. Der Abschreibungsbetrag ist 3 % von 250.000,00 €, also 7.500,00 €.
- die Zuschneideanlage für die Gitarrenfertigung. Die Anlage ist seit zwei Jahren im Einsatz. Der Buchwert zu Beginn des Geschäftsjahres 01 beträgt 50.000,00 €. Die Anlagenkarte weist eine Nutzungsdauer von 10 Jahren aus. Der Abschreibungsbetrag für das Geschäftsjahr 01 beträgt also 5.000,00 €.
- die neu angeschaffte Verstärkeranlage. Das Gerät wurde am 17. September des Geschäftsjahres 01 für 60.000,00 € angeschafft. Bei einer Nutzungsdauer von acht Jahren beträgt der jährliche Abschreibungsbetrag 7.500,00 €. Auf das Geschäftsjahr 01 entfallen $^4/_{12}$, also 2.500,00 €.
- Das im Januar des Geschäftsjahres 01 angeschaffte Transportfahrzeug wird mit 5.400,00 € abgeschrieben. Der Betrag ist der Anlagenkarte auf Seite 59 (Kapitel 6.7.6) zu entnehmen.

Damit ergeben sich folgende **Abschreibungsbuchungen** im Geschäftsjahr 01:

Beleg-Nr.	Buchungsdatum	Konto	Soll	Haben
2901	31.12.01	6520 Abschreibungen auf Sachanlagen	7.500,00 €	
		an 0520 Gebäude		7.500,00 €
2902	31.12.01	6520 Abschreibungen auf Sachanlagen	5.000,00 €	
		an 0700 Technische Anlagen		5.000,00 €
2903	31.12.01	6520 Abschreibungen auf Sachanlagen	2.500,00 €	
		an 0700 Technische Anlagen		2.500,00 €
2904	31.12.01	6520 Abschreibungen auf Sachanlagen	5.400,00 €	
		an 0840 Fuhrpark		5.400,00 €

Selbstverständlich können die beiden Abschreibungsbuchungen auf Konto „0700 Technische Anlagen“ zu einer Buchung zusammengefasst werden.

6.10.2 Degressive Abschreibung

Die degressive Abschreibung führt in den ersten Nutzungsjahren zu höheren Abschreibungsbeträgen als die lineare Methode. Allerdings sinken die Abschreibungsbeträge mit der Nutzungsdauer. Nur im ersten Jahr erfolgt die Abschreibung von den Anschaffungskosten, in den Folgejahren wird der Abschreibungsbetrag jeweils neu vom Buchwert berechnet. Am Ende der Nutzungsdauer bleibt immer ein Restwert.

Beispiel **Schweißanlage – degressive Abschreibung**

Eine Schweißanlage mit Anschaffungskosten von 15.000,00 € wird bei einer geplanten Nutzungsdauer von fünf Jahren degressiv bei einem Abschreibungssatz von 30 % abgeschrieben.

Der Abschreibungsbetrag im Anschaffungsjahr beträgt 30 % von 15.000,00 € = 4.500,00 €. Damit ist der Buchwert am Ende des Anschaffungsjahres 10.500,00 €. Im Folgejahr wird der Abschreibungssatz von 30 % auf den Buchwert von 10.500,00 € bezogen. Der Abschreibungsbetrag im ersten Folgejahr beträgt damit 30 % von 10.500,00 € = 3.150,00 €.

Für die Anlagenkarte wird der folgende AfA-Plan erstellt:

Anschaffungskosten Geschäftsjahr 01	15.000,00 €
Abschreibung Geschäftsjahr 01	4.500,00 €
Buchwert 31.12. des Geschäftsjahres 01	10.500,00 €
Abschreibung Geschäftsjahr 02	3.150,00 €
Buchwert 31.12. des Geschäftsjahres 02	7.350,00 €
Abschreibung Geschäftsjahr 03	2.205,00 €
Buchwert 31.12. des Geschäftsjahres 03	5.145,00 €
Abschreibung Geschäftsjahr 04	1.543,50 €
Buchwert 31.12. des Geschäftsjahres 04	3.601,50 €
Abschreibung Geschäftsjahr 05	3.601,50 €
Buchwert 31.12. des Geschäftsjahres 05	0,00 €

Die folgende grafische Darstellung zeigt, dass die Buchwerte in den Nutzungsjahren mit immer geringeren Beträgen sinken.

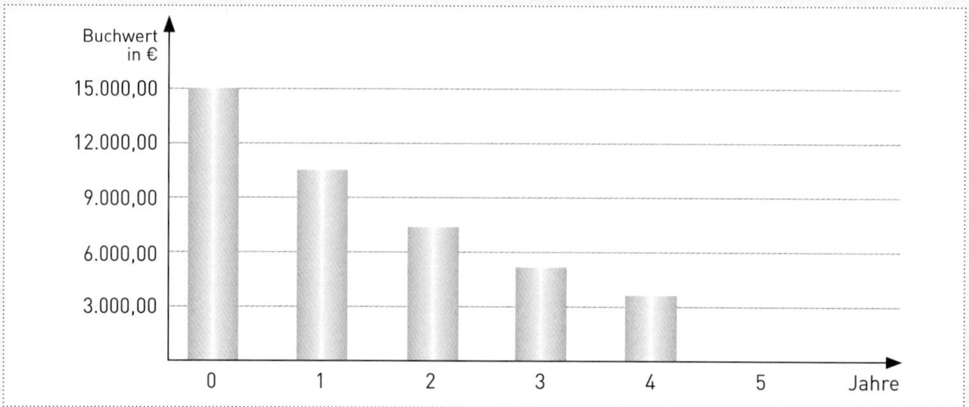

Degressive Abschreibung als Instrument der Konjunkturpolitik

Durch die höheren Abschreibungsbeträge zu Beginn der Nutzungsdauer führt die degressive Abschreibungsmethode dazu, dass der ausgewiesene Gewinn des Unternehmens (und damit der zu versteuernde Gewinn) sinkt. Degressive Abschreibungen bieten damit einen **Anreiz für Investitionen.** Der Gesetzgeber setzt die Möglichkeit, degressiv abschreiben zu können oder nicht, als Instrument der **Konjunkturpolitik** ein. Zum Beispiel wurde im Jahr 2008 als Reaktion auf die Wirtschaftskrise die Möglichkeit der degressiven Abschreibung auf bewegliche Wirtschaftsgüter von maximal 25 % für Anschaffungen in den Jahren 2009 und 2010 eingeführt. Für Anschaffungen im Jahr 2008 war die degressive Abschreibung nicht erlaubt. Davor, bis zum 31.12.2007, waren degressive Abschreibungen bis maximal 30 % ermöglicht.

Teillösung des Einstiegsfalls Degressive Abschreibung

Sämtliche in der Summen- und Saldenliste auf Seite 66 aufgeführten Gegenstände der Geschäftsausstattung werden degressiv abgeschrieben. Die Buchwerte der in den Vorjahren angeschafften Studio- und Livetechnik sowie der flexiblen Bühne betragen insgesamt 650.000,00 €. Bei einem einheitlichen Abschreibungssatz von 25 % beträgt die Abschreibung insgesamt 162.500,00 €.

Damit ergibt sich folgende **Abschreibungsbuchung** im Geschäftsjahr 01:

Beleg-Nr.	Buchungsdatum	Konto	Soll	Haben
2905	31.12.01	6520 Abschreibungen auf Sachanlagen	162.500,00 €	
		an 0800 Geschäftsausstattung		162.500,00 €

6.10.3 Abschreibung auf Sammelposten für geringwertige Wirtschaftsgüter

Für Gegenstände mit niedrigen Anschaffungskosten gelten besondere Abschreibungsregeln[1]. Es sind drei Fälle zu unterscheiden.

Betragen die Anschaffungskosten:

höchstens 150,00 €	über 150,00 € bis höchstens 1.000,00 €	über 1.000,00 €
Buchung sofort als Aufwand	Einbuchung in einen Sammelposten	Buchung auf Bestandskonto

Im ersten Fall (Anschaffungskosten bis 150,00 €) wird die Anschaffung nicht auf einem Bestandskonto gebucht, der Gegenstand wird nicht aktiviert und erscheint zu keinem Zeitpunkt in der Bilanz. Die Anschaffungskosten gehen in voller Höhe als Aufwand in die GuV-Rechnung ein.

1 Die Regeln wurden zum 1. Januar 2008 eingeführt. In den Jahren 2009 und 2010 durfte auch die „alte" Regelung angewendet werden; sie besagt, dass eine Vollabschreibung im Jahr der Anschaffung bei Anschaffungskosten bis 410,00 € erfolgen darf.

Im zweiten Fall (Anschaffungskosten über 150,00 € bis 1.000,00 €) wird die Anschaffung auf ein spezielles Konto „Sammelposten" gebucht. Die „gesammelten" Gegenstände werden im Jahr der Anschaffung und in den vier Folgejahren jeweils mit 20 % linear abgeschrieben.

Im dritten Fall (Anschaffungskosten über 1.000,00 €) wird die Anschaffung auf einem Bestandskonto gebucht. Der Gegenstand wird aktiviert und erscheint mit den fortgeführten Anschaffungskosten in der Bilanz.

Beispiel **Mauspad, Notebook, Laserdrucker**

Ein Unternehmen kauft drei Büroartikel bei unterschiedlichen Lieferanten. Die Eingangsrechnungen weisen die folgenden Beträge aus:

a) Mauspad, Einkaufspreis brutto 9,90 €, Umsatzsteueranteil 1,58 €
b) Notebook, Einkaufspreis brutto 599,00 €, Umsatzsteueranteil 95,64 €
c) Laserdrucker, Einkaufspreis brutto 1.299,00 €, Umsatzsteueranteil 207,40 €

In allen drei Fällen entsprechen die Anschaffungskosten dem Nettoeinkaufspreis. (Es gibt keine Preisminderungen wie Skonto oder Anschaffungsnebenkosten wie Fracht, Porto.) Die Eingangsrechnungen werden folgendermaßen gebucht:

Konto	Soll	Haben
6800 Büromaterial	8,32 €	
2600 Vorsteuer	1,58 €	
an 4400 Verbindlichkeiten a. LL		9,90 €
0890 GWG-Sammelposten BGA	503,36 €	
2600 Vorsteuer	95,64 €	
an 4400 Verbindlichkeiten a. LL		599,00 €
0800 Geschäftsausstattung	1.091,60 €	
2600 Vorsteuer	207,40 €	
an 4400 Verbindlichkeiten a. LL		1.299,00 €

Teillösung des Einstiegsfalls **Sammelposten für geringwertige Wirtschaftsgüter**

Aus der Summen- und Saldenliste auf Seite 66 geht hervor, dass die Blum Music in den Vorjahren für Gegenstände der Geschäftsausstattung GWG-Sammelposten von insgesamt 5.000,00 € gebildet hat. Im Geschäftsjahr 01 wurden für insgesamt 2.000,00 € Gegenstände mit Anschaffungskosten zwischen 150,00 € und 1.000,00 € gekauft. Im Rahmen des Jahresabschlusses wird die lineare Abschreibung der Sammelposten durchgeführt. Der Kontenplan der Blum Music sieht für diese Buchung ein gesondertes Abschreibungskonto vor. Der Buchungsbetrag ist 20 % von 7.000,00 € = 1.400,00 €.

Damit ergibt sich folgende **Abschreibungsbuchung** im Geschäftsjahr 01:

Beleg-Nr.	Buchungsdatum	Konto	Soll	Haben
2906	31.12.01	6540 Abschreibungen auf GWG-Sammelposten	1.400,00 €	
		an 0890 GWG-Sammelposten BGA		1.400,00 €

Lösung des Einstiegsfalls Anlagevermögen bewerten

Nachdem die Blum Music die in den Teillösungen jeweils angegebenen Abschreibungsbuchungen unter dem Buchungsdatum 31. Dezember des Geschäftsjahres 01 erfasst hat, liegt der folgende Auszug aus der Summen- und Saldenliste **nach** Durchführung des Jahresabschlusses für das Geschäftsjahr 01 vor:

Konto	Kontostand 01.01.01 in €	Soll-Umsatz in €	Haben-Umsatz in €	Kontostand 31.12.01 in €
0510 Bebaute Grundstücke	150.000,00 S			150.000,00 S
0520 Gebäude	250.000,00 S		7.500,00	242.500,00 S
0700 Technische Anlagen	50.000,00 S	60.000,00	7.500,00	102.500,00 S
0800 Geschäftsausstattung	485.000,00 S	165.000,00	162.500,00	487.500,00 S
0840 Fuhrpark	40.000,00 S	32.400,00	45.400,00	27.000,00 S
0890 GWG-Sammelposten BGA	5.000,00 S	2.000,00	1.400,00	5.600,00 S
Summe Kontenklasse 0	980.000,00 S	259.400,00	224.300,00	1.015.100,00 S

In der Jahresbilanz der Blum Music4You KG mit dem Bilanzstichtag 31.12. des Geschäftsjahres 01 wird das Anlagevermögen mit 1.015.100,00 € ausgewiesen.

Bilanz 01 Kap. 6.16

A. Anlagevermögen	
1. Grundstücke und Bauten	392.500,00 €
2. Technische Anlagen und Maschinen	102.500,00 €
3. Andere Anlagen, Betriebs- und Geschäftsausstattung	520.100,00 €
Summe A. Anlagevermögen	**1.015.100,00 €**

Merke Bewertung des Anlagevermögens

- Das Anlagevermögen wird durch **Abschreibungen** bewertet.
- Abschreibungen sind **Aufwendungen** und werden im Soll gebucht.
- Die Buchung der Abschreibung lautet grundsätzlich:
  Abschreibungskonto an aktives Bestandskonto.
- Neben der Standardabschreibungsmethode **lineare Abschreibung** gibt es weitere Methoden wie die **degressive Abschreibung.**
- Im Jahr der Anschaffung muss grundsätzlich **zeitanteilig** abgeschrieben werden.
- Betragen die Anschaffungskosten maximal 1.000,00 €, werden **Sammelposten** gebildet, die pauschal mit 20 % linear abgeschrieben werden.
- Die Höhe, der Zeitraum und die Methode der Abschreibung sind detailliert **gesetzlich geregelt.**

6.11 Vorräte bewerten

Einstiegsfall Vorräte bewerten

Bilanz Vorjahr siehe Anhang

In der Vorjahresbilanz der Blum Music4You KG mit dem Bilanzstichtag 31. Dezember des Geschäftsjahres 00 werden die Vorräte mit 107.800,00 € ausgewiesen.

I. Vorräte

1. Roh-, Hilfs- und Betriebsstoffe	5.000,00 €
2. Unfertige Erzeugnisse	2.800,00 €
3. Fertige Erzeugnisse und Waren	100.000,00 €

Am 30. Dezember des Geschäftsjahres 01 (aktuelles Jahr) liegt der folgende Auszug aus der Summen- und Saldenliste vor. Sämtliche laufende Geschäftsvorfälle des Geschäftsjahres 01 sind gebucht. Am 31. Dezember findet kein laufender Geschäftsbetrieb statt. Jahresabschlussbuchungen sind noch **nicht** durchgeführt worden.

Konto	Kontostand 01.01.01 in €	Soll-Umsatz in €	Haben-Umsatz in €	Kontostand 30.12.01 in €
2000 Rohstoffe	2.000,00 S			2.000,00 S
2010 Fremdbauteile	2.500,00 S			2.500,00 S
2020 Hilfsstoffe	500,00 S			500,00 S
2100 Unfertige Erzeugnisse	2.800,00 S			2.800,00 S
2200 Fertige Erzeugnisse	3.000,00 S			3.000,00 S
2280 Handelswaren	97.000,00 S			97.000,00 S
Summe 2000 bis 2280	107.800,00 S			107.800,00 S

Die Blum Music hat auf keinem der hier ausgewiesenen Konten nach der Eröffnungsbuchung am 1. Januar des Geschäftsjahres 01 eine Buchung erfasst. Die Materialeinkäufe und die Einkäufe der Handelswaren im Laufe des Geschäftsjahres 01 wurden auf die entsprechenden Aufwandskonten gebucht.

In den letzten Dezembertagen des Geschäftsjahres 01 hat die Blum Music die Inventur im Material- und Warenlager durchgeführt. Einzelne mengenmäßige Ergebnisse sind dem folgenden Auszug aus der Inventurliste zu entnehmen:

Blum Music4You KG — **Inventurliste**

Inventurbestände am 31. Dezember Geschäftsjahr 01 — Belegnummer 2907

Bezeichnung	Mengeneinheit	Menge	Wert in €
Ahornblock 0,9 dm³	Stück	24	
Ahornblock 7,5 dm³	Stück	37	
Summe Rohstoffe			
Saiten .60"	Stück	145	
...			
Summe Fremdbauteile			

Schrauben	kg	7,54	
...			
Summe Hilfsstoffe			
unfertige Gitarre aus Auftrag 4333	Stück	1	
...			
Summe unfertige Erzeugnisse			
fertige Gitarre aus Auftrag 5222	Stück	1	
...			
Summe fertige Erzeugnisse			
Who: TOMMY, 1969	Stück	6	
...			
Summe Handelswaren			

Hinweise zur Bewertung der Vorräte der Blum Music4You KG:

- Auf dem Konto „Rohstoffe" werden ausschließlich die für die Gitarrenfertigung verwendeten Ahornblöcke geführt. Die Blöcke wurden zu unterschiedlichen Einkaufspreisen bei unterschiedlichen Lieferanten gekauft. Die Ahornblöcke sind gleichartig. Sie werden im Rahmen einer Gruppenbewertung mit ihren durchschnittlichen Anschaffungskosten bewertet.
- Alle anderen Materialien, Fanartikel und Waren werden mit ihren Einkaufspreisen bewertet.
- Bei den unfertigen und fertigen Erzeugnissen handelt es sich um teilweise oder vollständig fertiggestellte Gitarren, die aber noch nicht an die Kunden ausgeliefert sind. Sie werden mit den bis zum 31. Dezember des Geschäftsjahres 01 angefallenen Herstellungskosten bewertet.

Durchschnittsbewertung der Vorräte

Für **gleichartige** Güter darf eine **Gruppenbewertung** durchgeführt werden. Die einfachste Form der Gruppenbewertung ist die **Durchschnittsbewertung.** Die Summe der Einkaufspreise wird durch die insgesamt bezogene Menge dividiert.

Lösung des Einstiegsfalls Vorräte bewerten

Für die Ermittlung des Durchschnittspreises der Ahornblöcke benötigt die Blum Music den Anfangsbestand des Geschäftsjahres (bewertet zu dem Durchschnittswert des Vorjahres) und sämtliche Einkäufe während des Geschäftsjahres mit den entsprechenden Einkaufspreisen. Mithilfe des Warenwirtschaftssystems der Blum Music wird die folgende Tabelle erstellt:

Ahornblock 0,9 dm^3	Menge	Anschaffungskosten pro Stück	Gesamtwert
Bestand 1. Januar	5	6,50 €	32,50 €
Zugang 2. Juni	12	6,30 €	75,60 €
Zugang 8. August	17	6,20 €	105,40 €
Zugang 7. Dezember	19	7,10 €	134,90 €
Summen	**53**		**348,40 €**

Die durchschnittlichen Anschaffungskosten pro *Ahornblock 0,9 dm³* betragen:

$$\frac{\text{Gesamtwerte}}{\text{Gesamtmenge}} = \frac{348{,}40\ €}{53\ \text{Stück}} = 6{,}57\ €$$

Für die Bewertung der Vorräte gilt das **strenge Niederstwertprinzip.** Deshalb muss der berechnete Wert mit dem **Tageswert** verglichen werden.

Die Euting GmbH als Lieferant der Ahornblöcke teilt mit, dass der zum 31. Dezember aktuelle Preis für einen *Ahornblock 0,9 dm³* **7,20 €** beträgt. Der berechnete Durchschnittswert ist also niedriger als der Tageswert. Der Inventurbestand von 24 Stück wird deshalb mit

24 · 6,57 € = 157,68 € bewertet.

Die Berechnung des Durchschnittswerts für die *Ahornblöcke 7,5 dm³* erfolgt nach dem gleichen Verfahren. Die Summe der Gesamtwerte ergibt 3.161,00 € für insgesamt 58 Stück. Die durchschnittlichen Anschaffungskosten pro *Ahornblock 7,5 dm³* betragen also **54,50 €** pro Stück. In der Mitteilung der Euting GmbH wird der Preis pro *Ahornblock 7,5 dm³* mit **53,80 €** angegeben. Der Inventurbestand von 37 Stück wird deshalb mit

37 · 53,80 € = 1.990,60 € bewertet.

Bestandsveränderungen an unfertigen und fertigen Erzeugnissen Kap. 6.7.4

Die Ermittlung der Material- und Fertigungskosten sowie der zu berücksichtigenden Gemeinkosten führt zu den Herstellungskosten für jede der in der Fertigung befindlichen E-Gitarren. Die bis zum 31. Dezember angefallenen Herstellungskosten werden pro Auftrag in die Inventurliste eingetragen und die Summe jeweils für die unfertigen und für die fertigen Erzeugnisse gebildet.

Für Fremdbauteile, Hilfsstoffe und Handelswaren findet eine Einzelbewertung statt. Die Anschaffungskosten (= Einkaufspreise) werden in die Inventurliste eingetragen.

Nachdem sämtliche Vorräte bewertet sind, liegt die folgende Liste vor:

Blum Music4You KG			**Inventurliste**
Inventurbestände am 31. Dezember Geschäftsjahr 01			Belegnummer 2907
Bezeichnung	**Mengeneinheit**	**Menge**	**Wert in €**
Ahornblock 0,9 dm³	Stück	24	157,68
Ahornblock 7,5 dm³	Stück	37	1.990,60
Summe Rohstoffe			**2.148,28**
Saiten .60"	Stück	145	212,00
...	...	...	...
Summe Fremdbauteile			**2.350,00**
Schrauben	kg	7,54	4,37
...	...	...	...
Summe Hilfsstoffe			**500,00**
unfertige Gitarre aus Auftrag 4333	Stück	1	112,00
...	...	...	...
Summe unfertige Erzeugnisse			**3.000,00**
fertige Gitarre aus Auftrag 5222	Stück	1	990,00
...	...	...	...
Summe fertige Erzeugnisse			**2.900,00**
Who: TOMMY, 1969	Stück	6	54,60
...	...	...	...
Summe Handelswaren			**100.000,00**

Damit liegen die **Soll-Bestände** aus der Summen- und Saldenliste und die **Ist-Bestände** aus der Inventurliste für die Vorräte vor. Für die Anpassung der Soll-Bestände an die Ist-Bestände erfasst die Blum Music jeweils eine Buchung pro Konto. Im Fall einer Mehrung des Wertes wird auf dem Bestandskonto im Soll gebucht, im Fall einer Minderung im Haben. Das Gegenkonto ist immer ein Erfolgskonto. Der Buchungsbetrag ist die Differenz zwischen dem Soll- und dem Ist-Bestand.

Die Blum Music erfasst folgende **Anpassungsbuchungen für die Bestände der Vorräte** im Geschäftsjahr 01:

Beleg-Nr.	Buchungs-datum	Konto	Soll	Haben
2907	31.12.01	2000 Rohstoffe .... an 6000 Aufwendungen für Rohstoffe	148,28 €	 148,28 €
2907	31.12.01	6010 Aufwendungen für Fremdbauteile .... an 2010 Fremdbauteile	150,00 €	 150,00 €
2907	31.12.01	2100 Unfertige Erzeugnisse .... an 5200 Bestandsveränderungen	200,00 €	 200,00 €
2907	31.12.01	5200 Bestandsveränderungen .... an 2200 Fertige Erzeugnisse	100,00 €	 100,00 €
2907	31.12.01	2280 Handelswaren .... an 6080 Aufwendungen für Handelswaren	3.000,00 €	 3.000,00 €

Für das Konto „2020 Hilfsstoffe" braucht keine Anpassungsbuchung vorgenommen zu werden, weil der Bestand am 31. Dezember zufällig mit dem Bestand vom 1. Januar identisch ist.

Nach Übernahme der oben angegebenen Buchungen wird in der Abteilung Buchhaltung der Blum Music der folgende Auszug aus der Summen- und Saldenliste **nach** Durchführung des Jahresabschlusses für das Geschäftsjahr 01 ausgedruckt:

Konto	Kontostand 01.01.01 in €	Soll-Umsatz in €	Haben-Umsatz in €	Kontostand 31.12.01 in €
2000 Rohstoffe	2.000,00 S	148,28		2.148,28 S
2010 Fremdbauteile	2.500,00 S		150,00	2.350,00 S
2020 Hilfsstoffe	500,00 S			500,00 S
2100 Unfertige Erzeugnisse	2.800,00 S	200,00		3.000,00 S
2200 Fertige Erzeugnisse	3.000,00 S		100,00	2.900,00 S
2280 Handelswaren	97.000,00 S	3.000,00		100.000,00 S
Summe 2000 bis 2280	107.800,00 S	3.348,28	250,00	110.898,28 S

In der Jahresbilanz der Blum Music4You KG mit dem Bilanzstichtag 31. Dezember des Geschäftsjahres 01 werden die Vorräte mit **110.898,28 €** ausgewiesen.

Bilanz 01
Kap. 6.16

I. Vorräte

1. Roh-, Hilfs- und Betriebsstoffe	4.998,28 €
2. Unfertige Erzeugnisse	3.000,00 €
3. Fertige Erzeugnisse und Waren	102.900,00 €

Merke **Bewertung der Vorräte**

- Zu den Vorräten gehören die angeschafften **Materialien und Waren** sowie die **unfertigen und fertigen Erzeugnisse,** die am Bilanzstichtag vorhanden sind.
- Es gilt der Grundsatz der **Einzelbewertung,** das heißt, jedes in der Inventur erfasste Gut wird mit seinen **Anschaffungskosten** bewertet.
- Gleichartige Güter dürfen pauschal in Form einer **Gruppenbewertung** zum Beispiel mit ihren **durchschnittlichen Anschaffungskosten** bewertet werden.
- Nach Durchführung der Bewertung (Menge · Anschaffungskosten pro Stück) liegen die **Ist-Bestände** als Eurobetrag in der Inventurliste vor.
- Die **Soll-Bestände** der Bestandskonten, also der Konten 2000 bis 2280, müssen den tatsächlich vorhandenen Beständen, also den Ist-Beständen aus der Inventurliste, angepasst werden.
- Die Anpassungsbuchung lautet **Bestandskonto an Erfolgskonto** (falls der Ist-Bestand größer ist als der Soll-Bestand) oder **Erfolgskonto an Bestandskonto** (falls der Ist-Bestand kleiner ist als der Soll-Bestand). Der Buchungsbetrag ist immer die **Differenz** zwischen Soll- und Ist-Bestand.

6.12 Forderungen bewerten

Einstiegsfall Forderungen bewerten

In der Vorjahresbilanz der Blum Music4You KG mit dem Bilanzstichtag 31. Dezember des Geschäftsjahres 00 werden die Forderungen mit 15.000,00 € ausgewiesen.

Bilanz Vorjahr siehe Anhang

II. Forderungen

1. Forderungen aus Lieferungen und Leistungen	15.000,00 €
2. Sonstige Vermögensgegenstände	0,00 €

Am 30. Dezember des Geschäftsjahres 01 (aktuelles Jahr) liegt der folgende Auszug aus der Summen- und Saldenliste vor. Sämtliche laufende Geschäftsvorfälle des Geschäftsjahres 01 sind gebucht. Am 31. Dezember findet kein laufender Geschäftsbetrieb statt. Jahresabschlussbuchungen sind **noch nicht** durchgeführt worden.

Konto	Kontostand 01.01.01 in €	Soll-Umsatz in €	Haben-Umsatz in €	Kontostand 30.12.01 in €
2400 Forderungen a. LL	15.000,00 S	1.500.000,00	1.495.000,00	20.000,00 S

Der **Bilanzposition** „1. Forderungen aus Lieferungen und Leistungen" ist ausschließlich das **Konto** „2400 Forderungen a. LL" zugewiesen, sodass der Kontostand **nur dieses einen Kontos** als Betrag in der Bilanz zu finden ist. Unter der Bilanzposition „2. Sonstige Vermögensgegenstände" würde ein eventuell im Monat Dezember vorliegender Vorsteuerüberhang erscheinen.

Bei den hohen Soll- und Haben-Umsätzen auf dem Konto „2400 Forderungen a. LL" handelt es sich um die Buchungen der Ausgangsrechnungen und der Zahlungseingänge des Geschäftsjahres 01.

Im Rahmen der Jahresabschlussarbeiten prüft die Blum Music, ob die am 31. Dezember ausgewiesenen Forderungen **tatsächlich** mit 20.000,00 € zu bewerten sind. Zu klären ist, wie sicher davon auszugehen ist, dass die am Bilanzstichtag bereits ausgestellten, aber von den Kunden noch nicht bezahlten Ausgangsrechnungen, vollständig bezahlt werden.

Für diese Einschätzung sind **drei Fälle** zu unterscheiden:

1. Am Bilanzstichtag ist bereits bekannt, dass eine Forderung **uneinbringlich** ist. Sie muss dann mit **0,00 €** bewertet werden.
2. Am Bilanzstichtag ist bekannt, dass eine Forderung **zweifelhaft** ist. Für die Bewertung ist dann der **wahrscheinliche Zahlungseingang** zu berücksichtigen. Es muss eine **Einzelwertberichtigung** gebildet werden.
3. Wenn Erfahrungen zeigen, dass auch die **einwandfreien** Forderungen nicht immer zu vollständigen Zahlungseingängen führen, werden diese Forderungen mit einem Abschlag, der sogenannten **Pauschalwertberichtigung,** bewertet.

Fortsetzung des Einstiegsfalls

Um die Bewertungsentscheidungen treffen zu können, druckt die Blum Music die Offene-Posten-Liste Debitoren aus.

Auszug aus der **Offenen-Posten-Liste Debitoren** vom 30. Dezember des Geschäftsjahres 01:

Konto	Kontostand 01.01.01 in €	Soll-Umsatz in €	Haben-Umsatz in €	Kontostand 30.12.01 in €
24001 Ikabo GmbH, Hamburg	1.000,00 S	21.000,00	20.000,00	2.000,00 S
...				
24082 Event 3000 GmbH, Köln	0,00 S	1.785,00		1.785,00 S
...				
24095 Sonnen AG, Ulm	0,00 S	3.332,00		3.332,00 S
...				
Summen	**15.000,00 S**	**1.500.000,00**	**1.495.000,00**	**20.000,00 S**

Hinweise zur Bewertung der Forderungen der Blum Music4You KG:

- Die Ikabo GmbH ist ein langjähriger Kunde. Die Forderung am 30. Dezember von 2.000,00 € ist als einwandfrei einzustufen.
- Der Event 3000 GmbH ist im Januar des Geschäftsjahres 01 die Organisation eines Rockkonzerts in Rechnung gestellt worden. Das kaufmännische und das gerichtliche Mahnverfahren wurden vollständig durchlaufen. Anfang Dezember teilt der Insolvenzverwalter mit, dass das Verfahren mangels Masse eingestellt wird.
- Der Sonnen AG sind im November des Geschäftsjahres 01 Fanartikel geliefert und in Rechnung gestellt worden. Am 12. Dezember wurde das Insolvenzverfahren über das Vermögen der Sonnen AG eröffnet. Der Insolvenzverwalter teilt den Gläubigern mit, dass mit einem Forderungsausfall von 90 % zu rechnen ist.
- Alle anderen Forderungen gelten, genauso wie die Forderung gegenüber der Ikabo GmbH, als einwandfrei. Allerdings musste die Blum Music4You KG in diesem Geschäftsjahr feststellen, dass auch als einwandfrei eingestufte Forderungen ausfallen können. Auf dieses pauschale

Ausfallrisiko soll in der Finanzbuchhaltung durch Bildung einer Pauschalwertberichtigung von 1,5 % reagiert werden.

6.12.1 Direkte Abschreibung von uneinbringlichen Forderungen

Eine Forderung, deren Uneinbringlichkeit feststeht, muss vollständig abgeschrieben werden. Der Abschreibungsbetrag entspricht der Nettoforderung, der Umsatzsteueranteil wird berichtigt. Der Industriekontenrahmen sieht als Abschreibungskonto das Konto vor:

6951 Abschreibungen auf Forderungen wegen Uneinbringlichkeit

Beispiel Insolvenzverfahren mangels Masse abgelehnt

Der Baustoffhändler Zuse GmbH stellt dem Bauunternehmen Rose e. K. am 13. April 20.. die Lieferung von Baumaterialien mit brutto 2.142,00 € in Rechnung. Der Kunde Rose e. K. wird in der Buchhaltung der Zuse GmbH unter der Debitorenkontonummer 24099 geführt. Am 19. Dezember 20.. geht bei der Zuse GmbH ein Schreiben des Insolvenzverwalters ein, indem die Einstellung des Insolvenzverfahrens über das Vermögen des Bauunternehmens Rose e. K. mitgeteilt wird.

Buchung der Ausgangsrechnung am 13. April 20..:

Konto	Soll	Haben
24099 Forderung Rose e. K.	2.142,00 €	
an 5000 Umsatzerlöse		1.800,00 €
an 4800 Umsatzsteuer		342,00 €

Buchung der Abschreibung der Forderung und der Umsatzsteuerberichtigung im Rahmen der Jahresabschlussbuchungen am 31. Dezember 20..:

Konto	Soll	Haben
6951 Abschreibungen auf Ford. wg. Uneinbringlichkeit	1.800,00 €	
4800 Umsatzsteuer	342,00 €	
an 24099 Forderung Rose e. K.		2.142,00 €

Das Debitorenkonto 24099 hat anschließend den Saldo Null. Die Buchungen auf dem Umsatzsteuerkonto heben sich gegenseitig auf. Die mit der Ausgangsrechnung gebuchten Umsatzerlöse werden durch die Abschreibung ausgeglichen. Für die Buchhaltung ist der Fall damit abgeschlossen.

Wegen des hohen wirtschaftlichen Schadens (die Baumaterialien wurden ausgeliefert, aber vom Kunden nicht bezahlt) wird die Zuse GmbH die Bonität ihrer Kunden zukünftig genauer prüfen.

6.12.2 Einzelwertberichtigung zweifelhafter Forderungen

Für zweifelhafte Forderungen werden Abschreibungen in Höhe des wahrscheinlichen Zahlungsausfalls vorgenommen. Die Abschreibungen erfolgen nicht direkt auf dem Debitorenkonto, sondern werden indirekt auf einem Wertberichtigungskonto vorgenommen. Die Umsatzsteuerberichtigung darf noch nicht vorgenommen werden.[1]

1 Grundsätzlich gilt: Steuerberichtigungen werden erst durchgeführt, wenn der Sachverhalt endgültig geklärt ist.

Der Industriekontenrahmen sieht für die Buchung der Einzelwertberichtigungen (EWB) folgende Konten vor:

3670 Einzelwertberichtigungen zu Forderungen
6952 Einstellung in Einzelwertberichtigungen zu Forderungen
5450 Erträge aus der Auflösung oder Herabsetzung von Wertberichtigungen zu Forderungen

Beispiel 1 **Bildung einer Einzelwertberichtigung**

Der Baustoffhändler Zuse GmbH stellt seinem Kunden HaPa Bau GmbH, Debitorenkontonummer 24122, am 12. August des Geschäftsjahres 01 eine Baustofflieferung in Rechnung, Rechnungsbetrag brutto 5.355,00 €. Am 2. Dezember des Jahres beantragt die HaPa Bau GmbH das Insolvenzverfahren. Zum 31. Dezember ist das Verfahren noch nicht beendet. Der Insolvenzverwaltung teilt am 28. Dezember in einem Schreiben an die Gläubiger mit, dass mit einer Insolvenzquote von 15 % zu rechnen sei.

Die Zuse GmbH ermittelt die Höhe der zu bildenden Einzelwertberichtigung:

	Forderungsbetrag gesamt:	5.355,00 €
–	Umsatzsteueranteil (19 %):	855,00 €
=	Forderung netto:	4.500,00 €
davon 85 %:		3.825,00 €

In der Finanzbuchhaltung der Zuse GmbH wird die Bildung der Einzelwertberichtigung am 31. Dezember des Geschäftsjahres folgendermaßen gebucht:

Konto	Soll	Haben
6952 Einstellung in EWB	3.825,00 €	
an 3670 EWB zu Forderungen		3.825,00 €

Das Debitorenkonto 24122 wird nicht berührt. Die Forderung gegenüber dem Kunden bleibt in voller Höhe bestehen. Das Konto 6952 wird als Aufwandskonto über GuV abgeschlossen. Der für das Geschäftsjahr ausgewiesene Gewinn sinkt damit um 3.825,00 €. Das Konto 3670 ist ein Bestandskonto. Die Buchung im Haben bildet ein Gegengewicht zu den im Soll geführten Forderungen auf dem Konto 2400.

Soll	8020 GuV		Haben
...			
6952	3.825,00		

Soll	8010 SBK		Haben
...		...	
2400 Forderungen	...	3670 EWB	3.825,00

Für die Darstellung der Forderungen in der Jahresbilanz werden die Kontostände der Konten „2400 Forderungen a. LL" und „3670 EWB" beide der gleichen Bilanzposition zugewiesen. Die Bildung der Einzelwertberichtigung führt damit dazu, dass die Forderungen in der Bilanz um 3.825,00 € niedriger ausgewiesen werden.

Das Insolvenzverfahren über das Vermögen der HaPa Bau GmbH wird im neuen Jahr abgeschlossen. Der Insolvenzverwalter stellt eine tatsächliche Insolvenzquote von 10 % fest und überweist am 4. Juni 535,50 € auf das Konto der Zuse GmbH. Daraufhin berechnet die Zuse GmbH die tatsächliche Höhe des Verlustes durch die Insolvenz ihres Kunden HaPa Bau GmbH:

	ursprüngliche Forderung:	5.355,00 €
–	davon bezahlt:	535,50 €
=	Restforderung brutto:	4.819,50 €
–	Umsatzsteueranteil (19 %):	769,50 €
=	Restforderung netto:	4.050,00 €

Fortsetzung Beispiel siehe nächste Seite

Die Zuse GmbH bucht den Zahlungseingang und schreibt ihre Restforderung gegenüber der HaPa Bau GmbH ab:

Konto	Soll	Haben
2800 Bank	535,50 €	
an 24122 Forderung HaPa Bau GmbH		535,50 €
6951 Abschreibungen auf Ford. wg. Uneinbringlichkeit	4.050,00 €	
4800 Umsatzsteuer	769,50 €	
an 24122 Forderung HaPa Bau GmbH		4.819,50 €

Das Debitorenkonto 24122 hat anschließend den Saldo Null. Die Umsatzsteuer wird um den Anteil korrigiert, den die Zuse GmbH nicht bezahlt bekommen hat. Der tatsächliche Verlust wird über das Konto 6951 abgeschrieben.

Für die Buchung der Abschreibung der Restforderung im Laufe des Geschäftsjahres spielt es keine Rolle, dass für diese Forderung im Rahmen der Jahresabschlussarbeiten des Vorjahres eine Einzelwertberichtigung gebildet wurde.

Beispiel 2 Herabsetzung einer Einzelwertberichtigung

Für den **Jahresabschluss des Geschäftsjahres 02** der Zuse GmbH ist für eine Forderung von brutto 714,00 € eine Einzelwertberichtigung zu bilden. Die Insolvenzquote wird auf 5 % geschätzt.

Berechnung der Höhe der zu bildenden Einzelwertberichtigung:

	Forderung gesamt:	714,00 €
–	Umsatzsteueranteil (19 %):	114,00 €
=	Forderung netto:	600,00 €
davon 95 %:		570,00 €

Wenn für keine weiteren Forderungen Wertberichtigungen zu bilden sind, bedeutet das, dass die bestehende Einzelwertberichtigung aus dem Vorjahr die für das Geschäftsjahr 02 zu bildende Einzelwertberichtigung um 3.255,00 € übersteigt. Im Jahresabschluss des Geschäftsjahres 02 muss die Zuse GmbH deshalb eine **Herabsetzung** der Einzelwertberichtigung buchen:

Konto	Soll	Haben
3670 EWB zu Forderungen	3.255,00 €	
an 5450 Erträge aus der Herabsetzung von Wertber.		3.255,00 €

Die Buchung wirkt sich auf die Hauptbuchkonten folgendermaßen aus:

Soll	3670 EWB		Haben
5450	3.255,00	EBK	3.825,00
SBK	570,00		

Soll	5450 Erträge aus ... WB		Haben
GuV	3.255,00	3670	3.255,00

Soll	8020 GuV		Haben
...		...	
		5450	3.255,00

Soll	8010 SBK		Haben
...		...	
2400 Forderungen	...	3670 EWB	570,00

Da auf den Wertberichtigungskonten ausschließlich im Rahmen des Jahresabschlusses gebucht wird, weist das Konto „3670 EWB" neben der Eröffnungsbuchung vom 1. Januar nur die Anpassungsbuchung vom 31. Dezember aus. Nach Durchführung der Jahresabschlussbuchung wird das Konto „3670 EWB" mit dem neuen Kontostand von 570,00 € über das SBK abgeschlossen. Der Haben-Saldo bildet das Gegengewicht zu den im Soll geführten Forderungen auf dem Konto 2400.

Das Konto 5450 wird als Ertragskonto über GuV abgeschlossen. Der für das Geschäftsjahr ausgewiesene Gewinn steigt damit um 3.255,00 €. Die Ertragsbuchung kommt dadurch zustande, dass die für das Geschäftsjahr 02 zu bildende Einzelwertberichtigung zu Forderungen niedriger ist als die aus dem Vorjahr vorhandene Einzelwertberichtung.

In der Jahresbilanz des Geschäftsjahres 02 werden die Forderungen mit dem Kontostand des Kontos „2400 Forderungen a. LL" vermindert um die noch vorhandene Einzelwertberichtigung von 570,00 € ausgewiesen.

6.12.3 Pauschalwertberichtigung der Forderungen

Für Forderungen, die im Rahmen der Einzelbewertung nicht als zweifelhaft gelten, werden **pauschal** Abschreibungen durchgeführt, wenn belegt werden kann, dass auch unter diesen Forderungen mit Ausfällen zu rechnen ist. Das Ausfallrisiko wird als Prozentsatz angegeben. Grundlage sind Erfahrungen mit tatsächlichen Forderungsausfällen. Die Pauschalbewertung wird, genauso wie die Einzelbewertung der Forderungen, **indirekt** vorgenommen. Umsatzsteuerberichtigungen dürfen nicht vorgenommen werden.

Der Industriekontenrahmen sieht für die Buchung der Pauschalwertberichtigungen folgende Konten vor:

3680 Pauschalwertberichtigungen zu Forderungen
6953 Einstellung in Pauschalwertberichtigungen zu Forderungen

Eine Herabsetzung der Pauschalwertberichtigung wird, wie die Herabsetzung einer Einzelwertberichtigung, über das Konto **„5450 Erträge aus der Auflösung oder Herabsetzung von Wertberichtigungen zu Forderungen"** gebucht.

Beispiel 1 Bildung einer Pauschalwertberichtigung (PWB)

In der Finanzbuchhaltung des Baustoffhändlers Zuse GmbH liegt am 30. Dezember des Geschäftsjahres 01 der folgende Auszug aus der Summen- und Saldenliste vor:

Konto	Kontostand 01.01.01 in €	Soll-Umsatz in €	Haben-Umsatz in €	Kontostand 30.12.01 in €
2400 Forderungen a. LL	245.000,00 S	2.550.000,00	2.497.500,00	297.500,00 S
3680 Pauschalwertberichtigung zu Forderungen	1.000,00 H			1.000,00 H

Die Einzelbewertung der Forderungen am 31. Dezember des Geschäftsjahres 01 ergibt keine zweifelhaften Forderungen. Das grundsätzlich vorliegende Ausfallrisiko wird mit 2 % der Forderungen ermittelt.

Die Zuse GmbH berechnet die Höhe der zu bildenden Pauschalwertberichtigung:

	Forderungsbetrag gesamt:	297.500,00 €
–	Umsatzsteueranteil (19 %):	47.500,00 €
=	Forderung netto:	250.000,00 €
davon 2 %:		5.000,00 €

Fortsetzung Beispiel siehe nächste Seite

Aus dem Vorjahr besteht bereits eine Pauschalwertberichtigung von 1.000,00 €. Sie muss für das Geschäftsjahr 01 um 4.000,00 € angehoben werden. Die Zuse GmbH bucht am 31. Dezember als Jahresabschlussbuchung:

Konto	Soll	Haben
6953 Einstellung in PWB	4.000,00 €	
an 3680 PWB zu Forderungen		4.000,00 €

Die Buchung wirkt sich auf die Hauptbuchkonten folgendermaßen aus:

Soll	3680 PWB		Haben
SBK	5.000,00	EBK	1.000,00
		6953	4.000,00

Soll	6953 Einstell. in PWB		Haben
3680	4.000,00	GuV	4.000,00

Soll	8020 GuV		Haben
...		...	
6953	4.000,00		

Soll	8010 SBK		Haben
...		...	
2400	297.500,00	3680	5.000,00

Das Konto 6953 wird als Aufwandskonto über das GuV-Konto abgeschlossen. Der für das Geschäftsjahr ausgewiesene Gewinn sinkt damit um 4.000,00 €. Das Konto 3680 ist ein Bestandskonto und wird über das SBK abgeschlossen. Der Haben-Saldo von 5.000,00 € bildet ein Gegengewicht zu den im Soll geführten Forderungen auf dem Konto 2400.

Beispiel 2 Herabsetzung einer Pauschalwertberichtigung (PWB)

Am 31. Dezember des **Geschäftsjahres 02** beträgt der Forderungsbestand der Zuse GmbH brutto 261.800,00 €. Sämtliche Ausgangsrechnungen weisen eine Umsatzsteuer von 19 % aus, sodass der Forderungsbestand netto 220.000,00 € beträgt. Der Prozentsatz der Pauschalbewertung bleibt bei 2 %. Damit beträgt die für das Geschäftsjahr 02 auszuweisende Pauschalwertberichtigung 4.400,00 €. Die aus dem Vorjahr vorhandene Pauschalwertberichtigung muss also um 600,00 € herabgesetzt werden.

Die notwendige Buchung am 31. Dezember lautet:

Konto	Soll	Haben
3680 PWB zu Forderungen	600,00 €	
an 5450 Erträge aus der Herabsetzung von Wertber.		600,00 €

Die Buchung wirkt sich auf die Hauptbuchkonten folgendermaßen aus:

Soll	3680 PWB		Haben
5450	600,00	EBK	5.000,00
SBK	4.400,00		

Soll	5450 Erträge aus ... WB		Haben
GuV	600,00	3680	600,00

Soll	8020 GuV		Haben
...		...	
		5450	600,00

Soll	8010 SBK		Haben
...		...	
2400	261.800,00	3680	4.400,00

Das Konto „3680 PWB" weist neben der Eröffnungsbuchung vom 1. Januar nur die Anpassungsbuchung vom 31. Dezember aus. Mit Abschließen des Kontos über SBK bildet der Haben-Saldo von 4.400,00 € das Gegengewicht zu den im Soll geführten Forderungen von 261.800,00 € auf dem Konto 2400.

Das Konto 5450 wird als Ertragskonto über das GuV-Konto abgeschlossen. Der für das Geschäftsjahr ausgewiesene Gewinn steigt damit um 600,00 €. Die Ertragsbuchung kommt dadurch zustande, dass die für das Geschäftsjahr 02 zu bildende Pauschalwertberichtigung zu Forderungen **niedriger** ist als die aus dem Vorjahr vorhandene Pauschalwertberichtung.

In der **Jahresbilanz** des Geschäftsjahres 02 werden die Forderungen mit 257.400,00 € ausgewiesen. Beide Konten („2400 Forderungen a. LL" und „3680 PWB") werden der gleichen Bilanzposition zugewiesen.

Lösung des Einstiegsfalls **Forderungen bewerten**

Die Blum Music4You KG führt die Bewertung der Forderungen in der Bilanz zum 31. Dezember des Geschäftsjahres 01 in drei Schritten durch:

Schritt 1: Vollständige Abschreibung der Forderung gegenüber der Event GmbH. Der Umsatzsteueranteil der Forderung beträgt 285,00 €. Die notwendige Jahresabschlussbuchung lautet:

Beleg-Nr.	Buchungsdatum	Konto	Soll	Haben
2908	31.12.01	6951 Abschreibungen auf Forderungen wg. Uneinbringlichkeit	1.500,00 €	
		4800 Umsatzsteuer	285,00 €	
		an 24082 Event GmbH		1.785,00 €

Schritt 2: Bildung einer Einzelwertberichtigung für die Forderung gegenüber der Sonnen AG. Die Blum Music4You KG berechnet die Höhe der Wertberichtigung:

	Forderungsbetrag brutto:	3.332,00 €
–	Umsatzsteueranteil (19 %):	532,00 €
=	Forderung netto:	2.800,00 €
davon 90 %:		2.520,00 €

Aus dem Vorjahr liegt keine Einzelwertberichtigung vor, deshalb wird eine EWB von 2.520,00 € gebildet:

Beleg-Nr.	Buchungsdatum	Konto	Soll	Haben
2910[1]	31.12.01	6952 Einstellung in EWB	2.520,00 €	
		an 3670 EWB zu Forderungen		2.520,00 €

Schritt 3: Bildung einer Pauschalwertberichtigung für die nicht zweifelhaften Forderungen.

Die Blum Music4You KG berechnet die Höhe der Wertberichtigung:

	Gesamtforderungsbetrag am 31. Dezember:	20.000,00 €
–	abgeschriebene Forderung (Event GmbH):	1.785,00 €
–	einzelwertberichtigte Forderung (Sonnen AG):	3.332,00 €
=	Forderungen brutto:	14.883,00 €
–	Umsatzsteueranteil (19 %):	2.376,28 €
=	Forderungen netto:	12.506,72 €
davon 1,5 %:		187,60 €

1 Die Belegnummer 2909 wird nicht vergeben.

Aus dem Vorjahr liegt keine Pauschalwertberichtigung vor, deshalb wird eine PWB von 187,60 € gebildet:

Beleg-Nr.	Buchungsdatum	Konto	Soll	Haben
2911	31.12.01	6953 Einstellung in PWB . . . . an 3680 PWB zu Forderungen	187,60 €	 187,60 €

Nach Durchführung der oben angegebenen Jahresabschlussbuchungen druckt die Blum Music die Summen- und Saldenliste aus:

Konto	Kontostand 01.01.01 in €	Soll-Umsatz in €	Haben-Umsatz in €	Kontostand 31.12.01 in €
2400 Forderungen a. LL	15.000,00 S	1.500.000,00	1.496.785,00	18.215,00 S
3670 EWB zu Forderungen			2.520,00	2.520,00 H
3680 PWB zu Forderungen			187,60	187,60 H

Der Bestand auf dem Konto „2400 Forderungen a. LL" ist durch die Abschreibung der Forderung gegenüber der Event GmbH um 1.785,00 € gesunken. Die Wertberichtigungen werden auf gesonderten Konten geführt.

Bilanz 01
Kap. 6.16

In der Jahresbilanz der Blum Music4You KG mit dem Bilanzstichtag 31. Dezember des Geschäftsjahres 01 werden die Forderungen aus Lieferungen und Leistungen mit 15.507,40 € ausgewiesen.

II. Forderungen

1. Forderungen aus Lieferungen und Leistungen 15.507,40 €

Merke **Bewertung der Forderungen**

- Die am Bilanzstichtag zu bewertenden Forderungen aus Lieferungen und Leistungen sind der **Offenen-Posten-Liste Debitoren** zu entnehmen. Die Summe der offenen Posten der Debitoren ist mit dem Kontostand des Kontos **„2400 Forderungen a. LL"** identisch.
- Sollten sich noch Forderungen in der Offenen-Posten-Liste befinden, von denen sicher bekannt ist, dass diese Forderungen ganz oder teilweise **uneinbringlich sind,** müssen diese Forderungen **abgeschrieben** werden. Die **Umsatzsteuer** wird **berichtigt.** Die Buchung lautet: 6951, 4800 an Debitorenkonto.
- **Zweifelhafte** Forderungen werden durch **Einzelwertberichtigungen** in Höhe des vermuteten Verlustes bewertet. Dabei wird die aus dem Vorjahr vorhandene EWB angepasst: Zwei Buchungen sind möglich:
  a) 6952 an 3670 (EWB wird erhöht.) b) 3670 an 5450 (EWB wird gesenkt.)
- Forderungen, für die eine Einzelwertberichtigung gebildet wurden, werden erst abgeschrieben, wenn der tatsächliche Forderungsausfall feststeht. Die gebuchte EWB spielt bei der Abschreibungsbuchung **keine** Rolle.
- **Nicht-zweifelhafte** Forderungen werden durch **Pauschalwertberichtigungen** in Höhe des vermuteten Ausfallrisikos bewertet. Dabei wird die aus dem Vorjahr vorhandene PWB angepasst: Zwei Buchungen sind möglich:
  a) 6953 an 3680 (PWB wird erhöht.) b) 3680 an 5450 (PWB wird gesenkt.)
- In der Jahresbilanz werden die Forderungen mit dem Kontostand des Kontos „2400 Forderungen a. LL" vermindert um die Kontostände der Konten „3670 EWB" und „3680 PWB" ausgewiesen.

6.13 Schulden bewerten

Einstiegsfall Schulden bewerten

In der Vorjahresbilanz der Blum Music4You KG mit dem Bilanzstichtag 31. Dezember des Geschäftsjahres 00 werden die Schulden mit 608.800,00 € ausgewiesen.

Bilanz Vorjahr siehe Anhang

C. Verbindlichkeiten	
1. Verbindlichkeiten gegenüber Kreditinstituten	533.800,00 €
2. Verbindlichkeiten a. LL	60.000,00 €
3. Sonstige Verbindlichkeiten	15.000,00 €
Summe C. Verbindlichkeiten	**608.800,00 €**

Der **Bilanzposition** „2. Verbindlichkeiten a. LL" ist ausschließlich das **Konto** „4400 Verbindlichkeiten a. LL" zugewiesen, sodass der Kontostand **nur dieses einen Kontos** als Betrag in der Bilanz zu finden ist.

Am 30. Dezember des Geschäftsjahres 01 (aktuelles Jahr) liegt der folgende Auszug aus der Summen- und Saldenliste vor. Sämtliche laufende Geschäftsvorfälle des Geschäftsjahres 01 sind gebucht. Am 31. Dezember findet kein laufender Geschäftsbetrieb statt. Jahresabschlussbuchungen sind **noch nicht** durchgeführt worden.

Konto	Kontostand 01.01.01 in €	Soll-Umsatz in €	Haben-Umsatz in €	Kontostand 30.12.01 in €
4230 Bankdarlehen	33.800,00 H	5.000,00	25.000,00	53.800,00 H
4250 Hypotheken	500.000,00 H	50.000,00	0,00	450.000,00 H
4400 Verbindlichkeiten a. LL	60.000,00 H	1.300.000,00	1.305.000,00	65.000,00 H
4800 Umsatzsteuer	15.000,00 H	164.715,00	166.000,00	16.285,00 H
Summen	**608.800,00 H**	**1.519.715,00**	**1.496.000,00**	**585.085,00 H**

Hinweise zur Bewertung der einzelnen Schuldenpositionen der Blum Music4You KG:

- Bankdarlehen und Hypotheken sind bei Kreditinstituten in Deutschland aufgenommen worden. Im Laufe des Geschäftsjahres 01 wurden das Darlehen und die Hypothek teilweise getilgt. Ein Darlehen von 25.000,00 € wurde zur Finanzierung einer neuen Verstärkeranlage aufgenommen.
- Unter den Verbindlichkeiten aus Lieferungen und Leistungen befindet sich ein offener Posten gegenüber der FUN-MUSIC Inc., Kreditorennummer 44061. Es handelt sich um die Buchung einer Eingangsrechnung, die in US-Dollar ausgestellt ist. Der Rechnungsbetrag für Musikdownloads von der Website der FUN-MUSIC Inc. beträgt 600,00 US$. Alle anderen am 31. Dezember offenen Eingangsrechnungen sind in Euro fakturiert. Die Soll- und Haben-Umsätze auf dem Konto „4400 Verbindlichkeiten a. LL" gehen auf die Buchungen der Eingangsrechnungen und Zahlungsausgänge des Geschäftsjahres 01 zurück.
- Bei dem Kontostand auf dem Konto „4800 Umsatzsteuer" handelt es sich um die Zahllast für den Monat Dezember des Geschäftsjahres 01.

Schulden sind grundsätzlich mit ihren Rückzahlungsbeträgen zu bewerten. Unterschiedliche Bewertungsansätze sind bei **Hypotheken** und **Währungsverbindlichkeiten** denkbar. Die Blum Music

Disagio
▸ Glossar

hat die Hypothek ohne ein sogenanntes **Disagio**[1] aufgenommen. Die Hypothek wird, genauso wie das Darlehen, die Zahllast für Dezember und die in Euro fakturierten offenen Posten bei Kreditoren, mit dem Buchbestand vom 31. Dezember ausgewiesen. Eine Ausnahme bildet die Verbindlichkeit gegenüber dem amerikanischen Lieferanten FUN-MUSIC Inc. In diesem Fall muss die Blum Music eine Prüfung vornehmen.

Bewertung von Währungsverbindlichkeiten

Beträge auf Eingangsrechnungen, die in ausländischer Währung ausgestellt sind, werden zum Zeitpunkt der Buchung mit dem aktuellen Tageskurs in Euro bewertet und gebucht. Für die Bewertung in der Jahresbilanz gilt das für Schulden zu berücksichtigende **Höchstwertprinzip.**

Ist der Kurs der ausländischen Währung gesunken, bleibt die (höhere) Bewertung erhalten. Ist der Kurs gestiegen, muss mit dem am Bilanzstichtag geltenden Kurs bewertet werden.

Lösung des Einstiegsfalls Schulden bewerten

Die Eingangsrechnung der FUN-MUSIC Inc. geht am 20. Dezember bei der Blum Music ein. Der Wechselkurs des US-Dollar beträgt zu diesem Zeitpunkt 1,20 US$, das heißt 1,00 € = 1,20 US$. Der Rechnungsbetrag von 600,00 US$ entspricht damit 500,00 € (600,00 : 1,20).

Die Buchung der Eingangsrechnung (Belegnummer 2701) am 20. Dezember lautet:

Beleg-Nr.	Buchungsdatum	Konto	Soll	Haben
2701	20.12.01	6080 Aufwendungen für Waren .... an 44061 Verbindlichkeiten FUN-MUSIC	500,00 €	 500,00 €

Für die Bewertung der offenen Eingangsrechnung am 31. Dezember sind die folgenden beiden Fälle möglich:

Möglichkeit 1: Der Wert des Dollar ist gesunken, das heißt, der Preis in Dollar für 1,00 € ist gestiegen, angenommen auf **1,30 US$** pro 1,00 €. Die Verbindlichkeit hat damit einen aktuellen Wert von **461,54 €** (600,00 : 1,30).

Wegen des Höchstwertprinzips bleibt die Bewertung der Verbindlichkeit bei 500,00 €. Eine Anpassungsbuchung erfolgt nicht.

Möglichkeit 2: Der Wert des Dollar ist gestiegen, das heißt, der Preis in Dollar für 1,00 € ist gesunken, angenommen auf **1,10 US$** pro 1,00 €. Die Verbindlichkeit hat damit einen aktuellen Wert von **545,45 €** (600,00 : 1,10).

1 Das Disagio (Abgeld) ist der Betrag, der bei Auszahlung der Hypothek vom Kreditgeber einbehalten wird. Er wird zunächst aktiviert und mit der Laufzeit der Hypothek abgeschrieben.

Im vorliegenden Einstiegsfall ist der Wert des Dollar auf 1,10 US$ pro 1,00 € gestiegen. Die Verbindlichkeit muss mit dem höheren Tageswert von 545,45 € bewertet werden. Die Anpassungsbuchung lautet:

Beleg-Nr.	Buchungs-datum	Konto	Soll	Haben
2912	31.12.01	6080 Aufwendungen für Waren .... an 44061 Verbindlichkeiten FUN-MUSIC	45,45 €	 45,45 €

Die Buchung führt dazu, dass die Aufwendungen des Geschäftsjahres um 45,45 € steigen. Damit ist der Kursverlust im Jahresergebnis des Geschäftsjahres 01 berücksichtigt. Der Haben-Saldo des Kontos „4400 Verbindlichkeiten a. LL" erhöht sich auf 65.045,45 €.

In der Jahresbilanz der Blum Music4You KG mit dem Bilanzstichtag 31. Dezember des Geschäftsjahres 01 erscheinen die Verbindlichkeiten aus Lieferungen und Leistungen als zweite Position unter C. Verbindlichkeiten:

Bilanz 01
Kap. 6.16

C. Verbindlichkeiten	
1. Verbindlichkeiten gegenüber Kreditinstituten	503.800,00 €
2. Verbindlichkeiten a. LL	65.045,45 €
3. Sonstige Verbindlichkeiten[1]	...
Summe C. Verbindlichkeiten	**...**

Merke **Bewertung der Schulden**

- Schulden sind nach dem **Höchstwertprinzip** zu bewerten.
- Unterschiedliche Bewertungsansätze sind bei **Währungsverbindlichkeiten** möglich.
- Für die Bewertung müssen die **Wechselkurse** zum Zeitpunkt des Rechnungseingangs und zum Bilanzstichtag herangezogen werden.
- Ist der Kurs der ausländischen Währung **gesunken,** bleibt die ursprüngliche höhere Bewertung erhalten.
- Ist der Kurs der ausländischen Währung **gestiegen,** muss eine Anpassungsbuchung vorgenommen werden.

1 Unter der Position „3. Sonstige Verbindlichkeiten" wird neben der Zahllast noch das Konto „4890 Sonstige Verbindlichkeiten" ausgewiesen. Die Buchungen auf diesem Konto werden im Kapitel 6.14 dargestellt.

6.14 Zeitliche Abgrenzungen

Einstiegsfall Zeitliche Abgrenzung

In der Vorjahresbilanz der Blum Music4You KG mit dem Bilanzstichtag 31. Dezember des Geschäftsjahres 00 werden Rechnungsabgrenzungsposten ausgewiesen und zwar:

Bilanz Vorjahr siehe Anhang

C. **Rechnungsabgrenzungsposten** auf der Aktivseite mit	**7.000,00 €**
D. **Rechnungsabgrenzungsposten** auf der Passivseite mit	**5.000,00 €**

Am 30. Dezember des Geschäftsjahres 01 (aktuelles Jahr) wird der folgende Auszug aus der Summen- und Saldenliste ausgedruckt:

Konto	Kontostand 01.01.01 in €	Soll-Umsatz in €	Haben-Umsatz in €	Kontostand 30.12.01 in €
2690 Sonstige Forderungen	0,00 S			0,00 S
2900 Aktive Rechnungsabgrenzung	7.000,00 S		7.000,00	0,00 S
4890 Sonstige Verbindlichkeiten	0,00 H			0,00 H
4900 Passive Rechnungsabgrenzung	5.000,00 H	5.000,00		0,00 H
...				
5000 Umsatzerlöse für eig. Erzeugn.		1.000,00	611.000,00	610.000,00 H
5100 Umsatzerlöse für Waren		5.000,00	775.000,00	770.000,00 H
...				
5400 Sonstige Mieterträge			14.000,00	14.000,00 H
...				
Summe Kontenklasse 5		**6.000,00**	**1.415.000,00**	**1.409.000,00 H**
...				
6700 Mietaufwendungen		20.200,00		20.200,00 S
...				
Summe Kontenklassen 6 und 7		**1.157.745,23**	**50.000,00**	**1.107.745,23 S**

Eine **vorläufige** Gewinn- und Verlustrechnung auf der Basis der vorhandenen Kontostände der Erfolgskonten am 30. Dezember des Geschäftsjahres 01 (ohne Jahresabschlussbuchungen) weist einen Jahresgewinn von 301.254,77 € aus (Differenz zwischen Aufwendungen = 1.107.745,23 € und Erträgen = 1.409.000,00 €).

Zu klären ist, ob die bisher gebuchten Aufwendungen und Erträge tatsächlich dem Geschäftsjahr 01 zuzuordnen sind und ob es noch nicht gebuchte Aufwendungen oder Erträge gibt, die in das Geschäftsjahr 01 gehören.

Für die **Mietaufwendungen** und **Mieterträge** sind folgende Hinweise zu berücksichtigen:

- Die Dezembermiete für einen Lagerraum, in dem die flexible Bühne der Blum Music zeitweise untergestellt wird, ist am 31. Dezember noch nicht bezahlt. Der Mietvertrag sieht eine rückwirkende monatliche Zahlung vor. Die Blum Music wird die Monatsmiete von 300,00 € am 10. Januar des Geschäftsjahres 02 an den Vermieter überweisen.

- Unter den Mieterträgen fehlt noch die von einer Privatperson aus der Nachbarschaft zu zahlende Miete für eine Garage im Geschäftsgebäude der Blum Music. Der Mietvertrag sieht eine rückwirkende monatliche Zahlung von 150,00 € vor. Mit dem Zahlungseingang der Dezembermiete ist am 15. Januar des Geschäftsjahres 02 zu rechnen.
- Unter den Mietaufwendungen befindet sich ein bereits gebuchter Zahlungsausgang an den Vermieter eines Büroraums in der Nachbarschaft des Geschäftsgebäudes der Blum Music. Die Miete wird regelmäßig am 20. eines Monats für den folgenden Monat im Voraus überwiesen. Die Zahlung für die Januarmiete von 4.500,00 € ist bereits erfolgt und gebucht.
- Unter den Mieterträgen befindet sich ein bereits gebuchter Zahlungseingang für die Vermietung einer Werbefläche am Geschäftsgebäude der Blum Music. Die Miete wird monatlich im Voraus bezahlt. Am 15. Dezember ist die Miete von 3.500,00 € für den Januar des Geschäftsjahres 02 eingegangen.

Buchung der zeitlichen Abgrenzung der Aufwendungen und Erträge

Während des laufenden Geschäftsjahres werden Aufwendungen und Erträge bei Vorliegen des Zahlungsbelegs gebucht. In Ausnahmefällen kann es vorkommen, dass der Zeitpunkt der Einnahme bzw. Ausgabe nicht in dem Zeitraum, für den der Gewinn oder Verlust ermittelt werden soll, liegt. In diesen Fällen müssen im Rahmen des Jahresabschlusses **Abgrenzungsbuchungen** durchgeführt werden, damit die Zuordnung der Aufwendungen und Erträge **periodengerecht** erfolgt. Dabei sind vier Fälle möglich:

Konto	Situation altes Jahr	Situation neues Jahr	Jahresabschlussbuchung (Buchung am 31. Dezember ..)
4890 Sonstige Verbindlichkeiten	Aufwand	Ausgabe	Aufwandskonto an Sonstige Verbindlichkeiten
2690 Sonstige Forderungen	Ertrag	Einnahme	Sonstige Forderungen an Ertragskonto
2900 Aktive Rechnungsabgrenzung (ARA)	Ausgabe	Aufwand	Aktive Rechnungsabgrenzung an Aufwandskonto
4900 Passive Rechnungsabgrenzung (PRA)	Einnahme	Ertrag	Ertragskonto an Passive Rechnungsabgrenzung

Lösung des Einstiegsfalls Zeitliche Abgrenzung

Dezembermiete, gemieteter Lagerraum

Der **Aufwand** für die Miete des Lagerraums gehört in das Geschäftsjahr 01, die **Ausgabe** wird erst im Geschäftsjahr 02 erfolgen. Die Abgrenzungsbuchung am 31. Dezember lautet:

Beleg-Nr.	Buchungsdatum	Konto	Soll	Haben
2913	31.12.01	6700 Mietaufwendungen .... an 4890 Sonstige Verbindlichkeiten	300,00 €	 300,00 €

Damit wird der Mietaufwand in das Geschäftsjahr 01 **vorgezogen.** Wenn die Miete am 10. Januar des Geschäftsjahres 02 tatsächlich überwiesen wird (Belegnummer des Kontoauszugs 3078), lautet die Buchung:

Beleg-Nr.	Buchungsdatum	Konto	Soll	Haben
3078	10.01.02	4890 Sonstige Verbindlichkeiten .... an 2800 Bank	300,00 €	 300,00 €

Damit wird im Geschäftsjahr 02 die Dezembermiete des Vorjahres zwar bezahlt, aber nicht als Aufwand gebucht. Der Aufwand ist korrekt dem Geschäftsjahr 01 zugeordnet.

Dezembermiete, vermietete Garage

Der **Ertrag** für die Vermietung der Garage gehört in das Geschäftsjahr 01, die **Einnahme** wird jedoch erst im Geschäftsjahr 02 erfolgen. Die Abgrenzungsbuchung am 31. Dezember lautet:

Beleg-Nr.	Buchungsdatum	Konto	Soll	Haben
2914	31.12.01	2690 Sonstige Forderungen .... an 5400 Sonstige Mieterträge	150,00 €	 150,00 €

Damit wird der Mietertrag in das Geschäftsjahr 01 **vorgezogen.** Wenn die Miete am 15. Januar des Geschäftsjahres 02 tatsächlich auf dem Bankkonto der Blum Music eingeht (Belegnummer des Kontoauszugs 3134), lautet die Buchung:

Beleg-Nr.	Buchungsdatum	Konto	Soll	Haben
3134	15.01.02	2800 Bank .... an 2690 Sonstige Forderungen	150,00 €	 150,00 €

Damit wird im Geschäftsjahr 02 der Zahlungseingang der Dezembermiete, nicht jedoch der Mietertrag gebucht. Der Ertrag ist korrekt dem Geschäftsjahr 01 zugeordnet.

Januarmiete, gemieteter Büroraum

Bereits am 20. Dezember wurde die Januarmiete überwiesen (Belegnummer des Kontoauszugs 2821). Gebucht wurde:

Beleg-Nr.	Buchungsdatum	Konto	Soll	Haben
2821	20.12.01	6700 Mietaufwendungen .... an 2800 Bank	4.500,00 €	 4.500,00 €

Der **Aufwand** für die Miete des Büroraums gehört aber gar nicht in das Geschäftsjahr 01. Der bereits gebuchte Aufwand muss in das Geschäftsjahr 02 **verschoben** werden. Die Abgrenzungsbuchung am 31. Dezember lautet:

Beleg-Nr.	Buchungsdatum	Konto	Soll	Haben
2915	31.12.01	2900 ARA .... an 6700 Mietaufwendungen	4.500,00 €	 4.500,00 €

Damit heben sich die beiden Buchungen auf dem Konto „6700 Mietaufwendungen" gegenseitig auf. Die Abgrenzungsbuchung vom 31. Dezember des Geschäftsjahres 01 wird zu Beginn des Geschäftsjahres 02 sofort wieder rückgängig gemacht (interner Beleg, Belegnummer 3017). Die Buchung lautet:

Beleg-Nr.	Buchungsdatum	Konto	Soll	Haben
3017	02.01.02	6700 Mietaufwendungen .... an 2900 ARA	4.500,00 €	 4.500,00 €

Damit wird im Geschäftsjahr 02 die für das Geschäftsjahr 01 gebildete aktive Rechnungsabgrenzung wieder aufgehoben. Der Aufwand wird korrekt dem Geschäftsjahr 02 zugeordnet.

Januarmiete, vermietete Werbefläche

Am 15. Dezember ist die Januarmiete eingegangen (Belegnummer Kontoauszug 2795). Gebucht wurde:

Beleg-Nr.	Buchungsdatum	Konto	Soll	Haben
2795	15.12.01	2800 Bank	3.500,00 €	
		an 5400 Sonstige Mieterträge		3.500,00 €

Der **Ertrag** für die Vermietung der Werbefläche gehört aber gar nicht in das Geschäftsjahr 01. Der bereits gebuchte Ertrag muss in das Geschäftsjahr 02 **verschoben** werden. Die Abgrenzungsbuchung am 31. Dezember lautet:

Beleg-Nr.	Buchungsdatum	Konto	Soll	Haben
2916	31.12.01	5400 Sonstige Mieterträge	3.500,00 €	
		an 4900 PRA		3.500,00 €

Damit heben sich die beiden Buchungen auf dem Konto „5400 Sonstige Mieterträge" gegenseitig auf. Die Abgrenzungsbuchung vom 31. Dezember des Geschäftsjahres 01 wird zu Beginn des Geschäftsjahres 02 sofort wieder rückgängig gemacht werden. Die Buchung lautet:

Beleg-Nr.	Buchungsdatum	Konto	Soll	Haben
3018	02.01.02	4900 PRA	3.500,00 €	
		an 5400 Sonstige Mieterträge		3.500,00 €

Die im Geschäftsjahr 02 für das Geschäftsjahr 01 gebildete passive Rechnungsabgrenzung ist damit wieder aufgehoben. Der Ertrag wird korrekt dem Geschäftsjahr 02 zugeordnet.

Die oben angegebenen vier Abgrenzungsbuchungen mit dem Buchungsdatum 31. Dezember des Geschäftsjahres 01 (Belegnummern 2913 bis 2916) wirken sich auf die Hauptbuchkonten folgendermaßen aus:

Soll	6700 Mietaufw.		Haben
...	16.000,00	2900	4.500,00
4890	300,00	GuV	11.800,00

Soll	5400 Sonstige Mieterträge		Haben
4900	3.500,00	...	14.000,00
GuV	10.650,00	2690	150,00

Soll	4890 So. Vb.		Haben
SBK	300,00	6700	300,00

Soll	2690 So. Fo.		Haben
5400	150,00	SBK	150,00

Soll	2900 ARA		Haben
EBK	7.000,00	...	7.000,00
6700	4.500,00	SBK	4.500,00

Soll	4900 PRA		Haben
...	5.000,00	EBK	5.000,00
SBK	3.500,00	5400	3.500,00

Soll	8020 GuV		Haben
...		...	
6700	11.800,00	5400	10.650,00

Soll	8010 SBK		Haben
...		...	
2690	150,00	4890	300,00
2900	4.500,00	4900	3.500,00

Nach Durchführung der oben angegebenen Jahresabschlussbuchungen druckt die Blum Music den folgenden Auszug aus der Summen- und Saldenliste aus:

Konto	Kontostand 01.01.01 in €	Soll-Umsatz in €	Haben-Umsatz in €	Kontostand 31.12.01 in €
2690 Sonstige Forderungen	0,00 S	150,00		150,00 S
2900 Aktive Rechnungsabgrenzung	7.000,00 S	4.500,00	7.000,00	4.500,00 S
4890 Sonstige Verbindlichkeiten	0,00 H		300,00	300,00 H
4900 Passive Rechnungsabgrenzung	5.000,00 H	5.000,00	3.500,00	3.500,00 H

Bilanz 01
Kap. 6.16

In der Jahresbilanz der Blum Music4You KG mit dem Bilanzstichtag 31. Dezember des Geschäftsjahres 01 werden die **Rechnungsabgrenzungsposten** folgendermaßen ausgewiesen:

C. Rechnungsabgrenzungsposten auf der Aktivseite mit 4.500,00 €
D. Rechnungsabgrenzungsposten auf der Passivseite mit 3.500,00 €

Der Saldo des Kontos **„2690 Sonstige Forderungen"** erscheint in der Jahresbilanz unter der Position „Sonstige Vermögensgegenstände":

II. Forderungen

1. Forderungen a. LL	15.507,40 €
2. Sonstige Vermögensgegenstände	150,00 €

Der Saldo des Kontos **„4890 Sonstige Verbindlichkeiten"** erscheint in der Jahresbilanz unter der Position „3. Sonstige Verbindlichkeiten", zusammen mit der Zahllast für Dezember (Konto 4800):

C. Verbindlichkeiten

1. Verbindlichkeiten gegenüber Kreditinstituten	503.800,00 €
2. Verbindlichkeiten a. LL	65.045,45 €
3. Sonstige Verbindlichkeiten	16.300,00 €
Summe C. Verbindlichkeiten	**585.145,45 €**

Merke **Zeitliche Abgrenzungen**

- Im Rahmen der laufenden Geschäftsbuchungen werden die Aufwendungen und die Erträge bei Vorliegen des Zahlungsbelegs gebucht. In Einzelfällen gehören der Aufwand oder der Ertrag jedoch **nicht** in das Geschäftsjahr, in dem die Ausgabe oder die Einnahme gebucht wird.
- **Sonstige Verbindlichkeiten** liegen vor, wenn ein Aufwand in das abzuschließende Geschäftsjahr **vorgezogen** wird, dessen Ausgabe erst im neuen Jahr erfolgen wird.
- **Sonstige Forderungen** liegen vor, wenn ein Ertrag in das abzuschließende Geschäftsjahr **vorgezogen** wird, dessen Einnahme erst im neuen Jahr erfolgen wird.
- **Aktive Rechnungsabgrenzungen** liegen vor, wenn ein im abzuschließenden Geschäftsjahr gebuchter Aufwand in das folgende Geschäftsjahr **verschoben** werden muss. Aktive Rechnungsabgrenzungen stellen eine „Leistungsforderung" dar.
- **Passive Rechnungsabgrenzungen** liegen vor, wenn ein im abzuschließenden Geschäftsjahr gebuchter Ertrag in das folgende Geschäftsjahr **verschoben** werden muss. Passive Rechnungsabgrenzungen stellen eine „Leistungsverbindlichkeit" dar.
- Ziel der zeitlichen Abgrenzungsbuchungen ist es, die Aufwendungen und Erträge **periodengerecht** zu buchen. Die Erfolgsbuchungen werden **dem** Geschäftsjahr zugeordnet, in das sie gehören.

6.15 Rückstellungen

Einstiegsfall Rückstellungen

In der Vorjahresbilanz der Blum Music4You KG mit dem Bilanzstichtag 31. Dezember des Geschäftsjahres 00 werden Rückstellungen mit 10.000,00 € ausgewiesen.

B. Rückstellungen 10.000,00 €

Bilanz Vorjahr siehe Anhang

Am 30. Dezember des Geschäftsjahres 01 (aktuelles Jahr) wird der folgende Auszug aus der Summen- und Saldenliste ausgedruckt:

Konto	Kontostand 01.01.01 in €	Soll-Umsatz in €	Haben-Umsatz in €	Kontostand 30.12.01 in €
3700 Pensionsrückstellungen	5.000,00 H			5.000,00 H
3800 Steuerrückstellungen	3.000,00 H	3.000,00		0,00 H
3900 Sonstige Rückstellungen	2.000,00 H	2.000,00		0,00 H
...	...	...	...	...
6160 Fremdinstandhaltung		2.200,00		2.200,00 S
7700 Gewerbesteuer		8.000,00		8.000,00 S

Für den Jahresabschluss des Geschäftsjahres 01 sind folgende Hinweise zu berücksichtigen:

- Bei den „Pensionsrückstellungen" handelt es sich um Beträge, die für die betriebliche Altersvorsorge der Mitarbeiter zurückgestellt wurden. Im Geschäftsjahr 01 wurden keine Betriebsrenten ausgezahlt. Der Umfang der Berechtigungen bleibt im Geschäftsjahr 01 unverändert. Die Pensionsrückstellungen bleiben damit in gleicher Höhe bestehen.
- Die für das Geschäftsjahr 00 gebildete Steuerrückstellung ist im Geschäftsjahr 01 vollständig aufgelöst worden. Für das Geschäftsjahr 01 wird mit einer Gewerbesteuernachzahlung von 3.500,00 € gerechnet.
- Unter den Fremdinstandhaltungen ist eine dringend notwendige Dachreparatur nicht enthalten. Die Blum Music hat am 3. Dezember des Geschäftsjahres 01 den Auftrag zur Reparatur an ein Bauunternehmen vergeben. Die Ausführung soll spätestens im Februar des Geschäftsjahres 02 erfolgen. Das Bauunternehmen schätzt die Reparaturkosten auf 7.000,00 €.

Buchen der Rückstellungen

Falls am Bilanzstichtag bereits bekannt ist, dass im folgenden Geschäftsjahr **Aufwendungen** anfallen werden, die **wirtschaftlich ins aktuelle Geschäftsjahr** gehören, deren Höhe aber nur **geschätzt** werden kann, werden für diese Aufwendungen **Rückstellungen** gebildet. Rückstellungen unterscheiden sich von den sonstigen Verbindlichkeiten dadurch, dass ihre Höhe zum Zeitpunkt der Durchführung des Jahresabschlusses nicht genau festliegt.

Rückstellungen **müssen** gebildet werden für

- **unterlassene Instandhaltungsaufwendungen,** wenn die Instandhaltung in den ersten drei Monaten des folgenden Geschäftsjahres durchgeführt wird.
- **ungewisse Verbindlichkeiten** wie die Gewerbesteuer, deren Höhe erst nach Vorliegen des Jahresabschlusses endgültig bestimmt wird.

- **drohende Verluste aus schwebenden Geschäften.** Zum Beispiel wenn der Preis für Materialien, die im aktuellen Geschäftsjahr gekauft, aber noch nicht geliefert wurden, am Bilanzstichtag niedriger ist als der vereinbarte und im folgenden Geschäftsjahr zu zahlende Kaufpreis.

Das Handelsgesetzbuch sieht für einzelne Rückstellungen ein **Passivierungswahlrecht** vor. Den Entscheidungsspielraum können Unternehmen nutzen, um einen hohen Gewinn niedriger auszuweisen. (Je höher die Rückstellungen gebildet werden, desto niedriger ist der ausgewiesene Gewinn.) Falls ein hoher Verlust vorliegt, werden die Rückstellungen möglichst niedrig gebildet.

Die Rückstellungen werden in der **Bilanz** auf der Passivseite zwischen dem Eigenkapital (steht dauerhaft zur Verfügung) und dem langfristigen Fremdkapital in der eigenen Position aufgeführt: **B. Rückstellungen** unterteilt in

1. **Rückstellungen für Pensionen und ähnliche Verpflichtungen**
2. **Steuerrückstellungen**
3. **sonstige Rückstellungen**

Die Bilanzstruktur sieht diese eigene Position vor, weil es sich bei Rückstellungen um Fremdkapital handelt, das keine Zinszahlungen verursacht und teilweise langfristig zur Verfügung steht. Insbesondere Pensionsrückstellungen bilden **langfristig zur Verfügung stehendes, zinsloses Kapital.**

Lösung des Einstiegsfalls Rückstellungen

Pensionsrückstellungen

Der Betrag bleibt unverändert. Es ist keine Buchung erforderlich.

Steuerrückstellungen

Der Kontostand des Kontos „3800 Steuerrückstellungen" am 30. Dezember beträgt 0,00 €. Die Buchung für die Bildung der Steuerrückstellung für das Geschäftsjahr 01 lautet:

Beleg-Nr.	Buchungsdatum	Konto	Soll	Haben
2917	31.12.01	7700 Gewerbesteuer .... an 3800 Steuerrückstellungen	3.500,00 €	 3.500,00 €

Damit ist der geschätzte Gewerbesteuerbetrag als Aufwand dem Geschäftsjahr 01 zugeordnet. Die gebildete Steuerrückstellung wird zu Beginn des Geschäftsjahres 02 wieder aufgelöst, wenn die tatsächlich zu zahlende Gewerbesteuernachzahlung überwiesen wird.

Sonstige Rückstellungen

Die Blum Music hat die Dachreparatur in Auftrag gegeben, es wurden aber bis zum Bilanzstichtag noch keine Arbeiten durchgeführt. Es handelt sich um eine „unterlassene Instandhaltungsaufwendung", für die eine Rückstellung gebildet werden muss. Die Kostenschätzung des Bauunternehmens wird als Betrag übernommen. Die Buchung am 31. Dezember lautet:

Beleg-Nr.	Buchungsdatum	Konto	Soll	Haben
2918	31.12.01	6160 Fremdinstandhaltungen .... an 3900 Sonstige Rückstellungen	7.000,00 €	 7.000,00 €

Damit wird der geschätzte Reparaturaufwand in das Geschäftsjahr 01 **vorgezogen.** Der Aufwand geht bereits in das Ergebnis des Geschäftsjahres 01 ein. Die Jahresabschlussbuchung wirkt sich auf die Hauptbuchkonten folgendermaßen aus:

Soll	6160 Fremdinst.		Haben
...	2.200,00	GuV	9.200,00
3900	7.000,00		

Soll	3900 Sonstige Rückst.		Haben
...	3.000,00	EBK	3.000,00
SBK	7.000,00	3900	7.000,00

Soll	8020 GuV		Haben
...		...	
6160	9.200,00		

Soll	8010 SBK		Haben
...		...	
		3900	7.000,00

Wenn die Reparatur zu Beginn des Geschäftsjahres 02 abgeschlossen ist, muss die gebildete Rückstellung wieder aufgelöst werden. Die Rechnung des Bauunternehmens (Belegnummer 3165) geht am 20. März ein. Es sind drei Fälle denkbar:

Version 1: Die tatsächlichen Kosten entsprechen genau der Schätzung:
Rechnungsbetrag netto 7.000,00 €, USt 1.330,00 €, Rechnungsbetrag brutto 8.330,00 €

Die Eingangsrechnung wird gebucht:

Beleg-Nr.	Buchungsdatum	Konto	Soll	Haben
3165	20.03.02	3900 Rückstellungen	7.000,00 €	
		2600 Vorsteuer	1.330,00 €	
		an 4400 Verbindlichkeiten a. LL		8.330,00 €

Version 2: Die tatsächlichen Kosten sind niedriger als die Schätzung:
Rechnungsbetrag netto 6.000,00 €, USt 1.140,00 €, Rechnungsbetrag brutto 7.140,00 €

Die Eingangsrechnung und der zu erfassende Ertrag werden gebucht:

Beleg-Nr.	Buchungsdatum	Konto	Soll	Haben
3165	20.03.02	3900 Rückstellungen	6.000,00 €	
		2600 Vorsteuer	1.140,00 €	
		an 4400 Verbindlichkeiten a. LL		7.140,00 €
3165	20.03.02	3900 Rückstellungen	1.000,00 €	
		an 5480 Erträge aus der Auflösung von Rückstellungen		1.000,00 €

Version 3: Die tatsächlichen Kosten sind höher als die Schätzung:
Rechnungsbetrag netto 9.000,00 €, USt 1.710,00 €, Rechnungsbetrag brutto 10.710,00 €

Die Eingangsrechnung und der zu erfassende Aufwand werden gebucht:

Beleg-Nr.	Buchungsdatum	Konto	Soll	Haben
3165	20.03.02	3900 Rückstellungen	7.000,00 €	
		6990 Periodenfremde Aufwendungen	2.000,00 €	
		2600 Vorsteuer	1.710,00 €	
		an 4400 Verbindlichkeiten a. LL		10.710,00 €

Nach Durchführung der oben angegebenen Jahresabschlussbuchungen (Belegnummern 2917 und 2918) druckt die Blum Music den folgenden Auszug aus der Summen- und Saldenliste aus:

Konto	Kontostand 01.01.01 in €	Soll-Umsatz in €	Haben-Umsatz in €	Kontostand 31.12.01 in €
3700 Pensionsrückstellungen	5.000,00 H			5.000,00 H
3800 Steuerrückstellungen	3.000,00 H	3.000,00	3.500,00	3.500,00 H
3900 Sonstige Rückstellungen	2.000,00 H	2.000,00	7.000,00	7.000,00 H
...	...	...	...	...
6160 Fremdinstandhaltung		9.200,00		9.200,00 S
7700 Gewerbesteuer		11.500,00		11.500,00 S

Bilanz 01
Kap. 6.16

In der Jahresbilanz der Blum Music4You KG mit dem Bilanzstichtag 31. Dezember des Geschäftsjahres 01 werden die **Rückstellungen** damit folgendermaßen ausgewiesen:

B. Rückstellungen 15.500,00 €

Merke **Rückstellungen**

- Rückstellungen werden gebildet für Aufwendungen, deren **Höhe oder Fälligkeit** am Bilanzstichtag noch **nicht festliegen** und die ins abzuschließende Geschäftsjahr gehören.
- Die nicht bekannte Höhe/Fälligkeit **unterscheidet** die Rückstellungen von sonstigen Verbindlichkeiten.
- Buchung am Bilanzstichtag: **Aufwandskonto an Rückstellungskonto**
- Rückstellungen erscheinen in der Bilanz unter einer eigenen Position **B. Rückstellungen** zwischen A. Eigenkapital und C. Verbindlichkeiten.
- Gebuchte Rückstellungen werden im **Folgejahr** wieder **aufgelöst,** wenn der Beleg für den tatsächlich zu zahlenden Betrag vorliegt.

Lernlandkarte 6.16

6.16 Bilanz und GuV-Rechnung auswerten

6.16.1 Bianzen aufbereiten

6.16.2 Kennzahlen der Finanzierung und Investition

6.16.3 Kennzahlen des Vermögensaufbaus

6.16.4 Kennzahlen der Liquidität

6.16.5 Kennzahlen der Rentabilität

6.16.6 Cashflow

Summen- und Saldenliste der Blum Music4You KG für das Geschäftsjahr 01

Konto	Kontostand 01.01.01 in €	Soll-Umsatz in €	Haben-Umsatz in €	Kontostand 31.12.01 in €
0510 Bebaute Grundstücke	150.000,00 S			150.000,00 S
0520 Gebäude	250.000,00 S		7.500,00	242.500,00 S

Aktiva	Vorjahr €	Vorjahr %	Berichtsjahr €	Berichtsjahr %	Veränderung €
Sachanlagen					
Finanzanlagen					
Anlagevermögen					
Vorräte					
Forderungen					
Flüssige Mittel					
Umlaufvermögen					
Gesamtvermögen					

Passiva	Vorjahr €	Vorjahr %	Berichtsjahr €	Berichtsjahr %	Veränderung €
Gezeichnetes Kapital					
Kapital-/Gewinnrücklagen					
Eigenkapital					
Langfr. Rückstellungen					
Langfr. Verbindlichkeiten					
Langfr. Fremdkapital					
Kurzfr. Rückstellungen					
Kurzfr. Verbindlichkeiten					
Kurzfr. Fremdkapital					
Gesamtkapital					

Erträge
– Aufwendungen
= Gewinn/Verlust

Unterlagen für die Durchführung der Auswertung:

- Bilanz vom 31. Dez. 00 (Vorjahr)
- Bilanz vom 31. Dez. 01 (Berichtsjahr)
- GuV-Rechnung des Geschäftsjahres 00
- GuV-Rechnung des Geschäftsjahres 01
- Summen- und Saldenliste vom 31. Dez. 01

Kennzahlenberechnung:

- Zusammenfassung der Bilanzdaten zur „aufbereiteten Bilanz“
- Für jede Kennzahl liegt die Formel vor.
- Beträge werden der aufbereiteten Bilanz bzw. den Originalunterlagen entnommen.
- Verwenden einer Tabellenkalkulationssoftware

Analyse der Situation des Unternehmens:

- Vergleich der Kennzahlen mit Vorjahresdaten
- Vergleich der Branchendaten
- Interpretation der Kennzahlen unter Berücksichtigung der Gesamtsituation

6.16 Bilanz und GuV-Rechnung auswerten

Nach Beendigung der Jahresabschlussarbeiten stehen die erstellte Jahresbilanz und die GuV-Rechnung sowie sämtliche Buchungsunterlagen für Auswertungen zur Verfügung. Diese Auswertungen werden unternehmensintern vorgenommen. Bei größeren Unternehmen, die den Jahresabschluss in Form von Geschäftsberichten veröffentlichen, können Auswertungen auch von externen Interessenten[1] durchgeführt werden. Um Vergleiche mit Vorjahren herzustellen oder Vergleiche zwischen unterschiedlichen Unternehmen zu ermöglichen, werden Auswertungskennzahlen berechnet.

Für die Aufbereitung der Daten und die Berechnung der Kennzahlen bietet sich die Verwendung einer Tabellenkalkulationssoftware an.

Einstiegsfall Die wirtschaftliche Situation der Blum Music bewerten

Die Mitarbeiter der Finanzbuchhaltung der Blum Music4You KG bekommen den Auftrag, Auswertungskennzahlen für das Geschäftsjahr 01 zu berechnen und diese den Kennzahlen des Geschäftsjahres 00 gegenüberzustellen. Für die Bewertung der wirtschaftlichen Situation des Unternehmens stehen die Bilanz und die GuV-Rechnung des Vorjahres sowie die im Rahmen der beschriebenen Jahresabschlussarbeiten (vgl. Kapitel 6.10 bis 6.15) erstellte Bilanz zum 31. Dezember des Geschäftsjahres 01 und die GuV-Rechnung des Geschäftsjahres 01 zur Verfügung. Um in Einzelfällen auf die Beträge auf einzelnen Konten zugreifen zu können, wird außerdem die Summen- und Saldenliste des abgeschlossenen Geschäftsjahres 01 herangezogen.

Bilanz und GuV-Rechnung Vorjahr siehe Anhang

Die Bilanz und die GuV-Rechnung sowie die Summen- und die Saldenliste des Geschäftsjahres 01 sind auf den folgenden Seiten dargestellt; diejenigen des Vorjahres (Geschäftsjahr 00) entnehmen Sie bitte dem Datenkranz der Blum Music im Anhang.

Jahresabschluss der Blum Music4You KG für das Geschäftsjahr 01

Bilanz der Blum Music4You KG zum 31. Dezember Geschäftsjahr 01

Aktiva		Passiva	
A. Anlagevermögen		**A. Eigenkapital**	**606.150,00**
1. Grundstücke und Bauten	392.500,00		
2. Technische Anlagen u. Maschinen	102.500,00	**B. Rückstellungen**	**15.500,00**
3. Andere Anlagen, Betriebs- u. Geschäftsausstattung	520.100,00	**C. Verbindlichkeiten**	
Summe A. Anlagevermögen	**1.015.100,00**	1. Verb. geg. Kreditinstituten	503.800,00
B. Umlaufvermögen		2. Verbindlichkeiten a. LL	65.045,45
I. Vorräte		3. Sonstige Verbindlichkeiten	16.300,00
1. Roh-, Hilfs- und Betriebsstoffe	4.998,28	**Summe C. Verbindlichkeiten**	**585.145,45**
2. Unfertige Erzeugnisse	3.000,00	**D. Rechnungsabgrenzungsposten**	**3.500,00**
3. Fertige Erzeugnisse u. Waren	102.900,00		
II. Forderungen			
1. Forderungen a. LL	15.507,40		
2. Sonstige Vermögensgegenstände	150,00		
III. Kassenbestand Guthaben bei Kreditinstituten	64.139,77		
Summe B. Umlaufvermögen	**190.695,45**		
C. Rechnungsabgrenzungsposten	**4.500,00**		
Summe Aktiva	**1.210.295,45**	**Summe Passiva**	**1.210.295,45**

1 Zu den „externen Interessenten" können Lieferanten, Kunden, Kreditgeber oder Aktionäre des Unternehmens sowie Wirtschaftsjournalisten gehören. Ziel der Auswertungen ist es, die wirtschaftliche Situation des Unternehmens übersichtlich und aussagekräftig darzustellen.

Gewinn- und Verlustrechnung der Blum Music4You KG im Geschäftsjahr 01

Umsatzerlöse	1.380.000,00 €
Bestandsveränderungen fertige/unfertige Erzeugnisse	100,00 €
Sonstige betriebliche Erträge	10.650,00 €
Materialaufwand	219.200,00 €
Personalaufwand	800.600,00 €
Abschreibungen	184.300,00 €
Sonstige betriebliche Aufwendungen	61.000,00 €
Zinsen und ähnliche Erträge	15.000,00 €
Zinsen und ähnliche Aufwendungen	23.000,00 €
Steuern vom Einkommen und Ertrag	11.500,00 €
Jahresüberschuss/-fehlbetrag	**106.150,00 €**

Summen- und Saldenliste der Blum Music4You KG für das Geschäftsjahr 01

Konto	Kontostand 01.01.01 in €	Soll-Umsatz in €	Haben-Umsatz in €	Kontostand 31.12.01 in €
0510 Bebaute Grundstücke	150.000,00 S			150.000,00 S
0520 Gebäude	250.000,00 S		7.500,00	242.500,00 S
0700 Technische Anlagen	50.000,00 S	60.000,00	7.500,00	102.500,00 S
0800 Geschäftsausstattung	485.000,00 S	165.000,00	162.500,00	487.500,00 S
0840 Fuhrpark	40.000,00 S	32.400,00	45.400,00	27.000,00 S
0890 GWG-Sammelposten BGA	5.000,00 S	2.000,00	1.400,00	5.600,00 S
Summe Kontenklasse 0	**980.000,00 S**	**259.400,00**	**224.300,00**	**1.015.100,00 S**
2000 Rohstoffe	2.000,00 S	148,28		2.148,28 S
2010 Fremdbauteile	2.500,00 S		150,00	2.350,00 S
2020 Hilfsstoffe	500,00 S			500,00 S
2100 Unfertige Erzeugnisse	2.800,00 S	200,00		3.000,00 S
2200 Fertige Erzeugnisse	3.000,00 S		100,00	2.900,00 S
2280 Handelswaren	97.000,00 S	3.000,00		100.000,00 S
2400 Forderungen a. LL	15.000,00 S	1.500.000,00	1.496.785,00	18.215,00 S
2600 Vorsteuer	0,00 S	165.000,00	165.000,00	0,00 S
2690 Sonstige Forderungen	0,00 S	150,00		150,00 S
2800 Bank	10.000,00 S	2.051.139,77	2.000.000,00	61.139,77 S
2880 Kasse	4.000,00 S	60.000,00	61.000,00	3.000,00 S
2900 Aktive Rechnungsabgrenzung	7.000,00 S	4.500,00	7.000,00	4.500,00 S
Summe Kontenklasse 2	**143.800,00 S**	**3.784.138,05**	**3.730.035,00**	**197.903,05 S**
3000 Kapital Gesellschafter Blum	380.000,00 H			380.000.00 H
3070 Kapital Kommanditisten	120.000,00 H			120.000,00 H
3670 EWB zu Forderungen			2.520,00	2.520,00 H
3680 PWB zu Forderungen			187,60	187,60 H

Fortsetzung Tabelle siehe nächste Seite.

Konto	Kontostand 01.01.01 in €	Soll-Umsatz in €	Haben-Umsatz in €	Kontostand 31.12.01 in €
3700 Pensionsrückstellungen	5.000,00 H			5.000,00 H
3800 Steuerrückstellungen	3.000,00 H	3.000,00	3.500,00	3.500,00 H
3900 Sonstige Rückstellungen	2.000,00 H	2.000,00	7.000,00	7.000,00 H
Summe Kontenklasse 3	**510.000,00 H**	**5.000,00**	**13.207,60**	**518.207,60 H**
4230 Bankdarlehen	33.800,00 H	5.000,00	25.000,00	53.800,00 H
4250 Hypotheken	500.000,00 H	50.000,00	0,00	450.000,00 H
4400 Verbindlichkeiten a. LL	60.000,00 H	1.300.000,00	1.305.045,45	65.045,45 H
4800 Umsatzsteuer	15.000,00 H	165.000,00	166.000,00	16.000,00 H
4890 Sonstige Verbindlichkeiten			300,00	300,00 H
4900 Passive Rechnungsagrenzung	5.000,00 H	5.000,00	3.500,00	3.500,00 H
Summen Kontenklasse 4	**613.800,00 H**	**1.525.000,00**	**1.499.845,45**	**588.645,45 H**
5000 Umsatzerlöse für eig. Erz.		1.000,00	611.000,00	610.000,00 H
5100 Umsatzerlöse für Waren		5.000,00	775.000,00	770.000,00 H
5200 Bestandsveränderungen		100,00	200,00	100,00 H
5400 Sonstige Mieterträge			10.650,00	10.650,00 H
5710 Zinserträge			15.000,00	15,000,00 H
Summe Kontenklasse 5		**6.100,00**	**1.411.850,00**	**1.405.750,00 H**
6000 Aufwendungen für Rohstoffe		10.200,00		10.200,00 S
6080 Aufwendungen für Waren		209.000,00		209.000,00 S
6160 Fremdinstandhaltung		9.200,00		9.200,00 S
6300 Gehälter		800.600,00		800.600,00 S
6520 Abschreib. auf Sachanlagen		182.900,00		182.900,00 S
6540 Abschreib. auf GWG-Sam.		1.400,00		1.400,00 S
6700 Mietaufwendungen		16.000,00		16.000,00 S
6800 ... 6990		35.800,00		35.800,00 S
Summe Kontenklasse 6		**1.265.100,00**		**1.265.100,00 S**
7510 Zinsaufwendungen		23.000,00		23.000,00 S
7700 Gewerbesteuer		11.500,00		11.500,00 S
Summe Kontenklasse 7		**34.500,00**		**34.500,00 S**
Summen	**0,00 S**	**6.879.238,05**	**6.879.238,05**	**0,00 S**

6.16.1 Bilanzen aufbereiten

Der erste Schritt der Auswertung eines Jahresabschlusses ist die Zusammenfassung einzelner Bilanzpositionen zu einer einheitlichen Bilanzstruktur. Die Jahresbilanz (gegliedert nach § 266 HGB) ist zwar bereits eine zusammenfassende Darstellung, für die Berechnung von Analysekennzahlen jedoch werden die Positionen noch weiter verdichtet, bis sich die folgende Struktur ergibt:

Aktiva	Vorjahr €	Vorjahr %	Berichtsjahr €	Berichtsjahr %	Veränderung €
Sachanlagen					
Finanzanlagen					
Anlagevermögen					
Vorräte					
Forderungen					
Flüssige Mittel					
Umlaufvermögen					
Gesamtvermögen					

Passiva	Vorjahr €	Vorjahr %	Berichtsjahr €	Berichtsjahr %	Veränderung €
Gezeichnetes Kapital					
Kapital-/Gewinnrücklagen					
Eigenkapital					
Langfr. Rückstellungen					
Langfr. Verbindlichkeiten					
Langfr. Fremdkapital					
Kurzfr. Rückstellungen					
Kurzfr. Verbindlichkeiten					
Kurzfr. Fremdkapital					
Gesamtkapital					

Bei der Zusammenfassung der Beträge gelten folgende Regeln:

- Die Sachanlagen und die Finanzanlagen werden unverändert aus der Jahresbilanz übernommen.
- Die Vorräte (in der Bilanz auf drei Positionen aufgeteilt) werden in einer Summe eingetragen.
- Zu den Forderungen gehören die Forderungen aus Lieferungen und Leistungen, die sonstigen Vermögensgegenstände sowie die aktiven Rechnungsabgrenzungsposten. In allen drei Fällen handelt es sich um Beträge, die als Geld- oder Leistungseingang kurzfristig zur Verfügung stehen werden. Wertberichtigungen zu Forderungen sind bereits in der Bilanzposition „Forderungen aus Lieferungen und Leistungen" berücksichtigt.
- Die flüssigen Mittel sind mit der Bilanzposition „Kassenbestand, Guthaben bei Kreditinstituten" identisch.
- Das gezeichnete Kapital ist bei Kapitalgesellschaften das Grundkapital (Aktiengesellschaft) oder das Stammkapital (GmbH). Der Vordruck für die aufbereitete Bilanz wird überwiegend für Kapitalgesellschaften verwendet. Bei Personengesellschaften wird hier die Summe der Kontostände der Eigenkapitalkonten eingetragen, ohne den Gewinn des laufenden Jahres.

- Kapital- und Gewinnrücklagen müssen bei Kapitalgesellschaften in der Bilanz ausgewiesen werden. Bei Personengesellschaften wird an dieser Stelle der aufbereiteten Bilanz der Jahresgewinn, der **nicht** ausgeschüttet werden soll, eingetragen. Der Teil des Gewinns, der an die Eigentümer ausgeschüttet wird, gehört in der aufbereiteten Bilanz zu den kurzfristigen Verbindlichkeiten.
- Als langfristige Rückstellungen gelten die Pensionsrückstellungen.
- Langfristige Verbindlichkeiten sind die Schulden, die im folgenden Geschäftsjahr noch nicht zurückgezahlt werden müssen. Dazu zählt in der Regel der überwiegende Teil aufgenommener Hypotheken oder anderer Darlehen.
- Zu den kurzfristigen Verbindlichkeiten zählen die Verbindlichkeiten aus Lieferungen und Leistungen, die sonstigen Verbindlichkeiten, die passiven Rechnungsabgrenzungsposten und die Tilgungsbeträge für Kredite, die im folgenden Geschäftsjahr fällig werden. Außerdem gehört der Teil des Jahresgewinns dazu, der an die Eigentümer ausgeschüttet werden soll (bei Aktiengesellschaften also die „Dividende"). Es handelt sich um Beträge, die in den kommenden Wochen, auf jeden Fall im Laufe des folgenden Geschäftsjahres, gezahlt (oder im Fall der passiven Rechnungsabgrenzung „geleistet") werden müssen.

Teillösung des Einstiegsfalls **Bilanzen aufbereiten**

Das Berichtsjahr ist das Geschäftsjahr 01, die Bilanz des Vorjahres (Geschäftsjahr 00) steht im Anhang zur Verfügung. Die Mitarbeiter der Finanzbuchhaltung der Blum Music führen die Aufbereitung in folgenden Schritten durch:

- Die Sachanlagen werden direkt den Bilanzen entnommen. Sie sind mit dem Anlagevermögen identisch, weil die Blum Music keine Finanzanlagen hat.
- Die Vorräte lassen sich durch Addition der Werte in den Bilanzen ermitteln.
- Die Forderungen ergeben sich aus folgender Berechnung:

  Forderungen aus Lieferungen und Leistungen
  \+ sonstige Vermögensgegenstände
  \+ aktive Rechnungsabgrenzungsposten

- Die flüssigen Mittel können direkt den Bilanzen entnommen werden.
- In die Zeile „Gezeichnetes Kapital" trägt die Blum Music das ausgewiesene Eigenkapital ein, subtrahiert um den ausgewiesenen Jahresgewinn.
- In beiden Geschäftsjahren verzichten die Eigentümer der Blum Music auf die Ausschüttung des Gewinns. Er bleibt als Eigenkapital im Unternehmen. In die Zeile „Kapital-/Gewinnrücklagen" wird der vollständige Jahresgewinn als Betrag eingetragen.
- Die Pensionsrückstellungen werden der Saldenliste entnommen und als langfristige Rückstellungen eingetragen.
- Die aufgenommene Hypothek wird mit 50.000,00 €, das aufgenommene Bankdarlehen mit 5.000,00 € pro Jahr getilgt. Die Kontostände werden der Saldenliste entnommen. Der um die folgende Tilgung verminderte Betrag gilt jeweils als langfristige Verbindlichkeit (also für das Geschäftsjahr 00: 450.000,00 € + 28.800,00 €).

- Die Steuerrückstellungen und sonstigen Rückstellungen werden der Saldenliste entnommen und als kurzfristige Rückstellungen eingetragen.
- Die kurzfristigen Verbindlichkeiten ergeben sich aus folgender Berechnung:

  Tilgungsbetrag Hypothek
  \+ Tilgungsbetrag Darlehen
  \+ Verbindlichkeiten aus Lieferungen und Leistungen
  \+ sonstige Verbindlichkeiten
  \+ passive Rechnungsabgrenzungsposten

  (also für das Geschäftsjahr 00:
  50.000,00 + 5.000,00 + 60.000,00 + 15.000,00 + 5.000,00 = 135.000,00 €)

Nach Übertragung der Beträge und Durchführung der Berechnungen (durch die Tabellenkalkulationssoftware) ergeben sich die folgenden aufbereiteten Bilanzen:

	Vorjahr (G 00)		Berichtsjahr (G 01)		Veränderung €
Aktiva	**€**	**%**	**€**	**%**	
Sachanlagen	980.000,00	87,2	1.015.100,00	83,9	35.100,00
Finanzanlagen	0,00	0,0	0,00	0,0	0,00
Anlagevermögen	**980.000,00**	87,2	**1.015.100,00**	83,9	35.100,00
Vorräte	107.800,00	9,6	110.898,28	9,2	3.098,28
Forderungen	22.000,00	2,0	20.157,40	1,7	– 1.842,60
Flüssige Mittel	14.000,00	1,2	64.139,77	5,3	50.139,77
Umlaufvermögen	**143.800,00**	12,8	**195.195,45**	16,1	51.395,45
Gesamtvermögen	**1.123.800,00**	100,0	**1.210.295,45**	100,0	86.495,45

	Vorjahr (G 00)		Berichtsjahr (G 01)		Veränderung €
Passiva	**€**	**%**	**€**	**%**	
Gezeichnetes Kapital	355.000,00	31,6	500.000,00	41,3	145.000,00
Kapital-/Gewinnrücklagen	145.000,00	12,9	106.150,00	8,8	- 38.850,00
Eigenkapital	**500.000,00**	44,5	**606.150,00**	50,1	106.150,00
Langfr. Rückstellungen	5.000,00	0,4	5.000,00	0,4	0,00
Langfr. Verbindlichkeiten	478.800,00	42,6	448.800,00	37,1	- 30.000,00
Langfr. Fremdkapital	**483.800,00**	43,1	**453.800,00**	37,5	- 30.000,00
Kurzfr. Rückstellungen	5.000,00	0,4	10.500,00	0,9	5.500,00
Kurzfr. Verbindlichkeiten	135.000,00	12,0	139.845,45	11,6	4.845,45
Kurzfr. Fremdkapital	**140.000,00**	12,5	**150.345,45**	12,4	10.345,45
Gesamtkapital	**1.123.800,00**	100,0	**1.210.295,45**	100,0	86.495,45

6.16.2 Kennzahlen der Finanzierung und der Investition

Kennzahlen, die Aussagen über die finanzielle Situation des Unternehmens ermöglichen, lassen sich direkt aus den Werten der aufbereiteten Bilanz ermitteln.

Kennzahlen der Finanzierung

x=a+b

$$\textbf{Eigenkapitalquote} = \frac{\text{Eigenkapital}}{\text{Gesamtkapital}} \cdot 100$$

$$\textbf{Verschuldungsgrad} = \frac{\text{Fremdkapital}}{\text{Gesamtkapital}} \cdot 100$$

$$\textbf{Anteil des langfristigen Fremdkapitals} = \frac{\text{langfristiges Fremdkapital}}{\text{Gesamtkapital}} \cdot 100$$

$$\textbf{Anteil des kurzfristigen Fremdkapitals} = \frac{\text{kurzfristiges Fremdkapital}}{\text{Gesamtkapital}} \cdot 100$$

Die **Eigenkapitalquote** stellt den Anteil des Eigenkapitals am Gesamtkapital als Prozentsatz dar. Sie ist ein Gradmesser für die finanzielle Unabhängigkeit. Das Eigenkapital muss schließlich (unter normalen Umständen) an niemanden zurückgezahlt werden. Eine Eigenkapitalquote von 30 % gilt durchaus als solide finanziert. Allerdings hängt die Bewertung auch von der Anlagenintensität ab. Anlagenintensive Unternehmen benötigen eine deutlich höhere Eigenkapitalquote als zum Beispiel Dienstleistungsunternehmen.

Der **Verschuldungsgrad** ist die gegenteilige Kennzahl. Eigenkapitalquote + Verschuldungsgrad = 100 %. Dargestellt wird der Anteil des Fremdkapitals am Gesamtkapital. Je niedriger der Verschuldungsgrad ist, desto weniger Schulden – im Verhältnis zum Gesamtkapital – müssen an Kreditgeber zurückgezahlt werden.

Der Anteil des **langfristigen** und des **kurzfristigen Fremdkapitals** verdeutlichen, in welchen Zeiträumen die Schulden zurückzuzahlen sind. Unternehmen sind in der Regel bestrebt, insbesondere den Anteil des kurzfristigen Fremdkapitals möglichst klein zu halten.

Kennzahlen der Investition

x=a+b

$$\textbf{Deckungsgrad I} = \frac{\text{Eigenkapital}}{\text{Anlagevermögen}} \cdot 100$$

$$\textbf{Deckungsgrad II} = \frac{\text{Eigenkapital + langfristiges Fremdkapital}}{\text{Anlagevermögen}} \cdot 100$$

Der **Deckungsgrad I** stellt dar, in welchem Umfang das Anlagevermögen durch Eigenkapital gedeckt ist. Das Anlagevermögen ist auf Dauer angelegt. Es muss auch langfristig finanziert sein. Ist das Anlagevermögen zu 100 % vom Eigenkapital gedeckt, liegt eine sehr sichere Finanzierung vor, schließlich kann das Eigenkapital nicht von Gläubigern zurückgefordert werden.

Neben dem Eigenkapital steht das langfristige Fremdkapital dem Unternehmen für längere Zeit zur Verfügung. Der **Deckungsgrad II** zeigt, in welchem Umfang das Anlagevermögen durch langfristiges Kapital gedeckt ist. Der Deckungsgrad II sollte mindestens 100 % betragen, also das gesamte Anlagevermögen langfristig finanziert sein. Der Grundsatz „langfristig benötigtes Vermögen wird langfristig finanziert" wird auch als **„goldene Bilanzregel"** bezeichnet.

Liegt der Deckungsgrad II über 100 %, dann steht langfristiges Kapital nicht nur für die Finanzierung des Anlagevermögens, sondern auch für Teile des Umlaufvermögens zur Verfügung. Bei genauer Auslegung der „goldenen Bilanzregel" sollte das dauerhaft benötigte Umlaufvermögen, also die **eisernen Bestände des Vorratsvermögens** (Mindestbestände der zu beschaffenden Materialien und die unfertigen Erzeugnisse), ebenfalls durch langfristiges Kapital gedeckt sein.

Teillösung des Einstiegsfalls
Finanzierungs- und Investitionskennzahlen

Die Mitarbeiter der Finanzbuchhaltung der Blum Music ermitteln aus den Beträgen der vorliegenden aufbereiteten Bilanzen die folgenden Kennzahlen:

Finanzierungs- und Investitionskennzahlen	Vorjahr (G 00)	Berichtsjahr (G 01)
Eigenkapitalquote	44,5 %	50,1 %
Verschuldungsgrad	55,5 %	49,9 %
Anteil langfristiges Fremdkapital	43,1 %	37,5 %
Anteil kurzfristiges Fremdkapital	12,5 %	12,4 %
Deckungsgrad I	51,0 %	59,7 %
Deckungsgrad II	100,4 %	104,4 %

Die Leiterin der Abteilung Finanzen, Egzone Zegon, stellt den Eigentümern des Unternehmens, Claus Blum, Franziska Neuroth und Alan Cooper, die aufbereiteten Bilanzen und die berechneten Kennzahlen vor. Sie weist insbesondere auf folgende Punkte hin:

- Die Eigenkapitalquote ist auf über 50 % gestiegen. Das ist insbesondere der Tatsache zu verdanken, dass der Gewinn des Berichtsjahres nicht ausgeschüttet wird. Entsprechend ist der Verschuldungsgrad auf unter 50 % gesunken. Für ein Unternehmen mit einem sehr großen Dienstleistungsanteil ist das ein sehr guter Wert.
- Aus den absoluten Werten der aufbereiteten Bilanzen ergibt sich, dass die langfristigen Schulden deutlich stärker gesunken sind, als die kurzfristigen Schulden gestiegen sind. Prozentual sind sowohl das langfristige als auch das kurzfristige Fremdkapital gesunken. Die kurzfristigen Schulden werden kaum weiter gesenkt werden können, weil sie überwiegend auf den laufenden Geschäftsbetrieb zurückgehen (Verbindlichkeiten aus Lieferungen und Leistungen).
- Der Deckungsgrad I ist zwar weit vom Idealwert 100 % entfernt, aber die Blum Music4You KG ist ein anlagenintensives Unternehmen, und so geht der Wert auch mit ungefähr 50 % in Ordnung.

Trotz der Investitionen im Berichtsjahr (technische Anlagen 60.000,00 €, Geschäftsausstattung 165.000,00 €) ist der Wert durch die noch stärkere Anhebung des Eigenkapitals gestiegen.

- Die „goldene Bilanzregel" ist in beiden Jahren gerade erfüllt. Der Deckungsgrad II überschreitet die 100 % zwar nur geringfügig, es sind allerdings auch nur geringe „eiserne Bestände" vorhanden. Positiv zu vermerken ist die Steigerung im Berichtsjahr.
- **Zusammengefasst:** Die finanzielle Sicherheit des Unternehmens ist gewährleistet.

6.16.3 Kennzahlen des Vermögensaufbaus

Der Anteil einzelner Vermögensbestandteile am Gesamtvermögen geht bereits aus der aufbereiteten Bilanz hervor. Es lassen sich folgende Kennzahlen, die Aussagen über den Vermögensaufbau eines Unternehmens ermöglichen, aus den Werten der aufbereiteten Bilanz und aus der GuV-Rechnung ermitteln:

Kennzahlen des Vermögensaufbaus

x=a+b

Anteil des Anlagevermögens $= \frac{\text{Anlagevermögen}}{\text{Gesamtvermögen}} \cdot 100$

Anteil des Umlaufvermögens $= \frac{\text{Umlaufvermögen}}{\text{Gesamtvermögen}} \cdot 100$

Anteil der Vorräte $= \frac{\text{Vorräte}}{\text{Gesamtvermögen}} \cdot 100$

Anteil der Forderungen $= \frac{\text{Forderungen}}{\text{Gesamtvermögen}} \cdot 100$

Anteil der flüssigen Mittel $= \frac{\text{flüssige Mittel}}{\text{Gesamtvermögen}} \cdot 100$

Ausnutzungsgrad der Sachanlagen $= \frac{\text{Gesamtleistung}}{\text{Sachanlagen}} \cdot 100$

Der **Anteil des Anlagevermögens** gibt Aufschluss über die Anlagenintensität eines Unternehmens. Die Kennzahl wird auch als **Anlagenquote** bezeichnet. Fertigungsbetriebe haben eine höhere Anlagenquote als Handelsbetriebe oder Dienstleitungsbetriebe. Investitionen führen zur Steigerung der Kennzahl, mangelnde Investitionen führen durch die Abschreibungen zur Senkung der Kennzahl.

Der **Anteil des Umlaufvermögens (Umlaufquote)** ist die gegenteilige Kennzahl. Anlagenquote + Umlaufquote = 100 %. Dargestellt wird der Anteil des Umlaufvermögens am Gesamtvermögen.

Der **Anteil der Vorräte** wird auch als **Vorratsquote** bezeichnet. Sie ist besonders hoch in Handelsbetrieben. Steigerungen können auf eine Zunahme des Geschäftsbetriebs zurückzuführen sein, aber auch auf einen Absatzrückgang.

Der **Anteil der Forderungen (Forderungsquote)** geht hauptsächlich auf die Forderungen aus Lieferungen und Leistungen zurück. Steigt die Forderungsquote, lässt das auf einen erhöhten Umsatz schließen, in Ausnahmefällen können aber auch mangelnde Zahlungsbereitschaft oder -fähigkeit der Kunden der Grund sein.

Der **Anteil der flüssigen Mittel** gibt Aufschluss über die Zahlungsfähigkeit eines Unternehmens. Die Kennzahl kann sich sprunghaft verändern, wenn größere Zahlungseingänge oder Zahlungsausgänge zu verzeichnen sind. So ist der Anteil der flüssigen Mittel kurz vor Auszahlung der Löhne und Gehälter an die Mitarbeiter eher hoch, nach der Auszahlung sofort wieder niedrig.

Für die Berechnung des **Ausnutzungsgrads der Sachanlagen** müssen Daten aus der GuV-Rechnung mit herangezogen werden. Die „Gesamtleistung" ist die Summe aus den Umsatzerlösen und den Bestandsveränderungen. Die Kennzahl gibt Aufschluss über die Ausnutzung der Kapazitäten. Die Angabe in Prozent kann durchaus 1 000 % oder mehr betragen. Deshalb ist es auch möglich, den Ausnutzungsgrad als Kennziffer darzustellen (Kennziffer 12,1 entspricht 1 210 %).

Teillösung des Einstiegsfalls Kennzahlen des Vermögensaufbaus

Die Mitarbeiter der Finanzbuchhaltung der Blum Music ermitteln die folgenden Kennzahlen:

Kennzahlen des Vermögensaufbaus	Vorjahr (G 00)	Berichtsjahr (G 01)
Anteil des Anlagevermögens	87,2 %	83,9 %
Anteil des Umlaufvermögens	12,8 %	16,1 %
Anteil der Vorräte	9,6 %	9,2 %
Anteil der Forderungen	2,0 %	1,7 %
Anteil der flüssigen Mittel	1,2 %	5,3 %
Ausnutzungsgrad der Sachanlagen	137,8 %	136,0 %

Frau Egzone Zegon erläutert den Eigentümern des Unternehmens die Kennzahlen. Sie weist insbesondere auf folgende Punkte hin:

- Die Blum Music ist ein **anlagenintensives Unternehmen.** Das ist für ein Unternehmen, das überwiegend im Dienstleistungsbereich tätig ist, eher ungewöhnlich. Der Grund ist, dass Grundstücke, Gebäude und sämtliche Anlagen Eigentum des Unternehmens sind, also wenig gemietet oder geleast ist. Dass die Anlagenquote trotz der Investitionen im Berichtsjahr gesunken ist, ist darauf zurückzuführen, dass die Steigerung des Anlagevermögens geringer ausgefallen ist als die Steigerung des Gesamtvermögens. Das Sinken ist also nicht als Nachteil zu werten.
- So, wie die Anlagenquote gesunken ist, ist in gleicher Höhe der prozentuale **Anteil des Umlaufvermögens** gestiegen.
- Die **Vorratsquote** ist gesunken, obwohl die Vorräte absolut gestiegen sind. Grund ist auch hier die Steigerung des Gesamtvermögens im Berichtsjahr. Die gesunkene Vorratsquote ist auch ein Beleg für gelungene Rationalisierungsmaßnahmen in der Lagerwirtschaft.
- Die **Forderungsquote** ist ebenfalls gesunken. Sogar in absoluten Beträgen sind die Forderungen am 31. Dezember des Berichtsjahres niedriger als am 31. Dezember des Vorjahres. Insgesamt nehmen die Forderungen aber nur einen sehr geringen Teil des Vermögens ein. Frau Zegon weist darauf hin, dass die Kunden der Blum Music das Skontoangebot in der Regel nut-

zen, sodass das Zahlungsziel bei Ausgangsrechnungen nur in wenigen Fällen ausgeschöpft oder sogar überschritten wird.

- Der **Anteil der flüssigen Mittel** ist am Bilanzstichtag des Berichtsjahres deutlich höher als am Bilanzstichtag des Vorjahres. Frau Zegon weist auf den zufälligen Charakter dieser Kennzahl hin. Am 30. Dezember des Geschäftsjahres 00 war eine größere Eingangsrechnung überwiesen worden. Die Blum Music achtet darauf, immer die flüssigen Mittel zur Verfügung zu haben, die notwendig sind, um alle Zahlungen problemlos ausführen zu können. Wegen des günstigen Dispositionskredits, der von der Hausbank eingerichtet wurde, müssen das Bankguthaben und der Kassenbestand jedoch nicht sehr hoch sein.
- Durch Investitionen im Berichtsjahr sind die Sachanlagen gestiegen, stärker als die Umsatzerlöse, sodass der **Ausnutzungsgrad der Sachanlagen** leicht gesunken ist. Die „Gesamtleistung" entspricht annähernd den Umsatzerlösen, weil die Bestandsveränderungen sehr gering sind. Wegen der hohen Anlagenintensität des Unternehmens ist der geringe Wert für den Ausnutzungsgrad der Sachanlagen kein Problem.
- **Zusammengefasst:** Die Kennzahlen des Vermögensaufbaus sind solide. Aus ihnen lassen sich keine Probleme in Bezug auf die Vermögensstruktur ableiten.

6.16.4 Kennzahlen der Liquidität

Mit der Liquidität (= Flüssigkeit) wird die Zahlungsfähigkeit eines Unternehmens bezeichnet. Die Liquiditätskennzahlen stellen Positionen des Umlaufvermögens dem kurzfristigen Fremdkapital gegenüber.

Kennzahlen der Liquidität

x=a+b

Liquidität I $= \frac{\text{flüssige Mittel}}{\text{kurzfristiges Fremdkapital}} \cdot 100$

Liquidität II $= \frac{\text{flüssige Mittel + Forderungen}}{\text{kurzfristiges Fremdkapital}} \cdot 100$

Liquidität III $= \frac{\text{Umlaufvermögen}}{\text{kurzfristiges Fremdkapital}} \cdot 100$

Die **Liquidität I** wird auch Barliquidität genannt. Die Zahlungsmittel, die als Guthaben auf Bankkonten oder seltener als Bargeld im Kassenbestand vorhanden sind, können sofort für die Zahlung fälliger Schulden herangezogen werden. Die Kennzahl sagt allerdings wenig aus, da die flüssigen Mittel eines Unternehmens schwanken können. Grundsätzlich gilt: Für erforderliche Zahlungen (fällige Eingangsrechnungen, Tilgungen, Löhne, ...) müssen die notwendigen flüssigen Mittel vorhanden sein. Eine darüber hinaus gehende Barliquidität ist unwirtschaftlich, weil für Guthaben auf Girokonten in der Regel keine Zinserträge anfallen.

Nimmt man zu den flüssigen Mitteln die Forderungen hinzu, wird die **Liquidität II** ermittelt. Es handelt sich um eine einzugsbedingte Liquidität. Sind die Zeiträume bis zur Fälligkeit der Verbindlichkeiten mit denen der Forderungen ungefähr gleich, wäre ein Wert von 100 % für die Liquidität II ideal. Allerdings gilt auch für die Liquidität II, dass die Werte an den Bilanzstichtagen stark schwanken können. Die Buchung einer einzelnen, über einen hohen Betrag lautenden Eingangsrechnung kann die Kennzahl senken (wegen der höheren kurzfristigen Verbindlichkeiten). Entsprechend kann die Buchung einer einzelnen Ausgangsrechnung die Liquidität II kräftig anheben (wegen der höheren Forderungen).

Werden die flüssigen Mittel und die Forderungen noch um die Vorräte ergänzt, lässt sich die **Liquidität III** berechnen. Diese Kennzahl wird auch als umsatzbedingte Liquidität bezeichnet. Für sie gilt ein Wert von 200 % als ideal.

Teillösung des Einstiegsfalls **Kennzahlen der Liquidität**

Die Mitarbeiter der Finanzbuchhaltung der Blum Music ermitteln die folgenden Liquiditätskennzahlen:

Kennzahlen der Liquidität	Vorjahr (G 00)	Berichtsjahr (G 01)
Liquidität I	10,0 %	42,7 %
Liquidität II	25,7 %	56,1 %
Liquidität III	102,7 %	129,8 %

Bei der Erläuterung der Kennzahlen weist Egzone Zegon auf folgende Punkte hin:

- Die drei Liquiditätskennzahlen sagen wegen der Stichtagsbezogenheit wenig aus. Zu berücksichtigen ist außerdem, dass die Tilgungsraten für die Hypothek und das Bankdarlehen erst in einigen Monaten fällig sind. Trotzdem sind sie Bestandteil des kurzfristigen Fremdkapitals. Vergleicht man die Werte vom 31. Dezember des Geschäftsjahres 01 mit denen des Vorjahres, stellt man für alle drei Kennzahlen eine Erhöhung fest. Die **Liquidität I** ist mit über 40 % auch völlig ausreichend. Fast die Hälfte des kurzfristigen Fremdkapitals kann mit den vorhandenen flüssigen Mitteln sofort bezahlt werden.
- Die **Liquidität II** ist mit 56 % zwar weit vom Idealwert 100 % entfernt, sie ist aber wegen der Fälligkeiten der kurzfristigen Verbindlichkeiten kein Problem.
- Die **Liquidität III** erreicht mit fast 130 % ebenfalls nicht den Idealwert 200 %. Die Vorräte der Blum Music werden jedoch innerhalb weniger Wochen „umgeschlagen“, werden also zu Forderungen und dann zu flüssigen Mitteln, sodass auch dieser Wert in Ordnung ist.
- **Zusammengefasst:** Trotz der niedrigen Liquiditätskennzahlen kann die Blum Music ihren Zahlungsverpflichtungen jederzeit nachkommen.

6.16.5 Kennzahlen der Rentabilität

Ziel der unternehmerischen Tätigkeit ist es in der Regel, Gewinn zu erzielen. Stellt man den erwirtschafteten Jahresgewinn ins Verhältnis zum eingesetzten Kapital oder zum Umsatz, so lässt sich feststellen, ob sich der Kapitaleinsatz oder der Umsatz „gelohnt“ haben.

Kennzahlen der Rentabilität

$$\textbf{Eigenkapitalrentabilität} = \frac{\text{bereinigter Jahresgewinn}}{\text{durchschnittliches Eigenkapital}} \cdot 100$$

$$\textbf{Gesamtkapitalrentabilität} = \frac{\text{bereinigter Jahresgewinn + Zinsaufwendungen}}{\text{durchschnittliches Gesamtkapital}} \cdot 100$$

$$\textbf{Umsatzrentabilität} = \frac{\text{bereinigter Jahresgewinn}}{\text{Umsatzerlöse}} \cdot 100$$

Der in den Formeln verwendete Begriff **bereinigter Jahresgewinn** entspricht dem Jahresüberschuss/-fehlbetrag aus der GuV-Rechnung, korrigiert um außerordentliche Aufwendungen, außerordentliche Erträge und den Unternehmerlohn.

Außerordentliche Aufwendungen oder **außerordentliche Erträge** werden herausgerechnet, damit einmalige Erfolgsvorgänge das Ergebnis nicht beeinflussen.

kalkulatorischer Unternehmerlohn Kap. 10.2.1

Im Fall von Personengesellschaften, in denen Gesellschafter Leitungsaufgaben übernehmen, wird ein fiktives Entgelt für die Arbeitsleistung des Gesellschafters, der **Unternehmerlohn,** vom Jahresüberschuss/-fehlbetrag subtrahiert.

	Jahresüberschuss/-fehlbetrag aus GuV-Rechnung
–	außerordentliche Erträge
+	außerordentliche Aufwendungen
–	Unternehmerlohn
=	bereinigter Jahresgewinn/-verlust

Der **Durchschnitt** des Eigen- bzw. Gesamtkapitals wird ermittelt, indem die Summe aus dem Kapital der Bilanz des Berichtsjahres und dem Kapital der Bilanz des Vorjahres durch zwei dividiert wird.

Die **Eigenkapitalrentabilität** gilt als besonders aussagekräftige Kennzahl für die Eigentümer (Kapitaleigner) eines Unternehmens. Sie sagt aus, wie hoch sich das eingesetzte Kapital „verzinst“ hat. Dahinter steckt der Gedanke, dass der Kapitalgeber die Summe, die dem Unternehmen als Eigenkapital zur Verfügung steht, auch auf dem Finanzmarkt hätte anlegen können. Aus diesem Grund wird die Eigenkapitalrentabilität auch immer mit dem Zinssatz für langfristige Finanzanlagen verglichen. Neben der „Verzinsung“ des Eigenkapitals sollte der Jahresgewinn auch noch eine **Risikoprämie** für das Unternehmerwagnis umfassen. Die Eigenkapitalrentabilität wird auch als Unternehmerrentabilität bezeichnet.

Werden zusätzlich zum Jahresgewinn die Zinsaufwendungen berücksichtigt und die Summe ins Verhältnis zum Gesamtkapital gesetzt, wird die **Gesamtkapitalrentabilität,** auch Unternehmensrentabilität genannt, ermittelt. Mithilfe der Gesamtkapitalrentabilität lässt sich (theoretisch) feststellen, ob mit der Aufnahme zusätzlichen Fremdkapitals die Eigenkapitalrentabilität noch weiter erhöht werden kann. Liegen die Fremdkapitalzinsen unter der Gesamtkapitalrentabilität und führt eine Investition dazu, dass die Erträge und die Aufwendungen (außer den Fremdkapitalzinsen) proportional zur Gesamtkapitalerhöhung steigen, steigt auch die Eigenkapitalrentabilität noch weiter an.[1]

1 In der Betriebswirtschaftslehre wird dieser Zusammenhang als Hebelwirkung oder Leverage-Effekt bezeichnet.

Die **Umsatzrentabilität** ist eine sehr einfach zu ermittelnde Kennzahl. Sie kann für Branchenvergleiche herangezogen werden oder für Vergleiche einzelner Unternehmen innerhalb eines Konzerns.

Statt Rentabilität wird auch der Begriff **Rendite** verwendet, sodass von Eigenkapitalrendite oder Umsatzrendite gesprochen wird.

Teillösung des Einstiegsfalls **Kennzahlen der Rentabilität**

Die Mitarbeiter der Finanzbuchhaltung der Blum Music ermitteln die folgenden Rentabilitätskennzahlen:

Kennzahlen der Rentabilität	Vorjahr (G 00)	Berichtsjahr (G 01)
Eigenkapitalrentabilität	11,5 %	1,8 %
Gesamtkapitalrentabilität	7,1 %	2,8 %
Umsatzrentabilität	3,6 %	0,7 %

Bei der Erläuterung der Kennzahlen weist Egzone Zegon auf folgende Punkte hin:

- Für die Berechnung des durchschnittlichen Eigenkapitals wird das Eigenkapital am Ende des Zeitraums (entspricht der Angabe „Eigenkapital" der aufbereiteten Bilanz) und zu Beginn des Zeitraums (entspricht dem „Eigenkapital" des jeweiligen Vorjahres) herangezogen. Das Eigenkapital am Ende des Vorvorjahres beträgt **355.000,00 €.**
- Um das durchschnittliche Gesamtkapital des Geschäftsjahres 00 (Vorjahr) zu ermitteln, wird das Gesamtkapital vom 1. Januar des Geschäftsjahres 00 benötigt. Die vorliegenden Bilanzen weisen diesen Wert nicht aus. Aus dem Jahresabschluss des Vorvorjahres wird der Betrag übernommen. Das Gesamtkapital ist dort mit 1.100.000,00 € ausgewiesen.
- Bei der Blum Music sind keine außerordentlichen Aufwendungen oder außerordentlichen Erträge gebucht worden.
- Bei der Ermittlung des bereinigten Jahresgewinns werden sowohl im Berichtsjahr als auch im Vorjahr der „Unternehmerlohn" für die Geschäftsführung durch Claus Blum berücksichtigt. Laut Gesellschaftervertrag stehen Claus Blum für seine Tätigkeit monatlich 8.000,00 €, also 96.000,00 € jährlich, zu. Obwohl Claus Blum auf diese Privatentnahme verzichtet hat, muss dieser Betrag für die Berechnung der Rentabilitätskennzahlen berücksichtigt werden.
- Berechnung der Eigenkapitalrentabilität des Vorjahres:

$$\frac{(145.000,00\ € - 96.000,00\ €) \cdot 100}{(500.000,00\ € + 355.000,00\ €) : 2} = 11,5\ \%$$

- Die **Eigenkapitalrentabilität** liegt mit 1,8 % unter dem Zinssatz für langfristig angelegte Finanzanlagen. Frau Zegon hat sich bei der Hausbank erkundigt: Der angebotene Zinssatz für Geldanlagen von etwa 500.000,00 € beträgt zurzeit 3 %. Damit wäre das Eigenkapital der Eigentümer der Blum Music4You KG auf dem Finanzmarkt besser angelegt gewesen als im Unternehmen. Eine Risikoprämie für ihre Einlage haben die Eigentümer der Blum Music im

Berichtsjahr damit nicht erhalten. Frau Zegon stellt aber auch fest, dass im Vorjahr die Anlagen der Eigentümer sehr rentabel angelegt waren: Die rechnerische Risikoprämie betrug etwa 8 %.

- Die **Gesamtkapitalrentabilität** liegt mit 2,8 % unter dem Fremdkapitalzinssatz, der im Berichtsjahr laut Auskunft der Hausbank bei sehr guten Sicherheiten bei etwa 6 % liegt. Damit würden mit Fremdkapital finanzierte Investitionen nicht zu einer Steigerung der Eigenkapitalrentabilität führen. Frau Zegon hält diese Betrachtung jedoch für sehr theoretisch. Investitionsentscheidungen der Blum Music werden ausschließlich auf der Grundlage zukünftiger Absatzerwartungen getroffen.
- Auch die **Umsatzrentabilität** ist im Berichtsjahr mit 0,7 % zu niedrig. Allerdings ist die durchschnittliche Umsatzrentabilität sowohl der Herstellerbetriebe von Gitarren als auch der Musikdienstleistungsbetriebe laut aktuellen Hinweisen aus Branchenmitteilungen konjunkturbedingt sehr niedrig.
- **Zusammengefasst:** Die Rentabilitätskennzahlen sind deutlich gesunken. Sie sind im Berichtsjahr eindeutig nicht zufriedenstellend. Trotz der leicht gestiegenen Umsatzerlöse (im Berichtsjahr um 30.000,00 € höher als im Vorjahr) ist der Gewinn stark gesunken. Die Aufwendungen, insbesondere die Material- und Personalaufwendungen sowie die Abschreibungen sind überproportional gestiegen. Die Gründe liegen aber im Wesentlichen in der gesamtwirtschaftlichen Situation, sodass zukünftig wieder mit einer höheren Rentabilität gerechnet werden kann.

6.16.6 Cashflow

Der Begriff Cashflow bedeutet wörtlich übersetzt Kassenzufluss. Es handelt sich um eine Kennzahl, die als Eurobetrag die Mittel beschreibt, die in einem Geschäftsjahr selbst erwirtschaftet wurden. Neben dem Jahresergebnis gehören die Aufwendungen, die **keine** Ausgaben sind, dazu. Der Cashflow steht für Investitionen, Kredittilgung und Gewinnausschüttung zur Verfügung.

Berechnung des Cashflow

Jahresüberschuss/-fehlbetrag
\+ Abschreibungen auf Sach- und Finanzanlagen
+/– Veränderung der langfristigen Rückstellungen

kalkulatorische Abschreibung Kap. 10.2.1

Der Cashflow gibt an, in welcher Höhe sich das Unternehmen aus eigener Kraft finanzieren kann. Den größten Anteil bilden in der Regel die Abschreibungen. Abschreibungen sind Aufwendungen, aber keine Ausgaben. Sie werden als Kosten kalkuliert, gehen in die Verkaufspreise ein und fließen über die Umsatzerlöse zurück. Diesen Einnahmen stehen also keine Ausgaben gegenüber, sodass sich damit der „Kassenzufluss“ erhöht.

Teillösung des Einstiegsfalls Cashflow

Die Mitarbeiter der Finanzbuchhaltung der Blum Music ermitteln den Cashflow:

Berechnung des Cashflow	Vorjahr (G 00)	Berichtsjahr (G 01)
Jahresüberschuss	145.000,00 €	106.150,00 €
+ Abschreibungen	115.000,00 €	184.300,00 €
+/– Veränderung der langfristigen Rückstellungen	0,00 €	0,00 €
= Cashflow	260.000,00 €	290.450,00 €

Bei der Erläuterung weist Egzone Zegon auf folgende Punkte hin:

- Die Pensionsrückstellungen sind im Berichtsjahr, aber auch im Vorjahr (zu ersehen aus der Bilanz des Vorvorjahres) unverändert geblieben.
- Der Cashflow ist im Berichtsjahr deutlich höher als im Vorjahr. Grund sind die höheren Abschreibungen, die stärker gestiegen sind als der Gewinn.
- **Zusammengefasst:** Mit Cashflow von über 290.000,00 € stehen im Berichtsjahr ausreichend Mittel für die Finanzierung von Investitionen zur Verfügung. Das gilt insbesondere deshalb, weil der Cashflow nicht für die Gewinnausschüttung verwendet werden muss.

Hinweis: Kapitel **6.17 Beleggeschäftsgang II** finden Sie im Teil „Lernsituationen und Übungen" ab Seite 247.

Wertschöpfungsprozesse erfolgsorientiert steuern

40,00
30,00
20,00
10,00
108,0
106,0
104,0
102,0
1995
ON/C
CE
7
8
4
5
1
6
0
2
3
=
+
14,73%

Lernlandkarte 10.1 und 10.2

10.1 Rechnungswesen als Instrument wirtschaftlicher Steuerung

Daten aus der Finanzbuchhaltung

Soll	GuV Haben
Rohstoffaufwand	Umsatzerlöse
Gehälter	Zinserträge
Abschreibungen	...
Steuern	
...	

Kalkulationen

- Wie ermittelt ein Unternehmen seine Verkaufspreise für eigene Produkte?
- Welche Kalkulation legt es dabei zugrunde?
- Wie berechnet sich der Handlungskostenzuschlagssatz?
- Anwenden einer Tabellenkalkulationssoftware

10.2 Kosten- und Leistungsrechnung

Angebot
„Wir bieten Ihnen die E-Gitarre gem. Sonderbeschreibung zum Preis von 3.500,00 € an."

Ziele

- Kalkulation der Verkaufspreise von Produkten und Dienstleistungen
- Entscheidung über Annahme von Aufträgen

10.2.1 Kostenartenrechnung

Abgrenzungsrechnung

Konto	betriebsfremd	betrieblich veranlasst	
		außerplanmäßig	gewöhnlich
	Aufwendungen/Erträge	Aufwendungen/Erträge	**Kosten/Leistungen**
5...			
6...			
7...			
kalkulatorische Kosten			

Welche Kosten sind angefallen?

10.2.2 Kostenstellenrechnung

Betriebsabrechnungsbogen

Gemeinkosten	Kostenstellen					
	Hilfskostenstellen		Hauptkostenstellen			
Löhne Gehälter Energie ...	Lager	EDV	Material	Fertigung	Verwaltung	Vertrieb
Summe						

In welchen Bereichen sind die Kosten angefallen?

10.2.3 Kostenträgerrechnung als Deckungsbeitragsrechnung

Welches Produkt hat die Kosten verursacht?

10.2.4 Nachkalkulation

War der Angebotspreis richtig kalkuliert? Ist der Verkaufspreis zutreffend?

10.1 Rechnungswesen als Instrument wirtschaftlicher Steuerung

Die Inhalte der Kapitel 6.5 und 6.6 zur Buchführung richten sich nach den Anforderungen der **externen** Adressaten, insbesondere nach den rechtlichen Vorschriften. Die Ansprüche der **internen** Adressaten gehen über das hinaus, was eine reine Finanzbuchhaltung liefern kann. Diese wird um einen Bereich erweitert – die sogenannte Kosten- und Leistungsrechnung.

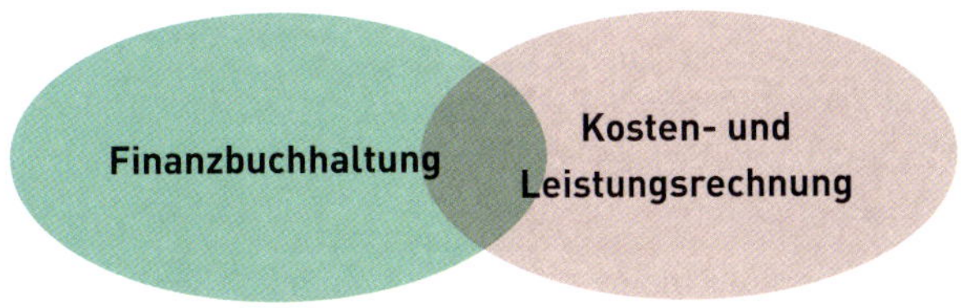

10.1.1 Preiskalkulation – Verkaufspreise für eigene Produkte

Jedes Unternehmen muss für die auf dem Absatzmarkt angebotenen Waren, Dienstleistungen oder Produkte den Preis verlangen, der zumindest langfristig die eigenen Kosten deckt.

Das Institut für Handelsforschung ermittelt regelmäßig die Kostenstrukturen im Einzelhandel.

Neben der Umsatzsteuer und dem Gewinn (beides sind keine Kosten) beträgt der Kostenanteil des durchschnittlichen Verkaufspreises über 80 %. Davon wiederum macht der Einkaufspreis der Waren mehr als die Hälfte aus. Dabei handelt es sich um Durchschnittswerte für den Textileinzelhandel. Auch wenn die Werte in anderen Branchen abweichen, sind die Kostenstrukturen im gesamten Einzelhandel doch ähnlich.

Abhängig von der Position des Unternehmens auf dem Absatzmarkt unterscheidet man zwischen kostenorientierter und nachfrage- und konkurrenzorientierter Festlegung des Verkaufspreises.

Kostenorientierte Preisfestlegung

Absatzmarkt Kap. 5.3.3
Kostenrechnung Kap. 10.2

Unternehmen mit einer starken Position auf dem Absatzmarkt können den Preis verlangen, der die eigenen Kosten deckt und zusätzlich einen möglichst hohen Gewinn ermöglicht. Das ist zum Beispiel der Fall, wenn es sich bei dem Absatzmarkt um einen Verkäufermarkt handelt. Diese komfortable Position auf dem Absatzmarkt ist aufgrund der Wettbewerbssituation eher selten. Beispiele dafür, dass Unternehmen als Alleinanbieter ihre Preise durchsetzen können, gibt es im Bereich der Versorgung (Energie, Wasser), bei Produkten auf sehr hohem technischem Niveau (Präzisionsmaschinen) oder bei sehr erfolgreichen Marken (Sportwagen). Die Kalkulation geht von den eigenen Kosten aus, wie die Einkaufspreise der Materialien oder Waren, und ermittelt den Verkaufspreis, zu dem das Produkt oder die Ware angeboten werden soll. Es liegt eine **Vorwärtskalkulation** vor.

Nachfrage- und konkurrenzorientierte Preisfestlegung

Auf den meisten Absatzmärkten befinden sich die Anbieter in einer starken Wettbewerbssituation. Die Nachfrager, also die Käufer, können wählen, welche Produkte sie bei welchem Anbieter erwerben wollen. Für die Festlegung des Verkaufspreises bedeutet das, dass die Unternehmen den Marktpreis ermitteln müssen, der auf dem Absatzmarkt vorhanden ist, und sich bei der Preisfestlegung für die eigenen Produkte nach diesen Marktpreisen richten müssen. Die Kalkulation geht von dem zu erzielenden Verkaufspreis aus und ermittelt die für diesen Preis maximalen Kosten. Berechnet wird zum Beispiel der höchstmögliche Einkaufspreis der Materialien oder der Waren. Es liegt eine **Rückwärtskalkulation** vor.

Zusammenfassung

Arten der Preisfestlegung	kostenorientiert	nachfrage- und konkurrenzorientiert
Wettbewerbssituation	Das Unternehmen hat eine starke Position, zum Beispiel durch eine Monopolstellung.	Die Nachfrager haben eine starke Position. Das Unternehmen hat starke Mitbewerber.
Marktsituation	eher Verkäufermarkt	eher Käufermarkt
Kalkulation	Bestimmend ist die Deckung der eigenen Kosten, zusätzlich wird ein möglichst hoher Gewinn angestrebt. → Vorwärtskalkulation	Bestimmend ist der vorliegende Marktpreis, von dem das Unternehmen ausgehen muss. → Rückwärtskalkulation

10.1.2 Preiskalkulation in unterschiedlichen Branchen

Jedes Unternehmen legt die Art der Kalkulation für seine Produkte und Waren eigenständig fest. Die folgenden vier Kalkulationsschemata lassen sich grundsätzlich unterscheiden:

1. Kalkulation im Großhandel

Kap. 10.1.3, 10.1.6

Grundlage ist der Einkaufspreis der Ware. Die anderen Kosten werden durch einen Handlungskostenzuschlag berücksichtigt. Die Umsatzsteuer ist in der Regel nicht Bestandteil des Kalkulationsschemas.

2. Kalkulation im Einzelhandel

Kap. 10.1.4, 10.1.6

Grundlage ist – wie im Großhandel – der Einkaufspreis der Ware. Alle anderen Kosten werden durch einen einzigen Handlungskostenzuschlag berücksichtigt. Die Umsatzsteuer ist Bestandteil des Kalkulationsschemas, da es in der Regel notwendig ist, den Bruttopreis auszuzeichnen.

3. Kalkulation von Dienstleistungen

Kap. 10.2

Grundlage sind die Personalkosten, die der zu kalkulierenden Dienstleistung direkt zuzuordnen sind. Die anderen Kosten werden durch einen einzigen Normalgemeinkostenzuschlag berücksichtigt. Die Umsatzsteuer ist in der Regel nicht Bestandteil des Kalkulationsschemas.

4. Kalkulation von selbst erstellten Erzeugnissen

Kap. 10.2

In der industriellen Fertigung, aber auch bei Handwerksleistungen bilden die eingekauften Materialien und die Löhne, die dem zu kalkulierenden Produkt direkt zuzuordnen sind, die Grundlage der Kalkulation. Die anderen Kosten werden durch vier Normalgemeinkostenzuschlagssätze berücksichtigt. Diese Form der Kalkulation setzt eine Kostenstellenrechnung voraus, in der die Gemeinkostenzuschlagssätze ermittelt werden.

10.1.3 Kalkulation in einem Großhandelsbetrieb

Einstiegsfall Die Fella Bau GmbH kalkuliert ihre Verkaufspreise

Die Fella Bau GmbH ist ein Baustoffgroßhändler, der der Einkaufsgenossenschaft HUBU Bau eG angeschlossen ist. Der Betrieb kalkuliert die Gemeinkosten mit einem einzigen Handlungskostenzuschlagssatz von 30 %. Zuschlagsbasis sind die Wareneinkäufe. In der Regel wird ein Gewinn von 3,5 % eingerechnet. Die Waren werden in Prospekten, die als CD an Baustoffeinzelhändler geschickt werden, und im Webshop der Fella Bau GmbH angeboten. Der Webshop ist ausschließlich gewerblichen Kunden zugänglich. Den Baustoffeinzelhändlern bietet die Fella Bau GmbH in der Regel einen Kundenrabatt von 15 % und einen Kundenskonto von 2,5 %. Die Waren werden ausschließlich mit dem Nettopreis, also ohne Umsatzsteuer, ausgezeichnet.

Die Mitglieder der Einkaufsgenossenschaft HUBU Bau eG (so auch die Fella Bau GmbH) erhalten einen Rabatt von 8 % sowie das Angebot, 3 % Skonto zu ziehen.

Die **Kalkulation des Verkaufspreises** einer Ware erfolgt bei der Fella Bau GmbH nach folgendem Schema:

Listeneinkaufspreis	(LEP)
– Lieferantenrabatt	(LRab)
Zieleinkaufspreis	(ZEP)
– Lieferantenskonto	(LSk)
Bareinkaufspreis	(BEP)
+ Bezugskosten	(BezK)
Einstandspreis/Bezugspreis	(EP)
+ Handlungskostenzuschlag	(HKZ)
Selbstkosten	(Seko)
+ Gewinn	(Gew)
Barverkaufspreis	(BVP)
+ Kundenskonto	(KSk)
Zielverkaufspreis	(ZVP)
+ Kundenrabatt	(KRab)
Listenverkaufspreis	(LVP)

Handlungskostenzuschlag (HKZ) Kap. 10.1.5

In Klammern ist jeweils die Abkürzung angegeben, die die Fella Bau GmbH verwendet.

Fortsetzung Einstiegsfall (1) Vorwärtskalkulation (Großhandelsbetrieb)

Die Fella Bau GmbH bezieht Zement des Herstellers Diekhoff über die Einkaufsgenossenschaft HUBU Bau eG auf Paletten zu 20 Säcken (ein Sack = 40 kg). Die HUBU Bau eG bietet den Zement für 80,00 € pro Palette an. Die Lieferung erfolgt direkt vom Werk des Herstellers, der für eine Lkw-Ladung (12 Paletten) pauschal 140,00 € berechnet.

Lösung des Einstiegsfalls (1) Vorwärtskalkulation (Großhandelsbetrieb)

Die Berechnung des Listenverkaufspreises für eine Palette Zement der Marke Diekhoff geht aus der folgenden Tabelle hervor.

		Zuschlags-satz in %	Betrag in €	Formel	Rich-tung
Listeneinkaufspreis	(LEP)		80,00		↓
– Lieferantenrabatt	(LRab)	8,0	6,40	$\frac{\text{Listeneinkaufspreis} \cdot \text{Lieferantenrabatt}}{100}$	↓
Zieleinkaufspreis	(ZEP)		73,60		↓
– Lieferantenskonto	(LSk)	3,0	2,21	$\frac{\text{Zieleinkaufspreis} \cdot \text{Lieferantenskonto}}{100}$	↓
Bareinkaufspreis	(BEP)		71,39		↓
+ Bezugskosten	(BezK)		11,67		↓
Einstandspreis	(EP)		83,06		↓
+ Handlungskostenzuschlag	(HKZ)	30,0	24,92	$\frac{\text{Einstandspreis} \cdot \text{Handlungskostenzuschlagssatz}}{100}$	↓
Selbstkosten	(Seko)		107,98		↓
+ Gewinn	(Gew)	3,5	3,78	$\frac{\text{Selbstkosten} \cdot \text{Gewinnsatz}}{100}$	↓
Barverkaufspreis	(BVP)		111,76		↓
+ Kundenskonto	(KSk)	2,5	2,87	$\frac{\text{Barverkaufspreis} \cdot \text{Kundenskontosatz}}{100 - \text{Kundenskontosatz}}$	↓
Zielverkaufspreis	(ZVP)		114,63		↓
+ Kundenrabatt	(KRab)	15,0	20,23	$\frac{\text{Zielverkaufspreis} \cdot \text{Kundenrabattsatz}}{100 - \text{Kundenrabattsatz}}$	↓
Listenverkaufspreis	(LVP)		**134,86**		↓

Die Geschäftsleitung entscheidet, den Zement für 135,00 € pro Palette in den Verkaufsprospekten und im Webshop anzubieten.

Hinweise zu den Berechnungen

- Jedes Ergebnis wird auf zwei Stellen nach dem Komma kaufmännisch gerundet.
- Das Kalkulationsschema wird von oben nach unten (vorwärts) durchgerechnet.
- Der vorhandene Grundwert ist bis zur Berechnung des Barverkaufspreises 100 % (Prozentrechnung vom Hundert).
- Für die Berechnung des Kundenskontobetrags und des Kundenrabattbetrags ist der vorhandene Grundwert kleiner als 100 % (Prozentrechnung im Hundert).
- Der durch die Berechnung ermittelte Listenverkaufspreis ist Grundlage für die Festlegung des Verkaufspreises. Abweichungen führen zu einer Erhöhung oder einer Senkung des Gewinnzuschlags.

Fortsetzung Einstiegsfall (2) Rückwärtskalkulation (Großhandelsbetrieb)

Im Sortiment der Fella Bau GmbH befinden sich Rasenrandsteine unterschiedlicher Größen. Kunden, die sich für graue Rasenrandsteine der Standardgröße (5 cm x 20 cm x 50 cm) interessieren, machen darauf aufmerksam, dass der Anbieter McBau diese Steine für 0,85 € pro Stück anbietet. Rasenrandsteine gleicher Größe und Qualität können von der HUBU Bau eG bezogen werden. Die Fella Bau GmbH muss nun entscheiden, ob sie die Rasenrandsteine ebenfalls zum Preis von 0,85 € pro Stück anbieten kann.

Um diese Entscheidung treffen zu können, berechnet die Fella Bau GmbH den maximalen Listeneinkaufspreis. Die Frachtkosten für eine Lkw-Ladung (12 Paletten zu jeweils 80 Stück) werden mit 65,00 € kalkuliert. Der Lieferantenrabatt von 8 % und der Lieferantenskonto von 3 % der HUBU Bau eG sowie der Kundenrabatt von 15 % und der Kundenskonto von 2,5 %, den die Fella Bau GmbH ihren gewerblichen Kunden anbietet, sind – ebenso wie der Handlungskostenzuschlag und der Gewinnzuschlag – für die Berechnung des maximalen Einkaufspreises der Rasenrandsteine zu berücksichtigen.

Lösung des Einstiegsfalls (2) Rückwärtskalkulation (Großhandelsbetrieb)

Die Fella Bau GmbH berechnet den maximalen Listeneinkaufspreis für eine Bestellung von insgesamt 960 Stück Rasenrandsteine nach folgendem Schema:

		Zuschlagssatz in %	Betrag in €	Formel	Richtung
Listeneinkaufspreis	(LEP)		**520,74**		
– Lieferantenrabatt	(LRab)	8,0	41,66	$\frac{\text{Zieleinkaufspreis} \cdot \text{Lieferantenrabattsatz}}{100 - \text{Lieferantenrabattsatz}}$	
Zieleinkaufspreis	(ZEP)		479,08		
– Lieferantenskonto	(LSk)	3,0	14,37	$\frac{\text{Bareinkaufspreis} \cdot \text{Lieferantenskontosatz}}{100 - \text{Lieferantenskontosatz}}$	
Bareinkaufspreis	(BEP)		464,71		
+ Bezugskosten	(BezK)		65,00		
Einstandspreis	(EP)		529,71		
+ Handlungskostenzuschlag	(HKZ)	30,0	158,91	$\frac{\text{Selbstkosten} \cdot \text{Handlungskostenzuschlagssatz}}{100 + \text{Handlungskostenzuschlagssatz}}$	
Selbstkosten	(Seko)		688,62		
+ Gewinn	(Gew)	3,5	24,10	$\frac{\text{Barverkaufspreis} \cdot \text{Gewinnsatz}}{100 + \text{Gewinnsatz}}$	
Barverkaufspreis	(BVP)		712,72		
+ Kundenskonto	(KSk)	2,5	18,28	$\frac{\text{Zielverkaufspreis} \cdot \text{Kundenskontosatz}}{100}$	
Zielverkaufspreis	(ZVP)		731,00		
+ Kundenrabatt	(KRab)	15,0	129,00	$\frac{\text{Listenverkaufspreis} \cdot \text{Kundenrabattsatz}}{100}$	
Listenverkaufspreis	(LVP)		860,00		

Der maximale Stückpreis, der sich aus der Rückwärtskalkulation ergibt, beträgt 520,74 € : 960 Stück = 0,54 €. Da der Lieferant, die HUBU Bau eG, die Rasenrandsteine zu einem Stückpreis von 0,65 € anbietet, kann die Fella Bau GmbH ihren Kunden die Steine nicht für 0,85 € pro Stück anbieten. Die Geschäftsleitung entscheidet, den Aktionspreis des Mitbewerbers McBau zu ignorieren.

Hinweise zu den Berechnungen

- Das Kalkulationsschema wird von unten nach oben (rückwärts) durchgerechnet.
- Für die Berechnung des Kundenrabatts und des Kundenskontos ist der vorhandene Grundwert jeweils 100 % (Prozentrechnung vom Hundert).
  Zum Beispiel: Kundenrabatt = 860,00 : 100 · 15
- Für die Berechnung des Gewinn- und des Handlungskostenzuschlags ist der vorhandene Grundwert größer als 100 % (Prozentrechnung auf Hundert).
  Zum Beispiel: Gewinn = 712,72 : 103,5 · 3,5
- Für die Berechnung des Lieferantenskontos und des Lieferantenrabatts ist der vorhandene Grundwert jeweils kleiner als 100 % (Prozentrechnung im Hundert).
  Zum Beispiel: Lieferantenskonto = 464,71 : 97 · 3
- Wenn das Schema nicht vollständig ausgefüllt sein muss, sondern nur der maximale Listeneinkaufspreis zu berechnen ist, bietet es sich an, jeweils sofort auf 100 % zu gehen. Für obigen Einstiegsfall (2) sehen die Formeln so aus:

x=a+b

$$\text{Zielverkaufspreis} = \frac{860{,}00\ (\text{Listenverkaufspreis}) \cdot 85}{100}$$

$$\text{Selbstkosten} = \frac{712{,}72\ (\text{Barverkaufspreis}) \cdot 100}{103{,}5}$$

$$\text{Zieleinkaufspreis} = \frac{464{,}71\ (\text{Bareinkaufspreis}) \cdot 100}{97}$$

Fortsetzung Einstiegsfall (3) **Differenzkalkulation (Großhandelsbetrieb)**

Die Fella Bau GmbH bietet Bodendielen der Marke „Bankier 145" zum Listenverkaufspreis von 15,20 € pro Stück an. Der Listeneinkaufspreis beim Lieferanten HUBU Bau eG beträgt 10,00 € pro Stück. Für den Bezug der Bodendielen fallen Frachtkosten, auf das Stück umgerechnet, von 0,30 € an.

Wie hoch ist der Gewinn in Euro und in Prozent, den die Fella Bau GmbH mit dem Verkauf der Bodendielen erzielt?

Lösung des Einstiegsfalls (3) **Differenzkalkulation (Großhandelsbetrieb)**

Die Berechnung des Gewinns geht aus der folgenden Tabelle hervor:

		Zuschlags-satz in %	Betrag in €	Formel	Rich-tung
Listeneinkaufspreis	(LEP)		10,00		
– Lieferantenrabatt	(LRab)	8,0	0,80	$\frac{\text{Listeneinkaufspreis} \cdot \text{Lieferantenrabattsatz}}{100}$	↓
Zieleinkaufspreis	(ZEP)		9,20		↓
– Lieferantenskonto	(LSk)	3,0	0,28	$\frac{\text{Zieleinkaufspreis} \cdot \text{Lieferantenskontosatz}}{100}$	↓
Bareinkaufspreis	(BEP)		8,92		↓
+ Bezugskosten	(BezK)		0,30		↓
Einstandspreis	(EP)		9,22		↓
+ Handlungskostenzuschlag	(HKZ)	30,0	2,77	$\frac{\text{Einstandspreis} \cdot \text{Handlungskostenzuschlagssatz}}{100}$	↓
Selbstkosten	(Seko)		11,99		↓
+ Gewinn	(Gew)	**5,09**	**0,61**	Barverkaufspreis – Selbstkosten	↓↑
Barverkaufspreis	(BVP)		12,60		↑
+ Kundenskonto	(KSk)	2,5	0,32	$\frac{\text{Zielverkaufspreis} \cdot \text{Kundenskontosatz}}{100}$	↑
Zielverkaufspreis	(ZVP)		12,92		↑
+ Kundenrabatt	(KRab)	15,0	2,28	$\frac{\text{Listenverkaufspreis} \cdot \text{Kundenrabattsatz}}{100}$	↑
Listenverkaufspreis	(LVP)		15,20		↑

Mit dem Verkauf jeder Bodendiele ergibt sich rechnerisch ein Gewinn von 0,61 €, das entspricht einem Gewinnzuschlagssatz von 5,09 %.

Hinweise zu den Berechnungen

- Das Kalkulationsschema wird vorwärts vom Listeneinkaufspreis bis zu den Selbstkosten und rückwärts vom Listenverkaufspreis bis zum Barverkaufspreis durchgerechnet.
- Für sämtliche Berechnungen ist der vorhandene Grundwert jeweils 100 % (Prozentrechnung vom Hundert).
- Der Gewinnzuschlagssatz ist der prozentuale Anteil des Gewinns an den Selbstkosten. Die Formel lautet:

$$\textbf{Gewinnzuschlagssatz} = \frac{\text{Gewinn} \cdot 100}{\text{Selbstkosten}}$$

x=a+b

10.1.4 Kalkulation in einem Einzelhandelsbetrieb

Einstiegsfall Die H & S Bruns KG kalkuliert ihre Verkaufspreise

Die H & S Bruns KG ist ein Einzelhandelsbetrieb der Informationstechnologie-Branche. Die im Laden angebotenen Waren werden mit dem für den Kunden insgesamt zu zahlenden Preis ausgezeichnet, das heißt mit dem Preis einschließlich der Umsatzsteuer. Rabatte und Skonti werden den Kunden in der Regel nicht angeboten.

Die H & S Bruns KG kalkuliert die Gemeinkosten mit einem Handlungskostenzuschlagssatz von 25 %. Er veranschlagt einen Gewinnzuschlag von 5 %. Der Umsatzsteuersatz beträgt für alle im Laden angebotenen Waren 19 %.

Wichtigster Lieferant der H & S Bruns KG ist die Matro AG, ein Großhändler aus der IT-Branche. Als langjähriger Kunde erhält die H & S Bruns KG einen Rabatt ihres Lieferanten von 15 %. Die Matro AG bietet allen Geschäftskunden 2 % Skonto an.

Die H & S Bruns KG kalkuliert nach folgendem Schema:

Listeneinkaufspreis	(LEP)
– Lieferantenrabatt	(LRab)
Zieleinkaufspreis	(ZEP)
– Lieferantenskonto	(LSk)
Bareinkaufspreis	(BEP)
+ Bezugskosten	(BezK)
Einstandspreis/Bezugspreis	(EP)
+ Handlungskostenzuschlag	(HKZ)
Selbstkosten	(Seko)
+ Gewinn	(Gew)
Verkaufspreis netto	(Vkn)
+ Umsatzsteuer	(USt)
Auszeichnungspreis	(AuszP)

In Klammern ist jeweils die Abkürzung angegeben, die die H & S Bruns KG verwendet.

Fortsetzung Einstiegsfall (1) Vorwärtskalkulation (Einzelhandelsbetrieb)

Die H & S Bruns KG kauft Druckerkabel der Marke Puni 45 D, Länge 3 m, beim Großhändler Matro AG in Kartons zu 50 Stück ein. Auf der Internetseite der Matro AG werden die Druckerkabel zu 95,00 € je Karton angeboten. Die Bezugskosten pro Karton betragen 6,50 €. Mit welchem Preis sollten die Druckerkabel ausgezeichnet werden?

Fortsetzung Einstiegsfall (2) Rückwärtskalkulation (Einzelhandelsbetrieb)

Die H & S Bruns KG möchte Monitore der Marke Sunsun 88 P ins Sortiment nehmen. Discounter bieten diesen Monitor aktuell für 199,00 € pro Stück an. Die H & S Bruns KG möchte diesen Preis unterbieten und überlegt, die Monitore für 189,00 € anzubieten. Bei einer Bestellmenge von mindestens 100 Stück liefert die Matro AG frei Haus. Die H & S Bruns KG geht davon aus, mindestens 100 Stück dieser Monitore verkaufen zu können. Zu welchem maximalen Listeneinkaufspreis können die Monitore bei der Matro AG eingekauft werden?

Fortsetzung Einstiegsfall (3) Differenzkalkulation (Einzelhandelsbetrieb)

Die H & S Bruns KG hat Laserdrucker der Marke Conan LD 14 in ihrem Sortiment. Lieferant ist die Matro AG, die die Drucker für 165,00 € pro Stück anbietet. Für den Bezug eines Druckers fallen Frachtkosten für die H & S Bruns KG von 12,80 € an. Die H & S Bruns KG bietet die Laserdrucker Conan LD 14 im Onlineshop für 229,00 € (Preis einschließlich Umsatzsteuer) an. Wie hoch ist der Gewinn in Euro und in Prozent, den die H & S Bruns KG mit dem Verkauf eines Druckers LD 14 erzielt?

Lösung der Einstiegsfälle (1), (2) und (3)

Die Lösungen für alle drei Einstiegsfälle sind der folgenden Tabelle zu entnehmen.

	Zuschlagssatz in %	Druckerkabel Puni 45 D in €	Monitore Sunsun 88 P in €	Laserdrucker Conan LD 14 in €
Listeneinkaufspreis (LEP)		95,00	**145,27**	165,00
– Lieferantenrabatt (LRab)	15,0	14,25	21,79	24,75
Zieleinkaufspreis (ZEP)		80,75	123,48	140,25
– Lieferantenskonto (LSk)	2,0	1,62	2,47	2,81
Bareinkaufspreis (BEP)		79,13	121,01	137,44
+ Bezugskosten (BezK)		6,50	0,00	12,80
Einstandspreis (EP)		85,63	121,01	150,24
+ Handlungskostenzuschlag (HKZ)	25,0	21,41	30,25	37,56
Selbstkosten (Seko)		107,04	151,26	187,80
+ Gewinn (Gew)	5,0	5,35	7,56	**4,64**
Verkaufspreis netto (VKn)		112,39	158,82	192,44
+ Umsatzsteuer (USt)	19,0	21,35	30,18	36,56
Auszeichnungspreis (AuszP)		**133,74**	189,00	229,00

Zu Fall (1)

Der berechnete Auszeichnungspreis pro Stück Druckerkabel Puni 45 D, Länge 3 m, beträgt:
133,74 € : 50 Stück = 2,67 €.
Die Geschäftsleitung entscheidet, die Druckerkabel mit 2,69 € auszuzeichnen.

Zu Fall (2):

Der Lieferant der Monitore, die Matro AG, bietet den Sunsun 88 P zu einem Listenverkaufspreis von 142,00 € an (Listenverkaufspreis des Lieferanten = Listeneinkaufspreis der H & S Bruns KG). Daraufhin entscheidet die H & S Bruns KG zunächst 100 Stück zu bestellen und die Monitore mit dem Auszeichnungspreis 189,00 € ins Sortiment zu nehmen.

Zu Fall (3):

Der berechnete Gewinn von 4,64 €, den die H & S Bruns KG mit dem Verkauf eines Druckers Conan LD 14 erzielt, entspricht einem Gewinnzuschlag von 2,47 %.

Hinweise zu den Berechnungen

- Bei der Kalkulation des Druckerkabels handelt es sich um eine Vorwärtskalkulation. Die Basis für die Ermittlung des Umsatzsteuerbetrags ist der Nettoverkaufspreis, der als kalkulierter Betrag vorliegt. Es liegt also eine Prozentrechnung vom Hundert vor (Grundwert gleich 100 %). Bei der Kalkulation handelt es sich um eine Überschlagsrechnung mit dem Ziel, einen kostendeckenden Verkaufspreis zu ermitteln. In die Entscheidung, die Druckerkabel jeweils mit 2,69 € auszuzeichnen, sind neben dem Ziel der Kostendeckung weitere preispolitische Entscheidungen eingeflossen. Der tatsächliche Umsatzsteuerbetrag wird auf dem Kassenbon mit 0,43 € angegeben (2,69 : 119 · 19).
- Bei der Kalkulation des Monitors handelt es sich um eine Rückwärtskalkulation. Die Basis für die Berechnung des Umsatzsteuerbetrags ist der geplante Bruttoverkaufspreis. Es liegt also eine Prozentrechnung auf Hundert vor (Grundwert größer als 100 %). Der ermittelte maximale Listeneinkaufspreis wird mit dem Listeneinkaufspreis des Lieferanten verglichen. Liegt der Preis des Lieferanten deutlich über dem kalkulierten maximalen Listeneinkaufspreis, gibt es folgende Möglichkeiten:
  - Die Ware wird nicht ins Sortiment genommen.
  - Der niedrigere Gewinn oder sogar Verlust wird in Kauf genommen.
  - Der Preis mit dem Lieferanten wird neu verhandelt.
  - Die Preise anderer Lieferanten werden eingeholt.
- Bei der Kalkulation des Laserdruckers handelt es sich um eine Differenzkalkulation. Der Umsatzsteuerbetrag ist aus dem Bruttoverkaufspreis zu ermitteln. Die Selbstkosten werden wie bei der Vorwärtskalkulation berechnet. Basis des Gewinnzuschlags in Prozent sind die Selbstkosten (Formel: Gewinn in Prozent = Gewinn · 100 : Selbstkosten). Sind die Selbstkosten einer Ware höher als der Nettoverkaufspreis, handelt es sich um einen Verlust.

10.1.5 Handlungskostenzuschlagssatz ermitteln

Einzelkosten, Gemeinkosten Kap. 10.2.2

In Handelsbetrieben gibt es weder Fertigungslöhne noch Fertigungsmaterialien. Die Kalkulation im Handel zeichnet sich dadurch aus, dass die Einzelkosten nur aus den Wareneinkäufen resultieren. Alle anderen Kosten sind Gemeinkosten. Die Gemeinkosten werden durch einen einzigen Zuschlagssatz, den Handlungskostenzuschlagssatz, verrechnet.

Merke Der **Handlungskostenzuschlagssatz** drückt das Verhältnis der Gemeinkosten einer Periode (= Handlungskosten) zu den Einzelkosten (= Wareneinsatz) dieser Periode aus.

Der **Wareneinsatz** ist die Summe alle Wareneinkäufe einer Periode, wobei Preisnachlässe und Bezugskosten berücksichtigt sind. Es handelt sich also um die Summe der Einstandspreise einer Periode. Bei Einsatz eines Warenwirtschaftssystems steht der aktuelle Wareneinsatz, eventuell bezogen auf unterschiedliche Warengruppen, jederzeit zur Verfügung.

Der Baustoffgroßhändler Fella Bau GmbH ermittelt für das letzte in der Finanzbuchhaltung und in der Kostenrechnung abgeschlossene Jahr 20.. folgende Kosten:

Wareneinkäufe zu Einstandspreisen	1.260.000,00 €
Gehälter, Löhne	184.000,00 €
Abschreibungen	21.000,00 €
Steuern, Versicherungen	14.000,00 €
Miete, Leasing	102.000,00 €
Zinsen, Gebühren	31.000,00 €
Sonstige Kosten	23.000,00 €

Die Fella Bau GmbH ermittelt den Handlungskostenzuschlagssatz für dieses abgelaufene Jahr nach der Formel:

$$\textbf{Handlungskostenzuschlag (HKZ)} = \frac{\text{Summe der Handlungskosten}}{\text{Wareneinsatz}} \cdot 100$$

Der Handlungskostenzuschlag für diese abgeschlossene Periode beträgt also 29,76 % (375.000,00 · 100 : 1.260.000,00).

In den Vorjahren lag der berechnete Handlungskostenzuschlagssatz mehrmals über 30 %. Auf der Grundlage der vorliegenden Zuschlagssätze der vergangenen Perioden hat die Fella Bau GmbH entschieden, in der aktuellen Rechnungsperiode die Handlungskosten mit einem Zuschlagssatz von 30 % zu verrechnen.

10.1.6 Kalkulation mit Gesamtzuschlagssätzen in Handelsbetrieben

In Handelsbetrieben bleiben in der Regel die kalkulierten Zuschlagssätze für die Handlungskosten und für den Gewinn sowie für Kundenskonto und Kundenrabatt über mehrere Jahre gleich. Es bietet sich an, diese vier Zuschlagssätze zu einem einzigen Zuschlagssatz zusammenzufassen. Der Vorteil der Verwendung eines Gesamtzuschlags ist es, aus dem Einstandspreis einer Ware sehr schnell den Verkaufspreis ermitteln zu können.

Merke Die folgenden **Gesamtzuschläge** werden in Handelsbetrieben verwendet:
Kalkulationszuschlag: Differenz zwischen Listenverkaufspreis und Einstandspreis bezogen auf den Einstandspreis
Handelsspanne: Differenz zwischen Listenverkaufspreis und Einstandspreis bezogen auf den Listenverkaufspreis
Kalkulationsfaktor: Als Alternative zur Verwendung des Kalkulationszuschlags, der als Prozentsatz vorliegt, wird der Listenverkaufspreis direkt durch Multiplikation ermittelt.

Einstiegsfall (1) Berechnung der Gesamtzuschlagssätze der Fella Bau GmbH

Die Fella Bau GmbH verwendet folgende Zuschlagssätze in der Verkaufskalkulation:

Handlungskostenzuschlag	30,0 %
Gewinnzuschlag	3,5 %
Kundenrabatt	15,0 %
Kundenskonto	2,5 %

Kalkulationszuschlag

Um den **Kalkulationszuschlag** der Fella Bau GmbH zu ermitteln, gibt es die folgenden beiden Möglichkeiten:

Variante 1: Berechnung des Listenverkaufspreises in Form einer Vorwärtskalkulation ausgehend von einem Einstandspreis von 100,00 €.

		Zuschlagssatz in %	Betrag in €
Einstandspreis	(EP)		100,00
+ Handlungskosten	(HKZ)	30,0	30,00
Selbstkosten	(Seko)		130,00
+ Gewinn	(Gew)	3,5	4,55
Barverkaufspreis	(BVP)		134,55
+ Kundenskonto	(KSk)	2,5	3,45
Zielverkaufspreis	(ZVP)		138,00
+ Kundenrabatt	(KRab)	15,0	24,35
Listenverkaufspreis	(LVP)		162,35

Lösung Kalkulationszuschlag Variante 1

Die Differenz zwischen Listenverkaufspreis und Einstandspreis beträgt 62,35 €, der Kalkulationszuschlag ist also 62,35 %.

Variante 2: Aus einer vorliegenden Kalkulation werden der Listenverkaufspreis und der Einstandspreis übernommen. Die Differenz wird als Prozentsatz des Einstandspreises dargestellt.

Fortsetzung Einstiegsfall (1)

Bei der Berechnung des Listenverkaufspreises für eine Palette Zement der Marke Diekhoff liegen der Einstandspreis (83,06 €) und der Listenverkaufspreis (134,86 €) vor.

Der Kalkulationszuschlag wird berechnet nach der Formel:

$$\textbf{Kalkulationszuschlag} = \frac{\text{Listenverkaufspreis (LVP) – Einstandspreis (EP)}}{\text{Einstandspreis (EP)}} \cdot 100$$

x=a+b

Lösung Kalkulationszuschlag Variante 2

Das Ergebnis lautet: (134,86 – 83,06) · 100 : 83,06 = 62,36 %.

Die kleine Abweichung der Ergebnisse beider Rechenverfahren geht auf unterschiedliche Rundungsfehler zurück.

Kalkulationsfaktor

Der **Kalkulationsfaktor** der Fella Bau GmbH lässt sich am einfachsten ermitteln aus der Formel:

$$\textbf{Kalkulationsfaktor} = \frac{\text{Listenverkaufspreis (LVP)}}{\text{Einstandspreis (EP)}}$$

x=a+b

Lösung Kalkulationsfaktor

Der Kalkulationsfaktor beträgt 134,86 : 83,06 = 1,6236.

Handelsspanne

Um die **Handelsspanne** der Fella Bau GmbH zu ermitteln, gibt es wieder zwei Möglichkeiten:

Variante 1: Berechnung des Einstandspreises in Form einer Rückwärtskalkulation ausgehend von einem Listenverkaufspreis von 100,00 €.

		Zuschlagssatz in %	Betrag in €
Einstandspreis	(EP)		61,59
+ Handlungskosten	(HKZ)	30,0	18,48
Selbstkosten	(Seko)		80,07
+ Gewinn	(Gew)	3,5	2,80
Barverkaufspreis	(BVP)		82,87
+ Kundenskonto	(KSk)	2,5	2,13
Zielverkaufspreis	(ZVP)		85,00
+ Kundenrabatt	(KRab)	15,0	15,00
Listenverkaufspreis	(LVP)		100,00

Lösung Handelsspanne Variante 1

Die Differenz zwischen Listenverkaufspreis und Einstandspreis beträgt 38,41 €, die Handelsspanne ist also 38,41 %.

Variante 2: Aus einer vorliegenden Kalkulation werden der Listenverkaufspreis und der Einstandspreis übernommen. Die Differenz wird als Prozentsatz des Listenverkaufspreises dargestellt.

x=a+b

$$\textbf{Handelsspanne} = \frac{\text{Listenverkaufspreis (LVP)} - \text{Einstandspreis (EP)}}{\text{Einstandspreis (EP)}} \cdot 100$$

Lösung Handelsspanne Variante 2

Aus den Daten für die Zementkalkulation ergibt sich als Wert für die Handelsspanne ebenfalls 38,41 % (134,86 – 83,06) · 100 : 134,86).

Einstiegsfall (2) Verwendung der Gesamtzuschlagssätze in der Kalkulation der Fella Bau GmbH

Die Fella Bau GmbH nimmt Dachlatten unterschiedlicher Größen neu ins Sortiment. Die Einstandspreise gehen aus der folgenden Tabelle hervor:

Größe	Einstandspreis
4 cm x 6 cm x 180 cm	1,25 €
2 cm x 3 cm x 240 cm	0,96 €
3 cm x 5 cm x 270 cm	1,10 €

Die Listenverkaufspreise werden jeweils mithilfe des **Kalkulationszuschlags** bzw. des **Kalkulationsfaktors** ermittelt.

Lösung Kalkulationszuschlag und Kalkulationsfaktor

Einstandspreis (EP) 1,25 € → Listenverkaufspreis (LVP) 2,00 €
(1,25 + 1,25 : 100 · 62,36 oder 1,25 · 1,6236)

Fortsetzung Einstiegsfall (2)

Die Fella Bau GmbH nimmt die Zementsorte „Pultland" neu ins Sortiment. Dieser Zement wird von vielen Mitbewerbern ebenfalls angeboten. Die Fella Bau GmbH möchte den Zement aus Konkurrenzgründen zu einem Listenverkaufspreis von 4,40 € pro 25-kg-Sack anbieten. Die Berechnung des maximalen Einstandspreises erfolgt mithilfe der **Handelsspanne.**

Lösung Handelsspanne

	Vorgegebener Listenverkaufspreis	4,40 €
–	Handelsspanne 38,41 %	1,69 €
=	maximaler Einstandspreis	2,71 €

10.1.7 Tabellenkalkulationssoftware verwenden

Verkaufskalkulationen können mithilfe der Tabellenkalkulationssoftware Excel ermittelt werden. (Vgl. hierzu auch die Erläuterungen im Band „Informationsverarbeitung", Best.-Nr. 3568, Kapitel 5.) Die folgende Darstellung zeigt die Tabelle mit den Kalkulationsdaten der oben aufgeführten Fallbeispiele der Fella Bau GmbH.

F13 *fx* =E13/E12

	A	B	C	D	E	F
1	**Kalkulation FellaBau GmbH (Großhandel)**					
2						
3		Satz in %	Vorwärts-kalkulation	Rückwärts-kalkulation	Differenz-kalkulation	
4	LEP		80,00	**520,74**	10,00	
5	- LRab	8,0	6,40	41,66	0,80	
6	ZEP		73,60	479,08	9,20	
7	- LSk	3,0	2,21	14,37	0,28	
8	BEP		71,39	464,71	8,92	
9	+ BezK		11,67	65,00	0,30	
10	EinstP		83,06	529,71	9,22	
11	+ HKZ	30,0	24,92	158,91	2,77	
12	Seko		107,98	688,62	11,99	
13	+ Gew	3,5	3,78	24,10	**0,61**	5,09%
14	BVP		111,76	712,72	12,60	
15	+KSk	2,5	2,87	18,28	0,32	
16	ZVP		114,63	731,00	12,92	
17	+ KRab	15,0	20,23	129,00	2,28	
18	LVP		**134,86**	860,00	15,20	

Die Zelle *F13* enthält die Formel für die Angabe des Gewinnsatzes *(Gew*100/Seko)*. Durch die Formatierung dieser Zelle als Prozent fehlt die Multiplikation mit 100. Die Formel ist deshalb *=E13/E12*.

Hier weitere Beispiele für verwendete Formeln in obiger Exceltabelle:

C5	(Vorwärtskalkulation, Lieferantenrabatt)	*=RUNDEN(C4/100*B5;2)*
C17	(Vorwärtskalkulation, Kundenrabatt)	*=RUNDEN(C16/(100-B17)*B17;2)*
D17	(Rückwärtskalkulation, Kundenrabatt)	*=RUNDEN(D18/100*B17;2)*
D11	(Rückwärtskalkulation, Handlungskosten)	*=RUNDEN(D12/(100+B11)*B11;2)*
E16	(Differenzkalkulation, Zielverkaufspreis)	*=E18–E17*
E7	(Differenzkalkulation, Lieferantenskonto)	*=RUNDEN(E6/100*B7;2)*

In der obigen Exceltabelle sind die Zellen, die Eurobeträge beinhalten, auf zwei Dezimalstellen formatiert. Dadurch werden diese Beträge auf zwei Dezimalstellen gerundet auf dem Bildschirm angezeigt. Damit mit diesen angezeigten Werten auch tatsächlich gerechnet werden kann, bietet sich die Verwendung der Funktion „RUNDEN" an.

Praxistipp

Wenn Sie eine Tabelle nach dem oben angegebenen Muster mit Ihrem Tabellenkalkulationsprogramm erstellen, testen Sie Ihre Formeln, indem Sie die Ergebnisse der Vorwärtskalkulation in die Rückwärtskalkulation übernehmen und Beträge aus der Vor- und Rückwärtskalkulation in die Differenzkalkulation eintragen. Die in Zellen mit Formeln angezeigten Beträge müssen identisch sein.

10.2 Kosten- und Leistungsrechnung

Einstiegsfall Preisgestaltung bei der Blum Music4You KG

Der Geschäftsführer der Blum Music4You KG, Claus Blum, überdenkt das Betriebsergebnis des vergangenen Geschäftsjahres. Seine Kunden sind mit den von der Blum Music hergestellten Gitarren sehr zufrieden. Für eine gute Qualität sind sie bereit, etwas mehr für die Instrumente zu bezahlen als im „normalen Handel". Handelswaren kauft die Blum Music fast vollständig hinzu; der Verkaufspreis dieser Handelswaren liegt dabei höher als der Einkaufspreis. Die Preisgestaltung für Konzerte oder andere Veranstaltungen ist etwas schwieriger. Catering rechnet Claus Blum nach den tatsächlichen Kosten ab. Die Berechnung der geliehenen Technik erfolgt auf der Basis geschätzter Nutzungszeiten der Anlagen. Claus Blum möchte wissen, ob seine bisherigen Preiskalkulationen den tatsächlichen Kosten entsprechen und ob ihm noch Spielraum bei der Preisgestaltung bleibt – trotz starker Konkurrenz.

Jedes Unternehmen legt fest, zu welchen Preisen es seine Produkte auf dem Markt anbietet. Dabei orientiert sich das Unternehmen häufig an den Preisen bei der Konkurrenz und seinen Mitanbietern. Das Unternehmen muss darauf achten, dass zumindest die eigenen Kosten über den Verkaufspreis abgedeckt sind, um eigene Verluste zu vermeiden.

Aufgabe der Kosten- und Leistungsrechnung

Merke Mit der Kosten- und Leistungsrechnung werden alle für die Verkaufspreisgestaltung notwendigen Daten zusammengestellt. Die anfallenden Kosten, die bei der Produktion und dem Vertrieb von fertigen Erzeugnissen sowie im Bereich der Handelswaren entstehen, werden dabei sehr genau ermittelt.

Unternehmensdaten für die Kosten- und Leistungsrechnung

Woher bekommt ein Unternehmen die Informationen über die anfallenden Kosten? Ausgangspunkt sind die Daten aus der Finanzbuchhaltung. Diese werden teilweise übernommen, teilweise verändert und unter Umständen ergänzt. Die Finanzbuchhaltung ist an rechtlichen Vorgaben des Handelsgesetzbuchs und anderer Gesetze gebunden und spiegelt nicht in allen Bereichen die tatsächlichen betriebsinternen Gegebenheiten wider, die für die Preiskalkulation notwendig sind.

Um die auf ein Produkt tatsächlich anfallenden Kosten so genau wie möglich ermitteln zu können, sind neben den Daten der Finanzbuchhaltung zusätzliche Informationen aus dem Betrieb nötig.

Beispiel

Claus Blum zieht weitere betriebliche Unternehmensdaten für seine Kosten- und Leistungsrechnung hinzu, so den Stromverbrauch einzelner Maschinen, die Maschinenlaufzeiten verschiedener Produkte, die Umrüstzeiten bei Umbauten von Maschinen, den benötigten Lagerplatz für die Vor- und Fertigprodukte oder Kosten für Reparaturmaßnahmen.

Ermittlung der Kosten für die einzelnen Produkte

Ziel der Kosten- und Leistungsrechnung ist es, die durch ein einzelnes Produkt verursachten Kosten eindeutig diesem Produkt zuzuordnen. Jedes Produkt ist ein sogenannter **Kostenträger,** denn jedes Produkt hat über den Verkaufspreis seine eigenen Kosten zu tragen und wieder „reinzuholen".

Damit diese Kosten eindeutig jedem Produkt zugeordnet werden können, sind mehrere Arbeitsschritte erforderlich. Zuerst wird die **Kostenartenrechnung** durchgeführt, danach die **Kostenstellenrechnung** und zum Schluss die **Kostenträgerrechnung** (siehe nachstehende Grafik „Kosten- und Leistungsrechnung als Teilbereich des betrieblichen Rechnungswesens").

1. Ein Teil der Daten der Finanzbuchhaltung wird in die **Kostenartenrechnung** übernommen. Hier werden sie auf ihre Relevanz für die Preiskalkulation überprüft und anschließend übernommen, geändert oder weggelassen. Zusätzlich werden Kosten, die aus Gründen der Vergleichbarkeit mit der Konkurrenz wichtig sind, die aber nicht in der Finanzbuchhaltung erfasst werden, berücksichtigt **(kalkulatorische Kosten).**

2. Im Rahmen der **Kostenstellenrechnung** werden die in der Kostenartenrechnung festgelegten Kosten aufgeteilt.

3. In der **Kostenträgerrechnung** werden alle Kosten dem jeweiligen Produkt zugeordnet. Der Verkaufspreis (ergänzt um die Gewinnmarge usw.) kann nun kalkuliert und festgelegt werden.

4. Der tatsächlich vom Kunden bezahlte Preis wird als **Leistung** bezeichnet.

Kosten- und Leistungsrechnung als Teilbereich des betrieblichen Rechnungswesens

Finanzbuchhaltung

Kontenklasse	Inhalt
0–2	Aktiva
3–4	Passiva
5	**Erträge**
6	**Betriebliche Aufwendungen**
7	**Sonstige Aufwendungen**
8–9	Ergebnisrechnung

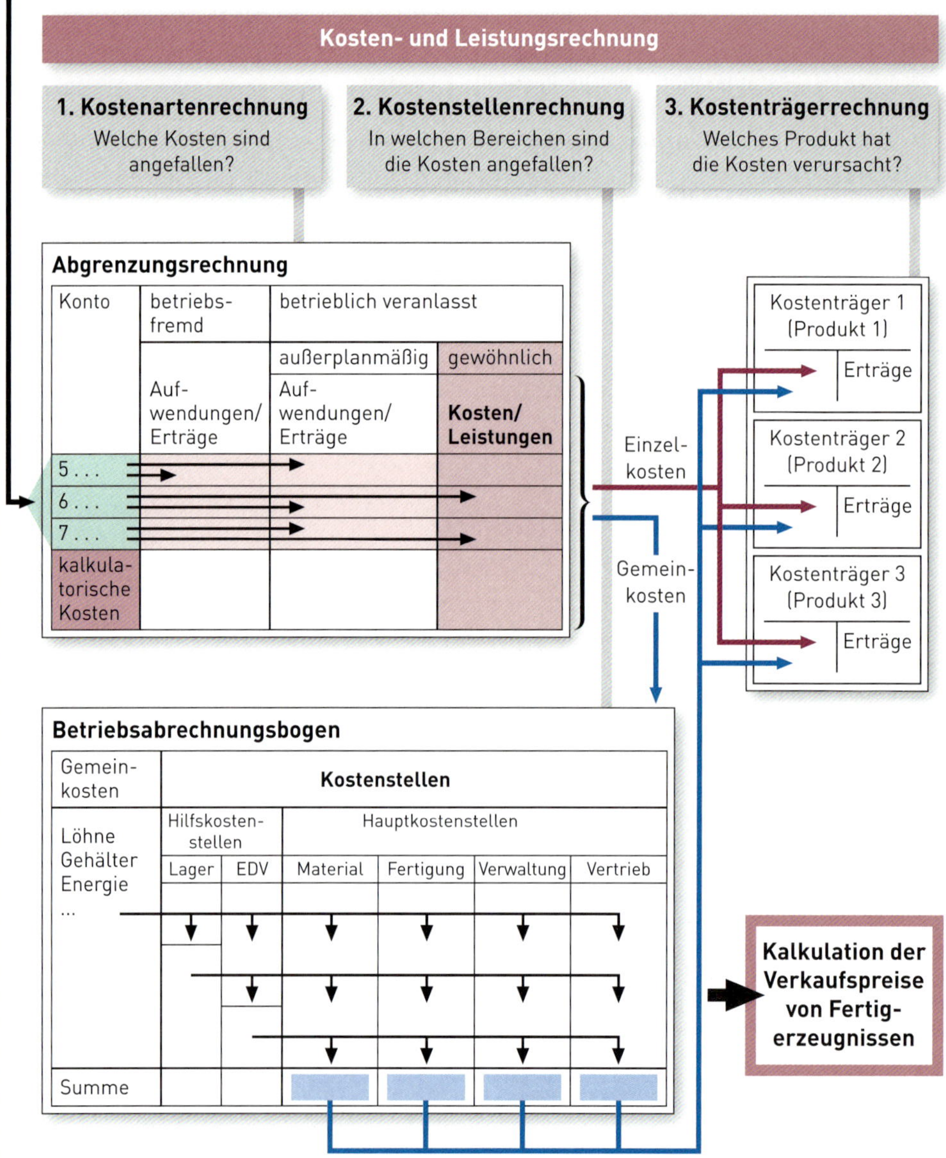

10.2.1 Kostenartenrechnung (Abgrenzungsrechnung)

Einstiegsfall (1) Abgrenzungsrechnung

Claus Blum hat einen Unternehmensberater gebeten, die Preiskalkulation zu begleiten. Franceska Klein hat laut Anweisung von Frau Zegon eine Saldenliste aller Konten erstellt. Gemeinsam mit dem Unternehmensberater, Herrn Wamuz, schaut sie sich die Liste an. Herr Wamuz soll sie bei der weiteren Vorgehensweise beraten.

Saldenliste Blum Music4You KG				31.01.20..
Zeile	Konto	Bezeichnung	Werte der Finanzbuchhaltung	
			Soll €	Haben €
1	0510–0520	Bebaute Grundstücke, Bauten	400.000,00	
2	0700	Technische Anlagen und Maschinen	50.000,00	
3	0800–0840	Andere Anlagen, Betriebs- und Geschäftsausstattung	530.000,00	
4	2000–2280	Roh-, Hilfs-, Betriebsstoffe, Fremdbauteile, fertige und unfertige Erzeugnisse	92.000,00	
5	2400	Forderungen aus Lieferungen und Leistungen	15.000,00	
6	2800–2880	Guthaben bei Kreditinstituten, Kasse	5.000,00	
7	3000–3070	Eigenkapital		500.000,00
8	4230	Bankdarlehen		533.000,00
9	4400	Verbindlichkeiten aus Lieferungen und Leistungen		60.000,00
10	4800–4890	Sonstige Verbindlichkeiten		15.000,00
11	5000	Umsatzerlöse für fertige Erzeugnisse		85.000,00
12	5100	Umsatzerlöse für Handelswaren		12.000,00
13	5400	Sonstige Mieterträge		2.000,00
14	5710	Zinserträge		250,00
15	6000	Aufwendungen für Rohstoffe	56.000,00	
16	6020	Aufwendungen für Hilfsstoffe	2.300,00	
17	6050	Aufwendungen für Energie	3.000,00	
18	6080	Aufwendungen für Handelswaren	9.000,00	
19	6160	Fremdinstandsetzung	1.200,00	
20	6200	Löhne	12.000,00	
21	6300	Gehälter	8.000,00	
22	6520	Abschreibungen	3.000,00	
23	6930	Verluste aus Schadensfällen	400,00	
24	7020	Grundsteuer	300,00	
25	7700	Gewerbesteuer	500,00	

Franceska Klein fragt sich, ob wirklich für die Abgrenzungsrechnung alle Konten gebraucht werden. Denn: Das Konto „Technische Anlagen und Maschinen“ oder die Bestandskonten an Roh-, Hilfs- und Betriebsstoffen werden nicht benötigt. Schließlich gibt es die entsprechenden Aufwandskonten. Und: Warum müssen Zinserträge eines Sparbuchs in der Preiskalkulation berücksichtigt werden?

In der Finanzbuchhaltung werden alle Geschäftsvorfälle erfasst und festgehalten, unabhängig davon, ob sie mit dem eigentlichen Unternehmenszweck, der Produktion von Gütern oder deren Verkauf zu tun haben.

Aufgabe der Kostenartenrechnung

Merke Die Aufgabe der Kostenartenrechnung besteht darin, alle in der Finanzbuchhaltung erfassten Geschäftsfälle daraufhin zu untersuchen, ob sie

- durch den Betriebszweck veranlasst wurden und, wenn ja,
- ob es sich um gewöhnliche oder außergewöhnliche bzw. periodenfremde Ereignisse handelt.

In die Preiskalkulation dürfen nur die Aufwendungen einbezogen werden, die auch tatsächlich durch die Produktion des Produkts entstanden sind, zum Beispiel Löhne, Aufwendungen für Rohstoffe, Abschreibungen oder Energie. Nicht in die Preiskalkulation eingehen dürfen also betriebsfremde und außergewöhnliche Aufwendungen und Erträge.

Beispiele Betriebsfremde Aufwendungen und Erträge

Ein Unternehmen der Automobilindustrie hat als Betriebszweck die Produktion und den Vertrieb von Autoteilen oder Fahrzeugen. Der Betriebszweck eines Unternehmens der Bekleidungsindustrie liegt in der Produktion und dem Vertrieb von Stoffen oder Kleidungsstücken. Ein produzierendes Unternehmen verdient sein Geld nicht mit Zinserträgen aus Spareinlagen oder der Vermietung nicht genutzter Hallen; daher dürfen diese Erträge auch nicht berücksichtigt werden.

Typische Beispiele für betriebsfremde Aufwendungen und Erträge sind: Erträge aus Beteiligungen, Zinserträge, Mieterträge, alle Aufwendungen und Erträge, die mit vermieteten Gebäuden zusammenhängen (Versicherungsbeiträge, Abschreibungen, Grundsteuer).

Es gibt Ereignisse, die zwar durch einen Betriebszweck entstanden sind, aber außergewöhnlich bzw. einer anderen Rechnungsperiode zuzurechnen sind. Würden diese Aufwendungen bei der Kalkulation berücksichtigt, wären die Preise zu hoch.

Beispiele Außergewöhnliche/nicht planmäßige Aufwendungen und Erträge

Verderb von Waren, Diebstahl, Gerichtskosten aufgrund einer Kundenklage, Versicherungsnachzahlungen aus dem Vorjahr, Erträge oder Aufwendungen durch die Auflösung von Rückstellungen des Vorjahres, außerplanmäßige Abschreibungen oder Steuerzahlungen des Vorjahres.

Die Aufteilung der in der Finanzbuchhaltung erfassten Aufwendungen und Erträge erfolgt in der **Abgrenzungsrechnung** (Kostenartenrechnung). Hierzu wird eine Tabelle mit drei Bereichen erstellt: der unternehmensbezogenen Abgrenzung, der betriebsbezogenen Abgrenzung und der Kosten- und Leistungsrechnung.

Lösung des Einstiegsfalls (1) Abgrenzungsrechnung

Die Bestandskonten sind für die Preiskalkulation nicht relevant und bleiben damit unberücksichtigt. Lediglich die Erfolgskosten sind zu berücksichtigen.

So sieht die Übersicht zur Abgrenzungsrechnung aus, die Franceska Klein und Frau Zegon für die Blum Music4You KG erstellt haben:

			Werte der Finanzbuchhaltung		Unternehmensbezogene Abgrenzung betriebsfremder …		Betriebsbezogene Abgrenzung betrieblich außerordentlicher …		Kosten- und Leistungsrechnung	
Zeile	Konto	Bezeichnung	Aufwand €	Ertrag €	Aufwand €	Ertrag €	Aufwand €	Ertrag €	Kosten €	Leistungen €
1	5000	Umsatzerlöse für eigene Erzeugnisse		85.000,00						85.000,00
2	5100	Umsatzerlöse für Waren		12.000,00						12.000,00
3	5400	Sonstige Mieterträge		2.000,00		2.000,00				
4	5710	Zinserträge		250,00		250,00				
5	6000	Aufwendungen für Rohstoffe	56.000,00						56.000,00	
6	6020	Aufwendungen für Hilfsstoffe	2.300,00						2.300,00	
7	6050	Aufwendungen für Energie	3.000,00						3.000,00	
8	6080	Aufwendungen für Waren	9.000,00						9.000,00	
9	6160	Fremdinstandhaltung	1.200,00		800,00				400,00	
10	6200	Löhne	12.000,00						12.000,00	
11	6300	Gehälter	8.000,00						8.000,00	
12	6520	Abschreibungen auf Sachanlagen	3.000,00		600,00				2.400,00	
13	6930	Verluste aus Schadensfällen	400,00				400,00			
14	7020	Grundsteuer	300,00		50,00				250,00	
15	7700	Gewerbesteuer	500,00				200,00		300,00	
			95.700,00	99.250,00	1.450,00	2.250,00	600,00	0,00	93.650,00	97.000,00
			3.550,00		800,00			600,00	3.350,00	
			99.250,00	99.250,00	2.250,00	2.250,00	600,00	600,00	97.000,00	97.000,00
			Unternehmensergebnis		Ergebnis der unternehmensbezogenen Abgrenzungsrechnung		Ergebnis der betriebsbezogenen Abgrenzungsrechnung		Betriebsergebnis	

Aus folgenden Angaben der Finanzbuchhaltung ist die Abgrenzungsrechnung vorzunehmen:

zu Zeile 3 Die nicht genutzte Lagerhalle ist fremdvermietet.
zu Zeile 4 Die Zinserträge stammen von einer Geldanlage.
zu Zeile 9 In den Fremdinstandhaltungen sind Dachreparaturen der vermieteten Lagerhalle enthalten (800,00 €).
zu Zeile 12 In den Abschreibungen sind anteilige Abschreibungen für die vermietete Lagerhalle (600,00 €) enthalten.
zu Zeile 13 Die Verluste beinhalten Abschreibungen auf Handelswaren wegen Diebstahl (400,00 €).
zu Zeile 14 In den Steuern sind Grundsteuern für die vermietete Lagerhalle (50,00 €) enthalten.
zu Zeile 15 In den Steuern ist eine Steuernachzahlung für das vorherige Geschäftsjahr (200,00 €) enthalten, die fälschlicherweise nicht auf das Konto 6990 gebucht wurden.

Einstiegsfall (2) Kalkulatorische Kosten

Der Unternehmensberater, Herr Wamuz, ist mit dem Ergebnis der Arbeit von Frau Zegon und Franzesca Klein zufrieden. Er weist sie darauf hin, dass nun noch einige Angaben geändert und ergänzt werden müssen: „Die auf dem Konto ‚Abschreibungen' gebuchten Werte stellen den Verschleiß einer Maschine in 10 Jahren Nutzungsdauer dar, wie es das Finanzamt vorgibt. Tatsächlich nutzen Sie die Maschinen aber 14 Jahre. Die Abschreibung ist also zu hoch gebucht. Diese Position muss korrigiert werden. Und es können noch einige Kosten zusätzlich aufgenommen werden. Das Gebäude gehört der Blum Music4You KG. Wenn das Unternehmen nicht so viel Eigenkapital hätte, müsste sie sich ein Gebäude mieten, ebenso die technische Ausstattung. Die Konkurrenzunternehmen mieten einen Teil ihrer Ausrüstung, sie haben dadurch höhere Aufwendungen. Die Blum Music4You KG kann deshalb ihre Produkte preisgünstiger anbieten. Aus Gründen der Vergleichbarkeit sollte man bei der Kalkulation aber so tun, als habe die Blum Music ebenfalls Mietaufwendungen für Güter des Anlagevermögens, auch wenn dem nicht so ist. Diese zusätzlichen Kosten erhöhen den Verkaufspreis."

Kosten, die in der Abgrenzungsrechnung berücksichtigt werden, sind:

- **Anderskosten:** Darunter versteht man Kosten, die in der Finanzbuchhaltung als Aufwand gebucht wurden, in der Kostenrechnung aber in einer anderen Höhe bzw. mit einem anderen Wert übernommen werden.
- **Zusatzkosten:** Hierunter fallen alle Kosten, die nicht in der Finanzbuchhaltung erfasst werden, aber aus Gründen der Vergleichbarkeit mit der Konkurrenz bei der Preiskalkulation einbezogen werden.

Sowohl die Anderskosten als auch die Zusatzkosten werden kalkulatorische Kosten genannt, da sie – wie der Name schon sagt – nur für die Preiskalkulation berücksichtigt werden.

Zu den **kalkulatorischen Kosten** gehören:

- Wagnis: Der Unternehmer trägt das Risiko, dass Verluste entstehen in Zusammenhang mit Herstellung und Vertrieb seiner Produkte (Beispiele: Verderb von Waren, Reklamationen wegen Mängeln, Forderungsausfälle). Sind diese nicht durch Versicherungen abgedeckt, muss der Werteverlust „eingepreist" werden.
- Abschreibung: Die tatsächliche Abschreibung ist höher oder niedriger als die steuerrechtlich vorgeschriebene Abschreibung.
- Miete: Verfügt ein Unternehmen über eigene Gebäude und eigene Ausstattungen, dann muss es geringere oder gar keine Mietaufwendungen tätigen im Vergleich zu anderen Unternehmen mit wenig Anlagevermögen.
- Unternehmerlohn: Die Gesellschafter einer Kommanditgesellschaft erhalten kein Gehalt. Ihr Gewinnanteil wird vorab als Unternehmerlohn mit eingerechnet.
- Zins: Verfügt ein Unternehmen über ausreichend Eigenkapital, dann muss es geringe oder keine Kredite aufnehmen. Es braucht also auch weniger oder gar keine Zinsen zu bezahlen im Vergleich zu anderen Unternehmen mit geringerer Eigenkapitalausstattung.

Lösung des Einstiegsfalls (2) Kalkulatorische Kosten

Die Abgrenzungsrechnung für die Blum Music wird ergänzt mit den kalkulatorischen Kosten:

Zeile	Konto	Bezeichnung	Werte der Finanzbuchhaltung Aufwand €		Unternehmensbezogene Abgrenzung betriebsfremder … Aufwand €		Betriebsbezogene Abgrenzung betrieblich außerordentlicher … Aufwand €		Kosten- und Leistungsrechnung Kosten €	
			Aufwand €	Ertrag €	Aufwand €	Ertrag €	Aufwand €	Ertrag €	Kosten €	Leistungen €
1	5000	Umsatzerlöse für eigene Erzeugnisse		85.000,00						85.000,00
2	5100	Umsatzerlöse für Waren		12.000,00						12.000,00
3	5400	Sonstige Mieterträge		2.000,00		2.000,00				
4	5710	Zinserträge		250,00		250,00				
5	6000	Aufwendungen für Rohstoffe	56.000,00						56.000,00	
6	6020	Aufwendungen für Hilfsstoffe	2.300,00						2.300,00	
7	6050	Aufwendungen für Energie	3.000,00						3.000,00	
8	6080	Aufwendungen für Waren	9.000,00						9.000,00	
9	6160	Fremdinstandhaltung	1.200,00		800,00				400,00	
10	6200	Löhne	12.000,00						12.000,00	
11	6300	Gehälter	8.000,00						8.000,00	
12	6520	Abschreibungen auf Sachanlagen	3.000,00		600,00		2.400,00			
13	6930	Verluste aus Schadensfällen	400,00				400,00			
14	7020	Grundsteuer	300,00		50,00				250,00	
15	7700	Gewerbesteuer	500,00				200,00		300,00	
16		kalkulatorisches Wagnis						8.000,00	8.000,00	
17		kalkulatorische Abschreibung						2.000,00	2.000,00	
18		kalkulatorische Miete						5.000,00	5.000,00	
19		kalkulatorischer Unternehmerlohn						12.000,00	12.000,00	
20		kalkulatorische Zinsen						1.200,00	1.200,00	
			95.700,00	99.250,00	1.450,00	2.250,00	3.000,00	28.200,00	119.450,00	97.000,00
			3.550,00		800,00		25.200,00		0,00	22.450,00
			99.250,00	99.250,00	2.250,00	2.250,00	28.200,00	28.200,00	119.450,00	119.450,00
			Unternehmensergebnis		Ergebnis der unternehmensbezogenen Abgrenzungsrechnung		Ergebnis der betriebsbezogenen Abgrenzungsrechnung		Betriebsergebnis	

Aus folgenden Angaben der Finanzbuchhaltung ist die Abgrenzungsrechnung vorzunehmen. Folgende Abgrenzungen sind vorzunehmen:

- zu Zeile 16 Als Wagnis werden 8.000,00 € berücksichtigt.
- zu Zeile 12, 17 Statt der bilanziellen Abschreibung werden lediglich 2.000,00 € angesetzt.
- zu Zeile 18 Aus Vergleichbarkeitsgründen wird eine kalkulatorische Miete einbezogen (5.000,00 €).
- zu Zeile 19 Der angesetzte kalkulatorische Unternehmerlohn beträgt 12.000,00 €.
- zu Zeile 20 Es sollen kalkulatorische Zinsen von 1.200,00 € einbezogen werden.

Werden Anderskosten erfasst, so wird der in der Finanzbuchhaltung gebuchte Betrag der Spalte „betrieblich außerordentlicher Aufwand“ erfasst und der kalkulatorische Wert sowohl in der Spalte „betrieblich außerordentlicher Ertrag“ als auch in der Spalte „Kosten“ eingetragen.

10.2.2 Kostenstellenrechnung (BAB, Zuschlagssätze)

Einstiegsfall Kostenstellenrechnung

Franceska Klein ist erstaunt, wie viel Arbeit es ist, die Grundlagendaten für die Preiskalkulation der Blum Music4You KG zusammenzustellen. „Als Nächstes müssen wir uns die Belege aus der Buchhaltung zu den einzelnen Konten anschauen und entscheiden, ob diese direkt für ein spezielles Produkt gelten oder Kosten darstellen, die mehrere Abteilungen oder Produkte betreffen", erklärt ihr Frau Zegon. Franceska Klein macht sich an die Arbeit, füllt den Betriebsabrechnungsbogen aus und ermittelt die Zuschlagssätze.

Aufgabe der Kostenstellenrechnung

Merke Im Rahmen der **Kostenstellenrechnung** werden die in der Kostenartenrechnung festgelegten Kosten aufgeteilt in

- Einzelkosten, die dem Produkt direkt zuzurechnen sind, und
- Gemeinkosten, die für alle Produkte entstehen.

Die Gemeinkosten werden dann in einem weiteren Verfahren analysiert und aufgeteilt, sodass am Ende jedem Produkt ein Teil dieser Kosten genau zugeordnet werden kann.

Betriebsabrechnungsbogen (BAB)

Der Betriebsabrechnungsbogen dient der Aufteilung der Gemeinkosten, der daran anschließenden Bildung von Kostensätzen und der Vorbereitung der Kalkulation. Darüber hinaus ermöglicht er eine Ist-Kostenerfassung und eine Kostenkontrolle, indem die Kosten vergangenheitsorientiert analysiert werden.

Aufbau eines Betriebsabrechnungsbogens

	Summe	Materialstelle	Fertigungsstelle	Verwaltung	Vertrieb
Gemeinkostenmaterial					
Hilfslöhne					
Gehälter					
Raumkosten					
Energiekosten					
Instandhaltung					
Summe der Gemeinkosten					

In der ersten Spalte werden die Gemeinkosten gelistet. Dazu werden aus der Abgrenzungsrechnung die entsprechenden Kontenbezeichnungen und Beträge aus der Spalte „Kosten" übernommen. Im zweiten Schritt werden diese Kosten auf die Hauptkostenstellen (Material, Fertigung, Verwaltung, Vertrieb) nach einem festgelegten Schlüssel aufgeteilt.

Beispiele **Kostenbereiche und Kostenstellen:**

Allgemeiner Bereich	Materialbereich	Fertigungsbereich		Verwaltungsbereich	Vertriebsbereich
Gemeinkosten, die keinem anderen Bereich zugeordnet werden können	**Material-gemeinkosten (MGK)**	**Fertigungs-gemeinkosten (FGK)**		**Verwaltungs-gemeinkosten (VWGK)**	**Vertriebs-gemeinkosten (VTGK)**
Grundstücke und Gebäude Grundstücke Fabrikgebäude Geschäftsgebäude Lagergebäude Wohngebäude **Energieversorgung** Wasserversorgung Dampfversorgung Heizungsanlage Kraftzentrale Gasversorgung **Transport** Lastkraftwagen Personenkraftwagen Elektrokarren Gleisanlagen Tankstellen **Instandhaltung** Instandhaltung Maschinen und Werkzeuge Instandhaltung Gebäude Instandhaltung Elektrische Anlagen **Allgemeiner Werksdienst** Werkschutz Feuerwehr **Sozialeinrichtungen** Werksarzt Betriebsarzt Sporteinrichtungen Bücherei Kantine Erholungswerk	**Einkauf** Angebotsbearbeitung Bestellwesen Terminwesen Materialgruppen Lieferbranchen **Warenannahme und -prüfung** Warenannahme Wareneingangskontrolle Lagerrevision Permanente Inventur **Materialverwaltung** Lagerbuchhaltung Materialdisposition **Materiallagerung und -ausgabe** Rohstofflager Teilelager Werkzeuglager Werkzeugausgabe Auswärtslager Schrottlager	**Fertigungs-hilfsstellen** **Fertigungsvorbereitung und Fertigungssteuerung** **Fertigungs- und Betriebsmittelplanung** **Arbeits- und Zeitstudien** **Fertigungssteuerung** **Fertigungstechnik** **Betriebsbüro** **Betriebsmittelfertigung** **Zwischenlager** **Werkzeuglager** **Qualitätssicherung**	**Fertigungs-hauptstellen** **Vorfertigung** **Hauptfertigung** **Montage** **Sonderfertigung** **Dreherei** **Fräserei** **Schlosserei** **Lackiererei**	**Unternehmensleitung** Geschäftsleitung Pressestelle **Personalverwaltung** Lohn- und Gehaltsabrechnung Vorschlagswesen Aus- und Fortbildung Sozialwesen **Finanz- und Rechnungswesen** Hauptbuchhaltung Kontokorrentbuchhaltung Finanzabteilung Anlagenbuchhaltung Betriebsabrechnung Kalkulation Auswertung und Controlling **Spezielle Verwaltungsdienste** Rechte Steuern Organisation Revision Unternehmensplanung Datenverarbeitung Patente **Allgemeine Verwaltung** Telefonzentrale Hauspost Registratur Übersetzungsbüro Büromateriallager Vervielfältigung	**Verkaufsvorbereitung** Marktforschung Produktinformation Verkaufsplanung Werbung **Akquisition/Verkauf** Außendienst Niederlassungen **Auftragsabwicklung** Auftragsbearbeitung Fakturierung **Fertigwarenlager** **Verpackung und Versand** Packerei Versand **Kundendienst**

Nach dem vom Bundesverband der Deutschen Industrie (BDI) empfohlenen Kostenstellenplan; mit eigenen Ergänzungen

Lösung (1) des Einstiegsfalls **Betriebsabrechnungsbogen**

Gemeinkostenarten	Kosten der KLR	Verteilungsschlüssel	Hauptkostenstellen			
			Material	Fertigung	Verwaltung	Vertrieb
Aufwendungen für Hilfsstoffe	2.300,00	Entnahmescheine	1.300,00	700,00	0,00	300,00
Aufwendungen für Energie	3.000,00	m²	565,22	1.739,12	347,83	347,83
Fremdinstandsetzung	400,00	Arbeitsstunden	0,00	294,73	42,11	63,16
Gehälter	8.000,00	Gehaltsliste	750,00	1.500,00	2.500,00	3.250,00
Grundsteuer	250,00	m²	47,10	144,92	28,99	28,99
Gewerbesteuer	300,00	Schlüssel	75,00	75,00	75,00	75,00
kalkulatorisches Wagnis	8.000,00	Schlüssel	1.333,33	2.666,67	1.333,33	2.666,67
kalkulatorische Abschreibung	2.000,00	m²	376,81	1.159,43	231,88	231,88
kalkulatorische Miete	5.000,00	m²	942,03	2.898,55	579,71	579,71
kalkulatorischer Unternehmerlohn	12.000,00	Schlüssel	3.000,00	3.000,00	3.000,00	3.000,00
kalkulatorischer Zins	1.200,00	m²	226,09	695,65	139,13	139,13
Summe der Gemeinkosten	**42.450,00**		**8.615,58**	**14.874,07**	**8.277,98**	**10.682,37**

Angaben zur Verteilung	Einheit	Material	Fertigung	Verwaltung	Vertrieb	Gesamt
Raumgröße	m²	65	200	40	40	345
Hilfsstoffentnahme	€	1.300,00	700,00	0,00	300,00	2.300,00
Fremdinstandsetzung	h	0	14	2	3	19
Gehälter	€	750,00	1.500,00	2.500,00	3.250,00	8.000,00
Gewerbesteuer		1	1	1	1	4
Wagnis		1	2	1	2	6
Unternehmerlohn		1	1	1	1	4
EDV		1	4	2	2	9
Lager		1	1	0	0	2

Anmerkungen: Aufwendungen für Rohstoffe und Löhne sind direkt zurechenbar und werden nicht im BAB erfasst.
Alle Beträge in €.

Ermittlung der Zuschlagssätze

Die Beträge können nun dazu verwendet werden, **Zuschlagssätze** zu ermitteln oder Kostenanalysen zu erstellen. Kostenanalysen werden im Folgenden nicht betrachtet, denn sie sind nur unter Berücksichtigung der gesamten betrieblichen Situation möglich. Die Ergebnisse des Betriebsabrechnungsbogens werden hier als Ausgangslage für die Preisvor- und die Preisnachkalkulation genutzt.

Die ermittelten Summen werden in Prozentsätze umgerechnet. Dabei hilft das **Kalkulationsschema zur Zuschlagskalkulation:**

<table>
<tr><td>Materialeinzelkosten</td><td>MEK</td><td rowspan="2">= Materialkosten (MK)</td><td rowspan="5">= Herstellkosten (HK)</td><td rowspan="8">= Selbstkosten (SK)</td></tr>
<tr><td>+ Materialgemeinkosten</td><td>MGK (% von MEK)</td></tr>
<tr><td>= Fertigungseinzelkosten</td><td>(FEK)</td><td rowspan="3">= Fertigungskosten (FK)</td></tr>
<tr><td>+ Fertigungsgemeinkosten</td><td>FGK (% von FEK)</td></tr>
<tr><td>+ Sondereinzelkosten der Fertigung</td><td>SEK</td></tr>
<tr><td>Verwaltungsgemeinkosten</td><td colspan="3">VwGK (% von HK)</td></tr>
<tr><td>Vertriebsgemeinkosten</td><td colspan="3">VertGK (% von HK)</td></tr>
<tr><td>Sondereinzelkosten des Vertriebs</td><td colspan="3">SEKV</td></tr>
</table>

Die Gemeinkosten werden immer als Zuschlagssatz auf den Wert der jeweiligen Einzelkosten berechnet. Bei der Ermittlung des Zuschlagssatzes wird daher auch der im Betriebsabrechnungsbogen ermittelte Gemeinkostenwert ins Verhältnis zu den in der Abrechnungsperiode insgesamt angefallenen jeweiligen (Einzel-)Kosten gesetzt.

$$\text{MGK-Zuschlagssatz} = \frac{\text{Materialgemeinkosten} \cdot 100}{\text{Materialeinzelkosten}}$$

$$\text{FGK-Zuschlagssatz} = \frac{\text{Fertigungsgemeinkosten} \cdot 100}{\text{Fertigungseinzelkosten}}$$

$$\text{VwGK-Zuschlagssatz}^1 = \frac{\text{Verwaltungsgemeinkosten} \cdot 100}{\text{Herstellkosten}}$$

$$\text{VertGK-Zuschlagssatz}^1 = \frac{\text{Vertriebsgemeinkosten} \cdot 100}{\text{Herstellkosten}}$$

Die so ermittelten Prozentwerte sind die tatsächlichen Zuschlagssätze, die sich aus dem BAB der abgelaufenen Periode ergeben. Es handelt sich um **Ist-Kosten-Zuschlagssätze.** Werden diese Prozentsätze nun für zukünftige Kalkulationen verwendet, können die Zuschlagssätze angepasst werden, um Entwicklungen/Trends abzubilden. Dazu werden die Entwicklung der Ist-Kosten-Zuschlagssätze vergangener Jahre betrachtet und künftige Entwicklungen wie Lohnsteigerungen berücksichtigt. Die so ermittelten Prozentsätze werden als **Normalkosten-Zuschlagssätze** bezeichnet.

1 Aus Vereinfachungsgründen wird bei der Ermittlung der Zuschlagsgrundlage für die Verwaltungs- und Vertriebsgemeinkosten auf die Berücksichtigung von Bestandsveränderungen verzichtet.

Lösung (2) des Einstiegsfalls Zuschlagssätze

Gemeinkostenarten	Kosten der KLR	Verteilungsschlüssel	Hauptkostenstellen			
			Material	**Fertigung**	**Verwaltung**	**Vertrieb**
Aufwendungen für Hilfsstoffe	2.300,00	Entnahmescheine	1.300,00	700,00	0,00	300,00
Aufwendungen für Energie	3.000,00	m^2	565,22	1.739,12	347,83	347,83
Fremdinstandsetzung	400,00	Arbeitsstunden	0,00	294,73	42,11	63,16
Gehälter	8.000,00	Gehaltsliste	750,00	1.500,00	2.500,00	3.250,00
Grundsteuer	250,00	m^2	47,10	144,92	28,99	28,99
Gewerbesteuer	300,00	Schlüssel	75,00	75,00	75,00	75,00
kalkulatorisches Wagnis	8.000,00	Schlüssel	1.333,33	2.666,67	1.333,33	2.666,67
kalkulatorische Abschreibung	2.000,00	m^2	376,81	1.159,43	231,88	231,88
kalkulatorische Miete	5.000,00	m^2	942,03	2.898,55	579,71	579,71
kalkulatorischer Unternehmerlohn	12.000,00	Schlüssel	3.000,00	3.000,00	3.000,00	3.000,00
kalkulatorischer Zins	1.200,00	m^2	226,09	695,65	139,13	139,13
Summe der Gemeinkosten	**42.450,00**		**8.615,58**	**14.874,07**	**8.277,98**	**10.682,37**

Alle Beträge in €.

Zuschlagsgrundlage				
Fertigungsmaterial in €	56.000,00			
Fertigungslöhne in €		12.000,00		
Herstellkosten in €			91.489,65[1]	91.489,65[1]
Zuschlagssätze in %	**15,4**	**124,0**	**9,0**	**11,7**

1 Herstellkosten = 56.000,00 + 8.616,58 + 12.000,00 + 14.874,07 = 91.489,65 €

10.2.3 Kostenträgerrechnung als Deckungsbeitragsrechnung

Einstiegsfall Sonderauftrag für Blum Music

Die Blum Music4You KG bedruckt T-Shirts auch auf Kundenwunsch. Der Verkaufspreis beträgt 20,00 €. Die Auszubildende Franceska Klein erhält von einem örtlichen Musikverein die Anfrage, ob die Blum Music einen Spezialauftrag annehmen kann. Anlässlich ihres Vereinsjubiläums möchte der Musikverein 300 T-Shirts mit Sonderdruck bestellen, allerdings nicht zum Listenpreis von 20,00 € je T-Shirt, sondern zum Preis von nur 18,00 €. Franceska ist erschrocken. „Andere Aufträge, für die wir die Beflockungsmaschine benötigen, liegen derzeit nicht vor. Aber bei so einem Preis machen wir doch Verluste! Wir haben schließlich 2.000,00 € Fixkosten."

Die im Kapitel 10.2.2 dargestellte Preiskalkulation geht davon aus, dass immer genau so viele Produkte produziert und verkauft werden, wie geplant.

Wie bereits in der Kostenartenrechnung festgestellt, gibt es Kosten, die einem Produkt sofort zuzurechnen sind. Diese Einzelkosten sind überwiegend Kosten, die erst durch die Produktion dieses Gutes entstehen. Man spricht von sogenannten **variablen Kosten (k_v).** Hierunter fallen alle Material- und Fertigungseinzelkosten. Alle übrigen Kosten sind sogenannte **fixe Kosten (K_{fix}),** da sie produktionsunabhängig anfallen und nicht ohne Weiteres reduziert werden können.

Beispiele Variable und fixe Kosten

k_v: Material, Löhne, Stromverbrauch für Produktionsanlagen

K_{fix}: Gehälter, Mietaufwendungen, Abschreibungen

Bei der Ermittlung realistischer Selbstkosten pro Stück muss man sich Folgendes überlegen: Mit steigender Ausbringungsmenge sinken die Kosten pro Stück (Gesetz der Massenproduktion).

Lösung (1) des Einstiegsfalls
Ermittlung der Selbstkosten pro Stück

k_v = 16,00 € pro Stück K_{fix} = 2.000,00 € $\text{Kosten pro Stück} = k_v + \frac{K_{fix}}{\text{Menge}}$

geplante Absatzmenge: 300 Stück $\text{Kosten pro Stück} = \frac{16{,}00\ €}{\text{Stück}} + \frac{2.000{,}00\ €}{300\ \text{Stück}} = 22{,}67\ €/\text{St.}$

geplante Absatzmenge: 200 Stück $\text{Kosten pro Stück} = \frac{16{,}00\ €}{\text{Stück}} + \frac{2.000{,}00\ €}{200\ \text{Stück}} = 26{,}00\ €/\text{St.}$

geplante Absatzmenge: 500 Stück $\text{Kosten pro Stück} = \frac{16{,}00\ €}{\text{Stück}} + \frac{2.000{,}00\ €}{500\ \text{Stück}} = 20{,}00\ €/\text{St.}$

Das bedeutet: Wenn das Unternehmen seinen Verkaufspreis auf Basis einer geplanten Menge von 300 Stück festlegt, dann ginge es im Fall einer niedrigeren Absatzmenge von zu geringen Kosten aus, im Falle höherer Mengen wären die geschätzten Kosten zu hoch. Oder anders ausgedrückt: Verkauft das Unternehmen weniger als erwartet, so sind nicht alle (Gemein-)Kosten gedeckt und es macht Verluste. Verkauft das Unternehmen hingegen mehr, so werden die Kosten überdeckt.

Die bisher erläuterte Vorgehensweise gab noch keine Antwort auf die Frage zur Preisdifferenzierung. Darauf geht im Folgenden die Deckungsbeitragsrechnung ein.

Deckungsbeitragsrechnung

Der Preis wird über die sogenannte **Deckungsbeitragsrechnung** ermittelt. Für die Ermittlung des Deckungsbeitrags werden die variablen Kosten vom Verkaufspreis abgezogen. Der ermittelte Wert dient nun dazu, die übrigen Kosten, also die Fixkosten, abzudecken.

x=a+b

Deckungsbeitrag pro Stück = Verkaufspreis pro Stück – variable Kosten pro Stück

$$db = p - k_v$$

x=a+b

Deckungsbeitrag gesamt = Verkaufspreis gesamt – variable Kosten gesamt

$$DB = p \cdot \text{Menge} - k_v \cdot \text{Menge}$$

Lösung (2) des Einstiegsfalls Deckungsbeitragsrechnung

Der Blum Music4You KG entstehen für die T-Shirt-Bedruckung variable Kosten für das T-Shirt und das Beflockungsmaterial von 16,00 € je T-Shirt.

db = 20,00 € – 16,00 € = 4,00 €

Der Deckungsbeitrag beträgt 4,00 € je Stück.

Break-even-Point/Break-even-Menge

Wie viel Stück muss ein Unternehmen verkaufen, um keine Verluste zu machen? Die Antwort auf diese Frage ergibt den sogenannten Break-even-Point. Der Deckungsbeitrag dient der Deckung der Fixkosten. Ein Unternehmen muss daher eine bestimmte Menge an Produkten verkaufen, um den Fixkostenblock zu decken.

Merke Der **Break-even-Point** ist diejenige Absatzmenge eines Produkts, bei der die Erlöse genau die Kosten decken und beim Verkauf jeder weiteren Einheit Gewinne erwirtschaftet werden.

x=a+b

$$\text{Break-even-Menge} = \frac{\text{Fixkosten}}{\text{Deckungsbeitrag pro Stück}}$$

$$\text{Break-even-Menge} = \frac{K_{fix}}{db}$$

vgl. Marketing Kap. 3.2

Die so ermittelte minimale Verkaufsmenge kann nun als Ausgangspunkt für weitere Überlegungen genommen werden: Ist diese Menge realistisch? Was kann getan werden, um diese Verkaufsmenge zu erreichen? Müssen und können Kosten gesenkt werden? Muss der Verkaufspreis erhöht werden?

Lösung (3) des Einstiegsfalls Break-even-Point

Bei 2.000,00 € Fixkosten für den T-Shirt-Druck, ergibt sich folgende Break-even-Menge: 2.000,00 € : 4,00 € pro Stück = 500 Stück. Die Blum Music4You KG muss also 500 T-Shirts im Jahr verkaufen, um alle Fixkosten des T-Shirt-Drucks decken zu können. Erfahrungsgemäß verkauft die Blum Music rund 1 000 T-Sirts im Jahr.

In den meisten Fällen hat ein Unternehmen seine Produktionskapazitäten nicht vollständig ausgelastet. Die freien Maschinenzeiten könnten noch für weitere Produktionen sinnvoll genutzt werden.

Zusatzaufträge

Soll ein Unternehmen einen Zusatzauftrag annehmen? Über die Annahme eines Zusatzauftrags wird mithilfe der Deckungsbeitragsrechnung entschieden. Der Verkaufspreis muss kurzfristig zumindest die variablen Kosten abdecken. Sobald der Deckungsbeitrag größer oder gleich null ist, wird der Zusatzauftrag angenommen. Langfristig muss eine Preisgestaltung jedoch darauf achten, dass alle Kosten, also auch die Fixkosten, gedeckt sind.

Daher gilt:

- kurzfristige Preisuntergrenze = db
- langfristige Preisuntergrenze = variable und fixe Kosten pro Stück = $k_v + k_{fix}$

Lösung (4) des Einstiegsfalls Deckungsbeitrag Zusatzauftrag

db = 18,00 € - 16,00 € = 2,00 €

Der Deckungsbeitrag beträgt 2,00 € je Stück, der Verkaufspreis deckt alle variablen Kosten ab. 2,00 € dienen nun noch zur Deckung der Fixkosten. Franceska Klein kann den Auftrag also annehmen, da freie Kapazitäten in der T-Shirt-Produktion vorhanden sind und kein Alternativauftrag mit einem höheren Deckungsbeitrag vorliegt.

Gewinnermittlung im Rahmen der Kostenträgerrechnung

Der Gewinn wird ermittelt, indem die Kosten von den Umsatzerlösen abgezogen werden.

Eine andere Rechenweise geht von der Break-Even-Menge und den Deckungsbeiträgen aus. Jedes verkaufte Produkt, das über die Break-Even-Menge hinausgeht, erwirtschaftet einen Gewinn in Höhe des Deckungsbeitrags, denn alle Fixkosten sind gedeckt. Der Verkaufspreis muss nur noch die variablen Kosten abdecken. Der übrige Betrag stellt einen zusätzlichen Gewinn dar.

Lösung (5) des Einstiegsfalls **Gewinnermittlung**

Im gesamten Geschäftsjahr hat die Blum Music4You KG 1 300 T-Shirts zum Preis von 20,00 € verkauft. Hinzu kam der Zusatzauftrag des Musikvereins mit 300 T-Shirts zum Preis von 18,00 €.

- Erlöse = 1 300 Stück · 20,00 € + 300 Stück · 18,00 € = 31.400,00 €
- Kosten = 1 600 Stück · 16,00 € + 2.000,00 € = 27.600,00 €
- Gewinn = 31.400,00 € – 27.600,00 € = 3.800,00 €

Oder:

- Break-even-Menge = 500 Stück
- Gewinn = (1 300 Stück – 500 Stück) · 4,00 € + 300 Stück · 2,00 € = 3.800,00 €

10.2.4 Kostenrechnung – Nachkalkulation

Einstiegsfall

Ein Musiker hat eine Sonderanfertigung einer E-Gitarre bei der Blum Music4You KG in Auftrag gegeben. Der Kunde wünscht ein besonders wertvolles Holz und hochwertige Technik. Die Bearbeitung der Materialien ist deutlich zeitaufwendiger als bei „gewöhnlichen" Hölzern. Bei der Preisanfrage hat Claus Blum daher einige Zahlen schätzen müssen und möchte nach Auslieferung des Produkts wissen, wie genau die Preiskalkulation gewesen ist.

Die in den vorigen Kapiteln ermittelten Daten dienen dazu, Angebotspreise für neue Aufträge zu berechnen. In regelmäßigen Abständen muss ein Unternehmen überprüfen, ob die in der Preiskalkulation geschätzten Zahlen auch tatsächlich zutreffen (Soll-Ist-Vergleich oder Plan-Ist-Vergleich). Im Rahmen von Sonderanfertigungen, die genau auf den Kunden abgestimmt werden, ist eine individuelle Nachkalkulation besonders wichtig, denn hier liegen in der Regel keine Vergleichszahlen vor. Wir erinnern uns:

> **Merke** Die Kalkulationsdaten basieren auf Zahlen der Vergangenheit. Ein Verkaufspreis wird aber für ein Geschäft in der Zukunft errechnet.

Erfolgsmessung mithilfe der Kostenträgerzeitrechnung

Der Erfolg eines Unternehmens wird am Gesamtergebnis über alle Produkte hinweg ermittelt. Im Rahmen der Kostenträgerzeitrechnung werden jedem Produkt Kosten und Leistungen gegenübergestellt. So kann analysiert werden, welches Produkt mehr oder weniger viel zum Betriebsergebnis beigetragen hat; Maßnahmen können abgeleitet werden.

Berechnung eines Soll-Ist-Vergleichs

Für eine genaue Kosten-Leistungs-Analyse ist es notwendig, die geplanten Werte mit den tatsächlichen Werten zu vergleichen. Dazu müssen die in der Finanzbuchhaltung erfassten Zahlen den kalkulierten gegenübergestellt werden. Dies geschieht, indem für die aktuellen Aufwendungen und Erträge wieder eine Kostenarten-, eine Kostenstellen- und eine Kostenträgerrechnung durchgeführt werden. Nun können diese aktuellen Kosten (Ist-Kosten) des Produkts mit den kalkulierten Daten (Normalkosten) verglichen und Abweichungen ermittelt werden.

Eine **Kostenüberdeckung** liegt vor, wenn die geplanten Kosten die tatsächlichen Kosten übersteigen; bei einer **Kostenunterdeckung** sind die tatsächlichen Kosten höher als die erwarteten. In beiden Fällen sollte das Unternehmen seine Planung anpassen. Wenn zum Beispiel die aktuellen Kosten im Vergleich zu den Kalkulationsdaten gestiegen sind, müssen die Kalkulationsdaten angepasst (in diesem Fall erhöht) werden; sonst würde das Unternehmen langfristig Verluste erwirtschaften. Wenn die geschätzten Kosten zu hoch sind, würde das Unternehmen zwar mit dem Verkauf der Produkte einen höheren Gewinn erzielen, es hätte die Produkte aber preiswerter anbieten und möglicherweise mehr verkaufen können.

Lösung des Einstiegsfalls Soll-Ist-Vergleich

Die Analyse der Zahlen kann zu zwei Zeitpunkten erfolgen: 1. unmittelbar im Anschluss an die Abwicklung des Auftrags oder 2. nach einer Ermittlung der tatsächlichen Ist-Kosten-Zuschlagssätze.

Zu 1. Analyse der Zahlen unmittelbar im Anschluss an die Abwicklung des Auftrags:

Zum Zeitpunkt der Nachkalkulation liegen noch keine neuen Ist-Kosten-Zuschlagssätze vor. Die Nachkalkulation muss auf Basis der Normalkosten-Zuschlagssätze erfolgen. Die Kostenabweichung kann daher nur für die Einzelkosten genau ermittelt werden.

	Ist-Kosten		Normalkosten		Abweichung	
	%	€	%	€	€	Hinweise
MEK (Materialeinzelkosten)		**2.000,00**		**2.200,00**	– 200,00	(1)
MGK (Materialgemeinkosten)	18	360,00	18	396,00	– 36,00	
MK (Materialkosten)		2.360,00		2.596,00		
FEK (Fertigungseinzelkosten)		**1.400,00**		**1.200,00**	200,00	(2)
FGK (Fertigungsgemeinkosten)	115	1.610,00	115	1.380,00	230,00	
SEK (Sondereinzelkosten der Fertigung)		200,00		200,00		
FK (Fertigungskosten)		3.210,00		2.780,00		
HK (Herstellkosten)		5.570,00		5.376,00		
VwGK (Verwaltungsgemeinkosten)	8	445,60	8	430,08	15,52	
VertGK (Vertriebsgemeinkosten)	11	612,70	11	591,36	21,34	
SEKV (Sondereinzelkosten des Vertriebs)		–		–		
SK (Selbstkosten)		**6.628,30**		**6.397,44**	**230,86**	(3)
Leistungen (Erlös)		**8.500,00**		**8.500,00**		
Gewinn		**1.871,70**		**2.102,56**	**– 230,86**	(4)

Hinweise:

Im Fall (1) liegt eine Kostenüberdeckung vor; die tatsächlichen Kosten sind niedriger als geplant. Möglicher Grund: Die Materialkosten sind niedriger als geplant, da die Hölzer günstiger beschafft werden konnten.

Im Fall (2) liegt eine Kostenunterdeckung vor; die tatsächlichen Kosten sind höher als geplant. Möglicher Grund: Die Bearbeitung der Hölzer hat länger gedauert als angenommen.

Insgesamt wurde das Produkt teurer als anfangs kalkuliert. Es ergab sich jedoch kein Verlust, da die Kostensteigerung über den Verkaufspreis aufgefangen wurde und die Gewinnmarge sich verringert hat.

(3) Kostensteigerung insgesamt i. H. v. 230,86 €.

(4) Gewinnminderung in gleicher Höhe.

Zu 2. Analyse der Zahlen nach Ermittlung der tatsächlichen Ist-Kosten-Zuschlagssätze:

Zum Zeitpunkt der Nachkalkulation liegen neue Ist-Kosten-Zuschlagssätze vor. Die Nachkalkulation kann auf Basis der Normalkosten- und der Ist-Kosten-Zuschlagssätze erfolgen. Die Analyse der Kostenabweichung umfasst damit sowohl die Einzelkosten als auch die Gemeinkosten.

	Ist-Kosten		Normalkosten		Abweichung	
	%	€	%	€	€	Hinweise
MEK (Materialeinzelkosten)		2.000,00		2.200,00	- 200,00	(1)
MGK (Materialgemeinkosten)	15,4	308,00	18	396,00	- 88,00	(2)
MK (Materialkosten)		2.308,00		2.596,00		
FEK (Fertigungseinzelkosten)		1.400,00		1.200,00	200,00	(3)
FGK (Fertigungsgemeinkosten)	124	1.736,00	115	1.380,00	356,00	(4)
SEK (Sondereinzelkosten der Fertigung)		200,00		200,00		
FK (Fertigungskosten)		3.336,00		2.780,00		
HK (Herstellkosten)		5.644,00		5.376,00		
VwGK (Verwaltungsgemeinkosten)	9	507,96	8	430,08	77,88	(5)
VertGK (Vertriebsgemeinkosten)	11,7	660,35	11	591,36	68,99	(6)
SEKV (Sondereinzelkosten des Vertriebs)		–		–		
SK (Selbstkosten)		**6.812,31**		**6.397,44**	**414,87**	(7)
Leistungen (Erlös)		**8.500,00**		**8.500,00**		
Gewinn		**1.687,69**		**2.102,56**	**- 414,87**	(8)

Hinweise:

In den Fällen (1) und (2) liegen Kostenüberdeckungen vor, die tatsächlichen Kosten sind niedriger als geplant. Mögliche Gründe:

(1) Die Materialkosten sind niedriger als geplant, da die Hölzer günstiger beschafft werden konnten.

(2) Die Materialgemeinkosten sind zudem niedriger durch einen geringeren Zuschlagssatz. Möglicherweise sind die Lagerkosten gesunken.

In den Fällen (3), (4), (5), und (6) liegen Kostenunterdeckungen vor; die tatsächlichen Kosten sind höher als geplant.

Mögliche Gründe:

(3) Die Bearbeitung der Hölzer hat länger gedauert als angenommen.

(4) Der Fertigungsgemeinkostenzuschlagssatz ist aufgrund höherer Tarifabschlüsse gestiegen.

(5) Der Verwaltungsgemeinkostenzuschlagssatz ist aufgrund von Gehaltserhöhungen gestiegen.

(6) Analog der Vertriebsgemeinkostenzuschlagssatz.

Insgesamt wurde das Produkt teurer als anfangs kalkuliert. Es ergab sich jedoch kein Verlust, da die Kostensteigerung über den Verkaufspreis aufgefangen wurde und die Gewinnmarge sich verringerte.

(7) Kostensteigerung insgesamt i. H. v. 414,87 €.

(8) Gewinnminderung in gleicher Höhe: 414,87 €.

Werteströme erfassen und beurteilen

3552155

Lernlandkarte 6.1 bis 6.8

6.1 Bereiche und Funktionen des Rechnungswesens

6.2 Buchen auf Bestandskonten

- Einkauf von Maschinen
- Rückzahlung eines Kredits
- ...

6.3 Buchen auf Erfolgskonten

- Abbuchung der Stromrechnung, Miete usw.
- Verkauf von Produkten
- Einkauf von Rohstoffen
- Überweisung der Löhne
- ...

6.4 Umsatzsteuer

Termin Finanzamt: Abgabe der Umsatzsteuervoranmeldung zum 10. des Monats

6.5 Buchungen im Einkauf

- Buchen von Rabatten, Bezugskosten, der Rückgabe von Leihverpackungen, Warenrücksendungen an Lieferanten, Rechnungskorrekturen, Lieferantenskonti, Lieferantenboni

6.6 Buchungen im Verkauf

- Buchen von Rabatten, Nebenkosten, Rückgabe von Leihverpackungen, Warenrücksendungen durch Kunden, Rechnungskorrekturen, Kundenskonti, Kundenboni

6.7 Periodenabschluss

Hat das Unternehmen im letzten Jahr einen Gewinn oder einen Verlust gemacht?

6.8 Beleggeschäftsgang I

netto 812,22 €

zu zahlen: 1.285,00 €

Kasse an Bank

Soll	Haben

$\frac{3.380,00\ € \cdot 19\ \%}{119\ \%}$

6.2 Buchen auf Bestandskonten

Kap. 6.1 siehe Grundlagenteil

Lernsituation Eine Eingangsrechnung über ein Anlagengut mit ausgewiesener Umsatzsteuer buchen

Sie erhalten eine Eingangsrechnung; hier ein Ausschnitt daraus:

Rechnung

		Bei Zahlung bitte stets angeben:		
Auftragsdatum	Liefer- oder Leistungsdatum	**Kundennummer**	**Rechnungsnummer**	**Rechnungsdatum**
12.08.20..	15.08.20..	753200	123456	15.08.20..

Pos.	Artikel-Nr.	Artikelbezeichnung	Menge	ME	Einzelpreis €	Rabatt %	Gesamtpreis €
1	1258	Schreibtisch Typ 1258	1	St	1.800,00	–	1.800,00
Zwischensumme							1.800,00

Gesamtrabatt %	Gesamtrabatt €	Nettopreis €	USt %	USt €	Bruttopreis €
–	–	1.800,00	19	342,00	2.142,00

Zahlbar rein netto ohne Abzüge innerhalb von 14 Tagen nach Rechnungsdatum.

Aufträge zur Lernsituation Eine Eingangsrechnung über ein Anlagengut mit ausgewiesener Umsatzsteuer buchen

Bei der Erfassung einer Rechnung sind mehrere Vorüberlegungen notwendig.

1. Zuerst muss entschieden werden, auf welchem Konto der angeschaffte Gegenstand erfasst werden muss:
   a) Welches Produkt wurde gekauft? Ordnen Sie es einer Bilanzposition zu und benennen Sie den Kontonamen sowie dessen Kontonummer.
   b) Handelt es sich um ein Aktiv- oder um ein Passivkonto?
   c) Wird diese Bilanzposition größer oder kleiner? Auf welcher Seite wird daher gebucht (Soll/Haben)?
2. Klären Sie mithilfe des Buches, ob die in der Rechnung ausgewiesene Umsatzsteuer als Vorsteuer oder als Umsatzsteuer gebucht wird.
3. Rechnungen werden auf dem Konto „Forderungen a. LL" oder „Verbindlichkeiten a. LL" gebucht abhängig davon, ob es sich um eine Eingangs- oder eine Ausgangsrechnung handelt. Was liegt in diesem Fall vor?
4. Buchen Sie nun die Rechnung.

Übungen

1. Buchen von Belegen

Buchen Sie die Geschäftsvorfälle, die sich aus den folgenden fünf Belegen für die Blum Music4You KG ergeben.

Beleg 1: Eingangsrechnung

Rechnung

Auftragsdatum	Liefer- oder Leistungsdatum	Kundennummer	Rechnungsnummer	Rechnungsdatum
		Bei Zahlung bitte stets angeben:		
20.08.20..	25.08.20..	7096271	4021622	25.08.20..

Pos.	Artikel-Nr.	Artikelbezeichnung	Menge	ME	Einzelpreis €	Rabatt %	Gesamtpreis €
1	26052	Personalcomputer	1	St	800,00	–	800,00
Zwischensumme							800,00

Gesamtrabatt %	Gesamtrabatt €	Nettopreis €	USt %	USt €	Bruttopreis €
–	–	800,00	19	152,00	952,00

Betrag in bar dankend erhalten.

Beleg 2: Kontoauszug

Kölner Kreditanstalt AG **Kontoauszug** Nr. 105 vom 14.09.20.. **Blatt** 1

Datum	Wert	Buchungstext	Soll	Haben
		Alter Kontostand am 13.09.20.. in EUR		28.354,62
			Umsätze	
14.09.	14.09.	Rechnung Nr. 4796325	1.400,00	
		Neuer Kontostand am 14.09.20.. in EUR		26.954,62

Blum Music4You KG
Veilchenweg 19
50677 Köln

IBAN: DE98 3701 0099 2333 4442 00
BIC: KOEKDEKN280

Beleg 3: Darlehensvertrag

15.09.20..

Sehr geehrter Herr Blum,

wie telefonisch besprochen verlängern wir das Zahlungsziel unserer offenen Rechnung Nr. 589/20.. auf ein Jahr. Die Zahlung von 3.000,00 € ist daher am 20.10.20.. fällig.

Anbei erhalten Sie den entsprechenden Darlehensvertrag.

Mit freundlichen Grüßen

Beleg 4: Kontoauszug

Kölner Kreditanstalt AG **Kontoauszug** Nr. 108 vom 18.09.20.. **Blatt** 1

Datum	Wert	Buchungstext	Soll	Haben
		Alter Kontostand am 17.09.20.. in EUR		37.500,45
			Umsätze	
18.09.	18.09.	Tageseinnahmen 17.09.20..		2.400,00
18.09.	18.09.	AR 658/20.., Kunde 4685		8.385,00
		Neuer Kontostand am 18.09.20.. in EUR		48.285,45

Blum Music4You KG
Veilchenweg 19
50677 Köln

IBAN: DE98 3701 0099 2333 4442 00
BIC: KOEKDEKN280

Beleg 5: Kontoauszug

Kölner Kreditanstalt AG **Kontoauszug** Nr. 109 vom 20.09.20.. **Blatt** 1

Datum	Wert	Buchungstext	Soll	Haben
		Alter Kontostand am 18.09.20.. in EUR		48.285,45
			Umsätze	
20.09.	20.09.	Darlehen 59862		10.000,00
		Neuer Kontostand am 20.09.20.. in EUR		58.285,45

Blum Music4You KG
Veilchenweg 19
50677 Köln

IBAN: DE98 3701 0099 2333 4442 00
BIC: KOEKDEKN280

2. Buchen von Geschäftsvorfällen

Sie sind Mitarbeiterin bzw. Mitarbeiter in einer Autowerkstatt. Das Unternehmen repariert Pkws. Buchen Sie die folgenden Geschäftsvorfälle.

a) Kauf einer neuen Hebebühne zum Preis von 15.000,00 € netto plus 19 % Umsatzsteuer (2.850,00 €), Gesamtbetrag: 17.850,00 €; ER 4756

b) Ein Kunde überweist eine offene Rechnung; Zahlungseingang laut Bankauszug: 368,00 €.

c) Barabhebung vom betrieblichen Bankkonto: 500,00 €

d) Kauf eines Grundstücks, das als neuer Parkplatz genutzt werden soll. Der Kaufpreis über 10.000,00 € ist erst in vier Wochen fällig.

e) Abbuchung der Darlehensrate vom Bankkonto: 1.200,00 €

f) Kauf eines neuen Firmenwagens. Der Preis von 23.800,00 € brutto (inklusive 19 % Umsatzsteuer, 3.800,00 €) wird per Bankscheck bezahlt.

g) Überweisung einer offenen Lieferantenrechnung von 2.800,00 €.

Check-up-Fragen

1. Geben Sie an, ob die folgenden Aussagen richtig oder falsch sind.

   a) Jedes Unternehmen, unabhängig von seiner Größe, muss eine Bilanz erstellen und damit Bücher führen.

   b) Die Aktivseite der Bilanz gibt an, wofür das Kapital verwendet wurde; die Passivseite gibt an, woher das Geld stammt.

   c) Die Differenz zwischen Aktiva und Passiva ergibt die Höhe des Eigenkapitals.

   d) Die Differenz zwischen der Summe der Beträge der Aktivseite und der Summe der Schulden ergibt die Höhe des Eigenkapitals.

   e) Jedes Konto ist genau einer Position entweder auf der Aktivseite oder auf der Passivseite der Bilanz zugeordnet. Alle Veränderungen werden jeweils auf dem betreffenden Konto erfasst.

   f) Offene Kundenrechnungen werden auf dem Konto „Verbindlichkeiten aus Lieferungen und Leistungen", offene Lieferantenrechnungen auf dem Konto „Forderungen aus Lieferungen und Leistungen" gebucht.

   g) Jede Buchung verändert mindestens zwei Konten und damit mindestens zwei Positionen der Bilanz.

   h) Kasse und Bank sind Aktivkonten. Zugänge werden auf der Haben-Seite gebucht.

2. Es liegt eine Bareinzahlung von 2.000,00 € auf das betriebliche Bankkonto vor. Welcher Buchungssatz ist für diesen Fall richtig?

a) Kasse	an	Bank	2.000,00 €
b) Bank	an	Kasse	2.000,00 €

3. Ein Kunde überweist eine offene Rechnung von 5.000,00 €. Welcher Buchungssatz ist in diesem Fall richtig?

a) Bank	an	Forderungen a. LL	5.000,00 €
b) Bank	an	Verbindlichkeiten a. LL	5.000,00 €
c) Forderungen a. LL	an	Bank	5.000,00 €
d) Verbindlichkeiten a. LL	an	Bank	5.000,00 €

4. Eine neue Scannerkasse wird auf Ziel gekauft zu einem Nettopreis von 1.700,00 € zzgl. 19 % Umsatzsteuer. Welcher Buchungssatz ist richtig?

a)

Konto	Soll	Haben
BGA	1.700,00 €	
Vorsteuer	323,00 €	
an Bank		2.023,00 €

b)

Konto	Soll	Haben
BGA	1.700,00 €	
Vorsteuer	323,00 €	
an Forderungen a. LL		2.023,00 €

c)

Konto	Soll	Haben
BGA	1.700,00 €	
Vorsteuer	323,00 €	
an Verbindlichkeiten a. LL		2.023,00 €

5. Eine Lieferantenrechnung von 8.000,00 € wird in ein kurzfristiges Lieferantendarlehen umgewandelt. Welcher Buchungssatz ist richtig?

a) Forderungen a. LL	an	Lieferantendarlehen	8.000,00 €
b) Verbindlichkeiten a. LL	an	Lieferantendarlehen	8.000,00 €
c) Lieferantendarlehen	an	Forderungen a. LL	8.000,00 €
d) Lieferantendarlehen	an	Verbindlichkeiten a. LL	8.000,00 €

6.3 Buchen auf Erfolgskonten

Lernsituation Eine Eingangsrechnung über Produktionsmaterial mit ausgewiesener Umsatzsteuer buchen

Sie erhalten eine Eingangsrechnung; hier ein Ausschnitt daraus:

Rechnung

Auftragsdatum	Liefer- oder Leistungsdatum	Kundennummer	Rechnungsnummer	Rechnungsdatum
		Bei Zahlung bitte stets angeben:		
15.08.20..	17.08.20..	6023990	497610	17.08.20..

Pos.	Artikel-Nr.	Artikelbezeichnung	Menge	ME	Einzelpreis €	Rabatt %	Gesamtpreis €
1	Sorte 7700	Hölzer, unbehandelt, für Gitarrenproduktion	1	Pk.	2.300,00	–	2.300,00
Zwischensumme							2.300,00

Gesamtrabatt %	Gesamtrabatt €	Nettopreis €	USt %	USt €	Bruttopreis €
–	–	2.300,00	19	437,00	2.737,00

Zahlbar rein netto ohne Abzüge innerhalb von 14 Tagen nach Rechnungsdatum.

Aufträge zur Lernsituation Eine Eingangsrechnung über Produktionsmaterial mit ausgewiesener Umsatzsteuer buchen

Das in obiger Rechnung eingekaufte Material dient zur Produktion von Gitarrenkörpern.

1. Klären Sie, ob es sich um Rohstoffe, Hilfsstoffe oder Betriebsstoffe handelt. Erläuterungen zu den Werkstoffen finden Sie auch im Glossar.
2. Nennen Sie je ein Beispiel aus Sicht der Blum Music4You KG für die beiden anderen Materialien.
3. Wie werden Roh-, Hilfs- und Betriebsstoffe gebucht?
4. Buchen Sie die Eingangsrechnung.

siehe Grundlagenteil Kap. 6.3

Übungen

1. Buchen von Belegen

Buchen Sie die Geschäftsvorfälle, die sich aus den folgenden fünf Belegen für die Blum Music4You KG ergeben.

Beleg 1: Eingangsrechnung

Rechnung

		Bei Zahlung bitte stets angeben:		
Auftragsdatum	Liefer- oder Leistungsdatum	**Kundennummer**	**Rechnungsnummer**	**Rechnungsdatum**
12.08.20..	17.08.20..	7096271	5020829	17.08.20..

Pos.	Artikel-Nr.	Artikelbezeichnung	Menge	ME	Einzelpreis €	Rabatt %	Gesamtpreis €
1	26053	Personalcomputer	1	St	1.857,00	–	1.857,00
Zwischensumme							1.857,00

Gesamtrabatt %	Gesamtrabatt €	Nettopreis €	USt %	USt €	Bruttopreis €
–	–	1.857,00	19	352,83	2.209,83

Betrag in bar dankend erhalten.

Beleg 2: Ausgangsrechnung

Rechnung

		Bei Zahlung bitte stets angeben:		
Auftragsdatum	Liefer- oder Leistungsdatum	**Kundennummer**	**Rechnungsnummer**	**Rechnungsdatum**
12.09.20..	13.09.20..	115774	202093	13.09.20..

Pos.	Artikel-Nr.	Artikelbezeichnung	Menge	ME	Einzelpreis €	Rabatt %	Gesamtpreis €
1	3002	Gitarre „Elvis"	1	St	2.800,00	–	2.800,00
Zwischensumme							2.800,00

Gesamtrabatt %	Gesamtrabatt €	Nettopreis €	USt %	USt €	Bruttopreis €
–	–	2.800,00	19	532,00	3.332,00

Bitte zahlen Sie innerhalb von 14 Tagen ohne Abzüge auf unten genanntes Konto.

Beleg 3: Eingangsrechnung

Beitragsrechnung/Lastschriftenbeleg zu Ihrer Versicherung

Sehr geehrter Herr Blum,

der Beitrag des nachstehenden Versicherungsvertrags ist in Kürze fällig. Wir werden diesen Betrag zu dem Fälligkeitstermin im mit Ihnen vereinbarten SEPA-Lastschriftverfahren einziehen. Die uns vorliegenden Kontendaten lauten: IBAN DE98 3701 0099 2333 4442 00, BIC KOEKDEKN280, Kontonummer 2333444200, BLZ 37010099, Kontoinhaber Claus Blum.

Nr.	Versicherungsart	Vertrags-Nr.	fällig am	berechnet bis	Beitrag inkl. Vers.-Steuer
1	Feuerversicherung	2-80.867	01.10.2013	30.09.2014	860,00 €
Gesamtbetrag:					**860,00 €**

Beleg 4: Kassenquittung

Quittung

Nr.

Netto € ct

€ ct

\+ % USt

Gesamt € 95, ct 20

Gesamtbetrag € in Worten

fünfundneunzig —— Cent wie oben

(Im Gesamtbetrag sind 19 % Umsatzsteuer enthalten)

von Schulz KG

für Gitarre „Blues"

richtig erhalten zu haben, bestätigt

Ort Köln, Datum 11.09.20..

Buchungsvermerke

Stempel/Unterschrift des Empfängers

Blum Music4You KG
Veilchenweg 19
50677 Köln
Tel.: 0221 386760-0

Schneider

Beleg 5: Kontoauszug

Kölner Kreditanstalt AG **Kontoauszug** Nr. 111 vom 20.09.20.. **Blatt** 1

			Soll	Haben
		Alter Kontostand am 19.09.20.. in EUR		45.301,02
Datum	**Wert**	**Buchungstext**	**Umsätze**	
20.09.	20.09.	Miete 09/20.. Meier		1.400,00
		Neuer Kontostand am 20.09.20.. in EUR		46.701,02

Blum Music4You KG
Veilchenweg 19
50677 Köln

IBAN: DE98 3701 0099 2333 4442 00
BIC: KOEKDEKN280

2. Buchen von Geschäftsvorfällen

Sie sind Mitarbeiterin bzw. Mitarbeiter in der Party OHG. Das Unternehmen vertreibt Non-Food-Artikel, die zur Ausrichtung von Festen benötigt werden. Einige dieser Produkte stellt die Party OHG selbst her:

- eigene Erzeugnisse: Bierzelttische und -bänke (Bierzeltgarnituren)
- Rohstoffe: Holzplatten, Metallfüße für die Tische und Bänke
- Hilfsstoffe: Nägel, Schrauben, Scharniere, Leim
- Handelswaren: Teller, Becher, Besteck, Tischdecken, Kerzen, Lichterketten

Zudem vermietet die Party OHG Bierzeltgarnituren und Zelte.

Buchen Sie die folgenden Geschäftsvorfälle:

a) Kauf einer neuen Sägemaschine: ER 4765, 6.000,00 € plus 19 % Umsatzsteuer
b) Ein Kunde begleicht eine offene Rechnung per Bankscheck: 5.000,00 €.
c) Kauf von Papptellern: ER 9864, 318,92 € (inkl. 19 % Umsatzsteuer)
d) Begleichung der offenen Rechnung aus Fall a)
e) Bankabbuchung der Stromgebühren: 654,50 € (inkl. 19 % Umsatzsteuer)
f) Abrechnung für eine ausgerichtete Party: AR 325

Zeltmiete	600,00 €	
+ Miete Bierzeltgarnituren	200,00 €	
+ Teller, Geschirr, Bestecke	100,00 €	900,00 € netto (19 % Umsatzsteuer)

g) Bareinzahlung auf das Bankkonto: 200,00 €
h) Verkauf von Bierzeltgarnituren in bar: 714,00 € inkl. 19 % Umsatzsteuer
i) Einkauf von Holzplatten: ER 4982, 3.697,33 € brutto (19 % Umsatzsteuer)
j) Überweisung der Löhne und Gehälter an die Mitarbeiter: 6.300,00 €
k) Kauf von Briefmarken in bar: 50,00 €
l) Bankabbuchungen:

Tilgung Darlehen	500,00 €	
Darlehenszinsen	50,00 €	550,00 €

m) Kauf von Druckerpatronen und Papier: ER 4992, 120,00 € zzgl. 19 % Umsatzsteuer
n) Barzahlung der Reparatur an einer Bohrmaschine: 315,35 € brutto (19 % Umsatzsteuer)
o) Kauf von Getränken anlässlich einer Produktpräsentation in den Produktionshallen der Party OHG: ER 4996, 300,00 € netto (19 % Umsatzsteuer)
p) Rücksendung einer Lieferung Gläser an den Lieferanten: 200,00 € zzgl. 19 % Umsatzsteuer
q) Bankabbuchung der Telefongebühren: 148,75 € inkl. 19 % Umsatzsteuer
r) Verkauf von Tischdecken in bar: 55,00 € netto (19 % Umsatzsteuer)
s) Kauf von Lichterketten: ER 4998, 818,72 € brutto (19 % Umsatzsteuer)
t) Kauf von Schrauben: ER 4999, 123,00 € zzgl. 19 % Umsatzsteuer

3. Buchen von Geschäftsvorfällen

Sie sind Mitarbeiterin bzw. Mitarbeiter in der Möbelfabrik Bruno Bernhardt GmbH. Das Unternehmen stellt Möbel aller Art her und verkauft zudem Handelswaren:

- eigene Erzeugnisse: Schränke, Tische, Stühle, Betten, Küchen
- Rohstoffe: Holzplatten, Metallfüße für die Tische und Bänke
- Hilfsstoffe: Nägel, Schrauben, Scharniere, Leim
- Betriebsstoffe: Schmiermittel
- Handelswaren: Matratzen, Bettwäsche, Kissen, Bilderrahmen

Buchen Sie die folgenden Geschäftsvorfälle:

a) Banküberweisung des Beitrags zur Industrie- und Handelskammer: 2.800,00 €

b) Kauf von 100 Matratzen: ER 4756, je Matratze 430,00 € netto (19 % Umsatzsteuer)
c) Überweisung der bereits gebuchten Rechnung: ER 6983, 1.700,00 €
d) Einkauf von Spanplatten lt. ER 7689: 2.737,00 € inkl. 19 % Umsatzsteuer
e) Bankgutschrift einer offenen Kundenrechnung: 2.464,45 €
f) Verkauf von Bürotischen: AR 9865, 10.055,50 € brutto (19 % Umsatzsteuer)
g) Zinsgutschrift der Bank: 490,00 €
h) Barabhebung vom betrieblichen Bankkonto: 200,00 €
i) Barzahlung von Reparaturkosten für ein Kopiergerät: 512,00 € netto (19 % Umsatzsteuer)
j) Kauf von Schreibwaren, bar: 815,15 € inkl. 19 % Umsatzsteuer
k) Einkauf von Leim für die Fertigung gegen Bankscheck: 890,00 € zzgl. 19 % Umsatzsteuer
l) Banküberweisung der Feuerversicherung: 460,00 €
m) Einkauf von Schmieröl: ER 8762, 1.420,00 € netto (19 % Umsatzsteuer)
n) Eingang einer Provision durch Banküberweisung: 11.876,20 € brutto (19 % Umsatzsteuer)
o) Barkauf von Schrauben und Nägeln: 275,00 € zzgl. 19 % Umsatzsteuer
p) Barverkauf von Bilderrahmen: 178,50 € inkl. 19 % Umsatzsteuer
q) Bankabbuchung der Stromgebühren: 550,00 € zzgl. 19 % Umsatzsteuer
r) Kauf einer Fräsanlage gegen Rechnung: ER 9638, 6.398,63 brutto (19 % Umsatzsteuer)
s) Abrechnung einer Schlafzimmereinrichtung: AR 9896

Bett	2.800,00 €	
Kleiderschrank	3.800,00 €	
Matratzen	1.400,00 €	
Bilder	150,00 €	8.150,00 € netto (19 % Umsatzsteuer)

t) Bankabbuchung der Telefongebühren: 226,10 € inkl. 19 % Umsatzsteuer

4. Lernkarteikarten erstellen

Erstellen Sie für die folgenden Fragen je eine Lernkarteikarte.

a) Was sind Rohstoffe? (Definition)
b) Was sind Hilfsstoffe? (Definition)
c) Was sind Betriebsstoffe? (Definition)
d) Wodurch unterscheiden sich Rohstoffe und BGA oder Maschinen?
e) Wie ist eine Bilanz aufgebaut?
f) Wie wird auf einem Aktivkonto gebucht?
g) Wie wird auf einem Passivkonto gebucht
h) Wie wird auf einem Ertragskonto gebucht?
i) Wie wird auf einem Aufwandskonto gebucht?
j) Wann wird Vorsteuer, wann Umsatzsteuer gebucht?

5. Kontenübersicht erstellen

Erstellen Sie eine Übersicht über alle von Ihnen verwendeten Konten gemäß folgender Vorgabe:

Konto	Bilanz	GuV	Zugang	Abgang
Grundstücke	X		Soll	Haben
Verbindlichkeiten a. LL	X		Haben	Soll
...				
Aufwendungen für Rohstoffe		X	Soll	Haben
Umsatzerlöse fertige Erzeugnisse		X	Haben	Soll
...				

Fortsetzung Übung 5 siehe nächste Seite.

a) Geben Sie an, ob das jeweilige Konto ein Bestandskonto (Bilanz) oder ein Erfolgskonto (GuV) ist.
b) Auf welcher Seite des Kontos wird der Zugang, auf welcher Seite der Abgang gebucht?

Check-up-Fragen

1. Geben Sie an, ob die folgenden Aussagen richtig oder falsch sind.
   a) Aufwendungen werden auf der Soll-Seite gebucht, Erträge auf der Haben-Seite.
   b) Der Einkauf von Rohstoffen stellt einen Aufwand dar und wird daher auf dem Konto „Aufwendungen für Rohstoffe" erfasst.
   c) Zinseinnahmen aus Sparbüchern usw. und Zinsaufwendungen für Darlehen werden gemeinsam auf einem Konto erfasst.
   d) Ausstattungsgegenstände eines Büros, die nur einmal verwendet werden können, gelten als Büromaterialaufwand, alle anderen Gegenstände werden der Betriebs- und Geschäftsausstattung (BGA) zugeordnet.
   e) Verkauft ein Unternehmen Handeslwaren gegen Barzahlung, wird bei der Buchung sowohl ein Ertragskonto als auch ein Bestandskonto gebucht.
   f) Es können nie gleichzeitig ein Aufwands- und ein Bestandskonto gebucht werden.
   g) Ertragskonten werden wie Aktivkonten gebucht, Zugänge im Soll und Abgänge im Haben.
   h) Aufwands- und Ertragskonten haben keine Anfangsbestände.

2. Druckerpatronen werden bar eingekauft. Auf welchem Konto werden diese erfasst?
   a) Aufwendungen für Büromaterial
   b) BGA

3. Ein Kunde kauft Handelswaren im Wert von 1.000,00 € zzgl. 19 % Umsatzsteuer gegen Rechnung. Welcher Buchungssatz ist richtig?

   a)

Konto	Soll	Haben
Forderungen a. LL	1.190,00 €	
an Umsatzerlöse für Handelswaren		1.000,00 €
an Umsatzsteuer		190,00 €

   b)

Konto	Soll	Haben
Forderungen a. LL	1.190,00 €	
an Umsatzerlöse für fertige Erzeugnisse		1.000,00 €
an Umsatzsteuer		190,00 €

   c)

Konto	Soll	Haben
Verbindlichkeiten a. LL	1.190,00 €	
an Umsatzerlöse für Handelswaren		1.000,00 €
an Umsatzsteuer		190,00 €

d)

Konto	Soll	Haben
Verbindlichkeiten a. LL	1.190,00 €	
an Umsatzerlöse für fertige Erzeugnisse		1.000,00 €
an Umsatzsteuer		190,00 €

4. Briefmarken im Wert von 55,00 € werden bar gekauft. Welcher Buchungssatz ist richtig?

a) Porto	an	Kasse	55,00 €
b) Kasse	an	Porto	55,00 €
c) Büromaterial	an	Kasse	55,00 €
d) Kasse	an	Büromaterial	55,00 €

6.4 Umsatzsteuer

Lernsituation

In die Eröffnungsbilanz des Jahres 20.. der Blum Music4You KG gehen die folgenden, in der Inventur zum 31. Dezember des Vorjahres festgestellten Bestände ein:

Nr.	Datum	Text	Betrag in €
81	1. Jan.	Maschinen	25.000,00
82	1. Jan.	Rohstoffe	10.000,00
83	1. Jan.	Forderungen an unterschiedliche Kunden	15.000,00
84	1. Jan.	Guthaben bei der Hausbank	3.000,00
85	1. Jan.	Eigenkapital	23.000,00
86	1. Jan.	Verbindlichkeiten bei unterschiedlichen Lieferanten	30.000,00

Im Verlauf des Monats Januar sind die folgenden Belege zu buchen:

Nr.	Datum	Text	Betrag in €
101	10. Jan.	Eingangsrechnung von der Euting GmbH für die Lieferung von Ahornblöcken, netto + 19 % Umsatzsteuer Rechnungsbetrag brutto	2.000,00 380,00 2.380,00
102	10. Jan.	Eingangsrechnung von der 2020 Sound AG für die Lieferung von 10 Paketen Saiten KX 44, netto + 19 % Umsatzsteuer Rechnungsbetrag brutto	1.000,00 190,00 1.190,00
103	10. Jan.	Eingangsrechnung von Elektro Jakowski für die Reparatur einer Prüfmaschine, Rechnungsbetrag netto + 19% Umsatzsteuer Rechnungsbetrag brutto	400,00 76,00 476,00

Fortsetzung Belegbuchungen siehe nächste Seite.

Nr.	Datum	Text	Betrag in €
104	10. Jan.	Die Haftpflichtversicherungsprämie wird vom Bankkonto abgebucht	440,00
105	20. Jan.	Wir zahlen ER 103 per Banküberweisung	476,00
106	20. Jan.	Ausgangsrechnung an die Ikabo GmbH für die Organisation eines Hallenkonzerts, netto .... + 19 % Umsatzsteuer .... Rechnungsbetrag brutto	6.000,00 1.140,00 7.140,00

Aufträge zur Lernsituation

1. Buchen Sie die Geschäftsvorfälle 101 bis 106 im Grundbuch. Geben Sie jeweils die Belegnummer und den Buchungssatz an.
2. Führen Sie die Konten „Vorsteuer" und „Umsatzsteuer" im Hauptbuch. Ermitteln Sie die Zahllast buchhalterisch.
3. Nennen Sie den Buchungssatz für den Abschluss des Kontos „Vorsteuer".
4. Welche Felder des Formulars Umsatzsteuervoranmeldung sind auszufüllen? Welche Beträge sind jeweils einzutragen?
5. Die Zahllast wird am 9. Februar überwiesen. Wie lautet die Buchung?
6. Angenommen, am 1. Februar geht eine Rechnung mit dem Belegdatum 30. Januar ein. Es handelt sich um eine Eingangsrechnung für die Lieferung eines neuen Farbkopierers. Auf der Rechnung sind folgende Beträge ausgewiesen:

   Rechnungsbetrag netto 3.000,00 €
   + 19 % Umsatzsteuer 570,00 €
   Rechnungsbetrag brutto 3.570,00 €

   a) Wie lautet die Buchung der Eingangsrechnung?
   b) Welche Auswirkung hat die Buchung dieser Rechnung auf die zu erstellende Umsatzsteuervoranmeldung und wie viel Euro werden jetzt in der Umsatzsteuervoranmeldung als Zahllast/Vorsteuerüberhang ausgewiesen?
   c) Führen Sie die Konten „Vorsteuer" und „Umsatzsteuer" erneut im Hauptbuch und ermitteln Sie den Vorsteuerüberhang buchhalterisch.
   d) Nennen Sie den Buchungssatz für den Abschluss des Kontos „Umsatzsteuer".
   e) Der Kontoauszug vom 12. Februar weist einen Zahlungseingang vom Finanzamt aus. Wie hoch ist der Betrag und wie lautet die Buchung?

siehe Grundlagenteil Kap. 6.4.4

Übungen

1. Umsatzsteueranteil der Mühlenbach OHG berechnen und buchen

Die Mühlenbach OHG, Lieferant der Blum Music4You KG für Büromaterial und Bürotechnik, hat im Mai 20.. folgende Belege, sortiert nach Belegarten, gebucht:

Belegart	Summe der Bruttobeträge	Umsatzsteuersatz
Eingangsrechnungen	6.545,00 €	19 %
Eingangsrechnungen	428,00 €	7 %
Eingangsquittungen	785,40 €	19 %

Belegart	Summe der Bruttobeträge	Umsatzsteuersatz
Ausgangsrechnungen	1.309,00 €	19 %
Ausgangsquittungen	10.710,00 €	19 %
Ausgangsquittungen	856,00 €	7 %

a) Ermitteln Sie die Nettobeträge und den Umsatzsteueranteil für jede Belegart.

b) Führen Sie die Konten „2600 Vorsteuer" und „4800 Umsatzsteuer" und ermitteln Sie die Zahllast buchhalterisch.

c) Tragen Sie die Daten in das Formular Umsatzsteuervoranmeldung ein (Download unter: www.elster.de – Link: Elster Formular). Alternativ übernehmen Sie einen Ausschnitt aus dem Formular nach folgendem Muster in Ihr Arbeitsheft und tragen die Daten dort ein.

Umsatzsteuervorauszahlung		Bemessungsgrundlage volle EUR		Steuer EUR Ct
Steuerpflichtige Umsätze				
zum Steuersatz von 19 v. H.	81			
zum Steuersatz von 7 v. H.	86			
Umsatzsteuer				
Abziehbare Vorsteuerbeträge			66	
Verbleibende Umsatzsteuervorauszahlung			83	
Verbleibender Überschuss (mit Minuszeichen)				

d) Die Mühlenbach OHG betreibt ein Ladengeschäft innerhalb eines Verbrauchermarktes. Begründen Sie den hohen Anteil der Ausgangsquittungen.

e) Um welche Verkäufe handelt es sich bei den Ausgangsquittungen mit dem USt.-Satz 7 %?

f) In welcher Höhe hätten Eingangsrechnungen mit dem Umsatzsteuersatz 19 % zusätzlich im Mai 20.. eingehen müssen, damit ein Vorsteuerüberhang vorliegt? Geben Sie den Mindestbruttobetrag an.

2. Umsatzsteueranteil beim Schnellrestaurant Heikes Imbiss ermitteln

Das Schnellrestaurant Heikes Imbiss bietet seinen Gästen die Möglichkeit, das bestellte Essen im Restaurant zu verzehren oder – wärmegedämmt verpackt – entgegenzunehmen. Das Umsatzsteuergesetz sieht für den Verzehr in den Räumen eines Gastwirts den allgemeinen Steuersatz, für den Kauf von Lebensmitteln allerdings den ermäßigten Steursatz vor. Für den Außer-Haus-Verkauf gilt somit der Umsatzsteuersatz von 7 %.

Auf der Speisekarte wird ein „Burger – groß und gesund" für 8,95 € angeboten.

a) Berechnen Sie jeweils den Umsatzsteueranteil, wenn der „Burger – groß und gesund" im Lokal gegessen oder außer Haus verkauft wird.

b) Skizzieren Sie für beide Fälle den Kassenbon.

c) Wie viel Euro trägt der „Burger – groß und gesund" mehr zum Gewinn des Schnellrestaurants bei, wenn der Verkauf außer Haus erfolgt?

d) Der Burger wird zu zwei unterschiedlichen Nettoverkaufspreisen angeboten. Aus welchem Grund bietet Heikes Imbiss den Burger aber nur zu einem Bruttoverkaufspreis an?

Check-up-Fragen

1. Entscheiden Sie jeweils, ob die folgenden Aussagen zum Thema Umsatzsteuer richtig oder falsch sind und begründen Sie Ihre Entscheidung.
   a) Die auf Eingangsrechnungen ausgewiesene Umsatzsteuer wird auf das Konto „2600 Vorsteuer" gebucht.
   b) Eine Zahllast liegt vor, wenn die gebuchte Umsatzsteuer eines Monats höher ist als die gebuchte Vorsteuer.
   c) Ein Vorsteuerüberhang wird vom Finanzamt erstattet.
   d) Die Umsatzsteuervoranmeldung kann per Fax an das zuständige Finanzamt geschickt werden.
   e) Wird der Umsatzsteuersatz vom Gesetzgeber angehoben, führt das in den Betrieben zu einer höheren Zahllast.
   f) Das Konto „4800 Umsatzsteuer" ist ein Erfolgskonto.

6.5 Buchungen im Einkauf

Lernsituation **Eine Eingangsrechnung über ein Produktionsmaterial mit ausgewiesener Zusatzkosten erfassen.**

Franceska Klein liegt die Eingangsrechnung Nr. 3099 (hier ein Ausschnitt daraus) vor. Die Leiterin der Abteilung Rechnungswesen der Blum Music4You KG, Egzone Zegon, bittet Franceska, die Rechnung buchhalterisch zu bearbeiten.

Rechnung **Nr. 3099**

Pos.	Artikel-Nr.	Artikelbezeichnung	Menge	ME	Einzelpreis €	Rabatt %	Gesamtpreis €
1	40073	Klangreglerset	41	Sets	29,00	15	1.010,65

Warenwert netto €	Verpackungs- und Versandkosten €	Summe netto €	USt %	USt €	Summe brutto €
1.010,65	25,00	1.035,65	19	196,77	1.232,42

Zahlbar innerhalb von 7 Tagen unter Abzug von 2 % Skonto, 30 Tage rein netto

Aufträge zur Lernsituation **Eine Eingangsrechnung über ein Produktionsmaterial mit ausgewiesener Zusatzkosten erfassen.**

1. Klären Sie mithilfe des Grundlagenteils, ob und wie Rabatte gebucht werden.
2. Klären Sie mithilfe des Grundlagenteils, ob und wie Versand- und Verpackungskosten gebucht werden.
3. Bilden Sie den erforderlichen Buchungssatz für die Eingangsrechnung Nr. 3099.
4. Gehen Sie davon aus, dass die Blum Music die Eingangsrechnung Nr. 3099 innerhalb der Skontofrist per Banküberweisung bezahlt.
   a) Ermitteln Sie den Betrag, der überwiesen werden muss.
   b) Errechnen Sie den gesamten Skontobetrag.
   c) Wie hoch ist der im Skontobetrag enthaltene Steueranteil?
   d) Buchen Sie die Zahlung.

Übungen

1. Buchen von Belegen

a) **Beleg 1:** Die Blum Music4You KG verwendet zum Lackieren ihrer E-Gitarren vorwiegend einen Zweikomponentenlack und hatte Polyesterlack bei ihrem Lieferanten geordert. Nun liegt die Rechnung vor.

Rechnung **Nr. 201177821**

Pos.	Artikel-Nr.	Artikelbezeichnung	Menge	ME	Einzelpreis €	Rabatt %	Gesamtpreis €
1	003589	Polyesterlack , 100 ml	200	St.	3,00	5	570,00

Warenwert netto €	Verpackungs- und Versandkosten €	Summe netto €	USt %	USt €	Summe brutto €
570,00	50,00	620,00	19	117,80	737,80

Buchen Sie den Wareneingang.

b) **Beleg 2:** Einige der gelieferten Lacke entsprachen nicht der Qualität, die die Blum Music bestellt hatte. Der Lieferant hatte versehentlich 50 Behälter mit Polyurethanlacken statt mit Polyesterlacken geliefert und schickt nun eine Rechnungskorrektur an die Blum Music4You KG.

Rechnungskorrektur **zur Rechnung Nr. 201177821**

Sehr geehrte Frau Zegon,

wir bedauern die fehlerhafte Lieferung und erstatten Ihnen die zurückgesandten 50 Lackbehälter wie folgt:

Pos.	Artikel-Nr.	Artikelbezeichnung	Menge	ME	Einzelpreis €	Rabatt %	Gesamtpreis €
1	003589	Polyurethanlack , 100 ml	50	St.	3,00	5	142,50

Warenwert netto €	Verpackungs- und Versandkosten €	Summe netto €	USt %	USt €	Summe brutto €
142,50	–	142,50	19	27,08	169,58

Dieser Betrag wird mit der noch offenen Rechnung Nr. 201177821 verrechnet.

Buchen Sie die Rücksendung der Ware.

c) **Beleg 3:** Im Lager der Blum Music stapeln sich die Leihemballagen (Emballage ist der Fachbegriff für Verpackungen) von Holzlieferungen, sodass die Blum Music zwei Packen davon an den Lieferanten zurückschickt. Nach ein paar Tagen liegt die Rechnungskorrektur bei Egzone Zegon auf dem Tisch:

Rechnungskorrektur **Rückgabe von Leihemballagen**

Pos.	Artikel-Nr.	Artikelbezeichnung	Menge	ME	Einzelpreis €	Rabatt %	Gesamtpreis €
1	5501	Leihemballagen	2	St.	60,00	–	120,00

Warenwert netto €	Verpackungs- und Versandkosten €	Summe netto €	USt %	USt €	Summe brutto €
120,00	–	120,00	19	22,80	142,80

Dieser Betrag wird mit der noch offenen Rechnung Nr. 90123 verrechnet.

Buchen Sie die Rücksendung der Verpackung.

d) **Beleg 4:** Die Zahlungsvorschlagsliste der Blum Music zeigt die offene Rechnung Nr. 33570 an. Egzone Zegon will diese Rechnung unter Abzug von 2 % Skonto überweisen.

Rechnung **Nr. 33570**

Pos.	Artikel-Nr.	Artikelbezeichnung	Menge	ME	Einzelpreis €	Rabatt %	Gesamtpreis €
1	137002	Schrauben für E-Gitarren	3000	St.	0,50	–	1.500,00

Warenwert netto €	Verpackungs- und Versandkosten €	Summe netto €	USt %	USt €	Summe brutto €
1.500,00	20,00	1.520,00	19	288,80	1.808,80

Zahlungsbedingungen: 2 % Skonto bei Zahlung innerhalb von 14 Tagen, 30 Tage rein netto.

Konto	Soll	Haben
Aufwendungen für Rohstoffe	1.500,00	
Vorsteuer	288,80	
Bezugskosten für Rohstoffe	20,00	
an Verbindlichkeiten a. LL		1.808,80

Gebucht: Zegon

Ermitteln Sie den Betrag, den Egzone Zegon überweisen muss, wenn sie den Skontoabzug in Anspruch nimmt. Buchen Sie die Zahlung.

e) **Beleg 5:** Laut Kontoauszug hat die Blum Music4You KG die Eingangsrechnung Nr. 479622 der 2020 Sound AG unter Abzug von 3 % Skonto überwiesen.

Kölner Kreditanstalt AG	**Kontoauszug** Nr. 37	vom 14.03.20..		**Blatt** 1
			Soll	Haben
		Alter Kontostand am 13.03.20.. in EUR		17.354,33
Datum	**Wert**	**Buchungstext**	**Umsätze**	
14.03.	14.03.	ER 479622, Lieferant 44001 (CDs)	1.731,45	
		Neuer Kontostand am 14.03.20.. in EUR		15.622,88
Blum Music4You KG Veilchenweg 19 50677 Köln			**IBAN:** DE98 3701 0099 2333 4442 00 **BIC:** KOEKDEKN280	

Buchen Sie die Zahlung unter Abzug von Skonto.

2. Geschäftsvorfälle der Maschinenfabrik Werner Simon KG buchen

Die Maschinenfabrik Werner Simon KG stellt Maschinen her und vertreibt daneben einige Produkte als Handelswaren.

- eigene Erzeugnisse: jegliche Art von Maschinen
- Fremdbauteile: Motoren, Computersteuerungseinheiten, Kupplungen
- Rohstoffe: Stahlbleche
- Hilfsstoffe: Schrauben, Dichtungsringe, Lötmaterial
- Betriebsstoffe: Schmieröle, Schleifmittel, Waschbenzin, Schweißgase
- Handelswaren: Pflegemittel

Buchen Sie die folgenden Geschäftsvorfälle.

a) Kauf von Stahlblechen auf Ziel; Eingangsrechnung:

Warenwert	4.750,00 €
Rabatt	950,00 €
	3.800,00 €
Verpackungskosten	320,00 €
Transportkosten	90,00 €
	4.210,00 €
19 % Umsatzsteuer	799,90 €
	5.009,90 €

b) Die Maschinenfabrik Werner Simon KG schafft eine neue Fräsmaschine im Wert von 3.600,00 € zuzüglich 19 % Umsatzsteuer an. Die Zahlung erfolgt je zur Hälfte bar bzw. auf Rechnung.

c) Der Lieferant sendet für die zurückgeschickten Stahlbleche aus Geschäftsfall a) eine Rechnungskorrektur in Höhe des Bruttowerts von 376,04 € (19 % Umsatzsteuer) zu, die mit der noch offenen Rechnung verrechnet wird.

d) Buchen Sie die Überweisung des offenen Betrags aus den Geschäftsfällen a) und c).

e) Für die Installation der Fräsmaschine aus Geschäftsfall b) fallen Monteurskosten von 150,00 € zuzüglich 19 % Umsatzsteuer an, die sofort bar bezahlt werden.

f) Die monatliche Stromrechnung wird per Lastschriftverfahren vom Bankkonto eingezogen. Laut Kontoauszug wurden 1.785,00 € brutto (19 % Umsatzsteuer) abgebucht.

g) Der Lieferant für Schmieröl gewährt am Jahresende einen Bonus von 1.863,00 € zuzüglich 19 % Umsatzsteuer in Form eines Verrechnungsschecks, der sofort bei der Bank eingelöst wird.

h) Die Einkaufsabteilung sendet einen Elektromotor aufgrund von Beschädigungen zurück und erhält eine Rechnungskorrektur von 1.445,85 € brutto (19 % Umsatzsteuer).

i) Wie im Darlehensvertrag vereinbart erfolgt die Abbuchung der Darlehensrate (1.300,00 €) und der Zinsen (350,00 €) zum 15. des Monats.

j) Die Maschinenfabrik Werner Simon KG erhält die bestellten Pflegemittel, 15 Flaschen à 30,00 € abzüglich 10 % Rabatt (netto, 19 % Umsatzsteuer), gegen Rechnung.

k) Die nicht mehr benötigte Leihverpackung für Stahlbleche wird zurückgeschickt. Die mit den offenen Rechnungen zu saldierende Rechnungskorrektur beläuft sich auf 834,19 € brutto (19 % USt).

l) Die Versandabteilung hat Druckerpatronen gegen Rechnung bestellt; Wert 178,50 € inklusive 19 % Umsatzsteuer.

m) Für Verpackungs- und Versandkosten stellt der Lieferant für Schweißgase eine gesonderte Rechnung aus:

Verpackungskosten	115,00 €
Transportkosten	90,00 €
	205,00 €
19 % Umsatzsteuer	38,95 €
	243,95 €

n) Der Rechnungsbetrag für das angelieferte Maschinenöl lautet 942,48 € inklusive 19 % Umsatzsteuer.

o) Die angelieferten Dichtungsringe sind teilweise beschädigt und können nicht in der Produktion eingesetzt werden. Der Lieferant erteilt eine Rechnungskorrektur von 297,50 € brutto (19 % Umsatzsteuer), ohne dass die Produkte an ihn zurückgesandt werden.

p) Die Buchhaltung der Maschinenfabrik Werner Simon KG überweist eine Rechnung über angelieferte Stahlbleche mit 2 % Skontoabzug.

ursprünglicher Rechnungsbetrag	595,00 €	
– 2 % Skonto	11,90 €	(inklusive 19 % Umsatzsteuer)
Überweisungsbetrag	583,10 €	

3. Geschäftsvorfälle eines Sportartikelherstellers buchen

Buchen Sie die folgenden Geschäftsvorfälle eines Sportartikelherstellers.

a) Kauf von Garnen für die Herstellung von Tennissocken, Zahlungsziel 30 Tage, 5.000,00 € zuzüglich 19 % Umsatzsteuer

b) Begleichung der Rechnung aus Geschäftsfall a) unter Abzug von 2 % Skonto durch Banküberweisung

c) Kauf von 100 T-Shirts (Nettowarenwert 1.000,00 €) abzüglich 2 % Rabatt gegen Rechnung

d) Rechnungskorrektur durch den Lieferanten aufgrund einer Reklamation für beschädigt gelieferte Fußballschuhe, Nettowert 300,00 € (19 % Umsatzsteuer), die zu einem geringen Preis in den Handel gehen können.

e) Kauf von 50 Badeanzügen zum Listeneinkaufspreis von 56,00 € je Stück, zuzüglich Frachtkosten (10,00 €) und Verpackungskosten (10,00 €) auf Rechnung; alle Angaben ohne 19 % USt

f) Rücksendung der Leihemballagen für Stoffe an den Lieferanten, Rechnungskorrektur in Form einer Banküberweisung von 150,00 € netto (19 % Umsatzsteuer)

4. Kontenabschluss und Buchungssätze

Schließen Sie die Konten ab und formulieren Sie die entsprechenden Buchungssätze. (Eine Arbeitsvorlage zu den Konten finden Sie auf der Lehrerhandbuch-CD-ROM [Bestellnummer 3553].)

Soll	Bezugskosten für Rohstoffe	Haben
350,00		
80,00		
30,00		

Soll	Bezugskosten für Waren	Haben
80,00		
59,00		
30,00		

Soll	Nachlässe für Rohstoffe	Haben
		859,00
		364,00
		55,00

Soll	Nachlässe für Waren	Haben
		150,00
		258,00

Soll	Aufwendungen für Rohstoffe	Haben
35.690,00		

Soll	Aufwendungen für Waren	Haben
1.567,00		

5. Kontenabschluss und Buchungssätze

Schließen Sie die Konten ab, formulieren Sie die dazugehörigen Buchungssätze und ermitteln Sie jeweils den Wareneinsatz.

Aufwendungen für Hilfsstoffe	274.000,00 €
Aufwendungen für Betriebsstoffe	58.000,00 €
Nachlässe für Hilfsstoffe	7.365,00 €
Bezugskosten für Betriebsstoffe	2.581,00 €

Check-up-Fragen

1. Welche der Aussagen ist richtig, welche falsch?
   a) Beim Kauf von Rohstoffen stellt der Lieferant immer Verpackungsmaterialien in Rechnung.
   b) Bezugskosten erhöhen den Wert der eingekauften Waren.
   c) Zu den Bezugskosten gehören lediglich Verpackungs- und Transportkosten.
   d) Transportversicherungen, die von einem Vormateriallieferanten berechnet werden, stellen immer Bezugskosten dar.
   e) Rücksendungen werden auf dem Konto „Nachlässe" erfasst.
   f) Erteilt ein Lieferant wegen zurückgesandter beschädigter Handelswaren eine Rechnungskorrektur, so wird diese auf dem Konto „Aufwendungen für Handelswaren" erfasst.
   g) Ist eine Zahlung unter Abzug von Skonto möglich, gilt dies sowohl bei einer Barzahlung als auch bei einer Überweisung innerhalb der Skontofrist.
   h) Ist in einer Rechnung die Zahlung mit Skonto angegeben, muss diese genutzt und innerhalb der kürzeren Frist bezahlt werden.
   i) Die Zahlung mit Skonto führt zu einem nachträglichen Preisnachlass.
   j) Bei der Zahlung mit Skonto muss die bereits gebuchte Umsatzsteuer nach unten korrigiert werden.

2. Welcher Buchungssatz zum Abschluss des Kontos „Nachlässe für Handelswaren" ist richtig?
   a) Nachlässe für Handelswaren an GuV

b) Nachlässe für Handelswaren an Aufwendungen für Waren
c) GuV an Nachlässe für Handelswaren
d) Aufwendungen für Waren an Nachlässe für Handelswaren

3. Wie wird der Wareneinsatz rechnerisch ermittelt?
   a) Saldo Aufwendungen für Rohstoffe + Nachlässe + Bezugskosten
   b) Saldo Aufwendungen für Rohstoffe – Nachlässe + Bezugskosten
   c) Saldo Aufwendungen für Rohstoffe + Nachlässe – Bezugskosten
   d) Saldo Aufwendungen für Rohstoffe – Nachlässe – Bezugskosten

4. Die folgenden Konten sind gegeben:

Soll	Bezugskosten für Hilfsstoffe	Haben
1.200,00		

Soll	Nachlässe für Hilfsstoffe	Haben
		150,00

Soll	Aufwendungen für Hilfsstoffe	Haben
10.000,00		

   Wie hoch ist der Wareneinsatz für Hilfsstoffe?
   a) 10.000,00 €
   b) 11.050,00 €
   c) 8.950,00 €

6.6 Buchungen im Verkauf

Lernsituation **Eine Ausgangsrechnung über eine selbst hergestellte Gitarre mit ausgewiesenen Zusatzkosten sowie Umsatzsteuer buchen.**

Franceska Klein liegt die Ausgangsrechnung Nr. 473665 (hier ein Ausschnitt daraus) vor. Die Leiterin der Abteilung Rechnungswesen der Blum Music4You KG, Egzone Zegon, bittet Franceska, die Rechnung buchhalterisch zu bearbeiten.

Rechnung **Nr. 473665**

Pos.	Artikel-Nr.	Artikelbezeichnung	Menge	ME	Einzelpreis €	Rabatt %	Gesamtpreis €
1	30003	E-Gitarre Modell „Jackson"	1	St.	1.189,00	15	1.010,65

Warenwert netto €	Verpackungs- und Versandkosten €	Summe netto €	USt %	USt €	Summe brutto €
1.010,65	25,00	1.035,65	19	196,77	1.232,42

Zahlbar innerhalb von 7 Tagen unter Abzug von 2 % Skonto, 30 Tage rein netto

Aufträge zur Lernsituation **Eine Ausgangsrechnung über eine selbst hergestellte Gitarre mit ausgewiesenen Zusatzkosten sowie Umsatzsteuer buchen.**

siehe Grundlagenteil Kap. 6.6

1. Klären Sie mithilfe des Grundlagenteils, ob und wie Rabatte im Verkauf gebucht werden.
2. Klären Sie mithilfe des Grundlagenteils, ob und wie Versand- und Verpackungskosten aus Lieferantensicht gebucht werden.
3. Bilden Sie den erforderlichen Buchungssatz für die Ausgangsrechnung Nr. 473665.
4. Gehen Sie davon aus, dass der Kunde die Ausgangsrechnung Nr. 473665 innerhalb der Skontofrist per Banküberweisung bezahlt.
   a) Ermitteln Sie den Betrag, der auf dem Bankkonto von Blum Music eingehen muss.
   b) Errechnen Sie den gesamten Skontobetrag.
   c) Wie hoch ist der im Skontobetrag enthaltene Steueranteil?
   d) Buchen Sie die Zahlung.

Übungen

1. Buchen von Belegen

a) **Beleg 1:** Die Blum Music4You KG verkauft der Event 3000 GmbH 200 Werbe-CDs „Jazz and Blues".

Rechnung **Nr. 400738**

Pos.	Artikel-Nr.	Artikelbezeichnung	Menge	ME	Einzelpreis €	Rabatt %	Gesamtpreis €
1	20106	Werbe-CD „Jazz and Blues"	200	St.	3,00	5	570,00

Warenwert netto €	Verpackungs- und Versandkosten €	Summe netto €	USt %	USt €	Summe brutto €
570,00	50,00	620,00	19	117,80	737,80

Buchen Sie den Warenverkauf.

b) **Beleg 2:** Einige der gelieferten Werbe-CDs entsprachen nicht der Qualität, die der Kunde Event 3000 GmbH bestellt hatte. Blum Music hatte versehentlich 50 Werbe-CDs „Hip-Hop" statt „Jazz and Blues" geliefert und schickt nun eine Rechnungskorrektur an ihre Kundin.

Rechnungskorrektur **zur Rechnung Nr. 400738**

Sehr geehrte Frau Rasch,

wir bedauern die fehlerhafte Lieferung und erstatten Ihnen die zurückgesandten 50 Werbe-CDs wie folgt:

Pos.	Artikel-Nr.	Artikelbezeichnung	Menge	ME	Einzelpreis €	Rabatt %	Gesamtpreis €
1	20106	Werbe-CDs	50	St.	3,00	5	142,50

Warenwert netto €	Verpackungs- und Versandkosten €	Summe netto €	USt %	USt €	Summe brutto €
142,50	–	142,50	19	27,08	169,58

Dieser Betrag wird mit der noch offenen Rechnung Nr. 400738 verrechnet.

Buchen Sie für die Blum Music die Rücksendung der Ware.

c) **Beleg 3:** Die Blum Music erhält von der Event 3000 GmbH die Versandverpackungen für gelieferte Handelswaren zurück und erteilt dafür ihrer Kundin folgende Rechnungskorrektur.

Rechnungskorrektur **Rückgabe von Versandverpackungen**

Pos.	Artikel-Nr.	Artikelbezeichnung	Menge	ME	Einzelpreis €	Rabatt %	Gesamtpreis €
1	5509	Kartons/Versandverpackungen	2	St.	60,00	–	120,00

Warenwert netto €	Verpackungs- und Versandkosten €	Summe netto €	USt %	USt €	Summe brutto €
120,00	–	120,00	19	22,80	142,80

Dieser Betrag wird mit der noch offenen Rechnung Nr. 400738 verrechnet.

Buchen Sie für die Blum Music die Rücksendung der Verpackung.

d) **Beleg 4:** Laut Kontoauszug der Blum Music4You KG hat die Event 3000 GmbH die Rechnung Nr. 571822 (Lieferung von Fan-Equipment) unter Abzug von 1 % Skonto (124,95 €) gezahlt.

Kölner Kreditanstalt AG **Kontoauszug** Nr. 125 vom 07.10.20.. **Blatt** 1

			Soll	Haben
		Alter Kontostand am 06.10.20.. in EUR		93.734,12
Datum	**Wert**	**Buchungstext**	**Umsätze**	
07.10.	07.10.	Rechnung Nr. 571822 Event 3000 GmbH		12.370,05
		Neuer Kontostand am 07.10.20.. in EUR		106.104,17

Blum Music4You KG
Veilchenweg 19
50677 Köln

IBAN: DE98 3701 0099 2333 4442 00
BIC: KOEKDEKN280

Buchen Sie für die Blum Music die Zahlung.

2. Geschäftsvorfälle der Maschinenfabrik Werner Simon KG buchen

Die Maschinenfabrik Werner Simon KG stellt Maschinen her und vertreibt daneben einige Produkte als Handelswaren (vgl. Übung 2 in Kapitel 6.5). Buchen Sie die folgenden Geschäftsvorfälle.

a) Verkauf einer Fräsmaschine sowie von Schmiermittel auf Ziel; Ausgangsrechnung:

Warenwert Maschine	4.750,00 €
Rabatt	950,00 €
	3.800,00 €
Warenwert Schmiermittel	100,00 €
Verpackungskosten	320,00 €
Transportkosten	90,00 €
	4.310,00 €
19 % Umsatzsteuer	818,90 €
	5.128,90 €

b) Der Kunde sendet die Schmiermittel aus Geschäftsfall a) wegen falscher Konsistenz zurück. Die Werner Simon KG erteilt eine Rechnungskorrektur in Höhe des Bruttowerts von 119,00 € (19 % Umsatzsteuer), die mit der noch offenen Rechnung verrechnet wird.

c) Buchen Sie den Zahlungseingang des offenen Betrags aus den Geschäftsfällen a) und b).

d) Für die Installation der Fräsmaschine aus Geschäftsfall a) verlangt die KG Monteurskosten i. H. v. 150,00 € zuzüglich 19 % Umsatzsteuer, die sofort durch den Kunden bar bezahlt werden.

e) Die Werner Simon KG gewährt einem treuen Kundenn, der diverse Maschinenteile gekauft hat, am Jahresende einen Bonus von 1.863,00 € zuzüglich 19 % Umsatzsteuer in Form eines Verrechnungsschecks, der sofort bei der Bank eingelöst wird.

f) Die nicht mehr benötigte Transportverpackung einer Maschine erhält die Werner Simon KG von einem Kunden zurückgeschickt. Die Rechnungskorrektur über 834,19 € brutto (19 % Umsatzsteuer) wird mit der noch offenen Rechnung verrechnet.

g) Die Werner Simon KG stellt für Verpackungs- und Versandkosten einer Drehmaschine eine gesonderte Rechnung an den Kunden aus:

Verpackungskosten	115,00 €
Transportkosten	90,00 €
	205,00 €
19 % Umsatzsteuer	38,95 €
	243,95 €

h) Die Werner Simon KG liefert Maschinenöl auf Rechnung aus, Rechnungsbetrag inklusive 19 % Umsatzsteuer 942,48 €.

i) Dichtungsringe, die die Werner Simon KG geliefert hatte, sind teilweise beschädigt und können in der Produktion nicht eingesetzt werden. Der Kunde entsorgt diese und erhält eine Rechnungskorrektur von 297,50 € brutto (19 % Umsatzsteuer), die mit der noch offenen Rechnung verrechnet wird.

j) Laut Kontoauszug der Maschinenfabrik Werner Simon KG hat ein Kunde folgende Zahlung für eine gekaufte Bohrmaschine vorgenommen:

ursprünglicher Rechnungsbetrag	595,00 €	
– 2 % Skonto	11,90 €	(inklusive 19 % Umsatzsteuer)
Überweisungsbetrag	583,10 €	

k) Eine sehr große Maschine, die für einen Kunden individuell angefertigt wurde, muss in einer angemieteten Lagerhalle zwischengelagert werden, da das Fundament am endgültigen Standort nicht rechtzeitig fertig geworden ist. Der Eigentümer der Lagerhalle schickt der Werner Simon KG eine Rechnung über 5.000,00 €.

l) Die Werner Simon KG beauftragt einen Spediteur mit der Anlieferung der Maschine aus Geschäftsfall k). Ihr entstehen dadurch Anlieferungskosten von 4.165,00 € brutto (19 % Umsatzsteuer), die sie sofort per Banküberweisung bezahlt.

m) Die Werner Simon KG bestellt auf Rechnung eine Spezialfolie für den Transport der Maschine aus Geschäftsfall k). Der Wert der Folie beträgt 600,00 € netto (19 % Umsatzsteuer).

n) Die Werner Simon KG stellt die in Geschäftsfall k) bis m) beschriebenen Zusatzkosten dem Kunden in Rechnung.

3. Geschäftsvorfälle eines Sportbekleidungsherstellers buchen

Buchen Sie die folgenden Geschäftsvorfälle eines Sportbekleidungsherstellers.

a) Verkauf von Badeanzügen, Zahlungsziel 30 Tage, 5.000,00 € zuzüglich 19 % Umsatzsteuer

b) Begleichung der Rechnung aus Geschäftsfall a) unter Skontoabzug von 2 % durch Banküberweisung

c) Auslieferung von 100 T-Shirts (Nettowarenwert 1.000,00 €), abzüglich 2 % Rabatt gegen Rechnung

d) Rechnungskorrektur an den Kunden für beschädigt gelieferte und zurückgesandte Tennisshirts, Nettowert 300,00 € (19 % Umsatzsteuer)

e) Verkauf von Gymnastikzubehör (50 Isomatten) zum Listenverkaufspreis von 16,00 € je Stück, zuzüglich Frachtkosten (10,00 €) und Verpackungskosten (10,00 €) gegen Rechnung; alle Angaben ohne Umsatzsteuer (19 %)

f) Rücksendung der Leihemballagen für Sportschuhe durch den Kunden, Rechnungskorrektur als Banküberweisung von 150,00 € netto (19 % Umsatzsteuer)

4. Kontenabschluss und Buchungssätze

Schließen Sie die folgenden Konten ab und stellen Sie die Buchungssätze auf.
(Eine Arbeitsvorlage dazu liegt auf der Lehrerhandbuch-CD-ROM [Bestellnummer 3553] bereit.)

Soll	Erlösberichtigungen für eigene Erzeugnisse	Haben
	350,00	
	80,00	
	30,00	

Soll	Frachten und Fremdlager	Haben
	80,00	
	59,00	
	30,00	

Soll	Erlösberichtigungen für Waren	Haben
	859,00	
	364,00	
	55,00	

Soll	Verpackungsmaterial	Haben
	15,00	
	258,00	

Soll	Umsatzerlöse für eigene Erzeugnisse	Haben
		35.690,00

Soll	Umsatzerlöse für Waren	Haben
		1.567,00

Check-up-Fragen

1. Welche der Aussagen sind richtig und welche falsch?
   a) Beim Verkauf von Handelswaren werden dem Kunden immer Verpackungsmaterialien in Rechnung gestellt.
   b) Verpackungs- und Transportkosten, die dem Kunden berechnet werden, stellen einen Aufwand für den Unternehmer dar.
   c) Die Kosten für eine Transportversicherung, die dem Kunden in Rechnung gestellt werden, stellen immer einen Umsatzerlös für den Unternehmer dar.
   d) Rücksendungen durch den Kunden werden auf dem Konto Nachlässe erfasst.
   e) Wird einem Kunden wegen zurückgesandter beschädigter Handelswaren eine Rechnungskorrektur erteilt, so wird diese auf dem Konto „Aufwendungen für Handelswaren" erfasst.
   f) Wenn eine Zahlung unter Abzug von Skonto möglich ist, erfolgt die Erfassung des Nettoskontowerts auf dem Konto „Erlösberichtigungen".
   g) Zahlt ein Kunde mit Skontoabzug, muss die bereits gebuchte Umsatzsteuer nach unten korrigiert werden.

2. Welcher Buchungssatz zum Abschluss des Kontos „Erlösberichtigungen für Handelswaren" ist richtig?
   a) Erlösberichtigungen für Handelswaren an GuV
   b) Erlösberichtigungen für Handelswaren an Umsatzerlöse für Handelswaren
   c) GuV an Erlösberichtigungen für Handelswaren
   d) Umsatzerlöse für Handelswaren an Erlösberichtigungen für Handelswaren

3. Welche der Aussagen ist jeweils richtig?
   a) (1) Rabatte werden auf dem Konto „Nachlässe" bzw. „Erlösberichtigung" gebucht.
      (2) Rabatte werden gar nicht separat gebucht.
   b) (1) Zahlt ein Kunde unter Abzug von Skonto, so wird dies beim Lieferanten auf dem Konto „Nachlässe" erfasst.
      (2) Zahlt ein Kunde unter Abzug von Skonto, so wird dies beim Lieferanten auf dem Konto „Erlösberichtigung" erfasst.
   c) (1) Zahlt ein Kunde unter Abzug von Skonto, so wird dies bei ihm auf dem Konto „Nachlässe" erfasst.
      (2) Zahlt ein Kunde unter Abzug von Skonto, so wird dies bei ihm auf dem Konto „Erlösberichtigung" erfasst.
   d) (1) Stellt ein Lieferant dem Kunden Verpackungskosten in Rechnung, wird dies beim Kunden auf dem Konto „Bezugskosten" erfasst.
      (2) Stellt ein Lieferant dem Kunden Verpackungskosten in Rechnung, wird dies beim Kunden auf dem Konto „Verpackung" erfasst.
   e) (1) Stellt ein Lieferant dem Kunden Transportkosten in Rechnung, wird dies beim Kunden auf dem Konto „Bezugskosten" erfasst.
      (2) Stellt ein Lieferant dem Kunden Transportkosten in Rechnung, wird dies beim Kunden auf dem Konto „Frachten/Fremdlager" erfasst.
   f) (1) Stellt ein Lieferant dem Kunden Verpackungskosten in Rechnung, wird dies bei ihm auf dem Konto „Umsatzerlöse" erfasst.
      (2) Stellt ein Lieferant dem Kunden Verpackungskosten in Rechnung, wird dies bei ihm auf dem Konto „Verpackung" erfasst.
   g) (1) Stellt ein Lieferant dem Kunden Transportkosten in Rechnung, wird dies bei ihm auf dem Konto „Umsatzerlöse" erfasst.
      (2) Stellt ein Lieferant dem Kunden Transportkosten in Rechnung wird dies bei ihm auf dem Konto „Frachten/Fremdlager" erfasst.
   h) (1) Erhält ein Lieferant eine Rechnung über den Transport von Waren zu seinem Kunden, so wird dies bei ihm auf dem Konto „Bezugskosten" erfasst.
      (2) Erhält ein Lieferant eine Rechnung über den Transport von Waren zu seinem Kunden, so wird dies bei ihm auf dem Konto „Frachten / Fremdläger" erfasst.
   i) (1) Schickt ein Kunde Waren an den Lieferanten zurück, so wird dies bei ihm auf dem Konto „Erlösberichtigung" gebucht.
      (2) Schickt ein Kunde Waren an den Lieferanten zurück, so wird dies bei ihm auf dem Konto „Aufwendungen für Waren" gebucht.

6.7 Periodenabschluss (Monats-, Quartals- oder Jahresabschluss)

6.7.1 Kontostand ermitteln durch Abschließen von Konten

Lernsituation

In der Finanzbuchhaltung der Blum Music4You KG wird am 1. Juni das Konto „4400 Verbindlichkeiten a. LL" mit einem Anfangsbestand von 6.545,00 € eröffnet. Im Laufe des Monats Juni werden die folgenden Eingangsrechnungen von Lieferanten und die Zahlungsausgänge an Lieferanten gebucht:

Nr.	Datum	Text	Betrag in €
101	11. Juni	Eingangsrechnung für Rohstoffe, netto .... + 19 % Umsatzsteuer .... Rechnungsbetrag brutto	15.000,00 2.850,00 17.850,00
102	14. Juni	Eingangsrechnung für eine Reparatur am Auslieferungsfahrzeug, netto .... + 19 % Umsatzsteuer .... Rechnungsbetrag brutto	 620,00 117,80 737,80
103	14. Juni	Überweisung an Lieferanten, Rechnung vom 23. Mai	1.309,00
104	21. Juni	Überweisung an Lieferanten, Rechnung vom 11. Juni	17.850,00
105	22. Juni	Überweisung an Lieferanten, Rechnung vom 14. Juni	737,80
106	25. Juni	Eingangsrechnung für Hilfsstoffe, netto .... + 19 % Umsatzsteuer .... Rechnungsbetrag brutto	8.000,00 1.520,00 9.520,00

Aufträge zur Lernsituation

1. Buchen Sie die Geschäftsvorfälle 101 bis 106 im Grundbuch. Geben Sie jeweils die Belegnummer und den Buchungssatz an.
2. Führen Sie das Konto „Verbindlichkeiten a. LL" im Hauptbuch. Buchen Sie den Anfangsbestand (Gegenkonto „EBK") und Ihre im Grundbuch notierten Buchungen.
3. Schließen Sie das Konto formgerecht über das „Schlussbilanzkonto" ab.
4. Was bedeutet der von Ihnen ermittelte Kontostand?
5. Wie hoch ist der Haben-Konto-Umsatz und was bedeutet dieser Betrag auf dem Konto „Verbindlichkeiten a. LL"?

Übungen

1. Abschließen des Kontos „Kasse"

Die Mühlenbach OHG, Lieferant der Blum Music4You KG für Büromaterial und Bürotechnik, führt am 13. August 20.. das folgende Kassenkonto:

Soll	2880 Kasse		Haben
8000	1.040,00	6160, 2600	833,00
5000, 4800	595,00	6870, 2600	1.071,00
2800	2.000,00	6900	370,00
		6140, 2600	142,80

a) Beschreiben Sie kurz die Geschäftsvorfälle, die zu den Buchungen auf dem Kassenkonto geführt haben.
b) Schließen Sie das Konto formgerecht ab.
c) Nennen Sie den Buchungssatz der Abschlussbuchung.
d) Der Bargeldbestand muss mit der Abrechnung der Kasse gezählt werden. Wie viel Geld muss in der Kasse sein?
e) Die Grundsätze ordnungsmäßiger Buchführung verlangen, dass Kassen täglich abgerechnet werden. Warum?
f) Kann das Kassenkonto den Saldo Null haben?
g) Kann das Kassenkonto einen Haben-Saldo ausweisen?

2. Abschließen des Kontos „Bank"

Die Mühlenbach OHG führt im September 20.. das folgende Bankkonto:

Soll	2800 Bank		Haben
8000	6.110,00	4400	833,00
2400	595,00	6030, 2600	1.071,00
4230	20.000,00	7510	370,00
		4230	2.000,00

Das Konto ist bei der Kölner Kreditanstalt AG eingerichtet.

a) Beschreiben Sie kurz die Geschäftsvorfälle, die zu den Buchungen auf dem Bankkonto geführt haben.
b) Schließen Sie das Konto formgerecht ab.
c) Nennen Sie den Buchungssatz der Abschlussbuchung.
d) Der von Ihnen ermittelte Kontostand des Kontos „2800 Bank" muss als Betrag mit dem Betrag übereinstimmen, den die Kölner Kreditanstalt AG auf dem Kontoauszug ausweist. Warum?
e) Der von Ihnen ermittelte Kontostand ist ein Soll-Saldo, also eine Forderung. Warum weist der Kontoauszug der Kölner Kreditanstalt AG genau diesen Kontostand als Haben-Saldo aus?
f) Kann das Bankkonto den Saldo Null haben?
g) Kann das Bankkonto einen Haben-Saldo ausweisen?

3. Abschließen des Kontos „Bank“

Der Blum Music4You KG liegt am 31. Dezember 20.. folgender Kontoauszug von der Kölner Kreditanstalt AG vor:

Kölner Kreditanstalt AG **Kontoauszug** Nr. 131 vom 31.12.20.. **Blatt** 1

			Soll	Haben
		Alter Kontostand am 30.12.20.. in EUR	10.000,00	
Datum	**Wert**	**Buchungstext**	**Umsätze**	
30.12.	30.12.	Josef Huber KG, Ausgleich Rechnung 44002 vom 18. Dezember 20..		14.000,00
30.12.	30.12.	Bareinzahlung		3.000,00
30.12.	30.12.	Euting GmbH, Ausgleich Rechnung P1212 vom 11. Dezember 20..	1.600,00	
		Neuer Kontostand am 31.12.20.. in EUR		5.400,00

Blum Music4You KG
Veilchenweg 19
50677 Köln

IBAN: DE98 3701 0099 2333 4442 00
BIC: KOEKDEKN280

a) Geben Sie für die in der Abteilung Finanzbuchhaltung der Blum Music4You KG zu erfassenden drei Buchungen jeweils den Buchungssatz an.

b) Führen Sie das Konto „2800 Bank“ der Finanzbuchhaltung der Blum Music4You KG als T-Konto (Anfangsbestand und drei Geschäftsvorfälle). Schließen Sie das Konto über das „SBK“ ab. Nennen Sie den Buchungssatz für die Abschlussbuchung.

c) Sind die folgenden Aussagen wahr? Falls nicht, formulieren Sie die Aussagen um und notieren Sie die korrekten Versionen im Arbeitsheft.

Aussage 1 Bei dem auf dem Kontoauszug ausgewiesenen alten Kontostand vom 30.12.20.. (10.000,00 € Soll) handelt es sich aus der Sicht der Kölner Kreditanstalt AG um eine Forderung.

Aussage 2 Bei dem auf dem Kontoauszug ausgewiesenen neuen Kontostand vom 31.12.20.. (5.400,00 € Haben) handelt es sich aus der Sicht der Blum Music4You KG um eine Verbindlichkeit.

6.7.2 Periodenabschluss buchungstechnisch durchführen

Übungen

1. Jahresabschluss Velo GmbH

Die Velo GmbH, ein Fahrradhersteller aus Süddeutschland, eröffnet das Geschäftsjahr 01 mit folgender, vereinfacht dargestellter Bilanz:

Aktiva	Eröffnungsbilanz		Passiva
Rohstoffe	10.000,00	Eigenkapital	25.000,00
Bank	65.000,00	Verbindlichkeiten	50.000,00
	75.000,00		75.000,00

Im Geschäftsjahr 01 zu buchende **Geschäftsvorfälle:**

Nr.	Datum	Text	Betrag in €
101	11. Jan.	Kauf von Fremdbauteilen auf Ziel	2.000,00
102	15. März	Kauf von Rohstoffen auf Ziel	3.000,00
103	15. Aug.	Zahlungsausgang an Lieferanten per Überweisung	10.000,00
104	22. Nov.	Verkauf von fertigen Erzeugnissen auf Ziel	18.000,00
105	28. Dez.	Überweisung der Gehälter	10.000,00

Inventurbestände am 31. Dezember Geschäftsjahr 01:

Rohstoffe 10.000,00 €
Fremdbauteile 0,00 €
fertige Erzeugnisse 0,00 €

Aus den Inventurbeständen ergibt sich, dass genau die Fremdbauteile und Rohstoffe verbraucht wurden, die im Geschäftsjahr 01 gekauft wurden. Sämtliche im Geschäftsjahr 01 gefertigten Erzeugnisse wurden auch im Geschäftsjahr 01 verkauft.

Die Umsatzsteuer wird in dieser Aufgabe vernachlässigt.

a) Buchen Sie die fünf Geschäftsvorfälle 101 bis 105 im Grundbuch.
b) Richten Sie im Hauptbuch folgende Bestandskonten ein: „2000 Rohstoffe", „2400 Forderungen a. LL", „2800 Bank", „3000 Eigenkapital", „4400 Verbindlichkeiten a. LL".
c) Richten Sie im Hauptbuch folgende Erfolgskonten ein: „6000 Aufwendungen für Rohstoffe", „6010 Aufwendungen für Fremdbauteile", „6300 Gehälter", „5000 Umsatzerlöse".
d) Richten Sie im Hauptbuch die Konten „8000 EBK", „8020 GuV-Konto" und „8010 SBK" ein.
e) Buchen Sie die Anfangsbestände vom 1. Januar im Hauptbuch.
f) Buchen Sie die Geschäftsvorfälle im Hauptbuch.
g) Schließen Sie alle Erfolgskonten im Hauptbuch über das „GuV-Konto" ab.
h) Schließen Sie das „GuV-Konto" im Hauptbuch ab. Nennen Sie den Buchungssatz.
i) Schließen Sie alle Bestandskonten im Hauptbuch über das „SBK" ab.
j) Angenommen, im Januar wären nicht für 2.000,00 €, sondern für 10.000,00 € Fremdbauteile gekauft und verbraucht worden: Wie hoch wäre der Gewinn/Verlust im Geschäftsjahr 01 und mit welcher Buchung wäre das „GuV-Konto" abzuschließen?

2. Jahresabschluss Mühlenbach OHG

Die Mühlenbach OHG eröffnet das Geschäftsjahr 01 mit folgender, vereinfacht dargestellter Bilanz:

Aktiva	Eröffnungsbilanz		Passiva
Geschäftsausstattung	10.000,00	Eigenkapital	20.000,00
Forderungen	33.000,00	Darlehen	25.000,00
Bank	7.000,00	Verbindlichkeiten	5.000,00
	50.000,00		50.000,00

Im Geschäftsjahr 01 zu buchende **Geschäftsvorfälle:**

Nr.	Datum	Text	Betrag in €
101	5. Jan.	Kauf eines Kopiergeräts auf Ziel	1.000,00
102	5. Febr.	Kauf von Fertigbauteilen auf Ziel	2.000,00
103	15. März	Zahlungseingang von Kunden per Überweisung	3.000,00
104	15. April	Zahlungsausgang an Lieferanten per Überweisung	5.000,00
105	15. Mai	Überweisung der Löhne	6.000,00
106	15. Juli	Abbuchung der Darlehenszinsen vom Bankkonto	500,00
107	31. Dez.	Abbuchung der Darlehensrückzahlung vom Bankkonto	4.000,00
108	31. Dez.	Verkauf der im Geschäftsjahr 01 gefertigten Erzeugnisse auf Ziel	11.000,00

Bei der **Inventur** am 31. Dezember Geschäftsjahr 01 werden keine Materialbestände und keine fertigen Erzeugnisse festgestellt.

a) Buchen Sie die Geschäftsvorfälle 101 bis 108 im Grundbuch.

b) Richten Sie im Hauptbuch für jede Position der Eröffnungsbilanz ein Bestandskonto ein.

c) Richten Sie folgende Erfolgskonten ein: „6010 Aufwendungen für Fremdbauteile", „6200 Löhne", „5000 Umsatzerlöse", „7510 Zinsaufwendungen". Richten Sie zusätzlich im Hauptbuch die Konten „8000 EBK", „8020 GuV-Konto" und „8010 SBK" ein.

d) Buchen Sie die Anfangsbestände vom 1. Januar im Hauptbuch.

e) Übernehmen Sie Ihre Buchungen der Geschäftsvorfälle ins Hauptbuch.

f) Schließen Sie alle Hauptbuchkonten formgerecht ab.

g) Nennen Sie jeweils den Buchungssatz für die Abschlussbuchung des Kontos „Forderungen a. LL", des Kontos „Darlehen" und des „GuV-Kontos".

h) Erläutern Sie den Kontostand des Bankkontos am 31. Dezember.

3. Jahresabschluss Beekhoff GmbH

Gegeben ist das „GuV-Konto" der Eisengießerei Beekhoff GmbH am 31. Dezember 20..:

Soll	GuV-Konto		Haben
Aufwendungen für Rohstoffe	66.000,00	Umsatzerlöse	120.000,00
Aufwendungen für Betriebsstoffe	21.000,00	Zinserträge	95.000,00
Löhne	84.000,00		
Fremdinstandhaltung	17.000,00		
Versicherungsbeiträge	24.000,00		

a) Nennen Sie den Buchungssatz der Abschlussbuchung.
b) Womit hat die Beekhoff GmbH im aktuellen Geschäftsjahr Geld verdient?
c) Nennen Sie den Buchungssatz der Abschlussbuchung, wenn bei sonst gleichen Bedingungen die Zinserträge nur 5.000,00 € betragen.

6.7.3 Umsatzsteuerkonten im Jahresabschluss

Übungen

1. Umsatzsteuerkonten im Geschäftsjahr 01

Am 31. Dezember des Geschäftsjahres 01 weisen die Steuerkonten des Fahrradherstellers Velo GmbH folgende Kontostände aus:

Soll	2600 Vorsteuer	Haben
275.000,00		

Soll	4800 Umsatzsteuer	Haben
		315.000,00

a) Richten Sie die Konten „2600 Vorsteuer", „4800 Umsatzsteuer" und „8010 SBK" im Hauptbuch ein. Tragen Sie die oben angegebenen Kontostände vor.
b) Schließen Sie das Konto „Vorsteuer" über das Konto „Umsatzsteuer" im Hauptbuch ab. Nennen Sie den Buchungssatz.
c) Schließen Sie das Konto „Umsatzsteuer" über das „SBK" ab. Nennen Sie den Buchungssatz.
d) Mit welchem Betrag und auf welcher Seite wird die Umsatzsteuer in der Bilanz vom 31. Dezember des Geschäftsjahres 01 erscheinen?
e) Bilden Sie die Buchungssätze für die Eröffnung des Kontos „4800 Umsatzsteuer" am 1. Januar des Geschäftsjahres 02 und für die Überweisung der Dezember-Zahllast im Januar des Geschäftsjahres 02.

2. Umsatzsteuerkonten im Geschäftsjahr 02

Die Saldenliste der Buchhaltung des Fahrradherstellers Velo GmbH weist am 31. Dezember des Geschäftsjahres 02 Vorsteuerbuchungen von insgesamt 280.000,00 € aus. Die im Dezember gebuchte Umsatzsteuer beträgt 265.000,00 €.

a) Bilden Sie die Buchungssätze für das Abschließen des Kontos „Umsatzsteuer" über „Vorsteuer" und für das Abschließen des Kontos „Vorsteuer" über „SBK".
b) Mit welchem Betrag und auf welcher Seite wird die Vorsteuer in der Bilanz vom 31. Dezember des Geschäftsjahres 02 erscheinen?
c) Bilden Sie die Buchungssätze für die Eröffnung des Kontos „2600 Vorsteuer" und für die Buchung des Zahlungseingangs (Vorsteuerüberhang Dezember 02) im Januar des Geschäftsjahres 03.

6.7.4 Bestandsveränderungen an unfertigen und fertigen Erzeugnissen

Lernsituation

In der Eröffnungsbilanz des Geschäftsjahres 01 der Blum Music4You KG werden die unfertigen und fertigen Erzeugnisse mit 3.000,00 € bzw. 4.500,00 € ausgewiesen. Es handelt sich um die in der Fertigung befindlichen bzw. fertiggestellten E-Gitarren.

Im Rahmen der Inventur zum 31. Dezember des Geschäftsjahres 01 werden folgende Lagerbestände festgestellt:

- E-Gitarren, in der Fertigung befindlich, noch nicht fertiggestellt:
  1. Auftrag 4402: Herstellungskosten bisher 1.100,00 €
  2. Auftrag 4401: Herstellungskosten bisher 1.200,00 €
- E-Gitarren, fertiggestellt, zur Abholung bereitgestellt:
  1. Auftrag 4400: Herstellungskosten 2.100,00 €
  2. Auftrag 4399: Herstellungskosten 2.700,00 €

Die Summe der im Geschäftsjahr 01 bereits gebuchten Aufwendungen beträgt 48.000,00 €, die Umsatzerlöse dieses Geschäftsjahres belaufen sich auf 54.000,00 €.

Am 31. Dezember des Geschäftsjahres 01 weisen die Konten **vor Berücksichtigung der Bestandsveränderungen** folgende Kontostände auf:

Soll	2100 Unfertige Erzeugnisse		Haben
EBK	3.000,00		

Soll	2200 Fertige Erzeugnisse		Haben
EBK	4.500,00		

Soll	6000 ... 7999 Aufwendungen		Haben
...	48.000,00		

Soll	5000 Umsatzerlöse		Haben
		...	54.000,00

Soll	5200 Bestandsveränderungen		Haben

Soll	8020 GuV		Haben

Soll	8010 SBK		Haben

Aufträge zur Lernsituation

1. Richten Sie die sieben oben angeführten Konten als T-Konten in Ihrem Arbeitsheft ein und übernehmen Sie die Anfangsbestände.
2. Wie hoch ist der in der Finanzbuchhaltung ausgewiesene Gewinn am 31. Dezember des Geschäftsjahres 01 **vor Berücksichtigung der Bestandsveränderungen?**
3. Buchen Sie die Bestandsminderung der unfertigen Erzeugnisse im Grundbuch.
4. Buchen Sie die Bestandsmehrung der fertigen Erzeugnisse im Grundbuch.
5. Übertragen Sie die Buchungen ins Hauptbuch und schließen Sie die Bestandskonten und Erfolgskonten ab. („GuV-Konto" und „SBK" können Sie nicht abschließen.)
6. Wie hoch ist der Gewinn des Geschäftsjahres 01 **nach Berücksichtigung der Bestandsveränderungen?**
7. Die nach Auftrag Nr. 4399 bereits fertiggestellte, aber noch nicht ausgelieferte Gitarre wird mit 2.700,00 € bewertet. Sie wird zu Beginn des Geschäftsjahres 02 dem Kunden mit 3.600,00 € in Rechnung gestellt. Ein Mitarbeiter schlägt vor, diese Gitarre in der Bilanz des Geschäftsjahres 01 statt mit 2.700,00 € mit dem Verkaufspreis von 3.600,00 € zu bewerten. Welche Auswirkung hätte diese veränderte Bewertung auf den Gewinn des Geschäftsjahres 01?
8. Warum erlaubt der Gesetzgeber nicht die Bewertung der fertigen Erzeugnisse mit dem Verkaufspreis?

Übungen

Bestandsveränderungen bei der Eisengießerei Beekhoff GmbH

Die Eisengießerei Beekhoff GmbH stellt ausschließlich Kaminöfen der Marke Leda 300 her. Die Herstellungskosten pro Ofen betragen 100,00 €, der Verkaufspreis ist 120,00 €. Zu Beginn des Geschäftsjahres 01 beträgt der Bestand an fertiggestellten Öfen 20 Stück.

Für die Geschäftsjahre 01 bis 03 liegen folgende Daten vor:

Rechnungsperiode	Anzahl hergestellte Öfen	Anzahl verkaufte Öfen
Geschäftsjahr 01	100 Stück	100 Stück
Geschäftsjahr 02	100 Stück	50 Stück
Geschäftsjahr 03	100 Stück	120 Stück

Richten Sie für die drei Geschäftsjahre die folgenden Konten ein.

Geschäftsjahr 01:

Soll	2200 Fertige Erzeugnisse		Haben
EBK	2.000,00		

Soll	5200 Bestandsveränderungen		Haben

Soll	8020 GuV-Konto		Haben
Aufw.	10.000,00	Erträge	12.000,00

Soll	8010 SBK		Haben

Geschäftsjahr 02:

Soll	2200 Fertige Erzeugnisse		Haben

Soll	5200 Bestandsveränderungen		Haben

Soll	8020 GuV-Konto		Haben

Soll	8010 SBK		Haben

Geschäftsjahr 03:

Soll	2200 Fertige Erzeugnisse		Haben

Soll	5200 Bestandsveränderungen		Haben

Soll	8020 GuV-Konto		Haben

Soll	8010 SBK		Haben

1. Geschäftsjahr 01

a) Erklären Sie die Bewertung der Öfen mit 2.000,00 € zu Beginn des Geschäftsjahres und die Summe der Aufwendungen und Erträge, die bereits über das „GuV-Konto" abgeschlossen sind.

b) Schließen Sie das Konto „2200 Fertige Erzeugnisse" über das Konto „8010 SBK" ab.

c) Warum brauchen Sie das Konto „5200 Bestandsveränderungen" nicht abzuschließen?

d) Wie hoch ist der Gewinn, den die Beekhoff GmbH mit der Herstellung und dem Verkauf der Kaminöfen Leda 300 erzielt hat?

2. Geschäftsjahr 02

a) Nennen Sie den Buchungssatz für die Eröffnung des Kontos „2200 Fertige Erzeugnisse" und übernehmen Sie den Betrag als Anfangsbestand des Kontos im Hauptbuch.
b) Ermitteln Sie die Aufwendungen und die Erträge und übertragen Sie die Beträge auf das „GuV-Konto".
c) Wie hoch ist der ausgewiesene Gewinn/Verlust **vor Berücksichtigung der Bestandsveränderungen?**
d) Mit welchem Betrag sind die am Ende des Geschäftsjahres fertiggestellten Öfen zu bewerten?
e) Wie viel Euro beträgt die Bestandsmehrung?
f) Buchen Sie die Bestandsmehrung im Grund- und im Hauptbuch.
g) Schließen Sie die Konten „2200 Fertige Erzeugnisse" und „5200 Bestandsveränderungen" ab.
h) Wie hoch ist der Gewinn/Verlust, den die Beekhoff GmbH mit der Herstellung und dem Verkauf der Kaminöfen Leda 300 **nach Berücksichtigung der Bestandsveränderungen erzielt hat?**

3. Geschäftsjahr 03

a) Nennen Sie den Buchungssatz für die Eröffnung des Kontos „2200 Fertige Erzeugnisse" und übernehmen Sie den Betrag als Anfangsbestand des Kontos im Hauptbuch.
b) Ermitteln Sie die Aufwendungen und die Erträge und übertragen Sie die Beträge auf das „GuV-Konto".
c) Wie hoch ist der ausgewiesene Gewinn/Verlust **vor Berücksichtigung der Bestandsveränderungen?**
d) Mit welchem Betrag sind die am Ende des Geschäftsjahres fertiggestellten Öfen zu bewerten?
e) Wie viel Euro beträgt die Bestandsminderung?
f) Buchen Sie die Bestandsminderung im Grund- und im Hauptbuch.
g) Schließen Sie die Konten „2200 Fertige Erzeugnisse" und „5200 Bestandsveränderungen" ab.
h) Wie hoch ist der Gewinn/Verlust, den die Beekhoff GmbH mit der Herstellung und dem Verkauf der Kaminöfen Leda 300 **nach Berücksichtigung der Bestandsveränderungen erzielt hat?**

4. Modellbetrachtung

Bei der Darstellung der Finanzbuchhaltung der Beekhoff GmbH handelt es sich um ein Modell. Bei einer Modellbetrachtung werden Schwerpunkte gesetzt, wie in diesem Fall die Betrachtung der Veränderung der Bestände fertiger Erzeugnisse. Andere, in realen Betrieben vorhandene Bedingungen werden vernachlässigt.

a) Welche Kosten, neben den im Modell betrachteten Herstellungskosten, fallen in realen Betrieben zusätzlich an?
b) Ist die Annahme der konstanten Verkaufspreise realistisch?
c) Welche Auswirkung hätte eine Lohnerhöhung im Geschäftsjahr 02 auf die Bewertung der 50 Öfen am Ende des Geschäftsjahres?
d) Ist es auch für einen realen Betrieb denkbar, dass unfertige Erzeugnisse nicht zu berücksichtigen sind?

6.7.5 Veränderungen der Materialbestände

Lernsituation

In der Eröffnungsbilanz der Blum Music4You KG für das Geschäftsjahr 01 werden die Roh- und Hilfsstoffe und die bezogenen Fertigteile mit insgesamt 1.800,00 € ausgewiesen. Bei den Rohstoffen handelt es sich um Ahornholzblöcke, bei den Hilfsstoffen um Schrauben und Kabel und bei den bezogenen Fertigteilen um Elektronikteile und Saiten für die Fertigung der E-Gitarren.

Die Saldenliste vom 31. Dezember des Geschäftsjahres 01 weist folgende Kontostände aus:

Konto	Bezeichnung	Soll	Haben
2000	Rohstoffe	560,00 €	
2010	Fremdbauteile	1.040,00 €	
2020	Hilfsstoffe	200,00 €	
6000	Aufwendungen für Rohstoffe	1.500,00 €	
6010	Aufwendungen für Fremdbauteile	2.700,00 €	
6020	Aufwendungen für Hilfsstoffe	0,00 €	

Die Salden der drei Materialbestandskonten entsprechen den Salden nach der Eröffnung der Konten am 1. Januar des Geschäftsjahres 01. (Auf Materialbestandskonten wird während des Geschäftsjahres nicht gebucht.) Im Lauf des Geschäftsjahres 01 hat die Blum Music Ahornholzblöcke und Elektronikteile angeschafft. Hilfsstoffe wurden nicht eingekauft. Für den Jahresabschluss müssen die tatsächlichen Aufwendungen für den Verbrauch der Materialien ermittelt werden.

Die Inventur am 31. Dezember des Geschäftsjahres 01 ergibt folgende Lagerbestände der Rohstoffe:

Bezeichnung	Anzahl	Durchschnittlicher Einkaufspreis
Ahornblock 0,9	40 St.	7,00 €
Ahornblock 7,5	12 St.	55,00 €

Der Inventurbestand an Fremdbauteilen wird am 31. Dezember mit 840,00 €, der Bestand an Hilfsstoffen mit 80,00 € ermittelt.

Am 31. Dezember weisen die Konten **vor Berücksichtigung der Veränderungen der Materialbestände** also folgende Kontostände auf:

Soll	2000 Rohstoffe	Haben
EBK	560,00	

Soll	2010 Fremdbauteile	Haben
EBK	1.040,00	

Soll	2020 Hilfsstoffe	Haben
EBK	200,00	

Soll	6000 Aufw. für Rohstoffe	Haben
...	1.500,00	

Soll	6010 Aufw. für Fremdbauteile	Haben
...	2.700,00	

Soll	6020 Aufw. für Hilfsstoffe	Haben
...	0,00	

Aufträge zur Lernsituation

1. Richten Sie die sechs oben angeführten Konten als T-Konten ein und übernehmen Sie die Anfangsbestände.
2. Wie hoch ist der Inventurbestand der Rohstoffe am 31. Dezember? Bewerten Sie den Lagerbestand an Ahornblöcken.
3. Berechnen Sie für die drei Materialbestandskonten jeweils die Veränderung des Bestands im Geschäftsjahr 01. Bestimmen Sie, ob es sich um einen Mehr- oder um einen Minderbestand handelt. Erstellen Sie eine Tabelle nach folgendem Muster:

Konto	Veränderung Bestand	Mehrbestand/Minderbestand
2000	...	...
2010	...	...
2020	...	...

4. Bilden Sie den Buchungssatz für die Anpassung der Materialbestände für jedes der drei Materialbestandskonten.

Übung

Materialbestandsveränderungen bei der Beekhoff GmbH

Die Saldenliste der Eisengießerei Beekhoff GmbH weist am 29. Dezember 20.. unter anderem folgende Kontostände aus:

Konto	Bezeichnung	Soll	Haben
2000	Rohstoffe	22.000,00 €	
6000	Aufwendungen für Rohstoffe	435.000,00 €	
6001 ... 7999	alle anderen Aufwendungen zusammen	560.000,00 €	
5000	Umsatzerlöse		1.340.000,00 €
5001 ... 5999	alle anderen Erträge zusammen		70.000,00 €

a) Buchen Sie die Belege 441, 442 und 449 (siehe nächste Seite) im Grundbuch.
b) Stellen Sie die Saldenliste vom 31. Dezember dar, die Ihre Buchungen vom 30. und 31. Dezember enthält.
c) Wie hoch ist der in der Finanzbuchhaltung am 31. Dezember ausgewiesene Gewinn?
d) Angenommen, die Inventur am 31. Dezember ergibt einen Rohstoffbestand von 10.000,00 € (statt 25.000,00 €). Alle anderen Bedingungen bleiben gleich. Wie ist der Beleg 449 zu buchen und wie hoch ist der ausgewiesene Gewinn in diesem Fall?

Am 30. und 31. Dezember werden die folgenden Belege gebucht:

Nr.	Datum	Text	Betrag in €
441	30. Dez.	Eingangsrechnung für die Lieferung von Eisenerz, netto . + 19 % Umsatzsteuer . . . . Rechnungsbetrag brutto	30.000,00 5.700,00 35.700,00
442	30. Dez.	Ausgangsrechnung für die Lieferung von Kamineinsätzen, netto. . . . . + 19 % Umsatzsteuer . . . . Rechnungsbetrag brutto	16.000,00 3.040,00 19.040,00
449	31. Dez.	Eigenbeleg Inventurliste Rohstoffbestand	25.000,00

6.7.6 Abschreibung der Sachanlagen

Lernsituation

In der Finanzbuchhaltung der Blum Music4You KG werden auf dem Konto „0800 Geschäftsausstattung" unter anderem Personalcomputer geführt.

Das Konto 0800 wird im Geschäftsjahr 01 mit dem Anfangsbestand 21.000,00 € eröffnet:

Soll	0800 Geschäftsausstattung	Haben
8000	21.000,00	

Nach Anschaffung eines weiteren Personalcomputers geht die folgende Rechnung des PC-Lieferanten ein:

Nr.	Datum	Text	Betrag in €
153	22. Jan.	Eingangsrechnung von der Mühlenbach OHG für die Lieferung und Installation eines PC „Diller Q200", netto . . + 19 % Umsatzsteuer . . . . Rechnungsbetrag brutto	1.800,00 342,00 2.142,00

Die Anschaffungskosten sind mit dem Kaufpreis identisch. Der neue PC wird unter der Inventarnummer 1571 geführt. Die Nutzungsdauer beträgt drei Jahre. Die Abschreibungsmethode ist linear.

Aufträge zur Lernsituation

1. Erstellen Sie für den PC Diller Q200 eine Anlagenkarte. Gehen Sie davon aus, dass der PC nach Ablauf der Nutzungsdauer weiter betrieblich genutzt wird.
2. Nennen Sie den Buchungssatz für die Buchung der Eingangsrechnung Nr. 153.
3. Die Summe der jährlichen Abschreibungsbeträge der zur Geschäftsausstattung zählenden Gegenstände (ohne den PC Diller Q200) beträgt 4.200,00 €. Wie hoch ist der gesamte Abschreibungsbetrag für das Geschäftsjahr 01 einschließlich der Abschreibung für den im Januar angeschafften PC?
4. Nennen Sie den Buchungssatz der Abschreibung der Geschäftsausstattung des Geschäftsjahres 01.

5. Richten Sie die Konten „6520 Abschreibungen", „0800 Geschäftsausstattung", „8020 GuV-Konto" und „8010 SBK" im Hauptbuch ein. Übertragen Sie den Anfangsbestand von 21.000,00 € auf das Konto „0800 Geschäftsausstattung", buchen Sie die Eingangsrechnung und die Abschreibung im Hauptbuch und schließen Sie die Konten 6520 und 0800 ab.
6. Wie verändert die Abschreibung den Gewinn des Geschäftsjahres 01?
7. Mit welchem Wert werden die Gegenstände der Geschäftsausstattung am 31. Dezember des Geschäftsjahres 01 in den Büchern der Finanzbuchhaltung der Blum Music geführt?

Übung

1. Abschreibung einer Maschine

Die Anschaffungskosten einer Maschine, die am 13. Januar des aktuellen Jahres angeschafft wird, betragen 250.000,00 €. Die Nutzungsdauer wird mit fünf Jahren festgelegt.

a) Wie hoch ist der Abschreibungsbetrag für das aktuelle Jahr?
b) Bilden Sie den Buchungssatz für die Abschreibung der Maschine im aktuellen Jahr.
c) Mit welchem Betrag geht die Maschine in die Bilanz zum 31. Dezember des aktuellen Jahres ein?
d) Mit welchem Betrag steht die Maschine nach drei Jahren in der Bilanz?
e) Die Maschine wird nach sechs Jahren noch genutzt. Mit welchem Wert steht sie dann in den Büchern?

2. Abschreibung eines Gebäudes

In der Bilanz der Blum Music4You KG zum 31. Dezember des Geschäftsjahres 00 werden Grundstücke und Bauten mit 400.000,00 € geführt. Zu dieser Bilanzposition gehört eine Lagerhalle, die im Vorjahr (Geschäftsjahr 99) für insgesamt 70.000,00 € hergestellt wurde. Die Lagerhalle wird, zusammen mit anderen Teilen des Betriebsgebäudes, in der Finanzbuchhaltung unter der Kontonummer „0520 Gebäude" geführt. Für die Lagerhalle liegt in der Anlagenbuchhaltung die folgende Anlagenkarte vor:

Bezeichnung:	Lagerhalle Veilchenweg 19	**Anschaffungs-/Herstellungsdatum:**
Inventarnummer:	773	19.01. des Geschäftsjahres 99
Nutzungsdauer in Jahren:	–	**Anschaffungs-/Herstellungskosten:**
Abschreibungsart:	linear	70.000,00 €
Abschreibungssatz:	3 %	

AfA-Plan:

Anschaffungs-/Herstellungskosten	
Abschreibung Geschäftsjahr 99	
Buchwert 31.12. des Geschäftsjahres 99	
Abschreibung Geschäftsjahr 00	
Buchwert 31.12. des Geschäftsjahres 00	
Abschreibung Geschäftsjahr 01	
Buchwert 31.12. des Geschäftsjahres 01	

a) Erstellen Sie den AfA-Plan für die Geschäftsjahre 99 bis 01.
b) Bilden Sie den Buchungssatz für die Abschreibung der Lagerhalle im Geschäftsjahr 00.
c) Mit welchem Betrag würde die Lagerhalle in die Bilanz zum 31. Dezember des Geschäftsjahres 20 geführt werden, wenn die Halle in den insgesamt 22 Jahren ununterbrochen genutzt wird

und keine besonderen (aktivierungspflichtigen) baulichen Veränderungen vorgenommen werden?

d) Das Grundstück, auf dem die Lagerhalle steht, wird nicht auf dem Konto „0520 Gebäude", sondern auf dem Konto „0510 Bebaute Grundstücke" geführt. Erläutern Sie den Sachverhalt.

Zusammenfassende Aufgabe

Sortieraufgabe zu Begriffen/Sachverhalten zum Thema einfacher Jahresabschluss

Gehen Sie folgendermaßen vor:

1. Schritt: Schauen Sie sich die Begriffe/Sachverhalte allein, ohne mit Ihren Mitschülerinnen und Mitschülern zu sprechen, an. Entscheiden Sie, ob Sie in der Lage sind, einer Mitschülerin oder einem Mitschüler den Begriff/Sachverhalt zu erklären. Falls ja, vermerken Sie in dem Feld hinter dem Begriff/Sachverhalt ein „+" sonst ein „–".
2. Schritt: Vergleichen Sie Ihr Ergebnis mit dem Ihrer Nachbarin/Ihres Nachbarn. Begriffe/Sachverhalte, die Sie beide mit „+" gekennzeichnet haben, stimmen Sie untereinander kurz ab. Begriffe/Sachverhalte, hinter denen ein „+" und ein „–" stehen, werden erklärt, sodass das „–" möglichst in ein „+" geändert werden kann. Bei zwei Mal „–" ist nichts zu machen.
3. Schritt: Die Partner treffen sich mit einer anderen Gruppe. Versuchen Sie weitere „–" in ein „+" zu verwandeln.
4. Einzelne Begriffe/Sachverhalte können noch im Klassenverband besprochen werden.

Passivierung der Zahllast		Bestandsmehrungen an Fertige Erzeugnisse	
Betriebsstoffe an Aufwendungen für Betriebsstoffe		GuV-Konto an Eigenkapital	
Bestandsmehrung der Rohstoffe		lineare Abschreibung	
Kontostand		Abrechnung Kassenkonto	
Elster		Aufwendungen für Fremdbauteile an Fremdbauteile	
Bewertung mit Anschaffungskosten		Aktivierung des Vorsteuerüberhangs	
Haben-Kontoumsatz		Erinnerungswert	
Eröffnungsbilanzkonto		Soll-Saldo	
Unfertige Erzeugnisse an Bestandsveränderungen		Anlagenkarte	
Nutzungsdauer		Schlussbilanzkonto	
Verlust im Geschäftsjahr 01		Summen- und Saldenliste	
Saldo = 0		AfA	
Herstellungskosten		Inventur	

6.8 Beleggeschäftsgang I

Lernsituation

In die Eröffnungsbilanz des aktuellen Geschäftsjahres 20.. der Blum Music4You KG gehen die, in der Inventur zum 31. Dezember des Vorjahres festgestellten Bestände ein:

Nr.	Datum	Text	Betrag in €
81	1. Jan.	Technische Anlagen und Maschinen	90.000,00
82	1. Jan.	Geschäftsausstattung	40.000,00
83	1. Jan.	Rohstoffe	44.000,00
84	1. Jan.	Fremdbauteile	17.000,00
85	1. Jan.	Hilfsstoffe	8.000,00
86	1. Jan.	Unfertige Erzeugnisse	4.000,00
87	1. Jan.	Fertige Erzeugnisse	11.000,00
88	1. Jan.	Forderungen a. LL (Kunde 24001 Ikabo GmbH)	60.000,00
89	1. Jan.	Guthaben bei der Hausbank	5.000,00
90	1. Jan.	Eigenkapital	164.000,00
91	1. Jan.	Bankdarlehen	75.000,00
92	1. Jan.	Verbindlichkeiten a. LL (Lieferant 44001 Sound AG)	40.000,00

Im Verlauf des Geschäftsjahres fallen nur im Dezember die auf den nachfolgenden Seiten aufgeführten Belege 101 bis 111 an.

Aufträge zur Lernsituation

1. Buchen Sie die Belege 101 bis 111 im Grundbuch. Geben Sie jeweils die Belegnummer, das Belegdatum und den Buchungssatz an.
2. Richten Sie alle notwendigen T-Konten im Hauptbuch ein, buchen Sie die Anfangsbestände, übernehmen Sie Ihre Buchungen aus dem Grundbuch und schließen Sie alle Konten formgerecht ab.
3. Setzen Sie eine Finanzbuchhaltungssoftware ein.[1] Erfassen Sie die Anfangsbestände und die Buchungen der Geschäftsvorfälle 101 bis 111. Forderungen buchen Sie auf dem entsprechenden Kundenkonto (**Debitor**), Verbindlichkeiten auf dem entsprechenden Lieferantenkonto (**Kreditor**). Lassen Sie anschließend folgende Unterlagen anzeigen bzw. ausdrucken:
   a) Das Buchungsjournal sämtlicher Buchungen des Geschäftsjahres.

Debitor
Kreditor
▸ Glossar

1 Der Datenbestand für die Bearbeitung der Aufgabe mit der Software Lexware financial office pro steht auf der Internetseite www.music4youkg.de zur Verfügung.

b) Die Summen- und die Saldenliste am 31. Dezember.

c) Die Bilanz und die GuV-Rechnung vom 31. Dezember.

d) Die Umsatzsteuervoranmeldung für Dezember.

4. Bearbeiten Sie die folgenden Arbeitsaufträge, indem Sie auf das Grundbuch, das Hauptbuch oder auf die erstellten Unterlagen der Finanzbuchhaltungssoftware zugreifen.

   a) Erläutern Sie den Kontostand vom 31. Dezember des Kontos „0700 Technische Anlagen und Maschinen".

   b) Begründen Sie, warum auf dem Konto „2000 Rohstoffe" nur eine Buchung erfolgt ist.

   c) Wie hoch ist der gesamte Forderungsbestand der Blum Music4You KG am 31. Dezember?

   d) Welche Zahllast für Dezember wird ausgewiesen?

   e) Prüfen Sie den Kontostand des Kontos „2800 Bank". Ziehen Sie die beiden von Ihnen gebuchten Kontoauszüge heran.

   f) Prüfen Sie den Kontostand des Kontos „2880 Kasse". Ziehen Sie den von Ihnen gebuchten Kassenbericht heran.

   g) Erläutern Sie den im Geschäftsjahr erwirtschafteten Gewinn. Womit hat die Blum Music Geld verdient?

Beleg 101

Jann Bruns e. K. **Spezialhölzer**

Jann Bruns e. K. • Westerstraße 44 • 38104 Braunschweig

Blum Music4You KG
Veilchenweg 19
50677 Köln

Steuernummer	**366 6553 0411**
USt-IdNr.	**DE 554 433 221**
Kundennummer	19666
Bearbeiter	
Lieferdatum	05.12.20..
Rechnungsdatum	11.12.20..

Rechnung Nr. 49887

Pos.	Menge	Einheit	Art.-Nr.	Bezeichnung	Einzelpreis €	Rabatt %	Gesamtpreis €
1	20	Stück	2323	Ahornblock 0,9	7,10	–	142,00
2	25	Stück	7122	Ahornblock 7,5	61,00	–	1.525,00
				Gesamt netto			1.667,00
				zzgl. 19 % USt			316,73
				Gesamtbetrag brutto			**1.983,73**

Zahlbar innerhalb von 30 Tagen.

Beleg 102

F & S GmbH • Instrumentenhandel Erlangen

F & S GmbH, Südweg 8, 91060 Erlangen

Blum Music4You KG
Veilchenweg 19
50677 Köln

Telefon: 09131 343434
E-Mail: info@f-und-s-wvb.de

Rechnungsnummer 33456
Rechnungsdatum 11. Dezember 20..
Lieferdatum 8. Dezember 20..

Rechnung

Position	Menge	Mengeneinheit	Bezeichnung	Einzelpreis	Gesamtpreis (€)
01	25	Stück	Klangregler Set XU14	5,30	132,50
02	150	Stück	Kippschalter XU92	0,90	135,00
			Rechnungsbetrag netto		267,50
			gesetzliche USt 19 %		50,83
			Rechnungsbetrag brutto		**318,33**

Wir bitten um Zahlung bis zum 28. Dezember 20...

Beleg 103

Büromaschinen – Büromöbel – Bürobedarf – Organisationsmittel

Mühlenbach OHG • Blinke 39 A • 26789 Leer

Mühlenbach OHG
Leer

Blum Music4You KG
Veilchenweg 19
50677 Köln

Rechnung
Rechnungsnummer 70665
Rechnungsdatum 11.12.20..
Lieferung am 08.12.20..

Pos.	Artikel-Nr.	Artikelbezeichnung	Menge	Preis je Einheit in €	Betrag gesamt in €
001	02390	Laserdrucker Conan Color 400	1	1.200,00	1.200,00
002	30444	Druckerpapier L80, 500 Blatt	3	5,00	15,00
003	02400	Bildeinheit für Conan Color 400	1	29,00	29,00
		Nettobetrag			1.244,00
		+ USt 19 %			236,36
		Bruttobetrag			**1.480,36**

Zahlbar innerhalb 30 Tagen ohne Abzug.

Beleg 104

die Lösung

Elektro-Jakowski e. K.

- Elektro-Installationen
- Unterhaltungselektronik
- Reparaturen

Elektro-Jakowski e. K. • John-Lennon-Str. 4 • 26135 Oldenburg

Blum Music4You KG
Veilchenweg 19
50677 Köln

Auftragsdatum:	03.12.20..
Auftragsnummer:	56789
Rechnungsdatum:	11.12.20..
Rechnungsnummer:	66789
Kundennummer:	112244
Zeitraum der Leistung:	04.12.–08.12.20..

Rechnung

Position	Menge	ME	Bezeichnung	Einzelpreis	Gesamtpreis
			Reparatur Prüfgerät – Elektronik geprüft – Endstufe erneuert – detaillierte Leistungsmessung durchgeführt		
01	10	Stunden	Geselle Ludewig	68,00 €	680,00 €
02	1	Stück	Verstärkeranlage Gandug H800	2.370,00 €	2.370,00 €
			Summe Auftrag 56789:		3.050,00 €
			Umsatzsteuer 19 %:		579,50 €
			Endbetrag:		**3.629,50 €**

Wir freuen uns darauf, weitere Aufträge für Sie auszuführen.

Beleg 105

Kölner Kreditanstalt AG **Kontoauszug** Nr. 128 vom 20.12.20.. **Blatt** 1

Datum	Wert	Buchungstext	Soll	Haben
		Alter Kontostand am 10.12.20.. in EUR		5.000,00
20.12.	20.12.	Calania-Versicherungen, Haftpflichtversicherungsprämie	390,00	
20.12.	20.12.	Abschlagszahlung Gehälter	5.100,00	
20.12.	20.12.	Jann Bruns e. K., Ausgleich Rechnung 49887	1.983,73	
20.12.	20.12.	Barabhebung, Automat Westerstraße	2.000,00	
		Neuer Kontostand am 20.12.20.. in EUR	4.473,73	

Blum Music4You KG
Veilchenweg 19
50677 Köln

IBAN: DE98 3701 0099 2333 4442 00
BIC: KOEKDEKN280

Beleg 106

BLUM Music4You KG

Blum Music4You KG • Veilchenweg 19 • 50677 Köln

Elke Jung
AC/BC Coverband
Rosa-Luxemburg-Straße 2
01099 Dresden

Rechnung

Bei Zahlung bitte stets angeben:

Auftragsnummer	Liefer- oder Leistungsdatum	**Kundennummer**	**Rechnungsnummer**	**Rechnungsdatum**
4322	11. Dez. 20..	10002	45666	20. Dez. 20..

Pos.	Artikel-nummer	Artikelbezeichnung	Menge	ME	Einzelpreis €	Rabatt %	Gesamtpreis €
001	30001	E-Gitarre Modell „Keith“	1	St.	18.000,00		18.000,00
Zwischensumme							18.000,00

Gesamtrabatt %	Gesamtrabatt €	Nettopreis €	USt %	USt €	**Bruttopreis €**
		18.000,00	19,0	3.420,00	**21.420,00**

Zahlbar innerhalb von 30 Tagen.

Blum Music4You KG
Veilchenweg 19, 50677 Köln
Telefon: 0221 386760-0
Telefax: 0221 386760-10
E-Mail: info@music4youkg.de
Internet: www.music4youkg.de

Geschäftsführung: Claus Blum
Handelsregister Köln
HRA 47111
USt-IdNr.: DE 987 654 321
Steuernummer: 215 587 00815

Kölner Kreditanstalt AG
IBAN: DE98 3701 0099 2333 4442 00
BIC: KOEKDEKN280

Beleg 107

BLUM Music4You KG

Blum Music4You KG • Veilchenweg 19 • 50677 Köln

Josef Huber KG
Berliner Straße 2
80805 München

Rechnung

Bei Zahlung bitte stets angeben:

Auftragsnummer	Liefer- oder Leistungsdatum	**Kundennummer**	**Rechnungsnummer**	**Rechnungsdatum**
4267	4. Dez. 20..	10003	45667	20. Dez. 20..

Pos.	Artikel-nummer	Artikelbezeichnung	Menge	ME	Einzelpreis €	Rabatt %	Gesamtpreis €
001	10001	Planung und Abwicklung der Konzertveranstaltung „Der Süden rockt“	1		14.000,00		14.000,00
Zwischensumme							14.000,00

Gesamtrabatt %	Gesamtrabatt €	Nettopreis €	USt %	USt €	**Bruttopreis €**
		14.000,00	19,0	2.660,00	**16.660,00**

Zahlbar innerhalb von 30 Tagen.

Blum Music4You KG
Veilchenweg 19, 50677 Köln
Telefon: 0221 386760-0
Telefax: 0221 386760-10
E-Mail: info@music4youkg.de
Internet: www.music4youkg.de

Geschäftsführung: Claus Blum
Handelsregister Köln
HRA 47111
USt-IdNr.: DE 987 654 321
Steuernummer: 215 587 00815

Kölner Kreditanstalt AG
IBAN: DE98 3701 0099 2333 4442 00
BIC: KOEKDEKN280

Beleg 108

Kassenbuch

Tagesabrechnung am: 20.12.20.. **Kontostand Vortag €:** 2.000,00

Nr.	Text	Einnahmen €	Ausgaben €	USt %	USt €
1	Tankfüllung Diesel		140,00	19,0	22,35
2	Fachzeitschrift		6,42	7,0	0,42
3	Werbeanzeige		238,00	19,0	38,00
4	Regalsystem		1.547,00	19,0	247,00

Kontostand neu €: 68,58

Anlage 1 zu Beleg 108

HEP-Tankstelle
Peter Klug
Felsweg 22
26789 Westerstede
Tel.: 04488 223344

Steuer-Nr.: 66 778 89911

Diesel A	140,00 €

Kundenbeleg

TOTAL	**140,00 €**
MWST 19 % A	22,35 €
Netto	117,65 €
20.12.20..	08:40 Uhr

Vielen Dank und gute Fahrt!

Anlage 2 zu Beleg 108

Wuehl
Kiosk am Wald
Steinallee 11 • 50677 Köln

Barverkauf

Bezeichnung	Anzahl	E.-Preis/€	MWSt	G.-Preis/€
Fachzeitschrift „Praxis des Rechnungswesens"	1	6,42	2	6,42
Gesamtsumme in €		***000006,42		

inkl. MWSt 7 % 0,42

Es bediente Sie Christin Hausmann

00195-11 Bei Irrtum oder Umtausch bitte diesen Beleg vorlegen. Nur gültig mit Kassenaufdruck.

Wuehl – Kiosk am Wald
St.-Nr. 88 333 01234

Anlage 3 zu Beleg 108

Quittung

Nr.

Netto	€ 200,	ct 00
+ 19 % USt	€ 38,	ct 00
Gesamt	€ 238,	ct 00

Gesamtbetrag € in Worten
zweihundertachtunddreißig ——— Cent wie oben

(Im Gesamtbetrag sind ______ % Umsatzsteuer enthalten)

von Fa. Blum Music4You KG

für Anzeige 15 x 9, Regionalteil für Ausgabe am 22. Dez. 20..

richtig erhalten zu haben, bestätigt

Ort Köln, Datum 20.12.20..

Buchungsvermerke

Stempel/Unterschrift des Empfängers
Rasch

Kölner Tageblatt
Steinweg 33
50677 Köln
Tel.: 0221 45568-0
Fax: 0221 45568-111

Anlage 4 zu Beleg 108

Büromaschinen – Büromöbel – Bürobedarf – Organisationsmittel

Mühlenbach OHG
Leer

Mühlenbach OHG • Blinke 39 A • 26789 Leer

Blum Music4You KG
Veilchenweg 19
50677 Köln

Lieferschein/Rechnung/Barzahlungsbeleg

Rechnungsnummer	70773
Rechnungsdatum	20.12.20..
Abholung am	20.12.20..

Pos.	Artikel-Nr.	Artikelbezeichnung	Menge	Preis je Einheit in €	Betrag gesamt in €
001	45776	Regalsystem „Krulli“	1	1.300,00	1.300,00
		Nettobetrag			1.300,00
		+ USt 19 %			247,00
		Bruttobetrag			**1.547,00**

Zahlung:
- [x] bar
- [ ] EC-Karte
- [ ] Scheck
- [ ] Sonstiges

Betrag dankend erhalten:
i. A. Hellmers

Mühlenbach OHG
Blinke 39 A
26789 Leer

Beleg 109

Kölner Kreditanstalt AG **Kontoauszug** Nr. 129 vom 27.12.20.. **Blatt** 1

Datum	Wert	Buchungstext	Soll	Haben
		Alter Kontostand am 18.12.20.. in EUR	4.473,73	
27.12.	27.12.	Josef Huber KG, Ausgleich Rechnung		16.660,00
27.12.	27.12.	Zinsabschlag, Darlehen 121222	937,50	
27.12.	27.12.	Tilgung, Darlehen 121222	5.000,00	
		Neuer Kontostand am 27.12.20.. in EUR		6.248,77

Blum Music4You KG
Veilchenweg 19
50677 Köln

IBAN: DE98 3701 0099 2333 4442 00
BIC: KOEKDEKN280

Beleg 110

Inventur durchgeführt am: 31. Dezember 20..

Bezeichnung	Konto	Wertansatz
Rohstoffe	2000	45.000,00 €
Fremdbauteile	2010	15.000,00 €
Hilfsstoffe	2020	7.400,00 €
Unfertige Erzeugnisse	2100	5.500,00 €
Fertige Erzeugnisse	2200	10.500,00 €

Beleg 111

Abschreibungen

Zusammengefasste Abschreibungsbeträge des aktuellen Geschäftsjahres, übernommen aus den Anlagekarten 680 bis 710

Bezeichnung	Konto	Summe der Abschreibungsbeträge
Technische Anlagen und Maschinen	0700	9.500,00 €
Geschäftsausstattung	0800	7.000,00 €

Lernlandkarte 6.9 bis 6.15

6.9 Jahresabschluss – Inventur, Inventar, Bilanz

6.10 Anlagevermögen bewerten

6.11 Vorräte bewerten

6.12 Forderungen bewerten

6.13 Schulden bewerten

6.14 Zeitliche Abgrenzungen

6.15 Rückstellungen

Bilanz der Blum Music4You KG zum 31. Dezember Geschäftsjahr 01

Aktiva		Passiva	
A. Anlagevermögen		**A. Eigenkapital**	**606.150,00**
1. Grundstücke und Bauten	392.500,00		
2. Technische Anlagen u. Maschinen	102.500,00	**B. Rückstellungen**	**15.500,00**
3. Andere Anlagen, Betriebs- u. Geschäftsausstattung	520.100,00	**C. Verbindlichkeiten**	
Summe A. Anlagevermögen	**1.015.100,00**	1. Verb. geg. Kreditinstituten	503.800,00
		2. Verbindlichkeiten a. LL	65.045,45
B. Umlaufvermögen		3. Sonstige Verbindlichkeiten	16.300,00
I. Vorräte		**Summe C. Verbindlichkeiten**	**585.145,45**
1. Roh-, Hilfs- und Betriebsstoffe	4.998,28		
2. Unfertige Erzeugnisse	3.000,00	**D. Rechnungsabgrenzungsposten**	**3.500,00**
3. Fertige Erzeugnisse u. Waren	102.900,00		
II. Forderungen			
1. Forderungen a. LL	15.507,40		
2. Sonstige Vermögensgegenstände	150,00		
III. Kassenbestand Guthaben bei Kreditinstituten	64.139,77		
Summe B. Umlaufvermögen	**190.695,45**		
C. Rechnungsabgrenzungsposten	**4.500,00**		
Summe Aktiva	**1.210.295,45**	**Summe Passiva**	**1.210.295,45**

Gewinn- und Verlustrechnung der Blum Music4You KG im Geschäftsjahr 01

Umsatzerlöse	1.380.000,00 €
Bestandsveränderungen fertige/unfertige Erzeugnisse	100,00 €
Sonstige betriebliche Erträge	10.650,00 €
Materialaufwand	219.200,00 €
Personalaufwand	800.600,00 €
Abschreibungen	184.300,00 €
Sonstige betriebliche Aufwendungen	61.000,00 €
Zinsen und ähnliche Erträge	15.000,00 €
Zinsen und ähnliche Aufwendungen	23.000,00 €
Steuern vom Einkommen und Ertrag	11.500,00 €
Jahresüberschuss/-fehlbetrag	**106.150,00 €**

6.17 Beleggeschäftsgang II

6.16 Bilanz und GuV-Rechnung auswerten

Das fließt rein:

Voraussetzungen für den Jahresabschluss der Blum Music4You KG:

- Alle laufenden Geschäftsvorfälle des Jahres 01 sind gebucht.
- Die Summen- und Saldenliste vom 30. Dez. 01 liegt vor.
- Am 31. Dezember findet kein Geschäftsbetrieb statt.

Das erstellt die Blum Musik4You KG:

Jahresabschlussbuchungen:

- Buchungsdatum: 31. Dezember 01
- Buchungsbetrag: Differenz zwischen Soll-Bestand und Ist-Bestand
- Soll-Bestand: Saldenliste vom 30. Dezember 01
- Ist-Bestand: Inventar, Anlagenkarten

Das geht raus:

Unterlagen nach der Durchführung des Jahresabschlusses:

- Bilanz zum 31. Dez. des Geschäftsjahres
- GuV-Rechnung für das Geschäftsjahr 01
- Summen- und Saldenliste vom 31. Dezember des Geschäftsjahres 01

6.9 Jahresabschluss erstellen und auswerten – Inventur, Inventar, Bilanz

Die Blum Music4You KG führt die Jahresabschlüsse für das Geschäftsjahr 06 (Kapitel 6.9), für das Geschäftsjahr 11 (Kapitel 6.10 bis 6.16) und für das Geschäftsjahr 21 (Kapitel 6.17) durch.

Die Mitarbeiter in der Abteilung Finanzbuchhaltung der Blum Music4You KG erfassen die Jahresabschlussbuchungen in einem Grundbuch, das folgende Struktur aufweist:

Beleg-Nr.	Buchungsdatum	Konto	Soll	Haben
...	...	...	...	...
...	...	...	...	...

Die Belege für die Jahresabschlussbuchungen des Geschäftsjahres 11 beginnen mit der Nummer 5901 und werden fortlaufend nummeriert. Das Buchungsdatum ist immer der 31. Dezember des Geschäftsjahres 11.

Die Jahresabschlüsse der Vorjahre liegen vor. Die Mitarbeiter der Finanzbuchhaltungsabteilung verwenden als Vorlage den Jahresabschluss des Geschäftsjahres 01.[1]

Jahresabschluss Blum Music Jahr 01 Kap. 6.16

Lernsituation

Vor Aufstellung der Bilanz des Geschäftsjahres 06 der Blum Music4You KG liegt das folgende, verkürzt dargestellte Inventar vor:

Blum Music4You KG
Inventurbestände am 31. Dezember des Geschäftsjahres 06

Anlagevermögen	**Betrag in €**
1. Unbebautes Grundstück Veilchenweg 18	60.000,00
2. Betriebsgebäude, Veilchenweg 19	200.000,00
3. Geschäftsgebäude, Veilchenweg 19	240.000,00
4. Maschinen für die Gitarrenfertigung laut Anlagenkarten	65.000,00
5. Transportfahrzeug laut Anlagenkarte	20.000,00
6. Büroausstattung laut Anlagenkarten	80.000,00
7. Studiotechnik laut Anlagenkarten	150.000,00
8. Livetechnik laut Anlagenkarten	200.000,00
9. Flexible Bühne laut Anlagenkarte	150.000,00

Fortsetzung Tabelle siehe nächste Seite.

1 Der Jahresabschluss der Blum Music4You KG für das Geschäftsjahr 01 ist im Grundlagenteil, Kapitel 6.16, vollständig dargestellt.

Blum Music4You KG Inventurbestände am 31. Dezember des Geschäftsjahres 06	
Umlaufvermögen	**Betrag in €**
1. Hölzer für die Gitarrenfertigung laut Inventurverzeichnis	2.000,00
2. Bezogene Fertigteile für die Gitarrenfertigung laut Inventurverzeichnis	3.500,00
3. Schrauben, Muttern, Scheiben für die Gitarrenfertigung lt. Inventurverzeichnis	100,00
4. Öle, Fette laut Inventurverzeichnis	400,00
5. Gitarren im Bau laut Inventurverzeichnis	3.000,00
6. Fertig gestellte, noch nicht ausgelieferte Gitarren laut Inventurverzeichnis	6.000,00
7. Fanartikel, CDs, DVDs, Raritäten laut Inventurverzeichnis	104.000,00
8. Forderungen laut Offener-Posten-Liste Debitoren vom 31. Dez.	20.000,00
9. Kassenbestand laut Kassenabrechnung vom 31. Dez.	500,00
10. Bankguthaben bei der Kölner Kreditanstalt AG, Kontoauszug vom 31. Dez.	16.500,00
Schulden	**Betrag in €**
1. Hypothek auf dem Grundstück Veilchenstraße 19	510.000,00
2. Darlehen der Kölner Kreditanstalt AG	40.000,00
3. Verbindlichkeiten laut Offener-Posten-Liste Kreditoren	70.000,00
4. Zahllast für Dezember 06 laut Umsatzsteuer-Voranmeldung	17.000,00

Aufträge zur Lernsituation

1. Ermitteln Sie die Summe des Vermögens, der Schulden und des Eigenkapitals der Blum Music am 31. Dezember des Geschäftsjahres 06.
2. Für welche im Inventar aufgeführten Gegenstände des Umlaufvermögens kommt
   a) die Stichtagsinventur,
   b) die nachverlegte Inventur,
   c) die permanente Inventur infrage?
3. Handelt es sich bei den im Inventar aufgeführten Beträgen um Ist-Bestände oder um Soll-Bestände?
4. Ein Inventar kann Mengenangaben enthalten, die Bilanz nicht. Welche Mengeneinheiten kommen für die im Inventar aufgeführten Hölzer, Schrauben und Öle jeweils infrage?
5. Die Hölzer für die Gitarren werden mit ihren „Anschaffungskosten“, die sich im Bau befindenden Gitarren mit ihren „Herstellungskosten“ bewertet. Worin liegt der grundsätzliche Unterschied?
6. Unter den „Verbindlichkeiten laut Offenen-Posten-Liste Kreditoren“ befinden sich Eingangsrechnungen, die in den ersten Tagen des Geschäftsjahres 07 mit Abzug von Skonto überwiesen werden sollen. Gegen welchen Grundsatz würde die Blum Music verstoßen, wenn die Bewertung der Verbindlichkeiten bereits den Skontoabzug enthielte?
7. Erstellen Sie die Bilanz der Blum Music zum 31. Dezember des Geschäftsjahres 06, indem Sie die Beträge aus dem Inventar zusammenfassen und in die unten stehende Bilanzstruktur eintragen.
   Berücksichtigen Sie dabei folgende Hinweise:

Sonstige Verbindlichkeiten, Rechnungsabgrenzungsposten und Rückstellungen liegen am 31. Dezember des Geschäftsjahres 06 nicht vor. Bezogene Fertigteile werden der Bilanzposition „Roh-, Hilfs- und Betriebsstoffe" zugeordnet.

8. Vergleichen Sie die Bilanz des Geschäftsjahres 06 mit der Bilanz des Geschäftsjahres 01 (Grundlagenteil, Kapitel 6.16). Wie haben sich das Vermögen und das Kapital verändert?

Aktiva	Bilanz der Blum Music4You KG zum 31. Dezember Geschäftsjahr 06		Passiva
A. Anlagevermögen		**A. Eigenkapital**	...
1. Grundstücke und Bauten	...		
2. Technische Anlagen u. Maschinen	...	**B. Rückstellungen**	...
3. Andere Anlagen, Betriebs- u. Geschäftsausstattung	...	**C. Verbindlichkeiten**	
Summe A. Anlagevermögen	...	1. Verb. geg. Kreditinstituten	...
B. Umlaufvermögen		2. Verbindlichkeiten a. LL	...
I. Vorräte		3. Sonstige Verbindlichkeiten	...
1. Roh-, Hilfs- und Betriebsstoffe	...	**Summe C. Verbindlichkeiten**	...
2. Unfertige Erzeugnisse	...	**D. Rechnungsabgrenzungsposten**	...
3. Fertige Erzeugnisse u. Waren	...		
II. Forderungen			
1. Forderungen a. LL	...		
2. Sonstige Vermögensgegenstände	...		
III. Kassenbestand, Guthaben bei Kreditinstituten	...		
Summe B. Umlaufvermögen	...		
C. Rechnungsabgrenzungsposten	...		...
Summe Aktiva	...	**Summe Passiva**	...

Übung

Inventar und Bilanz der Druckerei Erhard Plus e. K.

Nach Durchführung der Inventur werden für den 31. Dezember die folgenden Vermögens- und Schuldenwerte festgestellt:

Gedrucktes, noch nicht geheftetes Sportmagazin (Kundenauftrag)	11.000,00 €
Fertiggestellte, noch nicht ausgelieferte Werbeprospekte (Kundenauftrag)	3.000,00 €
Büroausstattung	25.000,00 €
Hypothek auf das Bürogebäude	120.000,00 €
Offene Posten Debitoren	31.000,00 €
Offene Posten Kreditoren	170.000,00 €
Bankguthaben	2.000,00 €
Papierrollen für die Fertigung der Sportmagazine	12.000,00 €
Vorsteuerüberhang für Dezember	3.000,00 €
Druckmaschinen	110.000,00 €
Heftklammern für die Fertigung der Sportmagazine	4.000,00 €
Darlehen für die Finanzierung der Druckmaschinen	80.000,00 €
Druckerei- und Lagergebäude, Steinweg 17	200.000,00 €
Bürogebäude, Steinweg 17	150.000,00 €
IT-System	35.000,00 €

a) Ordnen Sie die angegebenen Werte nach Anlagevermögen, Umlaufvermögen und Schulden.
b) Ermitteln Sie das Eigenkapital.
c) Erstellen Sie die Bilanz. Legen Sie die Bilanzstruktur der Blum Music4You KG zugrunde. Rechnungsabgrenzungsposten und Rückstellungen liegen nicht vor.

Check-up-Fragen

Entscheiden Sie jeweils, ob die folgenden Aussagen zum Thema „Inventur, Inventar, Bilanz" richtig oder falsch sind und begründen Sie Ihre Entscheidung.

a) Die am 4. Mai erfasste Buchung der Eingangsrechnung für einen neu angeschafften Pkw wirkt sich unmittelbar auf die Bilanz des Geschäftsjahres aus.
b) In der GuV-Rechnung werden Vermögen, Kapital und Jahresgewinn ausgewiesen.
c) Aufgabe des Jahresabschlusses ist es, die Ist-Bestände den Soll-Beständen anzupassen.
d) Die Bilanz ist stichtagbezogen, die GuV-Rechnung ist zeitraumbezogen.
e) In einem metallverarbeitenden Betrieb wird die vor zwei Jahren angeschaffte Fräsmaschine mit ihren „fortgeführten Anschaffungskosten" in der Bilanz unter „Anlagevermögen" geführt.
f) Im Rahmen der Inventur einer Möbelfabrik werden am 31. Dezember 250 montierte, aber noch nicht lackierte Tische gezählt. Die Tische werden mit ihren „fortgeführten Anschaffungskosten" in der Bilanz unter „Anlagevermögen" geführt.
g) Die im Dezember gebuchte Tilgung eines Darlehens führt dazu, dass das in der Bilanz ausgewiesene Fremdkapital sinkt.
h) Um den zu versteuernden Gewinn zu senken, wird das Anlagevermögen durch niedrige Abschreibungen möglichst hoch ausgewiesen.

6.10 Anlagevermögen bewerten

Lernsituation

In der Vorjahresbilanz der Blum Music4You KG mit dem Bilanzstichtag 31. Dezember des Geschäftsjahres 10 wird das Anlagevermögen mit 1.140.000,00 € ausgewiesen.

A. Anlagevermögen	
1. Grundstücke und Bauten	500.000,00 €
2. Technische Anlagen und Maschinen	40.000,00 €
3. Andere Anlagen, Betriebs- und Geschäftsausstattung	600.000,00 €
Summe A. Anlagevermögen	**1.140.000,00 €**

Am 30. Dezember des Geschäftsjahres 11 (aktuelles Jahr) liegt der folgende Auszug aus der Summen- und Saldenliste vor. Jahresabschlussbuchungen sind **noch nicht** durchgeführt worden.

Konto	Kontostand 01.01.11 in €	Soll-Umsatz in €	Haben-Umsatz in €	Kontostand 30.12.11 in €
0510 Bebaute Grundstücke	150.000,00 S			150.000,00 S
0520 Gebäude	350.000,00 S			350.000,00 S
0700 Technische Anlagen	40.000,00 S	100.000,00		140.000,00 S
0800 Geschäftsausstattung	570.000,00 S	80.000,00	30.000,00	620.000,00 S
0840 Fuhrpark	20.000,00 S	50.000,00	20.000,00	50.000,00 S
0890 GWG-Sammelposten BGA	10.000,00 S	3.000,00		13.000,00 S
Summe Kontenklasse 0	1.140.000,00 S	233.000,00	50.000,00	1.323.000,00 S

Grundstücke oder Gebäude sind im Geschäftsjahr 11 weder gekauft noch verkauft worden. Die Gegenstände der Geschäftsausstattung werden degressiv[1], alle anderen Anlagegegenstände werden linear abgeschrieben.

Die folgende Darstellung zeigt die Konten der Gegenstände des Anlagevermögens im Hauptbuch, Stand 30. Dezember des Geschäftsjahres 11:

Soll	0510 Bebaute Grundst.		Haben
8000	150.000,00		

Soll	0520 Gebäude		Haben
8000	350.000,00		

Soll	0700 Techn. Anlagen		Haben
8000	40.000,00		
4400	100.000,00		

Soll	0800 Gesch.-Ausst.		Haben
8000	570.000,00	2400	30.000,00
4400	80.000,00		

Soll	0840 Fuhrpark		Haben
8000	20.000,00	2400	20.000,00
4400	50.000,00		

Soll	0890 GWG-Sammelp.		Haben
8000	10.000,00		
4400	3.000,00		

Aufträge zur Lernsituation

1. Einrichten von Grundbuch und Hauptbuch

Richten Sie für die Erfassung der Jahresabschlussbuchungen ein Grundbuch nach folgendem Muster in Ihrem Arbeitsheft ein:

Beleg-Nr.	Buchungsdatum	Konto	Soll	Haben
...	...	...	...	...
...	...	...	...	...

Sämtliche Jahresabschlussbuchungen werden unter dem Datum **31. Dezember des Geschäftsjahres 11** erfasst.

Richten Sie die Konten der Gegenstände des Anlagevermögens im Hauptbuch ein. Tragen Sie die Anfangsbestände und die Buchungen bis einschließlich 30. Dezember des Geschäftsjahres 11, wie

1 Die Zulassung oder Nichtzulassung der degressiven Abschreibung ist eine konjunkturpolitische Maßnahme. Die Anschaffung der Gegenstände der Geschäftsausstattung erfolgte zu einem Zeitpunkt, als die degressive Abschreibung beweglicher Anlagegüter erlaubt war.

oben dargestellt, vor. Richten Sie zusätzlich die Konten „6520 Abschreibungen auf Sachanlagen" und „6540 Abschreibungen auf GWG-Sammelposten" sowie das GuV-Konto und das SBK ein.

2. Lineare Abschreibung

a) Das Gebäude, am 1. Januar mit 350.000,00 € eröffnet, wird mit einem Abschreibungsbetrag von 10.500,00 € linear abgeschrieben. Erfassen Sie die Buchung im Grundbuch unter der Belegnummer 5901 und übernehmen Sie die Buchung ins Hauptbuch.

b) Bei der am 1. Januar des Geschäftsjahres 11 bereits vorhandenen technischen Anlage handelt es sich um eine Verstärkeranlage, die in der Bilanz des Vorjahres mit 40.000,00 € bewertet wurde. Die Anlage wird laut Anlagenkarte im Geschäftsjahr 11 mit 5.000,00 € abgeschrieben. Buchen Sie die Abschreibung im Grundbuch unter der Belegnummer 5902 und übernehmen Sie die Buchung ins Hauptbuch.

3. Zeitanteilige lineare Abschreibung

a) Am 3. Mai des Geschäftsjahres 11 wurde eine neue Zuschneideanlage angeschafft. Die Aktivierung zu Anschaffungskosten von 100.000,00 € erfolgte mit der Buchung der Eingangsrechnung (0700, 2600 an 4400). Die Nutzungsdauer beträgt zehn Jahre. Die Anlage wird linear abgeschrieben. Erstellen Sie einen AfA-Plan für die ersten drei Jahre nach folgendem Muster:

Anschaffungskosten Geschäftsjahr 11	100.000,00 €
Abschreibung Geschäftsjahr 11	...
Buchwert 31.12. des Geschäftsjahres 11	...
Abschreibung Geschäftsjahr 12	...
Buchwert 31.12. des Geschäftsjahres 12	...
Abschreibung Geschäftsjahr 13	...
Buchwert 31.12. des Geschäftsjahres 13	...

b) Buchen Sie die Abschreibung der Zuschneideanlage am 31. Dezember des Geschäftsjahres 11 im Grundbuch und im Hauptbuch (Belegnummer 5903).

c) Das am 1. Januar vorhandene Transportfahrzeug wurde im Januar des Geschäftsjahres 11 für 20.000,00 € verkauft. Am 3. September kaufte die Blum Music ein neues Fahrzeug, Anschaffungskosten 50.000,00 €. Das Fahrzeug wird linear abgeschrieben, Nutzungsdauer fünf Jahre. Erstellen Sie einen AfA-Plan für die ersten drei Jahre nach folgendem Muster:

Anschaffungskosten Geschäftsjahr 11	50.000,00 €
Abschreibung Geschäftsjahr 11	...
Buchwert 31.12. des Geschäftsjahres 11	...
Abschreibung Geschäftsjahr 12	...
Buchwert 31.12. des Geschäftsjahres 12	...
Abschreibung Geschäftsjahr 13	...
Buchwert 31.12. des Geschäftsjahres 13	...

d) Buchen Sie die Abschreibung des Transportfahrzeugs am 31. Dezember des Geschäftsjahres 11 im Grundbuch und im Hauptbuch (Belegnummer 5904).

4. Degressive Abschreibung

Sämtliche auf dem Konto „0800 Geschäftsausstattung" geführten Gegenstände werden degressiv mit 30 % abgeschrieben. Im Januar wurde ein Mischpult für 30.00,00 € verkauft. Buchen Sie die Abschreibung der Geschäftsausstattungsgegenstände, die am 1. Januar des Geschäftsjahres 11 bereits vorhanden waren und am 30. Dezember mit 540.000,00 € (570.000,00 € – 30.000,00 €) in den Büchern stehen, im Grundbuch und im Hauptbuch (Belegnummer 5905).

5. Zeitanteilige degressive Abschreibung

Am 24. Februar des Geschäftsjahres 11 wurde ein neues Mischpult angeschafft. Die Aktivierung zu Anschaffungskosten von 80.000,00 € erfolgte mit der Buchung der Eingangsrechnung (0800, 2600 an 4400). Die Nutzungsdauer beträgt acht Jahre. Das Mischpult wird mit 30 % degressiv abgeschrieben.

a) Erstellen Sie einen AfA-Plan für die ersten drei Jahre nach folgendem Muster:

Anschaffungskosten Geschäftsjahr 11	80.000,00 €
Abschreibung Geschäftsjahr 11	...
Buchwert 31.12. des Geschäftsjahres 11	...
Abschreibung Geschäftsjahr 12	...
Buchwert 31.12. des Geschäftsjahres 12	...
Abschreibung Geschäftsjahr 13	...
Buchwert 31.12. des Geschäftsjahres 13	...

b) Buchen Sie die Abschreibung des Mischpults am 31. Dezember des Geschäftsjahres 11 im Grundbuch und im Hauptbuch (Belegnummer 5906).

6. Abschreibung der GWG-Sammelposten

Auf dem Konto „0890 GWG-Sammelposten" werden die am 1. Januar bereits vorhandenen bzw. im Laufe des Geschäftsjahres 11 angeschafften Geschäftsausstattungsgegenstände am 30. Dezember mit insgesamt 13.000,00 € geführt.

a) Zu welchem Mindest- und zu welchem Höchstbetrag sind die auf dem Konto 0890 geführten Gegenstände gekauft worden?

b) In welchen Geschäftsjahren sind die am 1. Januar bereits vorhandenen Gegenstände angeschafft worden?

c) Buchen Sie die Abschreibung der GWG-Sammelposten am 31. Dezember des Geschäftsjahres 11 im Grundbuch und im Hauptbuch (Belegnummer 5907).

7. Darstellung des Anlagevermögens in der Bilanz

a) Schließen Sie die Bestandskonten 0510 bis 0890 im Hauptbuch jeweils über das SBK ab.

b) Schließen Sie die Abschreibungskonten 6520 und 6540 über das GuV-Konto ab.

c) Erläutern Sie die Bewertung der bebauten Grundstücke.

d) Am 31. Dezember des Geschäftsjahres 11, nach Erfassung der Abschreibungsbuchungen, wird die Summen- und Saldenliste erneut ausgedruckt. Stellen Sie für jedes Konto die Umsätze und den Kontostand fest, indem Sie die Beträge dem Hauptbuch entnehmen. Erstellen Sie die Summen- und Saldenliste nach folgendem Muster:

Konto	Kontostand 01.01.11 in €	Soll-Umsatz in €	Haben-Umsatz in €	Kontostand 31.12.11 in €
0510 Bebaute Grundstücke	150.000,00 S			
0520 Gebäude	350.000,00 S			
0700 Technische Anlagen	40.000,00 S			
0800 Geschäftsausstattung	570.000,00 S			
0840 Fuhrpark	20.000,00 S			
0890 GWG-Sammelposten BGA	10.000,00 S			
Summe Kontenklasse 0	1.140.000,00 S			

e) Mit welchen Beträgen wird das Anlagevermögen der Blum Music4You KG in der Jahresbilanz zum 31. Dezember des Geschäftsjahres 11 ausgewiesen?

A. Anlagevermögen	
1. Grundstücke und Bauten	...
2. Technische Anlagen und Maschinen	...
3. Andere Anlagen, Betriebs- und Geschäftsausstattung	...
Summe A. Anlagevermögen	...

Übungen

1. Zeitanteilige lineare Abschreibung

Die Mühlenbach OHG erhält folgende Rechnung:

Nr.	Datum	Text	Betrag in €
321	26. April	Lieferung Gabelstapler „Zeppelan Z50", netto ...... + 19 % Umsatzsteuer .... Rechnungsbetrag brutto	32.500,00 6.175,00 38.675,00

Die Anschaffungskosten sind mit dem Kaufpreis identisch. Der neue Gabelstapler wird auf dem Konto „0800 Betriebsausstattung" geführt. Die Nutzungsdauer beträgt acht Jahre. Das Gerät wird linear abgeschrieben.

a) Buchen Sie die Eingangsrechnung am 26. April.
b) Berechnen Sie den Jahresabschreibungsbetrag und den zeitanteiligen Abschreibungsbetrag im Anschaffungsjahr.
c) Nennen Sie den Buchungssatz für die Abschreibung im Anschaffungsjahr.
d) Nennen Sie den Buchungssatz für die Abschreibung im Folgejahr.
e) Mit welchem Betrag geht der Gabelstapler in das Anlagevermögen der Bilanz zum 31. Dezember des Folgejahres?

2. Zeitanteilige degressive Abschreibung

Die Mühlenbach OHG erhält folgende Rechnung:

Nr.	Datum	Text	Betrag in €
756	28. Dez.	Pkw Opal ZZ34, Sonderausstattungen gemäß Auftrag vom 6. Nov., netto	48.000,00
		+ 19 % Umsatzsteuer	9.120,00
		Rechnungsbetrag brutto	57.120,00

Die Anschaffungskosten sind mit dem Kaufpreis identisch. Die Nutzungsdauer beträgt sechs Jahre. Das Fahrzeug wird degressiv mit 20 % abgeschrieben.

a) Buchen Sie die Eingangsrechnung am 28. Dezember.
b) Berechnen Sie den Jahresabschreibungsbetrag und den zeitanteiligen Abschreibungsbetrag im Anschaffungsjahr.
c) Nennen Sie den Buchungssatz für die Abschreibung im Anschaffungsjahr.
d) Nennen Sie den Buchungssatz für die Abschreibung im Folgejahr.
e) Mit welchem Betrag geht der Pkw in das Anlagevermögen der Bilanz zum 31. Dezember des Anschaffungsjahres?
f) Mit welchem Betrag geht der Pkw in das Anlagevermögen der Bilanz zum 31. Dezember des Folgejahres?
g) Die Mühlenbach OHG hat darauf bestanden, die Eingangsrechnung noch im aktuellen Jahr zu erhalten. Was könnte der Grund dafür sein?

3. Geringwertige Wirtschaftsgüter

Die Mühlenbach OHG erhält folgende Rechnungen für im Lager verwendete Gegenstände:

Nr.	Datum	Text	Betrag in €
221	21. Febr.	Holzregal, Spezialanfertigung, netto	750,00
		+ 19 % Umsatzsteuer	142,50
		Rechnungsbetrag brutto	892,50
392	5. März	Handstaubsauger für die Regalreinigung, netto	133,61
		+ 19 % Umsatzsteuer	25,39
		Rechnungsbetrag brutto	159,00
466	17. Okt.	Metallregal, netto	1.400,00
		+ 19 % Umsatzsteuer	266,00
		Rechnungsbetrag brutto	1.666,00

Die Gegenstände im Lager werden, falls notwendig, linear abgeschrieben. Die Nutzungsdauer für die Regale beträgt zehn Jahre. Die Mühlenbach OHG verwendet das Konto „6170 Sonstige Aufwendungen für bezogene Leistungen" für Aufwendungen im Lagerbereich.

a) Welche der angeschafften Gegenstände sind „geringwertige Wirtschaftsgüter"?
b) Buchen Sie die drei Eingangsrechnungen.
c) Buchen Sie die Abschreibung der drei angeschafften Gegenstände am Bilanzstichtag des Anschaffungsjahres.

6.11 Vorräte bewerten

Lernsituation

In der Vorjahresbilanz der Blum Music4You KG mit dem Bilanzstichtag 31. Dezember des Geschäftsjahres 10 werden die Vorräte mit 125.000,00 € ausgewiesen.

I. Vorräte	
1. Roh-, Hilfs- und Betriebsstoffe	10.000,00 €
2. Unfertige Erzeugnisse	5.000,00 €
3. Fertige Erzeugnisse und Waren	110.000,00 €

Am 30. Dezember des Geschäftsjahres 11 (aktuelles Jahr) liegt der folgende Auszug aus der Summen- und Saldenliste vor. Jahresabschlussbuchungen sind **noch nicht** durchgeführt worden.

Konto	Kontostand 01.01.11 in €	Soll-Umsatz in €	Haben-Umsatz in €	Kontostand 30.12.11 in €
2000 Rohstoffe	3.000,00 S			3.000,00 S
2010 Fremdbauteile	5.500,00 S			5.500,00 S
2020 Hilfsstoffe	1.500,00 S			1.500,00 S
2100 Unfertige Erzeugnisse	5.000,00 S			5.000,00 S
2200 Fertige Erzeugnisse	4.000,00 S			4.000,00 S
2280 Handelswaren	106.000,00 S			106.000,00 S

Nach Durchführung der Inventur im Material- und Warenlager am 29. Dezember des Geschäftsjahres 11 wird folgende Inventurliste ausgedruckt:

Blum Music4You KG — **Inventurliste**

Inventurbestände am 31. Dezember Geschäftsjahr 11

Bezeichnung	Mengeneinheit	Menge	Wert in €
Ahornblock 0,9 dm³	Stück	19	
Ahornblock 7,5 dm³	Stück	29	
Summe Rohstoffe			
Klangregler Set	Stück	31	
...	...	...	
Summe Fremdbauteile			**6.200,00**
Scheiben	kg	2,68	
...	...	...	
Summe Hilfsstoffe			**1.350,00**
unfertige Gitarre aus Auftrag 6212	Stück	1	
...	...	...	
Summe unfertige Erzeugnisse			**7.100,00**

fertige Gitarre aus Auftrag 7443	Stück	1	
...	...	...	
Summe fertige Erzeugnisse			**3.100,00**
Fanartikel Becher 0,3 l, unbedruckt	Stück	6	
...	...	...	
Summe Handelswaren			**108.000,00**

Die Bewertung der Rohstoffe muss noch durchgeführt werden. Die anderen Bewertungen der Gegenstände des Vorratsvermögens sind bereits in die Inventurliste eingetragen. Die Inventurliste hat die Belegnummer 5908.

Aufträge zur Lernsituation

1. Durchschnittsbewertung der Ahornblöcke

Aus der folgenden Tabelle gehen die Bewertungen der Blöcke am 1. Januar des Geschäftsjahres 11 (aus der Bilanz des Vorjahres) und die Einkaufspreise der Einkäufe pro Stück während des Geschäftsjahres 11 hervor:

Ahornblock 0,9 dm^3	Menge	Anschaffungskosten pro Stück	Gesamtwert
Bestand 1. Januar	4	7,50 €	...
Zugang 2. März	15	7,80 €	...
Zugang 15. Mai	17	7,70 €	...
Zugang 23. August	12	8,10 €	...
Zugang 12. November	22	8,30 €	...
Summen	...	...	...

a) Ermitteln Sie die durchschnittlichen Anschaffungskosten pro Ahornblock 0,9 dm^3.

b) Aus der aktuellen Preisliste des Lieferanten Euting GmbH geht hervor, dass der zum 31. Dezember aktuelle Preis für einen Ahornblock 0,9 dm^3 **7,90 €** beträgt. Mit welchem Betrag ist die in der Inventur ermittelte Menge insgesamt zu bewerten?

c) Für die Ahornblöcke 7,5 dm^3 werden nach dem gleichen Verfahren durchschnittliche Anschaffungskosten pro Stück von 61,50 € berechnet. Der Tagespreis am 31. Dezember des Geschäftsjahres 11 beträgt nach Auskunft der Euting GmbH 62,00 €. Bewerten Sie die 29 Ahornblöcke 7,5 dm^3.

d) Mit welchem Betrag sind die auf dem Konto „Rohstoffe" geführten Ahornblöcke am 31. Dezember zu bewerten?

2. Erfassen der Anpassungsbuchungen

Buchen Sie die Anpassungen der Soll-Bestände an die Ist-Bestände der Konten 2000 bis 2280 im Grundbuch (Belegnummer für alle Buchungen: 5908, Buchungsdatum: 31. Dezember des Geschäftsjahres 11).

3. Darstellung der Vorräte in der Bilanz

a) Erstellen Sie die aktualisierte Summen- und Saldenliste, indem Sie die Anpassungsbuchungen (Belegnummer 5908) übernehmen.

b) Mit welchen Beträgen werden die Vorräte der Blum Music4You KG in der Jahresbilanz zum 31. Dezember des Geschäftsjahres 11 ausgewiesen?

I. Vorräte

1. Roh-, Hilfs- und Betriebsstoffe ...
2. Unfertige Erzeugnisse ...
3. Fertige Erzeugnisse und Waren ...

Übungen

1. Durchschnittliche Anschaffungskosten

Der Automobilhersteller Hansa Fahrzeuge AG hat zu unterschiedlichen Zeitpunkten und unterschiedlichen Preisen Reifen beschafft. Der Inventurbestand der Reifen der Marke „Apti 200" beträgt 550 Stück am 31. Dezember des Geschäftsjahres 06. Die folgende Tabelle stellt den Anfangsbestand des Geschäftsjahres (Bewertung der Reifen mit dem Durchschnittswert des Vorjahres) und die Anschaffungskosten pro Stück für jede Anschaffung im Geschäftsjahr dar:

Reifen „Apti 200"	Menge in Stück	Anschaffungskosten pro Stück
Bestand 1. Januar	600	15,00 €
Zugang 12. März	2700	13,00 €
Zugang 23. Mai	4100	11,60 €
Zugang 17. September	3900	12,50 €
Zugang 27. November	2800	12,10 €

a) Berechnen Sie die durchschnittlichen Anschaffungskosten pro Reifen.
b) Der Tageswert der Reifen „Apti 200" am 31. Dezember 06 beträgt 12,40 €. Bewerten Sie den Bestand.
c) Mit welchem Betrag ist der Bestand am 31. Dezember 06 zu bewerten, wenn der Tageswert der Reifen „Apti 200" 14,40 € beträgt?

2. Erfassen der Jahresabschlussbuchungen

Dem Automobilhersteller Hansa Fahrzeuge AG liegt am 30. Dezember des Geschäftsjahres 11 der folgende Auszug aus der Summen- und Saldenliste vor. Jahresabschlussbuchungen sind **noch nicht** durchgeführt worden.

Konto	Kontostand 01.01.11 in €	Soll-Umsatz in €	Haben-Umsatz in €	Kontostand 30.12.11 in €
2000 Rohstoffe	88.000,00 S			88.000,00 S
2010 Fremdbauteile	230.000,00 S			230.000,00 S
2020 Hilfsstoffe	37.000,00 S			37.000,00 S
2030 Betriebsstoffe	11.000,00 S			11.000,00 S
2100 Unfertige Erzeugnisse	44.000,00 S			44.000,00 S
2200 Fertige Erzeugnisse	61.000,00 S			61.000,00 S

Die Inventur am 31. Dezember ergibt folgende Bestände:

Konto	Inventurbestand in € 31.12.11
2000 Rohstoffe	90.000,00 S
2010 Fremdbauteile	235.000,00 S
2020 Hilfsstoffe	33.000,00 S
2030 Betriebsstoffe	11.000,00 S
2100 Unfertige Erzeugnisse	49.000,00 S
2200 Fertige Erzeugnisse	59.000,00 S

Bilden Sie die Buchungssätze für die notwendigen Anpassungsbuchungen.

6.12 Forderungen bewerten

Lernsituation

In der Vorjahresbilanz der Blum Music4You KG mit dem Bilanzstichtag 31. Dezember des Geschäftsjahres 10 werden die Forderungen mit 29.500,00 € ausgewiesen.

II. Forderungen

1. Forderungen a. LL	29.500,00 €
2. Sonstige Vermögensgegenstände	0,00 €

Der Forderungsbestand am 30. Dezember des Geschäftsjahres 11 (aktuelles Jahr) sowie die Kontostände der Wertberichtigungskonten gehen aus dem folgenden Auszug aus der Summen- und Saldenliste hervor:

Konto	Kontostand 01.01.11 in €	Soll-Umsatz in €	Haben-Umsatz in €	Kontostand 30.12.11 in €
2400 Forderungen a. LL	30.000,00 S	1.600.000,00	1.595.000,00	35.000,00 S
3670 EWB zu Forderungen	200,00 H			200,00 H
3680 PWB zu Forderungen	300,00 H			300,00 H

Für die Bewertung der Forderungen aus Lieferungen und Leistungen wird der folgende Auszug aus der Offenen-Posten-Liste Debitoren vom 31. Dezember des Geschäftsjahres 11 herangezogen:

Konto	Kontostand 01.01.11 in €	Soll-Umsatz in €	Haben-Umsatz in €	Kontostand 31.12.11 in €
24003 Josef Huber KG, München	1.500,00 S	11.000,00	12.000,00	500,00 S
...				
24184 B+D MusicOnline GmbH	0,00 S	1.428,00		1.428,00 S
...				
24211 Emma Mai GmbH, Jena	0,00 S	2.737,00		2.737,00 S
...				
Summen	**30.000,00 S**	**1.600.000,00**	**1.595.000,00**	**35.000,00 S**

Von zwei Ausnahmen abgesehen, gelten sämtliche Forderungen als einwandfrei. Zum Beispiel hat die Josef Huber KG die Ausgangsrechnungen immer pünktlich beglichen.

Aufträge zur Lernsituation

1. Abschreibung einer uneinbringlichen Forderung

Der B+D MusicOnline GmbH sind im Juli des Geschäftsjahres 11 Fanartikel geliefert worden. Die Ausgangsrechnung über brutto 1.428,00 € (Umsatzsteueranteil 228,00 €) ist trotz mehrerer Mahnungen jedoch niemals beglichen worden. Am 19. Dezember ging die Mitteilung des Insolvenzverwalters ein, dass das Insolvenzverfahren über das Vermögen der B+D MusicOnline GmbH mangels Masse eingestellt ist.

a) Nennen Sie den Buchungssatz, mit dem die Blum Music die Ausgangsrechnung im Juli gebucht hat.

b) Die Blum Music schreibt die Forderung vollständig ab. Buchen Sie die Abschreibung im Grundbuch (Belegnummer 5909; Buchungsdatum: 31. Dezember des Geschäftsjahres 11).

2. Einzelwertberichtigung einer zweifelhaften Forderung

Die Emma Mai GmbH hat das Tonstudio der Blum Music im November des Geschäftsjahres 11 für mehrere Tage gemietet. Die Leistung ist mit brutto 2.737,00 € (Umsatzsteueranteil 437,00 €) in Rechnung gestellt worden. Inzwischen wurde das Insolvenzverfahren über das Vermögen der Emma Mai GmbH eröffnet. Der Insolvenzverwalter teilt den Gläubigern mit, dass mit einem Forderungsausfall von 80 % zu rechnen sei.

a) Berechnen Sie die Höhe der zu bildenden Einzelwertberichtigung.

b) Um welchen Betrag muss die bestehende Einzelwertberichtigung angehoben werden?

c) Buchen Sie die Anhebung der Einzelwertberichtigung im Grundbuch, Belegnummer 5910.

d) Welche Auswirkung hat die Anhebung der Einzelwertberichtigung auf den Gewinn des Geschäftsjahres 11?

e) Am 3. März des Folgejahres (Geschäftsjahr 12) ist das Insolvenzverfahren endgültig abgeschlossen. Für nicht bevorrechtigte Forderungen stellt der Insolvenzverwalter eine Insolvenzquote von 5 % fest und überweist 136,85 € auf das Bankkonto der Blum Music.

   e1) Berechnen Sie die Höhe des Verlusts durch die Insolvenz der Emma Mai GmbH.

   e2) Nennen Sie die Buchungssätze für die Buchung des Zahlungseingangs am 3. März und für die endgültige Abschreibung der Restforderung.

3. Pauschalwertberichtigung der einwandfreien Forderungen

Die Blum Music bildet für das allgemeine Ausfallrisiko der einwandfreien Forderungen eine Pauschalwertberichtigung von 1,5 %.

a) „Einwandfrei" sind die Forderungen, die in der Offenen-Posten-Liste bzw. in der Saldenliste ausgewiesen werden und die nicht vollständig abgeschrieben oder einzelwertberichtigt sind. Ermitteln Sie den Forderungsbetrag der einwandfreien Forderungen am 31. Dezember.

b) Berechnen Sie die Höhe der zu bildenden Pauschalwertberichtigung. Sämtliche Ausgangsrechnungen der Blum Music werden mit einem Umsatzsteueranteil von 19 % fakturiert.

c) Um welchen Betrag muss die bestehende Pauschalwertberichtigung angehoben werden?

d) Buchen Sie die Anhebung der Pauschalwertberichtigung im Grundbuch; Belegnummer 5911.

4. Darstellung der Forderungen in der Bilanz

a) Richten Sie im Hauptbuch die Bestandskonten 2400, 3670 und 3680 ein und tragen Sie die Anfangsbestände und Buchungen bis zum 30. Dezember des Geschäftsjahres 11 vor.

b) Richten Sie im Hauptbuch die Aufwandskonten 6951, 6952 und 6953 ein.

c) Übernehmen Sie die Buchungen der Belege 5909 bis 5911 ins Hauptbuch.

d) Schließen Sie die Bestandskonten über das SBK und die Aufwandskonten über das GuV-Konto ab.

e) Erstellen Sie die aktualisierte Summen- und Saldenliste, indem Sie die Beträge aus den Hauptbuchkonten übernehmen.

f) Mit welchem Betrag werden die Forderungen aus Lieferungen und Leistungen in der Jahresbilanz zum 31. Dezember des Geschäftsjahres 11 ausgewiesen?

II. Forderungen	
1. Forderungen a. LL	...

Übungen

1. Einzelbewertung von Forderungen

Die Mühlenbach OHG erstellt am 4. August folgende Ausgangsrechnungen:

- AR 1023 an die Max Berger KG, Rechnungsbetrag brutto 6.545,00 € (Umsatzsteueranteil 1.045,00 €).
- AR 1024 an die Mondschein GmbH, Rechnungsbetrag brutto 7.854,00 € (Umsatzsteueranteil 1.254,00 €).

Beide Ausgangsrechnungen sind am 31. Dezember noch nicht bezahlt. Über das Vermögen der beiden Kunden ist das Insolvenzverfahren eröffnet worden.

Nach Auskunft des Insolvenzverwalters der Max Berger KG sind Forderungen der nicht bevorrechtigten Gläubiger mit 25 % zu bewerten. Es ist also mit einem Forderungsausfall von 75 % zu rechnen.

Der Insolvenzverwalter der Mondschein GmbH teilt am 28. Dezember mit, dass das Verfahren abgeschlossen ist. Für nicht bevorrechtigte Gläubiger beträgt der Forderungsausfall 100 %.

a) Bilden Sie die Buchungssätze der Ausgangsrechnungen vom 4. August.

b) Buchen Sie die vollständige Abschreibung der Forderung gegenüber der Mondschein GmbH am 28. Dezember.

c) Das Konto „3670 EWB" weist mit der Eröffnung am 1. Januar einen Haben-Saldo von 4.000,00 € aus. Die Forderung an die Max Berger KG ist die einzige Forderung, für die eine Einzelwertberichtigung zu bilden ist. Berechnen Sie die Höhe der zu bildenden Einzelwertberichtigung.
d) Buchen Sie die Anpassung der Einzelwertberichtigung.
e) Wie wäre die Anpassung der Einzelwertberichtigung zu buchen, wenn der Anfangsbestand auf dem Konto „3670 EWB" ein Haben-Saldo von 10.000,00 € wäre?
f) Die in AR 1024 ausgewiesene Umsatzsteuer ist am 31. Dezember berichtigt, die in AR 1023 ausgewiesene Umsatzsteuer nicht. Begründen Sie den Sachverhalt.
g) Welche Maßnahmen kann die Mühlenbach OHG ergreifen, um Abschreibungen auf Forderungen möglichst zu vermeiden?
h) Im Frühjahr des folgenden Jahres ist das Insolvenzverfahren über das Vermögen der Max Berger KG abgeschlossen. Die Insolvenzquote beträgt 20 %. Buchen Sie für die Mühlenbach OHG den Zahlungseingang und die Abschreibung der Restforderung.

2. Pauschalbewertung von Forderungen

In der Saldenliste der Ems-Beton GmbH werden am 30. Dezember die Forderungen mit insgesamt 476.000,00 € ausgewiesen. Sämtliche Ausgangsrechnungen wurden mit einem Umsatzsteuersatz von 19 % gebucht.
Für drei Forderungen von insgesamt brutto 7.140,00 € wurden Einzelwertberichtigungen gebildet. Für die einwandfreien Forderungen bildet die Ems-Beton GmbH eine Pauschalwertberichtigung von 4 %.

a) Berechnen Sie die Höhe der zu bildenden Pauschalwertberichtigung.
b) Das Konto „3680 PWB" weist mit der Eröffnung am 1. Januar einen Haben-Saldo von 20.000,00 € aus. Buchen Sie die Anpassung der Einzelwertberichtigung.
c) Wie wäre die Anpassung der Pauschalwertberichtigung zu buchen, wenn der Anfangsbestand auf dem Konto „3680 PWB" ein Haben-Saldo von 12.000,00 € wäre?

3. Einzel- und Pauschalbewertung von Forderungen

Auszug aus der Summen- und Saldenliste der Beekhoff GmbH vom 30. Dezember 20..:

Konto	Kontostand 01.01.20.. in €	Soll-Umsatz in €	Haben-Umsatz in €	Kontostand 30.12.20.. in €
2400 Forderungen a. LL	823.000,00 S	3.700.000,00	3.690.000,00	833.000,00 S
3670 EWB zu Forderungen	30.000,00 H			30.000,00 H
3680 PWB zu Forderungen	20.000,00 H			20.000,00 H
5450 Erträge aus Herabsetzungen von Wertberichtigungen zu Forderungen				
6951 Abschreibungen auf Forderungen	0,00 S	4.400,00		4.400,00 S
6952 Einstellung in EWB				
6953 Einstellung in PWB				

Sämtliche Ausgangsrechnungen der Beekhoff GmbH sind mit 19 % Umsatzsteuer fakturiert.

a) Erläutern Sie die hohen Soll- und Haben-Umsätze auf dem Konto „2400 Forderungen aus Lieferungen und Leistungen".

b) Begründen Sie die Anfangsbestände der Konten „3670 EWB" und „3680 PWB".

c) Welcher Geschäftsvorfall hat die Buchung auf dem Konto „6951 Abschreibungen auf Forderungen" (4.400,00 € im Soll) ausgelöst?

d) Unter den Forderungen befindet sich eine vom Kunden noch nicht bezahlte Ausgangsrechnung an die Karl Meins OHG von brutto 23.800,00 € (Umsatzsteueranteil 3.800,00 €). Die Forderung ist mit 70 % zu bewerten. Berechnen Sie die Höhe der zu bildenden Einzelwertberichtigung.

e) Buchen Sie die Anpassung der Einzelwertberichtigung.

f) Die Beekhoff GmbH bildet für einwandfreie Forderungen eine Pauschalwertberichtigung von 3 %. Berechnen Sie die Höhe der zu bildenden Pauschalwertberichtigung.

g) Buchen Sie die Anpassung der Pauschalwertberichtigung.

h) Im Folgejahr beantragt ein Kunde das Insolvenzverfahren. Die Beekhoff GmbH ist Gläubiger mit Forderungen von insgesamt brutto 35.700,00 € (Umsatzsteueranteil 5.700,00 €). Nach Abschluss des Verfahrens wird eine Insolvenzquote von 5 % festgestellt. Buchen Sie den Zahlungseingang und die Abschreibung der Restforderung.

6.13 Schulden bewerten

Lernsituation

In der Vorjahresbilanz der Blum Music4You KG mit dem Bilanzstichtag 31. Dezember des Geschäftsjahres 10 werden die Schulden mit 754.000,00 € ausgewiesen.

C. Verbindlichkeiten	
1. Verbindlichkeiten gegenüber Kreditinstituten	668.000,00 €
2. Verbindlichkeiten a. LL	70.000,00 €
3. Sonstige Verbindlichkeiten	16.000,00 €
Summe C. Verbindlichkeiten	**754.000,00 €**

Am 30. Dezember des Geschäftsjahres 11 liegt der folgende Auszug aus der Summen- und Saldenliste vor. Jahresabschlussbuchungen sind **noch nicht** durchgeführt worden.

Konto	Kontostand 01.01.11 in €	Soll-Umsatz in €	Haben-Umsatz in €	Kontostand 30.12.11 in €
4230 Bankdarlehen	68.000,00 H	15.000,00	25.000,00	78.000,00 H
4250 Hypotheken	600.000,00 H	80.000,00	0,00	520.000,00 H
4400 Verbindlichkeiten a. LL	70.000,00 H	1.400.000,00	1.410.000,00	80.000,00 H
4800 Umsatzsteuer	16.000,00 H	171.000,00	172.000,00	17.000,00 H
Summen	**754.000,00 H**	**1.666.000,00**	**1.607.000,00**	**695.000,00 H**

Unter den Verbindlichkeiten aus Lieferungen und Leistungen befindet sich eine Eingangsrechnung des US-amerikanischen Lieferanten Brown & Smith Ltd., Kreditorennummer 44111. Die Brown & Smith Ltd. hat im Dezember des Geschäftsjahres 11 DVDs geliefert und die DVDs der Blum Music am 14. Dezember mit 1.300,00 US$ in Rechnung gestellt.

Aufträge zur Lernsituation

1. Prüfen der einzelnen Verbindlichkeiten

Außer der oben angegebenen Eingangsrechnung sind sämtliche Belege in Euro ausgestellt.

a) Begründen Sie kurz, warum die Blum Music die Kontostände der Konten „4230 Bankdarlehen", „4250 Hypotheken" und „4800 Umsatzsteuer" ohne Anpassungsbuchungen in den Jahresabschluss übernimmt.
b) Erläutern Sie die hohen Umsätze auf dem Konto „4400 Verbindlichkeiten a. LL".
c) Erläutern Sie die Umsätze auf dem Konto „4800 Umsatzsteuer".
d) Nach welchem Prinzip werden die Verbindlichkeiten in der Jahresbilanz bewertet?
e) Unter welcher Voraussetzung kann die in Dollar ausgestellte Eingangsrechnung der Brown & Smith Ltd. ohne Anpassungsbuchung in den Jahresabschluss übernommen werden?

2. Bewerten der Auslandsverbindlichkeit

Zu bewerten ist die Eingangsrechnung von Brown & Smith über 1.300,00 US$ vom 14. Dezember des Geschäftsjahres 11. Der Wechselkurs des US-Dollar beträgt am 14. Dezember **1,40 US$** (1,00 € = 1,40 US$) und am 31. Dezember **1,30 US$.**

a) Ist der Kurs des US-Dollar vom 14. Dezember bis zum 31. Dezember gestiegen oder gesunken?
b) Welchen Wert in Euro hat der Rechnungsbetrag von 1.300,00 US$ am 14. Dezember, welchen am 31. Dezember?
c) Nennen Sie den Buchungssatz für die Buchung der Eingangsrechnung am 14. Dezember.
d) Um welchen Betrag wird die Verbindlichkeit zu niedrig ausgewiesen, wenn keine Anpassungsbuchung vorgenommen wird?
e) Buchen Sie die Anpassung der Verbindlichkeit gegenüber der Brown & Smith Ltd. im Grundbuch, Belegnummer 5912.

3. Darstellung der Verbindlichkeiten in der Bilanz

a) Erstellen Sie die aktualisierte Summen- und Saldenliste, indem Sie die Anpassungsbuchung, Belegnummer 5912, übernehmen.
b) Mit welchen Beträgen werden die Verbindlichkeiten der Blum Music4You KG in der Jahresbilanz zum 31. Dezember des Geschäftsjahres 11 ausgewiesen?

C. Verbindlichkeiten

1. Verbindlichkeiten gegenüber Kreditinstituten 598.000,00 €
2. Verbindlichkeiten a. LL ...

Übung

Bewertung der Währungsverbindlichkeiten der Velo GmbH

Die Velo GmbH, ein Fahrradhersteller aus Süddeutschland, importiert Materialien aus den USA, der Schweiz und Frankreich. Im Dezember 20.. gehen die folgenden Eingangsrechnungen ein:

Nr.	Datum	Text	Betrag
711	18. Dez.	Eingangsrechnung für Rohstoffe, Lieferant aus den USA	11.000,00 US$
712	18. Dez.	Eingangsrechnung für bez. Fertigteile, Lieferant aus der Schweiz	8.300,00 sfr
713	18. Dez.	Eingangsrechnung für Hilfsstoffe, Lieferant aus Frankreich	780,00 €

Der Velo GmbH liegt folgende Kurstabelle vor:

Datum	Währung	Kurs in ausl. Währung für 1,00 €
18. Dez.	US$	1,15 US$/1,00 €
18. Dez.	sfr	1,67 sfr/1,00 €
31. Dez.	US$	1,20 US$/1,00 €
31. Dez.	sfr	1,60 sfr/1,00 €

a) Rechnen Sie die Beträge der Eingangsrechnungen 711 und 712 in Euro um.
b) Bilden Sie für die drei Eingangsrechnungen vom 18. Dezember jeweils den Buchungssatz.
c) Stellen Sie fest, für welche der drei Auslandsrechnungen am 31. Dezember eine Anpassungsbuchung vorgenommen werden muss. Begründen Sie Ihre Feststellung.
d) Wie lautet die zu bildende Anpassungsbuchung am 31. Dezember?

6.14 Zeitliche Abgrenzungen

Lernsituation

In der Vorjahresbilanz der Blum Music4You KG mit dem Bilanzstichtag 31. Dezember des Geschäftsjahres 10 werden Rechnungsabgrenzungsposten ausgewiesen und zwar:

C. Rechnungsabgrenzungsposten auf der Aktivseite mit	**8.000,00 €**
D. Rechnungsabgrenzungsposten auf der Passivseite mit	**6.000,00 €**

Am 30. Dezember des Geschäftsjahres 11 (aktuelles Jahr) wird der folgende Auszug aus der Summen- und Saldenliste ausgedruckt:

Konto	Kontostand 01.01.11 in €	Soll-Umsatz in €	Haben-Umsatz in €	Kontostand 30.12.11 in €
2690 Sonstige Forderungen	0,00 S			0,00 S
2900 Aktive Rechnungsabgrenzung	8.000,00 S		8.000,00	0,00 S
4890 Sonstige Verbindlichkeiten	0,00 H			0,00 H
4900 Passive Rechnungsabgrenzung	6.000,00 H	6.000,00		0,00 H
...				
5710 Zinserträge			3.000,00	3.000,00 H
...				
7510 Zinsaufwendungen		44.000,00		44.000,00 S
...				

Folgende Hinweise sind zu berücksichtigen:

- **Zinsaufwendungen, Zahlung im Voraus:** Unter den bereits gebuchten Zinsaufwendungen befindet sich die Zahlung der Hypothekenzinsen des ersten Quartals des Geschäftsjahres 12 von 5.000,00 €. Die Kölner Kreditanstalt AG hat den Betrag bereits am 18. Dezember vom Geschäftskonto abgebucht.

- **Zinserträge, Zahlung im Voraus:** Unter den Zinserträgen befindet sich ein bereits gebuchter Zahlungseingang für ein von der Blum Music gewährtes Lieferantendarlehen. Der Lieferant überweist die Zinsen monatlich im Voraus. Am 21. Dezember ist die Zinszahlung von 45,00 € für den Januar des Geschäftsjahres 12 eingegangen.
- **Zinsaufwendungen, Zahlung rückwirkend:** Die Zinsen für das vierte Quartal, Oktober bis Dezember des Geschäftsjahres 11, für ein bei der Hausbank aufgenommenes Darlehen hat die Blum Music am 31. Dezember noch nicht bezahlt. Der Darlehensvertrag sieht die rückwirkende Zahlung vor. Die Kölner Kreditanstalt wird die Quartalszinsen von 1.400,00 € am 15. Januar des Geschäftsjahres 12 vom Bankkonto der Blum Music abbuchen.
- **Zinserträge, Zahlung rückwirkend:** Die Mitarbeiter der Blum Music können für Umzüge oder Wohnungseinrichtungen besonders zinsgünstige Mitarbeiterdarlehen erhalten. Unter den im Geschäftsjahr 11 bereits gebuchten Zinserträgen fehlt noch ein Betrag von 200,00 € für die Jahreszinsen für einen Kredit an einen Mitarbeiter. Die Blum Music wird den fälligen Betrag mit der Entgeltabrechnung für Januar verrechnen.

Aufträge zur Lernsituation

1. Situation im Dezember des Geschäftsjahres 11

a) Nennen Sie den Buchungssatz für die Abbuchung der Hypothekenzinsen am 18. Dezember.
b) Nennen Sie den Buchungssatz für den Zahlungseingang der Zinsen für das Lieferantendarlehen am 21. Dezember.

2. Abgrenzungsbuchungen am 31. Dezember des Geschäftsjahres 11

Buchen Sie die vier erforderlichen zeitlichen Abgrenzungen.

a) Hypothekenzinsen von 5.000,00 €; Belegnummer 5913
b) Zinserträge für Lieferantendarlehen von 45,00 €; Belegnummer 5914
c) Quartalszinsen von 1.400,00 €; Belegnummer 5915
d) Zinserträge für Mitarbeiterdarlehen von 200,00 €; Belegnummer 5916

3. Situation im Januar des Geschäftsjahres 12

a) Am 2. Januar des Geschäftsjahres 12 werden die zeitlichen Abgrenzungen der Belege 5913 und 5914 wieder aufgehoben. Wie lauten die Buchungen?
b) Wie wird die Abbuchung der Quartalszinsen durch die Kölner Kreditanstalt am 15. Januar in der Finanzbuchhaltungsabteilung der Blum Music gebucht?
c) Die Entgeltabrechnung für den Mitarbeiter, der von der Blum Music ein Mitarbeiterdarlehen erhalten hat, wird ohne Verrechnung der Zinsen folgendermaßen gebucht:

Konto	Soll	Haben
6300 Gehalt	2.500,00 €	
an 4830 Verbindlichkeiten gegenüber Finanzbehörden		500,00 €
an 2640 SV-Beitragsvorauszahlung		600,00 €
an 2800 Bank		1.400,00 €

Wie lautet die Buchung der Entgeltabrechnung **mit** Verrechnung der Zinsen?

4. Auswirkungen der zeitlichen Abgrenzungsbuchungen auf Bilanz und GuV-Rechnung

a) Richten Sie im Hauptbuch die Konten 2690, 2900, 4890, 4900, 5710, 7510 sowie das SBK und das GuV-Konto ein. Tragen Sie die Anfangsbestände und die Umsätze aus der Summen- und Saldenliste vom 30. Dezember des Geschäftsjahres 11 vor.

b) Übernehmen Sie die zeitlichen Abgrenzungsbuchungen, Belege 5913 bis 5916, ins Hauptbuch und schließen Sie die Bestands- und Erfolgskonten ab.

c) Erstellen Sie die aktualisierte Summen- und Saldenliste vom 31. Dezember des Geschäftsjahres 11, indem Sie die Beträge aus dem Hauptbuch übernehmen.

d) Die Zahllast für Dezember des Geschäftsjahres 11 beträgt 16.772,00 €. Welche Beträge werden in den folgenden Positionen der Jahresbilanz zum 31. Dezember des Geschäftsjahres 11 ausgewiesen?

Aktiva:

II. Forderungen ...

...

2. Sonstige Vermögensgegenstände ...

C. Rechnungsabgrenzungsposten

Passiva:

C. Verbindlichkeiten

...

3. Sonstige Verbindlichkeiten ...

D. Rechnungsabgrenzungsposten ...

Übungen

1. Buchungen für die Mühlenbach OHG

Buchen Sie für die Mühlenbach OHG. Der Buchhaltung liegen folgende Belege vor:

Nr.	Datum	Text	Betrag in €
201	18. Dez.	Abbuchung der Januarmiete für ein Lagergebäude vom Bankkonto. Die Miete ist im Voraus fällig.	3.000,00
202	18. Dez.	Überweisung der Darlehenszinsen für die Monate November und Dezember des alten Jahres	4.000,00
203	18. Dez.	Überweisung der Hypothekenzinsen für die Monate Januar und Februar des Folgejahres	9.000,00
204	19. Dez.	Ein Darlehensschuldner überweist die Jahreszinsen für das Folgejahr.	6.200,00
205	19. Dez.	Abbuchung der Wartungsrate für Januar bis März des Folgejahres Wartungsbetrag netto .... Umsatzsteuer 19 % .... Abbuchungsbetrag brutto	 2.000,00 380,00 2.380,00

Fortsetzung Tabelle siehe nächste Seite.

Nr.	Datum	Text	Betrag in €
206	29. Dez.	Die Kfz-Versicherungsbeiträge für das Folgejahr werden abgebucht.	3.300,00
291	31. Dez.	Die Garagenmiete für Dezember wird erst im Januar des Folgejahres überwiesen.	750,00
292	31. Dez.	Die Miete einer Lagerhalle für November und Dezember wird vom Mieter lt. Mietvertrag am 6. Januar des Folgejahres überwiesen.	670,00
293	31. Dez.	Die Zinsgutschrift für eine Festgeldanlage, Laufzeit Oktober bis Dezember des aktuellen Jahres, ist noch nicht eingegangen.	982,00
294	31. Dez.	Der Verbandsbeitrag für das aktuelle Jahr wird erst im neuen Jahr überwiesen.	750,00

a) Buchen Sie die Belege 201 bis 206 im Grundbuch.
b) Nennen Sie jeweils den Buchungssatz der erforderlichen zeitlichen Abgrenzungen der Belege 201 bis 206.
c) Buchen Sie die Belege 291 bis 294 im Grundbuch.
d) Buchen Sie die Zahlungsvorgänge entsprechend der Belege 291 bis 294. In allen Fällen erfolgt die Zahlung wie vereinbart.

2. Abgrenzungsbuchungen für die Ems-Beton GmbH

Führen Sie die erforderlichen zeitlichen Abgrenzungsbuchungen für die Ems-Beton GmbH am 31. Dezember durch.

a) Die Leasingrate für ein Kopiergerät von monatlich 60,00 € wird halbjährlich im Voraus bezahlt. Die letzte Überweisung durch die Ems-Beton GmbH erfolgte am 28. Dezember.
b) Die Leasingrate für eine Großmischanlage wird vierteljährlich bezahlt. Der Betrag für Dezember des aktuellen Jahres von 9.900,00 € ist am 31. Dezember noch nicht überwiesen.
c) Einer der leitenden Angestellten hat am 1. Oktober ein Personaldarlehen von 10.000,00 € erhalten; Laufzeit drei Monate, Zinssatz 4,5 %. Die Zinszahlung erfolgt nachträglich mit der Gehaltsabrechnung am 15. Januar.
d) Die Ems-Beton GmbH hat am 1. Juli ein Darlehen über 50.000,00 €, Zinssatz 5 %, Laufzeit sechs Monate aufgenommen. Das Darlehen muss einschließlich Zinsen am 1. Januar des Folgejahres zurückgezahlt werden.
e) Ein Lieferant stellt in den Geschäftsräumen der Ems-Beton GmbH seine Baumaterialen aus. Die Monatsmiete beträgt 300,00 €. Der Lieferant (hier: Mieter) zahlte am 12. Dezember bereits die Miete für Januar.

6.15 Rückstellungen

Lernsituation

In der Vorjahresbilanz der Blum Music4You KG mit dem Bilanzstichtag 31. Dezember des Geschäftsjahres 10 werden Rückstellungen mit 12.500,00 € ausgewiesen.

Am 30. Dezember des Geschäftsjahres 11 (aktuelles Jahr) wird der folgende Auszug aus der Summen- und Saldenliste ausgedruckt:

Konto	Kontostand 01.01.11 in €	Soll-Umsatz in €	Haben-Umsatz in €	Kontostand 30.12.11 in €
3700 Pensionsrückstellungen	6.000,00 H	2.000,00		4.000,00 H
3800 Steuerrückstellungen	4.000,00 H	4.000,00		0,00 H
3900 Sonstige Rückstellungen	2.500,00 H	2.500,00		0,00 H
...	...	...	...	...
6160 Fremdinstandhaltung		1.900,00		1.900,00 S
6440 Aufwendungen für Altersversorgung				0,00 S
7700 Gewerbesteuer		9.000,00		9.000,00 S

Hinweise für den Jahresabschluss des Geschäftsjahres 11:

- Ein Teil der Pensionsrückstellungen wurde im Geschäftsjahr 11 aufgelöst. Nach Neuberechnungen im Dezember des Geschäftsjahres 11 wird festgestellt, dass die Pensionsrückstellungen wieder auf 5.500,00 € angehoben werden müssen.
- Für das Geschäftsjahr 11 wird mit einer Gewerbesteuernachzahlung von 2.800,00 € gerechnet.
- Die transportable Bühne der Blum Music wird regelmäßig halbjährig gewartet. Aus Termingründen konnte die Wartung im zweiten Halbjahr des Geschäftsjahres 11 nicht durchgeführt werden. Die Wartung soll im Januar des Geschäftsjahres 12 nachgeholt werden. Die Wartungskosten werden ungefähr 440,00 € betragen.

Aufträge zur Lernsituation

1. Bilden der Rückstellungen am 31. Dezember des Geschäftsjahres 11

a) Buchen Sie die Anpassung der Pensionsrückstellungen, Belegnummer 5917.

b) Bilden Sie die erforderliche Rückstellung für die geschätzte Gewerbesteuernachzahlung, Belegnummer 5918.

c) Buchen Sie die Rückstellung für die Wartung der Bühne, Belegnummer 5919.

2. Darstellung der Rückstellungen in der Bilanz

a) Erstellen Sie die aktualisierte Summen- und Saldenliste vom 31. Dezember des Geschäftsjahres 11, indem Sie die Buchung der Belege 5917 bis 5919 übernehmen.

b) Mit welchem Betrag werden die Rückstellungen in der Jahresbilanz der Blum Music4You KG mit dem Bilanzstichtag 31. Dezember des Geschäftsjahres 11 ausgewiesen?

3. Auflösung der Steuerrückstellung zu Beginn des Geschäftsjahres 12

Nach Eingang des Steuerbescheids am 4. Februar des Geschäftsjahres 12 wird die Gewerbesteuernachzahlung an das Finanzamt überwiesen. Nennen Sie jeweils den Buchungssatz für die Auflösung, wenn die folgenden Fälle vorliegen:

a) Die tatsächliche Gewerbesteuernachzahlung entspricht zufällig genau der Schätzung.

b) Die tatsächliche Gewerbesteuernachzahlung beträgt 3.000,00 €.

c) Die tatsächliche Gewerbesteuernachzahlung beträgt 2.500,00 €.

Übung

Buchungen für die Ems-Beton GmbH

Buchen Sie für die Ems-Beton GmbH:

a) Die Pensionsrückstellungen werden mit 20.000,00 € ausgewiesen. Sie müssen auf 22.000,0 € angehoben werden.

b) Im Folgejahr werden die Pensionsrückstellungen von 22.000,00 € auf 21.000,00 € gesenkt.

c) Für eine dringend notwendige Maschinenreparatur, die im Januar des Folgejahres durchgeführt werden soll, wird eine Rückstellung von 15.000,00 € gebildet.

d) Nach Durchführung der Maschinenreparatur (Fall c) wird der Ems-Beton GmbH die Leistung mit

(1) 14.280,00 € (Umsatzsteueranteil 2.280,00 €),

(2) 17.850,00 € (Umsatzsteueranteil 2.850,00 €),

(3) 19.040,00 € (Umsatzsteueranteil 3.040,00 €)

in Rechnung gestellt. Wie ist in den drei aufgeführten Fällen jeweils zu buchen?

Lernlandkarte 6.16

6.16 Bilanz und GuV-Rechnung auswerten

6.16.1 Bianzen aufbereiten

6.16.2 Kennzahlen der Finanzierung und Investition

6.16.3 Kennzahlen des Vermögensaufbaus

6.16.4 Kennzahlen der Liquidität

6.16.5 Kennzahlen der Rentabilität

6.16.6 Cashflow

Summen- und Saldenliste der Blum Music4You KG für das Geschäftsjahr 01

Konto	Kontostand 01.01.01 in €	Soll-Umsatz in €	Haben-Umsatz in €	Kontostand 31.12.01 in €
0510 Bebaute Grundstücke	150.000,00 S			150.000,00 S
0520 Gebäude	250.000,00 S		7.500,00	242.500,00 S

Aktiva	Vorjahr €	Vorjahr %	Berichtsjahr €	Berichtsjahr %	Veränderung €
Sachanlagen					
Finanzanlagen					
Anlagevermögen					
Vorräte					
Forderungen					
Flüssige Mittel					
Umlaufvermögen					
Gesamtvermögen					

Passiva	Vorjahr €	Vorjahr %	Berichtsjahr €	Berichtsjahr %	Veränderung €
Gezeichnetes Kapital					
Kapital-/Gewinnrücklagen					
Eigenkapital					
Langfr. Rückstellungen					
Langfr. Verbindlichkeiten					
Langfr. Fremdkapital					
Kurzfr. Rückstellungen					
Kurzfr. Verbindlichkeiten					
Kurzfr. Fremdkapital					
Gesamtkapital					

Erträge
– Aufwendungen
= Gewinn/Verlust

Unterlagen für die Durchführung der Auswertung:

- Bilanz vom 31. Dez. 00 (Vorjahr)
- Bilanz vom 31. Dez. 01 (Berichtsjahr)
- GuV-Rechnung des Geschäftsjahres 00
- GuV-Rechnung des Geschäftsjahres 01
- Summen- und Saldenliste vom 31. Dez. 01

Kennzahlenberechnung:

- Zusammenfassung der Bilanzdaten zur „aufbereiteten Bilanz"
- Für jede Kennzahl liegt die Formel vor.
- Beträge werden der aufbereiteten Bilanz bzw. den Originalunterlagen entnommen.
- Verwenden einer Tabellenkalkulationssoftware

Analyse der Situation des Unternehmens:

- Vergleich der Kennzahlen mit Vorjahresdaten
- Vergleich der Branchendaten
- Interpretation der Kennzahlen unter Berücksichtigung der Gesamtsituation

6.16 Bilanz und GuV-Rechnung auswerten

Lernsituation

Der Jahresabschluss des Geschäftsjahres 11 ist durchgeführt. Die Bilanz und die GuV-Rechnung sind erstellt. Die Mitarbeiter der Finanzbuchhaltung der Blum Music4You KG bekommen von der Geschäftsleitung den Auftrag, Auswertungskennzahlen für das Geschäftsjahr 11 zu berechnen und diese den Kennzahlen des Geschäftsjahres 10 gegenüberzustellen. Es werden die gleichen Kennziffern berechnet, die für den Jahresabschluss des Geschäftsjahres 01 bereits vorliegen.[1]

Die Bilanzen und die GuV-Rechnungen der Geschäftsjahre 10 und 11 sowie die Summen- und die Saldenliste des Geschäftsjahres 11 sind auf den folgenden Seiten dargestellt.

Jahresabschluss der Blum Music4You KG für das Geschäftsjahr 10

Aktiva — Bilanz der Blum Music4You KG zum 31. Dezember Geschäftsjahr 10 — Passiva

Aktiva		Passiva	
A. Anlagevermögen		**A. Eigenkapital**	**550.000,00**
1. Grundstücke und Bauten	500.000,00		
2. Technische Anlagen u. Maschinen	40.000,00	**B. Rückstellungen**	**12.500,00**
3. Andere Anlagen, Betriebs- u. Geschäftsausstattung	600.000,00	**C. Verbindlichkeiten**	
Summe A. Anlagevermögen	**1.140.000,00**	1. Verb. geg. Kreditinstituten	668.000,00
B. Umlaufvermögen		2. Verbindlichkeiten a. LL	70.000,00
I. Vorräte		3. Sonstige Verbindlichkeiten	16.000,00
1. Roh-, Hilfs- und Betriebsstoffe	10.000,00	**Summe C. Verbindlichkeiten**	**754.000,00**
2. Unfertige Erzeugnisse	5.000,00	**D. Rechnungsabgrenzungsposten**	**6.000,00**
3. Fertige Erzeugnisse u. Waren	110.000,00		
II. Forderungen			
1. Forderungen a. LL	29.500,00		
2. Sonstige Vermögensgegenstände	0,00		
III. Kassenbestand, Guthaben bei Kreditinstituten	20.000,00		
Summe B. Umlaufvermögen	**174.500,00**		
C. Rechnungsabgrenzungsposten	**8.000,00**		
Summe Aktiva	**1.322.500,00**	**Summe Passiva**	**1.322.500,00**

1 Berechnung und Interpretation der Auswertungskennzahlen für das Geschäftsjahr 01 sind im Grundlagenteil, Kapitel 6.16, dargestellt. Es bietet sich an, die Kennzahlen für das Geschäftsjahr 11 Schritt für Schritt entsprechend der im Grundlagenteil beschriebenen Vorgehensweise zu berechnen.

Gewinn- und Verlustrechnung der Blum Music4You KG im Geschäftsjahr 10

Umsatzerlöse	1.450.000,00 €
Bestandsveränderungen fertige/unfertige Erzeugnisse	0,00 €
Sonstige betriebliche Erträge	0,00 €
Materialaufwand	220.000,00 €
Personalaufwand	900.000,00 €
Abschreibungen	120.000,00 €
Sonstige betriebliche Aufwendungen	50.000,00 €
Zinsen und ähnliche Erträge	0,00 €
Zinsen und ähnliche Aufwendungen	40.000,00 €
Steuern vom Einkommen und Ertrag	15.000,00 €
Jahresüberschuss/-fehlbetrag	**105.000,00 €**

Jahresabschluss der Blum Music4You KG für das Geschäftsjahr 11

Aktiva — Bilanz der Blum Music4You KG zum 31. Dezember Geschäftsjahr 11 — Passiva

Aktiva		Passiva	
A. Anlagevermögen		**A. Eigenkapital**	**668.598,57**
1. Grundstücke und Bauten	489.500,00		
2. Technische Anlagen u. Maschinen	128.333,33	**B. Rückstellungen**	**8.740,00**
3. Andere Anlagen, Betriebs- u. Geschäftsausstattung	493.066,67	**C. Verbindlichkeiten**	
Summe A. Anlagevermögen	**1.110.900,00**	1. Verb. geg. Kreditinstituten	598.000,00
		2. Verbindlichkeiten a. LL	80.071,43
B. Umlaufvermögen		3. Sonstige Verbindlichkeiten	18.172,00
I. Vorräte		**Summe C. Verbindlichkeiten**	**696.243,43**
1. Roh-, Hilfs- und Betriebsstoffe	9.483,60		
2. Unfertige Erzeugnisse	7.100,00	**D. Rechnungsabgrenzungsposten**	**45,00**
3. Fertige Erzeugnisse u. Waren	111.100,00		
II. Forderungen			
1. Forderungen a. LL	31.343,32		
2. Sonstige Vermögensgegenstände	200,00		
III. Kassenbestand, Guthaben bei Kreditinstituten	98.500,08		
Summe B. Umlaufvermögen	**257.727,00**		
C. Rechnungsabgrenzungsposten	**5.000,00**		
Summe Aktiva	**1.373.627,00**	**Summe Passiva**	**1.373.627,00**

Gewinn- und Verlustrechnung der Blum Music4You KG im Geschäftsjahr 11

Umsatzerlöse	1.503.500,00 €
Bestandsveränderungen fertige/unfertige Erzeugnisse	1.200,00 €
Sonstige betriebliche Erträge	17.000,00 €
Materialaufwand	247.087,83 €
Personalaufwand	861.000,00 €
Abschreibungen	212.100,00 €
Sonstige betriebliche Aufwendungen	33.868,60 €
Zinsen und ähnliche Erträge	3.155,00 €
Zinsen und ähnliche Aufwendungen	40.400,00 €
Steuern vom Einkommen und Ertrag	11.800,00 €
Jahresüberschuss/-fehlbetrag	**118.598,57 €**

Summen- und Saldenliste der Blum Music4You KG für das Geschäftsjahr 11

Konto	Kontostand 01.01.11 in €	Soll-Umsatz in €	Haben-Umsatz in €	Kontostand 31.12.11 in €
0510 Bebaute Grundstücke	150.000,00 S			150.000,00 S
0520 Gebäude	350.000,00 S		10.500,00	339.500,00 S
0700 Technische Anlagen	40.000,00 S	100.000,00	11.666,67	128.333,33 S
0800 Geschäftsausstattung	570.000,00 S	80.000,00	214.000,00	436.000,00 S
0840 Fuhrpark	20.000,00 S	50.000,00	23.333,33	46.666,67 S
0890 GWG-Sammelposten BGA	10.000,00 S	3.000,00	2.600,00	10.400,00 S
Summe Kontenklasse 0	**1.140.000,00 S**	**233.000,00**	**262.100,00**	**1.110.900,00 S**
2000 Rohstoffe	3.000,00 S		1.066,40	1.933,60 S
2010 Fremdbauteile	5.500,00 S	700,00		6.200,00 S
2020 Hilfsstoffe	1.500,00 S		150,00	1.350,00 S
2100 Unfertige Erzeugnisse	5.000,00 S	2.100,00		7.100,00 S
2200 Fertige Erzeugnisse	4.000,00 S		900,00	3.100,00 S
2280 Handelswaren	106.000,00 S	2.000,00		108.000,00 S
2400 Forderungen a. LL	30.000,00 S	1.600.000,00	1.596.428,00	33.572,00 S
2600 Vorsteuer	0,00 S	180.000,00	180.000,00	0,00 S
2690 Sonstige Forderungen	0,00 S	200,00		200,00 S
2800 Bank	17.000,00 S	2.078.500,08	2.000.000,00	95.500,08 S
2880 Kasse	3.000,00 S	31.000,00	31.000,00	3.000,00 S
2900 Aktive Rechnungsabgrenzung	8.000,00 S	5.000,00	8.000,00	5.000,00 S
Summe Kontenklasse 2	**183.000,00 S**	**3.899.500,08**	**3.817.544,40**	**264.955,68 S**
3000 Kapital Gesellschafter Blum	400.000,00 H			400.000,00 H
3070 Kapital Kommanditisten	150.000,00 H			150.000,00 H
3670 EWB zu Forderungen	200,00 H		1.640,00	1.840,00 H
3680 PWB zu Forderungen	300,00 H		88,68	388,68 H
3700 Pensionsrückstellungen	6.000,00 H	2.000,00	1.500,00	5.500,00 H
3800 Steuerrückstellungen	4.000,00 H	4.000,00	2.800,00	2.800,00 H
3900 Sonstige Rückstellungen	2.500,00 H	2.500,00	440,00	440,00 H
Summe Kontenklasse 3	**563.000,00 H**	**8.500,00**	**6.468,68**	**560.968,68 H**
4230 Bankdarlehen	68.000,00 H	15.000,00	25.000,00	78.000,00 H
4250 Hypotheken	600.000,00 H	80.000,00		520.000,00 H
4400 Verbindlichkeiten a. LL	70.000,00 H	1.400.000,00	1.410.071,43	80.071,43 H
4800 Umsatzsteuer	16.000,00 H	171.228,00	172.000,00	16.772,00 H
4890 Sonstige Verbindlichkeiten			1.400,00	1.400,00 H
4900 Passive Rechnungsabgrenzung	6.000,00 H	6.000,00	45,00	45,00 H
Summen Kontenklasse 4	**760.000,00 H**	**1.672.228,00**	**1.608.516,43**	**696.288,43 H**

Konto	Kontostand 01.01.11 in €	Soll-Umsatz in €	Haben-Umsatz in €	Kontostand 31.12.11 in €
5000 Umsatzerlöse für eig. Erz.		1.500,00	121.500,00	120.000,00 H
5100 Umsatzerlöse für Waren		6.500,00	1.390.000,00	1.383.500,00 H
5200 Bestandsveränderungen		900,00	2.100,00	1.200,00 H
5400 Sonstige Mieterträge			17.000,00	17.000,00 H
5710 Zinserträge		45,00	3.200,00	3.155,00 H
Summe Kontenklasse 5		**8.945,00**	**1.533.800,00**	**1.524.855,00 H**
6000 Aufwendungen für Rohstoffe		12.066,40		12.066,40 S
6010 Aufw. für Fremdbauteile		5.000,00	700,00	4.300,00 S
6020 Aufw. für Hilfsstoffe		2.650,00		2.650,00 S
6080 Aufwendungen für Waren		230.071,43	2.000,00	228.071,43 S
6160 Fremdinstandhaltung		2.340,00		2.340,00 S
6300 Gehälter		859.500,00		859.500,00 S
6440 Aufw. für Altersversorgung		1.500,00		1.500,00 S
6520 Abschreib. auf Sachanlagen		209.500,00		209.500,00 S
6540 Abschreib. auf GWG-Sam.		2.600,00		2.600,00 S
6700 Mietaufwendungen		20.000,40		20.000,40 S
6800 ... 6990		11.528,20		11.528,20 S
Summe Kontenklasse 6		**1.356.756,43**	**2.700,00**	**1.354.056,43 S**
7510 Zinsaufwendungen		45.400,00	5.000,00	40.400,00 S
7700 Gewerbesteuer		11.800,00		11.800,00 S
Summe Kontenklasse 7		**57.200,00**	**5.000,00**	**52.200,00 S**
Summen	**0,00 S**	**7.236.129,51**	**7.236.129,51**	**0,00 S**

Aufträge zur Lernsituation

1. Aufbereitung der Bilanzen

Fassen Sie die Daten der Bilanzen der Geschäftsjahre 10 und 11 nach folgender Struktur zusammen:

	Vorjahr (G 10)		Berichtsjahr (G 11)		Verände-rung €
Aktiva	**€**	**%**	**€**	**%**	
Sachanlagen					
Finanzanlagen					
Anlagevermögen					
Vorräte					
Forderungen					
Flüssige Mittel					
Umlaufvermögen					
Gesamtvermögen					

Passiva	Vorjahr (G 10)		Berichtsjahr (G 11)		Verände-rung €
	€	%	€	%	
Gezeichnetes Kapital					
Kapital-/Gewinnrücklagen					
Eigenkapital					
Langfr. Rückstellungen					
Langfr. Verbindlichkeiten					
Langfr. Fremdkapital					
Kurzfr. Rückstellungen					
Kurzfr. Verbindlichkeiten					
Kurzfr. Fremdkapital					
Gesamtkapital					

siehe Grundlagenteil Kap. 6.16.1

Berücksichtigen Sie die im Grundlagenteil in Kapitel 6.16.1 dargestellten Regeln und gehen Sie in den dort beschriebenen Schritten vor. Beachten Sie die vom Geschäftsjahr 01 abweichenden Tilgungsraten für das Bankdarlehen und für die Hypothek.
Das Bankdarlehen (Konto 4230) wird in beiden Geschäftsjahren mit jeweils 15.000,00 € getilgt. Die Tilgungsrate für die Hypothek (Konto 4250) beträgt in beiden Jahren jeweils 80.000,00 €.

2. Kennzahlen der Finanzierung und Investition

Berechnen Sie für das Geschäftsjahr 11 und für das Vorjahr die Kennzahlen der Finanzierung und der Investition. Stellen Sie Ihr Ergebnis nach folgendem Schema strukturiert dar:

Finanzierungs- und Investitionskennzahlen	Vorjahr (G 10)	Berichtsjahr (G 11)
Eigenkapitalquote		
Verschuldungsgrad		
Anteil langfristiges Fremdkapital		
Anteil kurzfristiges Fremdkapital		
Deckungsgrad I		
Deckungsgrad II		

Bewerten Sie die wirtschaftliche Situation der Blum Music4You KG, indem Sie folgende Fragen beantworten:

a) Hat sich die wirtschaftliche Situation der Blum Music im Geschäftsjahr 11 eher verbessert oder eher verschlechtert? Geben Sie die Tendenz für jede von Ihnen berechnete Kennzahl an.
b) Liegt die Eigenkapitalquote eher über oder eher unter dem durchschnittlichen Wert der Unternehmen in Deutschland?
c) Weisen das langfristige und das kurzfristige Fremdkapitel die gleiche Tendenz – absolut und prozentual – auf?
d) Erreicht der Deckungsgrad I den „Idealwert" von 100 %?
e) Ist die „goldene Bilanzregel" erfüllt?
f) Ist die finanzielle Sicherheit der Blum Music am Ende des Geschäftsjahres 11 gewährleistet?

3. Kennzahlen des Vermögensaufbaus

Berechnen Sie für das Geschäftsjahr 11 und für das Vorjahr die Kennzahlen des Vermögensaufbaus und stellen Sie Ihr Ergebnis nach folgendem Schema strukturiert dar:

Kennzahlen des Vermögensaufbaus	Vorjahr (G 10)	Berichtsjahr (G 11)
Anteil des Anlagevermögens		
Anteil des Umlaufvermögens		
Anteil der Vorräte		
Anteil der Forderungen		
Anteil der flüssigen Mittel		
Ausnutzungsgrad der Sachanlagen		

Bewerten Sie den Vermögensaufbau der Blum Music4You KG, indem Sie folgende Fragen beantworten:

a) Hat sich die wirtschaftliche Situation der Blum Music im Geschäftsjahr 11 eher verbessert oder eher verschlechtert? Geben Sie die Tendenz für jede von Ihnen berechnete Kennzahl an.
b) Schätzen Sie die Anlagenintensität der Blum Music4You KG eher hoch oder eher niedrig ein?
c) Wie ist es möglich, dass die Vorratsquote gesunken ist, obwohl die Vorräte absolut gestiegen sind?
d) Begründen Sie die niedrige Forderungsquote. Besteht möglicherweise ein Zusammenhang mit dem attraktiven Skontoangebot, das die Blum Music ihren Kunden macht?
e) Der Anteil der flüssigen Mittel unterscheidet sich an den beiden Bilanzstichtagen deutlich. Welche Gründe könnten vorliegen?
f) Die Veränderung des Ausnutzungsgrades der Sachanlagen geht auf die Entwicklung der Umsatzerlöse zurück. Welche anderen Größen spielen eine Rolle?
g) Ist der Vermögensaufbau der Blum Music am Ende des Geschäftsjahres 11 solide?

4. Kennzahlen der Liquidität

Berechnen Sie für das Geschäftsjahr 11 und für das Vorjahr die Kennzahlen der Liquidität und stellen Sie Ihr Ergebnis nach folgendem Schema strukturiert dar:

Kennzahlen der Liquidität	Vorjahr (G 10)	Berichtsjahr (G 11)
Liquidität I		
Liquidität II		
Liquidität III		

Bewerten Sie die Zahlungsfähigkeit der Blum Music4You KG, indem Sie folgende Fragen beantworten:

a) Hat sich die Zahlungsfähigkeit der Blum Music im Geschäftsjahr 11 eher verbessert oder eher verschlechtert? Geben Sie die Tendenz für jede von Ihnen berechnete Kennzahl an.
b) Warum sind die berechneten Liquiditätskennzahlen nur bedingt für eine Bewertung der Zahlungsfähigkeit eines Unternehmens geeignet?
c) Erreicht die Liquidität II den „Idealwert" von 100 %?
d) Ist davon auszugehen, dass die Blum Music ihren Zahlungsverpflichtungen nachkommen kann?

5. Kennzahlen der Rentabilität

Für die Berechnung der Rentabilitätskennzahlen benötigen Sie neben den Beträgen aus der aufbereiteten Bilanz und der GuV-Rechnung noch folgende Daten:

- In beiden Geschäftsjahren (Vorjahr und Berichtsjahr) werden keine außerordentlichen Aufwendungen oder außerordentlichen Erträge ausgewiesen.
- Der Unternehmerlohn für den Geschäftsführer Claus Blum beträgt in beiden Geschäftsjahren jeweils 96.000,00 €.
- Das Eigenkapital zu Beginn des Vorjahres (Bilanz zum 31. Dezember des Vorvorjahres) beträgt 445.000,00 €.
- Das Gesamtkapital zu Beginn des Vorjahres (Bilanz zum 31. Dezember des Vorvorjahres) beträgt 1.200.000,00 €.

Berechnen Sie für das Geschäftsjahr 11 und für das Vorjahr die Kennzahlen der Rentabilität und stellen Sie Ihr Ergebnis nach folgendem Schema strukturiert dar:

Kennzahlen der Rentabilität	Vorjahr (G 10)	Berichtsjahr (G 11)
Eigenkapitalrentabilität		
Gesamtkapitalrentabilität		
Umsatzrentabilität		

Bewerten Sie die Rentabilität der Blum Music4You KG, indem Sie folgende Fragen beantworten:

a) Hat sich die Rentabilität der Blum Music im Geschäftsjahr 11 eher verbessert oder eher verschlechtert? Geben Sie die Tendenz für jede von Ihnen berechnete Kennzahl an.

b) Im Geschäftsjahr 11 bieten Kreditinstitute für langfristig angelegte Geldanlagen um 500.000,00 € einen Zinssatz von etwa 4 %. Wäre das Eigenkapital der Eigentümer der Blum Music4You KG auf dem Finanzmarkt besser angelegt als im Unternehmen?

c) Haben die Eigentümer der Blum Music im Berichtsjahr eine Risikoprämie für ihre Einlage erhalten?

d) Im Geschäftsjahr 11 verlangen Kreditinstitute für langfristige Kredite mit sehr hohen Sicherheiten einen Zinssatz von ca. 7 %. Würden (theoretisch) mit Fremdkapital finanzierte Investitionen zu einer weiteren Steigerung der Eigenkapitalrentabilität führen?

e) Die durchschnittliche Umsatzrentabilität in der Musikdienstleistungsbranche beträgt im Berichtsjahr etwa 2 %. Wie ist damit die Umsatzrentabilität der Blum Music zu bewerten?

6. Cashflow

Für die Berechnung des Cashflow benötigen Sie neben den Beträgen aus der aufbereiteten Bilanz und der GuV-Rechnung noch folgende Information:

- Im Vorjahr blieben die Pensionsrückstellungen unverändert. Im Berichtsjahr wurden sie um 500,00 € gesenkt.

Berechnen Sie für das Geschäftsjahr 11 und für das Vorjahr jeweils den Cashflow und stellen Sie Ihr Ergebnis nach folgendem Schema strukturiert dar:

Berechnung des Cashflow	Vorjahr (G 10)	Berichtsjahr (G 11)
Jahresüberschuss/-fehlbetrag		
+ Abschreibungen		
+/– Veränderung der langfr. Rückstellungen		
= Cashflow		

Bewerten Sie den Cashflow der Blum Music, indem Sie folgende Fragen beantworten:

a) Hat sich der Cashflow im Geschäftsjahr 11 verbessert?
b) Welcher Bestandteil des Cashflow hat sich am stärksten verändert?
c) Welcher Bestandteil des Cashflow hat in der Regel (also nicht nur bei der Blum Music) den größten Anteil?
d) Geben Sie eine eigene Einschätzung: Stehen der Blum Music im Berichtsjahr ausreichend Mittel für die Finanzierung von Investitionen zur Verfügung?

Übungen

1. Auswertung der Jahresabschlüsse der Mühlenbach OHG

Die Mitarbeiter der Abteilung Rechnungswesen/Controlling der Mühlenbach OHG haben aus den Jahresabschlüssen drei aufeinanderfolgender Geschäftsjahre die Bilanzen aufbereitet und die Daten der GuV-Rechnungen zusammengefasst.

Aufbereitete Bilanzen Mühlenbach OHG

	Geschäftsjahr 01	Geschäftsjahr 02	Geschäftsjahr 03
Aktiva	**€**	**€**	**€**
Sachanlagen	500.000,00	450.000,00	600.000,00
Finanzanlagen	0,00	0,00	0,00
Anlagevermögen	**500.000,00**	**450.000,00**	**600.000,00**
Vorräte	200.000,00	210.000,00	180.000,00
Forderungen	50.000,00	40.000,00	150.000,00
Flüssige Mittel	10.000,00	2.000,00	30.000,00
Umlaufvermögen	**260.000,00**	**252.000,00**	**360.000,00**
Gesamtvermögen	**760.000,00**	**702.000,00**	**960.000,00**

	Geschäftsjahr 01	Geschäftsjahr 02	Geschäftsjahr 03
Passiva	**€**	**€**	**€**
Gezeichnetes Kapital	200.000,00	150.000,00	150.000,00
Kapital-/Gewinnrücklagen	5.000,00	1.000,00	56.000,00
Eigenkapital	**205.000,00**	**151.000,00**	**206.000,00**
Langfr. Rückstellungen	10.000,00	7.000,00	8.000,00
Langfr. Verbindlichkeiten	380.000,00	200.000,00	420.000,00
Langfr. Fremdkapital	**390.000,00**	**207.000,00**	**428.000,00**
Kurzfr. Rückstellungen	5.000,00	4.000,00	6.000,00
Kurzfr. Verbindlichkeiten	160.000,00	340.000,00	320.000,00
Kurzfr. Fremdkapital	**165.000,00**	**344.000,00**	**326.000,00**
Gesamtkapital	**760.000,00**	**702.000,00**	**960.000,00**

GuV-Rechnungen

Erträge/Aufwendungen	Geschäftsjahr 01 €	Geschäftsjahr 02 €	Geschäftsjahr 03 €
Umsatzerlöse	800.000,00	761.000,00	938.000,00
Bestandsveränderungen	0,00	0,00	0,00
Sonstige betriebliche Erträge	0,00	0,00	0,00
Materialaufwand	200.000,00	210.000,00	240.000,00
Personalaufand	300.000,00	320.000,00	350.000,00
Abschreibungen	160.000,00	130.000,00	170.000,00
Sonstige betriebl. Aufwendungen	60.000,00	30.000,00	50.000,00
Zinsen und ähnliche Erträge	0,00	0,00	0,00
Zinsen und ähnliche Aufwendungen	60.000,00	65.000,00	70.000,00
Steuern	15.000,00	5.000,00	2.000,00
Jahresüberschuss	**5.000,00**	**1.000,00**	**56.000,00**

a) Berechnen Sie für alle drei Geschäftsjahre die Kennzahlen der Finanzierung und der Investition und stellen Sie Ihr Ergebnis nach folgendem Schema strukturiert dar:

Finanzierungs- und Investitionskennzahlen	Geschäftsjahr 01	Geschäftsjahr 02	Geschäftsjahr 03
Eigenkapitalquote			
Verschuldungsgrad			
Anteil langfristiges Fremdkapital			
Anteil kurzfristiges Fremdkapital			
Deckungsgrad I			
Deckungsgrad II			

b) Berechnen Sie für alle drei Geschäftsjahre die Kennzahlen des Vermögensaufbaus und stellen Sie Ihr Ergebnis nach folgendem Schema strukturiert dar:

Kennzahlen des Vermögensaufbaus	Geschäftsjahr 01	Geschäftsjahr 02	Geschäftsjahr 03
Anteil des Anlagevermögens			
Anteil des Umlaufvermögens			
Anteil der Vorräte			
Anteil der Forderungen			
Anteil der flüssigen Mittel			
Ausnutzungsgrad der Sachanlagen			

c) Berechnen Sie für alle drei Geschäftsjahre die Kennzahlen der Liquidität und stellen Sie Ihr Ergebnis nach folgendem Schema strukturiert dar:

Kennzahlen der Liquidität	**Geschäftsjahr 01**	**Geschäftsjahr 02**	**Geschäftsjahr 03**
Liquidität I			
Liquidität II			
Liquidität III			

d) Für die Berechnung der Rentabilitätskennzahlen für das Geschäftsjahr 01 benötigen Sie folgende Daten aus dem Vorjahr (Geschäftsjahr 00):
Eigenkapital Vorjahr: 200.00,00 €
Gesamtkapital Vorjahr: 750.00,00 €
Berechnen Sie für alle drei Geschäftsjahre die Kennzahlen der Rentabilität und stellen Sie Ihr Ergebnis nach folgendem Schema strukturiert dar:

Kennzahlen der Rentabilität	**Geschäftsjahr 01**	**Geschäftsjahr 02**	**Geschäftsjahr 03**
Eigenkapitalrentabilität			
Gesamtkapitalrentabilität			
Umsatzrentabilität			

e) Für die Berechnung des Cashflow für das Geschäftsjahr 01 benötigen Sie die langfristigen Rückstellungen aus dem Vorjahr (Geschäftsjahr 00):
Langfristige Rückstellungen Vorjahr: 10.000,00 €
Berechnen Sie für alle drei Geschäftsjahre den Cashflow und stellen Sie Ihr Ergebnis nach folgendem Schema strukturiert dar:

Berechnung des Cashflow	**Geschäftsjahr 01**	**Geschäftsjahr 02**	**Geschäftsjahr 03**
Jahresüberschuss/-fehlbetrag			
+ Abschreibungen			
+/– Veränderung der langfr. Rückstellungen			
= Cashflow			

f) Bewerten Sie die wirtschaftliche Situation der Mühlenbach OHG in den Geschäftsjahren 01 bis 03, indem Sie folgende Fragen beantworten:
f1) Obwohl der Gewinn im Geschäftsjahr 03 deutlich gestiegen ist, steigt die Eigenkapitalquote nicht. Warum nicht?
f2) Die Deckungsgrade sind im Geschäftsjahr 01 am höchsten. Warum sind sie in den Folgejahren gesunken?
f3 Ist es richtig, die Mühlenbach OHG als anlagenintensives Unternehmen zu bezeichnen?
f4) Aus welchen Gründen könnte die Vorratsquote im Geschäftsjahr 03 gesunken sein?

f5) Einzelne Liquiditätskennzahlen sind extrem niedrig. Bedeutet das, dass die Mühlenbach OHG zahlungsunfähig ist?

f6) Welches der drei Geschäftsjahre würden Sie als das wirtschaftlich erfolgreichste und welches als am wenigsten erfolgreich bezeichnen?

f7) Für welche der von Ihnen berechneten Kennzahlen interessieren sich insbesondere
- die Eigentümer,
- die Kreditgeber,
- die Arbeitnehmer

der Mühlenbach OHG?

2. Auswertung des Jahresabschlusses der Ems-Beton GmbH

Die Mitarbeiter der Controllingabteilung der Ems-Beton GmbH setzen für die Berechnung der Unternehmenskennzahlen eine Tabellenkalkulationssoftware ein. Für das aktuelle Berichtsjahr liegen die folgenden Tabellen vor:

	A	B	C	D	E
1	**Auswertung des Jahresabschlusses der Ems-Beton GmbH**				
2	**Aufbereitete Bilanzen**				
3		**Vorjahr**		**Berichtsjahr**	
4	**Aktiva**		Anteil		Anteil
5	Sachanlagen	200.000,00 €	82,6 %	190.000,00 €	75,1 %
6	Finanzanlagen	0,00 €	0,0 %	0,00 €	0,0 %
7	Anlagevermögen	**200.000,00 €**	82,6 %	**190.000,00 €**	75,1 %
8	Vorräte	30.000,00 €	12,4 %	25.000,00 €	9,9 %
9	Forderungen	10.000,00 €	4,1 %	30.000,00 €	11,9 %
10	Flüssige Mittel	2.000,00 €	0,8 %	8.000,00 €	3,2 %
11	Umlaufvermögen	**42.000,00 €**	17,4 %	**63.000,00 €**	24,9 %
12	**Gesamtvermögen**	**242.000,00 €**	100,0 %	**253.000,00 €**	100,0 %
13					
14	**Passiva**				
15	Eigenkapital-Konten	40.000,00 €	16,5 %	41.000,00 €	16,2 %
16	Gewinn	1.000,00 €	0,4 %	9.000,00 €	3,6 %
17	Eigenkapital	**41.000,00 €**	16,9 %	**50.000,00 €**	19,8 %
18	Langfristige Rückstellungen	1.000,00 €	0,4 %	1.000,00 €	0,4 %
19	Langfristige Verbindlichkeiten	180.000,00 €	74,4 %	177.000,00 €	70,0 %
20	Langfristiges Fremdkapital	**181.000,00 €**	74,8 %	**178.000,00 €**	70,4 %
21	Kurzfristige Rückstellungen	0,00 €	0,0 %	0,00 €	0,0 %
22	Kurzfristige Verbindlichkeiten	20.000,00 €	8,3 %	25.000,00 €	9,9 %
23	Kurzfristiges Fremdkapital	20.000,00 €	8,3 %	25.000,00 €	9,9 %
24	**Gesamtkapital**	**242.000,00 €**	100,0 %	**253.000,00 €**	100,0 %

	A	B	C	D	E
25	**Gewinn- und Verlustrechnungen**				
26		**Vorjahr**		**Berichtsjahr**	
27	Umsatzerlöse	300.000,00 €		380.000,00 €	
28	Bestandsveränderungen	0,00 €		0,00 €	
29	Sonstige betriebliche Erträge	0,00 €		0,00 €	
30	Materialaufwand	70.000,00 €		90.000,00 €	
31	Personalaufwand	106.000,00 €		110.000,00 €	
32	Abschreibungen	80.000,00 €		100.000,00 €	
33	Sonstige betr. Aufwendungen	15.000,00 €		36.000,00 €	
34	Zinsen u. a. Erträge	0,00 €		0,00 €	
35	Zinsen u. a. Aufwendungen	25.000,00 €		30.000,00 €	
36	Steuern	3.000,00 €		5.000,00 €	
37	**Jahresüberschuss**	**1.000,00 €**		**9.000,00 €**	

38	**Kennzahlen der Finanzierung und Investition**				
39		**Vorjahr**		**Berichtsjahr**	
40	Eigenkapitalquote		16,9 %		19,8 %
41	Verschuldungsgrad		83,1 %		80,2 %
42	Anteil langfrist. Fremdkapital		74,8 %		70,4 %
43	Anteil kurzfrist. Fremdkapital		8,3 %		9,9 %
44	Deckungsgrad I		20,5 %		26,3 %
45	Deckungsgrad II		111,0 %		120,0 %

46	**Kennzahlen des Vermögensaufbaus**				
47		**Vorjahr**		**Berichtsjahr**	
48	Anteil des Anlagevermögens		82,6 %		75,1 %
49	Anteil des Umlaufvermögens		17,4 %		24,9 %
50	Anteil der Vorräte		12,4 %		9,9 %
51	Anteil der Forderungen		4,1 %		11,9 %
52	Anteil der flüssigen Mittel		0,8 %		3,2 %
53	Ausnutzungsgrad Sachanlagen		150,0 %		200,0 %

54	**Kennzahlen der Liquidität**				
55		**Vorjahr**		**Berichtsjahr**	
56	Liquidität I		10,0 %		32,0 %
57	Liquidität II		60,0 %		152,0 %
58	Liquidität III		210,0 %		252,0 %

Fortsetzung Tabelle siehe nächste Seite.

	A	B	C	D	E
59	**Kennzahlen der Rentabilität**				
60		**Vorjahr**		**Berichtsjahr**	
61	Eigenkapitalrentabilität		2,5 %		19,8 %
62	Gesamtkapitalrentabilität		10,8 %		15,8 %
63	Umsatzrentabilität		0,3 %		2,4 %
64	**Cashflow**				
65		**Vorjahr**		**Berichtsjahr**	
66	Jahresgewinn	1.000,00 €		9.000,00 €	
67	Abschreibungen	80.000,00 €		100.000,00 €	
68	Veränderung Rückstellungen	0,00 €		0,00 €	
69	= Cashflow	81.000,00 €		109.000,00 €	
70	**Daten aus dem Vorvorjahr**				
71	Eigenkapital Vorvorjahr	40.000,00 €			
72	Gesamtkapital Vorvorjahr	240.000,00 €			
73	Lfr. Rückstellungen Vorvorjahr	1.000,00 €			

a) Erstellen Sie eine eigene Tabelle mit Ihrer Tabellenkalkulationssoftware.[1] Verwenden Sie die oben aufgeführte Tabelle als Muster. Daten werden ausschließlich in den gelb hinterlegten Feldern erfasst. In allen anderen Feldern befinden sich Texte oder Formeln.
Hinweis: Die unten ab Zeile 70 angegebenen Daten aus dem Vorvorjahr werden für die Berechnung der Eigenkapitalrentabilität, Gesamtkapitalrentabilität und für die Veränderung der Rückstellungen für den Cashflow benötigt.

b) Erläutern Sie die angezeigte Formel in C5 (=B5*100/B12).

c) Bewerten Sie die wirtschaftliche Situation der Ems-Beton GmbH im Berichtsjahr, indem Sie jede der angezeigten Kennzahlen kurz auswerten.

d) Ihre Formeln in Spalte C können Sie (bei relativer Adressierung) nach Spalte E kopieren. Ausnahmen bilden die Formeln für die Eigenkapitalrentabilität, Gesamtkapitalrentabilität und für die Veränderungen der Rückstellungen. Warum können diese Formeln nicht kopiert werden?

e) Ändern Sie in Ihrer Tabelle die Umsatzerlöse des Berichtsjahres von 380.000,00 € auf 400.000,00 €. Welche Kennzahlen verändern sich?

f) Erhöhen Sie in Ihrer Tabelle die Sachanlagen des Berichtsjahres von 190.000,00 € auf 290.000,00 € und die langfristigen Verbindlichkeiten von 177.000,00 € auf 277.000,00 €. Welche Kennzahlen verändern sich?

g) Erstellen Sie eine Kopie Ihrer Tabelle und erfassen Sie die Daten des Jahresabschlusses der Blum Music der Geschäftsjahre 10 und 11. Prüfen Sie Ihre Lösungen der Arbeitsaufträge der Lernsituation in Kapitel 6.16.

1 Erläuterungen zur Tabellenkalkulation mit Excel finden Sie im Band „Informationsverarbeitung" (Best.-Nr. 3568), Kapitel 5.

6.17 Beleggeschäftsgang II

Lernsituation

Die Mitarbeiter der Finanzbuchhaltung der Blum Music4You KG lassen am 30. November des Geschäftsjahres 21 die folgende Summen- und Saldenliste ausdrucken:

Konto	Kontostand 01.01.21	Soll-Umsatz	Haben-Umsatz	Kontostand 30.11.21
0510 Bebaute Grundstücke	150.000,00 S			150.000,00 S
0520 Gebäude	500.000,00 S			500.000,00 S
0700 Technische Anlagen	100.000,00 S			100.000,00 S
0800 Geschäftsausstattung	600.000,00 S			600.000,00 S
Summe Kontenklasse 0	**1.350.000,00 S**	**0,00**	**0,00**	**1.350.000,00 S**
2000 Rohstoffe	1.000,00 S			1.000,00 S
2010 Fremdbauteile	5.000,00 S			5.000,00 S
2020 Hilfsstoffe	0,00 S			0,00 S
2100 Unfertige Erzeugnisse	0,00 S			0,00 S
2200 Fertige Erzeugnisse	4.000,00 S			4.000,00 S
2280 Handelswaren	250.000,00 S			250.000,00 S
2400 Forderungen a. LL	40.000,00 S	300.000,00		340.000,00 S
2600 Vorsteuer	0,00 S			0,00 S
2690 Sonstige Forderungen	0,00 S			0,00 S
2800 Bank	150.000,00 S	100.000,00		250.000,00 S
2880 Kasse				
Summe Kontenklasse 2	**450.000,00 S**	**400.000,00**	**0,00**	**850.000,00 S**
3000 Kapital Blum	300.000,00 H			300.000,00 H
3070 Kapital Komplementäre	100.000,00 H			100.000,00 H
Summe Kontenklasse 3	**400.000,00 H**	**0,00**	**0,00**	**400.000,00 H**
4250 Hypotheken	1.220.000,00 H			1.220.000,00 H
4400 Verbindlichkeiten a. LL	180.000,00 H			180.000,00 H
4800 Umsatzsteuer	0,00 H			0,00 H
Summen Kontenklasse 4	**1.400.000,00 H**	**0,00**	**0,00**	**1.400.000,00 H**
5100 Umsatzerlöse für Waren			2.100.000,00	2.100.000,00 H
5101 Erlösberichtig. für Waren				0,00 S
5200 Bestandsveränderungen				0,00 H
Summe Kontenklasse 5	**0,00 H**	**0,00**	**2.100.000,00**	**2.100.000,00 H**
6080 Aufwendungen für Waren		1.000.000,00		1.000.000,00 S
6081 Bezugskosten für Waren				0,00 S
6082 Nachlässe für Waren				0,00 H
6140 Ausgangsfrachten				0,00 S
6300 Gehälter		700.000,00		700.000,00 S
6520 Abschreib. auf Sachanlagen		0,00		0,00 S
6710 Leasingaufwendungen				0,00 S

Fortsetzung Tabelle siehe nächste Seite.

Konto	Kontostand 01.01.21	Soll-Umsatz	Haben-Umsatz	Kontostand 30.11.21
6800 Büromaterial		0,00		0,00 S
6900 Versicherungsbeiträge		0,00		0,00 S
Summe Kontenklasse 6	**0,00 S**	**1.700.000,00**	**0,00**	**1.700.000,00 S**
7510 Zinsaufwendungen		0,00		0,00 S
7700 Gewerbesteuer		0,00		0,00 S
Summe Kontenklasse 7	**0,00 S**	**0,00**		**0,00 S**
8000 EBK				
8009 Summenvortrag				
8010 SBK				
8020 GuV-Konto				
Summe Kontenklasse 8	**0,00 S**	**0,00**		**0,00 S**
Summen	**0,00 S**	**2.100.000,00**	**2.100.000,00**	**0,00 S**

Im Dezember des Geschäftsjahres 21 fallen die auf den Seiten 250 bis 257 aufgeführten Belege 8001 bis 8012 an. Bei den verkauften, gekauften und zurückgesendeten Gegenständen der Belege 8001 bis 8006 handelt es sich ausschließlich um Handelswaren.

Aufträge zur Lernsituation

1. Buchen Sie die Belege 8001 bis 8012 im Grundbuch. Geben Sie jeweils die Belegnummer, das Belegdatum und den Buchungssatz an.
2. Erstellen Sie die Eröffnungsbilanz, also die Bilanz zum 1. Januar des Geschäftsjahres 21, indem Sie die Anfangsbestände aus der Saldenliste in die Bilanzstruktur der Blum Music4You KG übernehmen.
3. Richten Sie für alle in der Summen- und Saldenliste aufgeführten Konten ein T-Konto im Hauptbuch ein. Übernehmen Sie – soweit vorhanden – die Anfangsbestände der Bestandskonten (Gegenkonto 8000 EBK) und die Umsätze bis zum 30. November (Gegenkonto 8009 Summenvortrag).
4. Nennen Sie den Buchungssatz für die Erfassung des Anfangsbestands des Kontos „0510 Bebaute Grundstücke".
5. Bei den Soll- und Haben-Umsätzen der Summen- und Saldenliste handelt es sich um die bis zum 30. November aufgelaufenen Beträge. Wie lautet der Buchungssatz für die Buchung der Summenvorträge auf das Konto „2400 Forderungen"?
6. Nach Erfassung der Anfangsbestände und Umsätze bis zum 30. November weisen das EBK (Konto 8000) und das Summenvortragskonto (Konto 8009) jeweils den Saldo Null aus. Erläutern Sie den Zusammenhang.
7. Übernehmen Sie Ihre Buchungen aus dem Grundbuch in die eingerichteten Hauptbuchkonten und schließen Sie alle Konten formgerecht ab.
8. Erstellen Sie die Bilanz und die GuV-Rechnung zum 31. Dezember des Geschäftsjahres 21, indem Sie die Schlussbestände der Konten aus dem SBK und dem GuV-Konto in die Bilanzstruktur und in die GuV-Struktur der Blum Music4You KG übernehmen. Der Gewinn wird in voller Höhe als Eigenkapital ausgewiesen.

9. Setzen Sie eine Finanzbuchhaltungssoftware ein.[1] Erfassen Sie die Anfangsbestände und die Buchungen der Geschäftsvorfälle 8001 bis 8012. Buchen Sie den Anfangsbestand der Forderungen auf das Debitorenkonto 24002 und den Anfangsbestand der Verbindlichkeiten auf das Kreditorenkonto 44006.
   Lassen Sie anschließend folgende Unterlagen anzeigen bzw. ausdrucken:
   a) das Buchungsjournal sämtlicher Buchungen des Geschäftsjahres.
   b) die Summen- und die Saldenliste am 31. Dezember.
   c) die Bilanz und die GuV-Rechnung vom 31. Dezember.
   d) die Umsatzsteuervoranmeldung für Dezember.
10. Bearbeiten Sie die folgenden Arbeitsaufträge, indem Sie auf das Grundbuch und das Hauptbuch oder auf die erstellten Unterlagen der Finanzbuchhaltungssoftware zugreifen.
   a) Erläutern Sie den Kontostand vom 31. Dezember des Kontos „0800 Geschäftsausstattung".
   b) Begründen Sie, warum auf dem Konto „2280 Handelswaren" nur eine Buchung erfolgt ist.
   c) Wie hoch ist der gesamte Forderungsbestand der Blum Music4You KG am 31. Dezember? Wie hoch ist davon die Forderung gegenüber dem Kunden 24001 Ikabo GmbH?
   d) Welche Zahllast für Dezember wird ausgewiesen?
   e) Prüfen Sie den Kontostand des Kontos „2800 Bank". Ziehen Sie die beiden von Ihnen gebuchten Kontoauszüge heran.
   f) Prüfen Sie den Kontostand des Kontos „2880 Kasse". Ziehen Sie den von Ihnen gebuchten Kassenbericht heran.
11. Werten Sie den Jahresabschluss des Geschäftsjahres 21 aus, indem Sie die Kennzahlen der Bilanz und der GuV-Rechnung ermitteln und erläutern. Vergleichen Sie Ihre Ergebnisse jeweils mit den Kennzahlen des Geschäftsjahres 01.
   a) Berechnen Sie die Eigenkapitalquote und die Deckungsgrade I und II aus den Daten der Bilanz. Bewerten Sie die finanzielle Sicherheit des Unternehmens am 31. Dezember des Geschäftsjahres 21. Vergleichen Sie die finanzielle Situation mit der des Geschäftsjahres 01, indem Sie die Berechnungen aus Kapitel 6.16.2 (Grundlagenteil) heranziehen.
   b) Die Liquiditätskennzahlen des Geschäftsjahres 01 sind in Kapitel 6.16.4 (Grundlagenteil) dargestellt und erläutert. Bewerten Sie die Zahlungsfähigkeit der Blum Music4You KG am 31. Dezember des Geschäftsjahres 21, indem Sie die Liquiditätskennzahlen I, II und III berechnen und mit den Werten vom 31. Dezember des Geschäftsjahres 01 vergleichen.
   c) Berechnen Sie die Eigenkapitel- und die Umsatzrentabilität des Geschäftsjahres 21. Berücksichtigen Sie, entsprechend der Berechnung für das Geschäftsjahr 01, den „Unternehmerlohn" des Geschäftsführers Claus Blum von 96.000,00 € jährlich. Vergleichen Sie die Rentabilität des Geschäftsjahres 21 mit der des Geschäftsjahres 01, indem Sie die Berechnungen aus Kapitel 6.16.5 heranziehen. Erläutern Sie die Entwicklung der beiden Rentabilitätskennziffern.
   d) Vergleichen Sie den Cashflow des Geschäftsjahres 21 mit dem des Geschäftsjahres 01, indem Sie die Daten aus Kapitel 6.16.6 heranziehen. Beschreiben Sie, wozu der von Ihnen ermittelte Cashflow des Geschäftsjahres 21 verwendet werden könnte.

1 Der Datenbestand für die Bearbeitung der Aufgabe mit der Software Lexware financial office pro steht auf der Internetseite www.music4youkg.de zur Verfügung.

Beleg 8001

Blum Music4You KG • Veilchenweg 19 • 50677 Köln

Ikabo GmbH
Verwaltung Elbe-Hallen
Karl-Peters-Straße 7
22455 Hamburg

Rechnung

Bei Zahlung bitte stets angeben:

Auftragsnummer	Liefer- oder Leistungsdatum	Kundennummer	Rechnungsnummer	Rechnungsdatum
7691	26. Nov. ..21	24001	49217	2. Dez. ..21

Pos.	Artikel-nummer	Artikelbezeichnung	Menge	ME	Einzelpreis €	Rabatt %	Gesamtpreis €
001	20014	T-Shirt, bedruckt nach Vorlage	4 000	St.	12,50		50.000,00
Zwischensumme							50.000,00

Gesamtrabatt %	Gesamtrabatt €	Nettopreis €	USt %	USt €	Bruttopreis €
		50.000,00	19,0	9.500,00	**59.500,00**

Zahlbar innerhalb von 30 Tagen oder innerhalb von 10 Tagen mit 3,0 % Skonto.

Beleg 8002

Blum Music4You KG • Veilchenweg 19 • 50677 Köln

Josef Huber KG
Berliner Straße 2
80805 München

Rechnung

Bei Zahlung bitte stets angeben:

Auftragsnummer	Liefer- oder Leistungsdatum	Kundennummer	Rechnungsnummer	Rechnungsdatum
7788	1. Dez. ..21	24003	49218	2. Dez. ..21

Pos.	Artikel-nummer	Artikelbezeichnung	Menge	ME	Einzelpreis €	Rabatt %	Gesamtpreis €
001	20236	Konzertreihe „Bayreuth“, 24 DVD	1 250	St.	80,00		100.000,00
Zwischensumme							100.000,00

Gesamtrabatt %	Gesamtrabatt €	Nettopreis €	USt %	USt €	Bruttopreis €
		100.000,00	19,0	19.000,00	**119.000,00**

Zahlbar innerhalb von 30 Tagen oder innerhalb von 10 Tagen mit 3,0 % Skonto.

Beleg 8003

2020 SOUND AG

Musik ist unser Leben

2020 Sound AG • Weserdeich 2 • 28777 Bremen

Blum Music4You KG
Veilchenweg 19
50677 Köln

Steuernummer	**256 8773 8832**
USt-IdNr.	**DE 665 544 332**
Kundennummer	897666
Bearbeiter	
Lieferdatum	01.12. ..21
Rechnungsdatum	02.12. ..21

Rechnung **Nr.** 980871

Pos.	Menge	Einheit	Art.-Nr.	Bezeichnung	Einzelpreis €	Rabatt %	Gesamtpreis €
1	40	Stück	9832	Peking Motel 1987	80,00		3.200,00
2	80	Stück	7122	Konzertreihe Bayreuth	60,00		4.800,00
Gesamt netto							8.000,00
zzgl. 19,00 % USt auf					8.000,00 €		1.520,00
Gesamtbetrag brutto							**9.520,00**

Zahlungsbedingung: Innerhalb von 8 Tagen 2,0 % Skonto, Ziel 30 Tage.

Beleg 8004

F & S GmbH • Instrumentenhandel Erlangen

F & S GmbH, Südweg 8, 91060 Erlangen

Blum Music4You KG
Veilchenweg 19
50677 Köln

Telefon: 09131 343434
E-Mail: info@f-und-s-wvb.de

Rechnung

Rechnungsnummer	77665
Rechnungsdatum	2. Dezember ..21
Lieferdatum	28. November ..21

Position	Menge	Mengeneinheit	Bezeichnung	Einzelpreis	Gesamtpreis (€)
01	1 500	Stück	T-Shirt, bedruckt nach Vorlage	8,00	12.000,00
02	400	Stück	Notenständer SuyKuy 77	20,00	8.000,00
			Rechnungsbetrag netto		20.000,00
			gesetzliche USt 19 %		3.800,00
			Rechnungsbetrag brutto		**23.800,00**

Bei Zahlung innerhalb 8 Tagen 2,0 % Skonto; Zahlungsziel 30 Tage.

Beleg 8005

Blum Music4You KG • Veilchenweg 19 • 50677 Köln

Ikabo GmbH
Verwaltung Elbe-Hallen
Karl-Peters-Straße 7
22455 Hamburg

Rechnungskorrektur

Bei Zahlung bitte stets angeben:

Auftragsnummer	Liefer- oder Leistungsdatum	**Kundennummer**	**Belegnummer**	**Belegdatum**
7691	8. Dez. ..21	24001	50007	10. Dez. ..21

Pos.	Artikel-nummer	Artikelbezeichnung	Menge	ME	Einzelpreis €	Rabatt %	Gesamtpreis €
001	20014	T-Shirt, bedruckt nach Vorlage	800	St.	12,50		10.000,00
Zwischensumme							10.000,00

Gesamtrabatt %	Gesamtrabatt €	Nettopreis €	USt %	USt €	**Bruttopreis €**
		10.000,00	19,0	1.900,00	**11.900,00**

Wegen Ihrer Rücksendung vom 8. Dezember ..21 korrigieren wir die bereits gebuchte Rechnung Nr. 49217 vom 2. Dez. ..21.

Beleg 8006

2020 SOUND AG

2020 Sound AG • Weserdeich 2 • 28777 Bremen

Musik ist unser Leben

Blum Music4You KG
Veilchenweg 19
50677 Köln

Steuernummer	**256 8773 8832**
USt-IdNr.	**DE 665 544 332**
Kundennummer	897666
Bearbeiter	
Lieferdatum	03.12. ..21
Rechnungsdatum	02.12. ..21
Belegdatum	03.12. ..21

Rechnungskorrektur Nr. 40321

Pos.	**Menge**	**Einheit**	**Art.-Nr.**	**Bezeichnung**	**Einzelpreis €**	**Rabatt %**	**Gesamtpreis €**
1	5	Stück	9832	Peking Motel 1987	80,00		400,00
Gesamt netto							400,00
zzgl. 19,00 % USt auf					400,00 €		76,00
Gesamtbetrag brutto							**476,00**

Ihre Rücksendung vom 3. Dezember ..21; Korrektur unserer Rechnung vom 2. Dezember ..21, Rechnungsnummer 980871

Beleg 8007

Kölner Kreditanstalt AG **Kontoauszug** Nr. 916 vom 10.12...21 **Blatt** 1

Datum	Wert	Buchungstext	Soll	Haben
		Alter Kontostand am 09.12...21 in EUR		250.000,00
			Umsätze	
10.12.	10.12.	Josef Huber KG, Rechnung 49218, Rechnung vom 2. Dez. ..21		115.430,00
10.12.	10.12.	F & S GmbH, Rechnung Nr. 77665 vom 2. Dez. ..21	23.324,00	
10.12.	10.12.	Zinsen, Darlehen 121222	61.000,00	
10.12.	10.12.	Tilgung, Darlehen 121222	70.000,00	
10.12.	10.12.	Barabhebung, Automat Westerstraße	5.000,00	
		Neuer Kontostand am 10.12...21 in EUR		206.106,00

Blum Music4You KG
Veilchenweg 19
50677 Köln

IBAN: DE98 3701 0099 2333 4442 00
BIC: KOEKDEKN280

Beleg 8008

Kassenbuch

Tagesabrechnung am: 20.12. ..21 **Kontostand Vortag €:** 5.000,00

Nr.	Text	Einnahmen €	Ausgaben €	USt %	USt €
1	Druckerpapier, Toner		2.499,00	19,0	399,00
2	Ausgangsfracht, Sendung an				
	Ikabo GmbH (Beleg 8001)		107,10	19,0	17,10
3	Fracht, Bezug von				
	2020 Sound AG (Beleg 8003)		47,60	19,0	7,60

Kontostand neu €: 2.346,30

Anlage 1 zu Beleg 8008

Büromaschinen – Büromöbel – Bürobedarf – Organisationsmittel

Mühlenbach OHG
Leer

Mühlenbach OHG • Blinke 39 A • 26789 Leer

Blum Music4You KG
Veilchenweg 19
50677 Köln

Lieferschein/Rechnung/Barzahlungsbeleg

Rechnungsnummer	91 345
Rechnungsdatum	20.12. ..21
Abholung am	20.12. ..21

Pos.	Artikel-Nr.	Artikelbezeichnung	Menge	Preis je Einheit in €	Betrag gesamt in €
001	89997776	Toner MK 5540 zu Conan PP300i	11	125,00	1.375,00
002	55566670	Laserdruckerpapier Standard 500 Blatt	200	3,50	700,00
003	55566680	Laserdruckerpapier HQ 500 Blatt	1	25,00	25,00
		Nettobetrag			2.100,00
		+ USt 19 %			399,00
		Bruttobetrag			**2.499,00**

Zahlung:
- [x] bar
- [ ] EC-Karte
- [ ] Scheck
- [ ] Sonstiges

Betrag dankend erhalten:
i. A. Hellmers

Mühlenbach OHG
Blinke 39 A
26789 Leer

Anlage 2 zu Beleg 8008

Quittung
Nr.

Netto	€ 90,	ct 00
+ 19 % USt	€ 17,	ct 10
Gesamt	€ 107,	ct 10

Gesamtbetrag € in Worten
einhundertsieben ——— Cent wie oben

(Im Gesamtbetrag sind ______ % Umsatzsteuer enthalten)

von Blum Music4You KG

für Auslieferung an Ikabo GmbH, Hamburg
Auftr.-Nr. 789443, ausgef. am 1. Dez. ..21

richtig erhalten zu haben, bestätigt

Ort Köln, Datum 20.12. ..21

Buchungsvermerke

Stempel/Unterschrift des Empfängers
Holdmann

Jansen GmbH
Frachtführer/Spedition
Felsweg 206
50677 Köln
Tel.: 0221 45774-0

Anlage 3
zu Beleg 8008

Netto € 40, ct 00	**Quittung**
+ 19 % USt € 7, ct 60	Nr.
Gesamt € 47, ct 60	

Gesamtbetrag € in Worten
siebenundvierzig ——— Cent wie oben

(Im Gesamtbetrag sind ______ % Umsatzsteuer enthalten)

von Blum Music4You KG
für Lieferung von 2020 Sound AG, Bremen
Auftr.-Nr. 789498, ausgef. am 1. Dez. ..21

richtig erhalten zu haben, bestätigt
Ort Köln, Datum 20.12. ..21

Buchungsvermerke | Stempel/Unterschrift des Empfängers
Holtmann

Jansen GmbH
Frachtführer/Spedition
Felsweg 206
50677 Köln
Tel.: 0221 45774-0

Beleg 8009

Kölner Kreditanstalt AG **Kontoauszug** Nr. 917 vom 20.12...21 **Blatt** 1

Datum	Wert	Buchungstext	Soll	Haben
		Alter Kontostand am 10.12...21 in EUR		206.106,00
			Umsätze	
20.12.	20.12.	Abschlagszahlung Gehälter	60.000,00	
20.12.	20.12.	Leasingrate 12/21, Vertrag-Nr. 23422114, Nettobetrag 6.000,00, Umsatzsteuer 1.140,00	7.140,00	
20.12.	20.12.	Calania-Versicherungen, Gebäudeversicherungsprämie	3.000,00	
20.12.	20.12.	Gewerbesteuerabschlag	40.000,00	
		Neuer Kontostand am 20.12...21 in EUR		95.966,00

Blum Music4You KG
Veilchenweg 19
50677 Köln

IBAN: DE98 3701 0099 2333 4442 00
BIC: KOEKDEKN280

Wertschöpfungsprozesse erfolgsorientiert steuern

Beleg 8011

Abschreibungen

Zusammengefasste Abschreibungsbeträge des aktuellen Geschäftsjahres, übernommen aus den Anlagekarten 655 bis 710

Bezeichnung	Konto	Summe der Abschreibungsbeträge
Gebäude	0520	15.000,00 €
Technische Anlagen und Maschinen	0700	20.000,00 €
Geschäftsausstattung	0800	165.000,00 €

Beleg 8012

Inventur durchgeführt am: 31. Dezember 20..		
Bezeichnung	**Konto**	**Wertansatz**
Rohstoffe	2000	800,00 €
Fremdbauteile	2010	3.200,00 €
Unfertige Erzeugnisse	2100	500,00 €
Fertige Erzeugnisse	2200	5.500,00 €
Handelswaren	2280	260.000,00 €

Beleg 8010

Büromaschinen – Büromöbel – Bürobedarf – Organisationsmittel

Mühlenbach OHG • Blinke 39 A • 26789 Leer

Mühlenbach OHG
Leer

Blum Music4You KG
Veilchenweg 19
50677 Köln

Rechnungsnummer	91 884
Rechnungsdatum	20.12. ..21
Lieferung am	18.12. ..21

Rechnung

Pos.	Artikel-Nr.	Artikelbezeichnung	Menge	Preis je Einheit in €	Betrag gesamt in €
001	65540	Scannersystem für Belegarchivierung Conan 60P	1	18.500,00	18.500,00
		Nettobetrag			18.500,00
		+ USt 19 %			3.515,00
		Bruttobetrag			**22.015,00**

Zahlbar innerhalb 30 Tagen ohne Abzug.

Mühlenbach OHG
Blinke 39 A • 26789 Leer
Telefon: 0491 663731-0
Fax: 0491 663731-15
E-Mail: service@muehlenbach-wvb.de
Internet: www.muehlenbach-wvb.de

Geschäftsführer:
Tobias Mühlenbach, Anke Roth
Registergericht:
Amtsgericht Leer, HRA 3889
USt-IdNr.: DE261955389

Bankverbindung:
IBAN: DE85 2505 0000 0101 3338 15
BIC: NOLADE2H

40,00
30,00
20,00
10,00
108,0
106,0
104,0
102,0
1995
14,73%
ON/C
CE
7
8
4
5
1
2
0
3
=
+

Lernlandkarte 10.1 und 10.2

10.1 Rechnungswesen als Instrument wirtschaftlicher Steuerung

Daten aus der Finanzbuchhaltung

Soll	GuV Haben
Rohstoffaufwand	Umsatzerlöse
Gehälter	Zinserträge
Abschreibungen	…
Steuern	
…	

Kalkulationen

- Wie ermittelt ein Unternehmen seine Verkaufspreise für eigene Produkte?
- Welche Kalkulation legt es dabei zugrunde?
- Wie berechnet sich der Handlungskostenzuschlagssatz?
- Anwenden einer Tabellenkalkulationssoftware

10.2 Kosten- und Leistungsrechnung

Angebot
„Wir bieten Ihnen die E-Gitarre gem. Sonderbeschreibung zum Preis von 3.500,00 € an."

Ziele

- Kalkulation der Verkaufspreise von Produkten und Dienstleistungen
- Entscheidung über Annahme von Aufträgen

10.2.1 Kostenartenrechnung

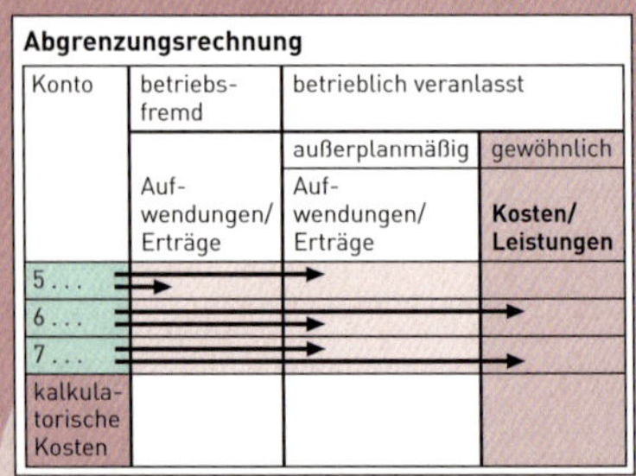

Welche Kosten sind angefallen?

10.2.2 Kostenstellenrechnung

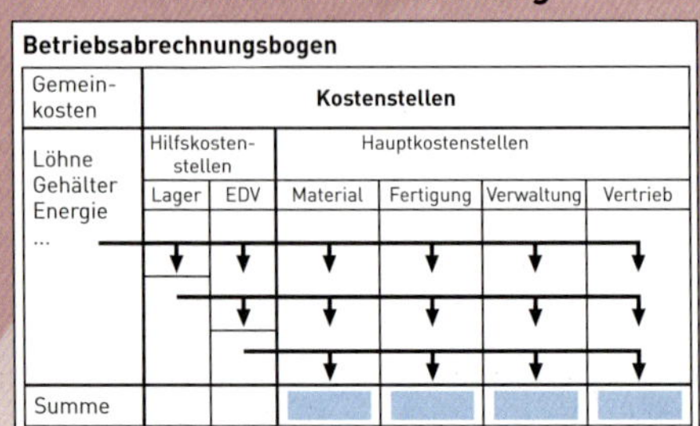

In welchen Bereichen sind die Kosten angefallen?

10.2.3 Kostenträgerrechnung als Deckungsbeitragsrechnung

Welches Produkt hat die Kosten verursacht?

10.2.4 Nachkalkulation

War der Angebotspreis richtig kalkuliert? Ist der Verkaufspreis zutreffend?

10.1 Rechnungswesen als Instrument wirtschaftlicher Steuerung

Lernsituation (1) Verkaufspreis für Fanschal kalkulieren

Die Blum Music nimmt in ihr Großhandelssortiment einen neuen Artikel „Fanschal unbedruckt" auf. Der Verkaufspreis für diesen neuen Artikel muss noch berechnet werden. Der Fanschal gehört der Warengruppe „Fanartikel Großhandel" an. Die Artikel dieser Warengruppe werden im Onlineshop der Blum Music ausschließlich Geschäftskunden angeboten. Der im Onlineshop angegebene Preis ist ein Listenverkaufspreis ohne Umsatzsteuer, der noch Rabattangebote an einzelne Geschäftskunden zulässt.

Die Blum Music kalkuliert ihre Großhandelsartikel nach folgendem Schema:

Listeneinkaufspreis	(LEP)
– Lieferantenrabatt	(LRab)
Zieleinkaufspreis	(ZEP)
– Lieferantenskonto	(LSk)
Bareinkaufspreis	(BEP)
+ Bezugskosten	(BezK)
Einstandspreis/Bezugspreis	(EP)
+ Handlungskostenzuschlag	(HKZ)
Selbstkosten	(Seko)
+ Gewinn	(Gew)
Barverkaufspreis	(BVP)
+ Kundenskonto	(KSk)
Zielverkaufspreis	(ZVP)
+ Kundenrabatt	(KRab)
Listenverkaufspreis	(LVP)

Der Zuschlagssatz für die Kalkulation der Gemeinkosten im Großhandelsbereich muss neu festgelegt werden. Folgende Daten aus dem Vorjahr stellt das Warenwirtschaftssystem zur Verfügung:

- Summe aller Einstandspreise des Vorjahres der Warengruppe Großhandel: 1.400.000,00 €
- Personalkosten, Abschreibungen und sonstige Gemeinkosten des Großhandelsbereichs: 350.000,00 €

Die Blum Music kalkuliert grundsätzlich mit einem Gewinnzuschlag von 4 %. In Verkaufsverhandlungen mit Kunden werden – in Abhängigkeit von der Menge – Rabatte zwischen 15 % und 20 % angeboten. Von Ausnahmen abgesehen, wird allen Kunden die Zahlungsbedingung „Zahlbar innerhalb von 14 Tagen mit 2 % Skonto, innerhalb von 30 Tagen ohne Abzug" angeboten.

Der Einkauf des Artikels „Fanschal unbedruckt" erfolgt in der Regel beim Textilhersteller Kraus GmbH. In einem aktuellen Prospekt der Kraus GmbH werden die Schals in Paketen zu jeweils 100 Stück für 45,00 € pro Paket angeboten. Die Blum Music kann als langjähriger Kunde der Kraus GmbH mit folgenden Konditionen rechnen: Rabattsatz 20 %, Skontosatz 3 %.

Aufträge zur Lernsituation (1)
Verkaufspreis für neuen Fanschal kalkulieren

Machen Sie einen Vorschlag für den Listenverkaufspreis von fünf Paketen und einem Kundenrabatt i. H. v. 20 %, mit dem die Blum Music den „Fanschal unbedruckt" den Geschäftskunden anbietet. Erarbeiten Sie Ihren Vorschlag bitte selbstständig im Rahmen eines Gruppenpuzzles.

Vorgehensweise:

1. Phase: Vorbereitung

Sie bilden sogenannte Stammgruppen (A, B, C, ...) mit jeweils drei Schülerinnen und Schülern. In Abhängigkeit von der Anzahl der Anwesenden können sich auch eine oder zwei Vierergruppen bilden.

In jeder Gruppe entscheidet sich jedes Mitglied für einen der folgenden Themenblöcke:

I. Kalkulation des Einstandspreises (Bezugskalkulation)

II. Kalkulation der Handlungskosten und des Gewinns

III. Kalkulation des Verkaufspreises (Verkaufskalkulation)

2. Phase: Erarbeitung in Expertengruppen

Die Mitglieder aus den verschiedenen Stammgruppen, die dasselbe Thema bearbeiten, treffen sich in sogenannten Expertengruppen. Dort bereiten sie sich gemeinsam auf die Vermittlung des Lernstoffs vor. Als Informationsquelle steht Ihnen das Kapitel 10.1 des Grundlagenteils zur Verfügung. Berücksichtigen Sie (in den Expertengruppen) die folgenden Leitfragen.

a) Für welchen Teil des Kalkulationsschemas sind wir zuständig?

b) Welche Formel müssen wir jeweils anwenden?

c) An welchem anderen Beispiel können wir den Mitschülern die Formel erklären?

d) Wie können wir die Formel begründen?

Folgendes Verfahren bietet sich an: Jede Schülerin und jeder Schüler liest zunächst den entsprechenden Text im Grundlagenteil, ohne Gespräche zu führen, durch und erstellt für sich individuelle Notizen. Anschließend wird das Gelernte intensiv besprochen, die individuellen Notizen werden ergänzt und den Leitfragen gemäß strukturiert. Wichtig ist es, dass Sie als „Experte" Ihren Teil des Kalkulationsschemas beherrschen, damit anschließend die gemeinsame Aufgabe in den Stammgruppen gelöst werden kann.

3. Phase: Vermittlung in den Stammgruppen

Die Experten gehen in ihre Stammgruppen zurück und bearbeiten dort gemeinsam die folgenden drei Aufgaben:

a) Die Experten erläutern ihren Mitschülerinnen und Mitschülern das erarbeitete Wissen. Zunächst stellt jeder Experte seinen Teil des Kalkulationsschemas als Kurzreferat den Mitschülern vor. Grundlage sind die aus den Leitfragen in den Expertengruppen erstellten Notizen. Sollten zwei Experten für das gleiche Thema anwesend sein, können sie sich gegenseitig ergänzen.

b) Alle Mitglieder der Stammgruppe kalkulieren gemeinsam den Listenverkaufspreis für den „Fanschal unbedruckt" und entscheiden, mit welchem Verkaufspreis der Schal im Onlineshop angeboten werden soll.

c) Nehmen Sie eine beliebige Ausgangsrechnung der Blum Music zur Hand. Angenommen ein Großhandelskunde der Blum Music erteilt einen Auftrag über 500 Stück des Artikels „Fanschal unbedruckt". Stellen Sie beispielhaft die Position der Ausgangsrechnung dar, wenn die von Ihnen kalkulierten Daten gelten.

d) Die Stammgruppe bereitet eine Präsentation des Ergebnisses vor.

4. Phase: Vorstellen der Ergebnisse

Die in den Stammgruppen erarbeiteten Ergebnisse werden allen Mitschülern der Klasse vorgestellt und begründet. Dabei werden der Lösungsweg der Kalkulation des Listenverkaufspreises und die Position in der Ausgangsrechnung bei einem Auftrag über 500 Stück erläutert.

Lernsituation (2) Kalkulation für den Artikel Flaschenpost-Box

CDs und DVDs bezieht Blum Music überwiegend von ihrem Lieferanten 2020 Sound AG. Als langjähriger Kunde erhält Blum Music grundsätzlich einen Rabatt von 4 % und das Angebot, 2 % Skonto zu ziehen. Die Lieferbedingungen der 2020 Sound AG sehen bei einer Bestellsumme bis 499,99 € Versandkosten von 12,50 € vor. Ab 500,00 € Bestellsumme betragen die Versandkosten 4,50 €.

Der Kunde Josef Huber, Einzelhändler aus München, betreibt einen Laden, der sich auf seltene Musikrichtungen spezialisiert hat. Josef Huber erhält einen Kundenrabatt von 5 % und – wie alle anderen Kunden – einen Kundenskonto von 3 %.

Die Blum Music4You KG kalkuliert die Handlungskosten mit einem Zuschlagssatz von 20 % und den Gewinn mit 4 %.

Am 4. Mai 20.. geht eine Anfrage von Josef Huber bei der Blum Music nach dem Artikel Flaschenpost-Box ein. Es handelt sich um vier CDs und eine DVD mit einer Zusammenstellung von Studio- und Live-Aufnahmen der norddeutschen Band „Combo Flaschenpost". Die „Combo Flaschenpost" bezeichnet ihren Musikstil als Weltmusik.

Aufträge zur Lernsituation (2)
Kalkulation für den Artikel Flaschenpost-Box

1. Die 2020 Sound AG bietet die Flaschenpost-Box für 188,00 € an. Berechnen Sie im Rahmen einer Vorwärtskalkulation den Listenverkaufspreis, der dem Kunden Josef Huber mitgeteilt werden sollte (Menge = 1).
2. Josef Huber teilt der Blum Music mit, dass eine Bestellung nur infrage kommt, wenn der Preis (gemeint ist der Listenpreis, einschließlich Rabatt) maximal 240,00 € beträgt. Berechnen Sie den maximalen Listeneinkaufspreis bei der 2020 Sound AG.
3. Die Blum Music bekommt von der 2020 Sound AG als neuen Listenpreis 180,00 € genannt und bietet die Flaschenpost-Box daraufhin dem Einzelhändler Josef Huber für 240,00 € (Listenpreis, einschließlich Rabatt) an. Berechnen Sie den Gewinn in Euro und in Prozent, den die Blum Music mit dem Kauf und Verkauf der Flaschenpost-Box erzielt.
4. Josef Huber bestellt ein Exemplar der Flaschenpost-Box zu dem ihm genannten Listenpreis von 240,00 €. Daraufhin bestellt die Blum Music drei Exemplare der Box bei der 2020 Sound AG. Zwei Exemplare gehen ins eigene Lager und werden im Ladengeschäft sowie auf der Webseite der Blum Music Privatkunden angeboten.
   a) Nach Auslieferung der Flaschenpost-Box an Josef Huber wird die Rechnung erstellt. Wie hoch ist der Nettorechnungsbetrag?
   b) Wie hoch ist der tatsächlich erzielte Stückgewinn? Berücksichtigen Sie die veränderten Bezugskosten.
   c) Mit welchem Preis wird die Flaschenpost-Box für Privatkunden ausgezeichnet? Privatkunden erhalten keinen Rabatt und keinen Skonto. Der Umsatzsteuersatz beträgt 19 %.

5. Berechnen Sie die Gesamtzuschlagssätze Kalkulationszuschlag, Kalkulationsfaktor und Handelsspanne. Ermitteln Sie anschließend den Listenverkaufspreis für einen Artikel, dessen Einstandspreis mit 345,00 € kalkuliert ist, indem Sie den Kalkulationsfaktor anwenden.
6. Um die Verkaufspreise, maximale Einkaufspreise und Stückgewinne möglichst schnell zur Verfügung zu haben, verwendet die Blum Music eine Tabellenkalkulationssoftware. Erstellen Sie mit einer Ihnen zur Verfügung stehenden Software eine Tabelle nach dem unten angegebenen Muster. Ermitteln Sie anschließend ...
   a) den Listenverkaufspreis bei einem Listeneinkaufspreis von 2.200,00 € und Bezugskosten von 92,00 €.
   b) den maximalen Listeneinkaufspreis bei einem Listenverkaufspreis von 1.750,00 € und Bezugskosten von 22,00 €.
   c) den Gewinn in Euro und in Prozent bei einem Listeneinkaufspreis von 600,00 € und einem Listenverkaufspreis von 800,00 € bei Bezugskosten von 34,00 €.
   d) den Listenverkaufspreis bei einem Listeneinkaufspreis von 900,00 € und Bezugskosten von 90,00 €, bei dem gerade ein Stückgewinn erreicht wird, also kein Stückverlust vorliegt. Verwenden Sie die Spalte Differenzkalkulation.

	A	B	C	D	E
1	**Blum Music4You KG, Kalkulation Großhandelsbereich**				
2					
3		Satz in %	Vorwärts-kalkulation	Rückwärts-kalkulation	Differenz-kalkulation
4	LEP				
5	- LRab	4,0			
6	ZEP				
7	- LSk	2,0			
8	BEP				
9	+ BezK				
10	EinstP				
11	+ HKZ	20,0			
12	Seko				
13	+ Gew	4,0			
14	BVP				
15	+KSk	3,0			
16	ZVP				
17	+ KRab	5,0			
18	LVP				

Übungen Kalkulation im Großhandelsbetrieb

1. Bezugskalkulation und Verkaufskalkulation

Die H & S Bruns GmbH, ein Großhandelsbetrieb der IT-Branche, nimmt Notebooks der Marke Socer Aspore 7030 ins Sortiment. Die Notebooks werden auf der Preisliste des Lieferanten Matro AG für 350,00 € pro Stück angeboten. Der Lieferantenrabatt, den die H & S Bruns GmbH bei der Matro AG erhält, beträgt 15 %. Die Matro AG bietet allen Kunden 2 % Skonto an. Die Bezugskosten für die Lieferung eines Notebooks betragen 15,00 €. Die H & S Bruns GmbH bietet ihren Geschäftskunden 8 % Rabatt und 2,5 % Skonto an. Die Handlungskosten werden mit 25 % und der Gewinn wird mit 5 % kalkuliert.

a) Führen Sie eine Bezugskalkulation durch. Ermitteln Sie den Einstandspreis für ein Notebook der Marke Socer Aspore 7030.
b) Führen Sie die Kalkulation mit einer Verkaufskalkulation fort. Ermitteln Sie den Listenverkaufspreis für ein Notebook der Marke Socer Aspore 7030.
c) Die H & S Bruns GmbH nimmt die Notebooks zu dem von Ihnen berechneten Listenverkaufspreis ins Sortiment. Begründen Sie, warum man in diesem Fall von „kostenorientierter Preisgestaltung" spricht.

2. Einstandspreis und Listenverkaufspreis

Die H & S Bruns GmbH hat bei der Matro AG 500 MP3-Player der Marke Socer MP 40A bestellt und erhalten. Die Lieferung erfolgte frei Haus. Die Warenannahme der H & S Bruns GmbH hat die Lieferung der MP3-Player entgegengenommen und die Geräte geprüft. Am 15. Januar 20.. geht bei der H & S Bruns GmbH die folgende in Auszügen dargestellte Rechnung ein:

MATRO AG
• Unterhaltungselektronik
• IT-Produkte
• Haushaltswaren

Matro AG • Kölner Landstraße 17 • 26135 Oldenburg

H & S Bruns GmbH
Grünberger Allee 34
49599 Düsseldorf

Matro AG
Kölner Landstraße 17
26135 Oldenburg

Telefon: 0441 361724-0
Telefax: 0441 361724-14

E-Mail: info@matro-wvd.de
Internet: www.matro-wvd.de

Rechnung

Rechnungsnummer	Rechnungsdatum	Lieferdatum	Kundennummer
566433222	14. Jan. 20..	4. Jan. 20..	88776

Pos.	Artikel-nummer	Artikelbezeichnung	Menge	ME	Einzelpreis €	Gesamtpreis €
1	65777	MP3-Player Socer MP 40A	500	Stück	8,50	4.250,00

Nettobetrag	4.250,00
Umsatzsteuer 19 %	807,50
Bruttobetrag	**5.057,50**

Zahlbar innerhalb von 30 Tagen oder innerhalb von 8 Tagen mit 3,0 % Skonto.

Die H & S Bruns GmbH wird die Rechnung innerhalb der Skontofrist bezahlen. Die Verkaufspreise der H & S Bruns GmbH werden unverändert mit einem Handlungskostenzuschlagssatz von 25 %, einem Gewinnzuschlagssatz von 5 %, einem Kundenrabatt von 8 % und Kundenskonto von 2,5 % kalkuliert.

a) Berechnen Sie den Einstandspreis für die gelieferten 500 MP-Player.

b) Wie hoch ist der Einstandspreis für einen MP3-Player?

c) Berechnen Sie den Listenverkaufspreis für einen MP3-Player.

d) Machen Sie einen Vorschlag, zu welchem Listenverkaufspreis ein Gerät angeboten werden soll, wenn die H & S Bruns GmbH die MP3-Player zu einem „glatten", auf 1,00 € gerundeten Listenverkaufspreis anbieten möchte. Der Gewinn soll die kalkulierten 5 % nicht unterschreiten.

3. Handlungskosten

In der Buchhaltung der Trixi GmbH liegen sämtliche Unterlagen der vergangenen 20 Jahre vor. Für das Geschäftsjahr 21 gibt es folgende Aufstellung der Kosten:

Kontenbezeichnung	Betrag in €
Wareneinsatz	3.120.000,00
Gehälter	400.000,00
Ausbildungsvergütungen	75.000,00
Arbeitgeberanteil zur Sozialversicherung	100.000,00
Miete der Geschäftsräume	50.000,00
Energiekosten	26.000,00
Büromaterial	11.000,00
Versicherungsbeiträge	10.500,00
Steuern	12.300,00
Kosten für Kommunikation (Post- und Telefon)	1.110,00
Werbekosten	37.000,00

a) Wie viel Prozent betragen die Handlungskosten des Geschäftsjahres 21 vom Wareneinsatz des gleichen Jahres? Berechnen Sie den Prozentsatz auf zwei Stellen genau nach dem Komma.

b) Welchen Handlungskostenzuschlagssatz schlagen Sie vor, wenn die Buchhaltungsdaten des Geschäftsjahres 21 vorliegen?

c) Was spricht dafür, mit einem gerundeten Handlungskostenzuschlagssatz zu kalkulieren, anstelle des genauen Prozentsatzes?

d) Welchen Vorteil hat es für die Trixi GmbH, wenn für die Kalkulation der Verkaufspreise ein Handlungskostenzuschlagssatz genommen wird, der durch Aufrunden (statt durch Abrunden) des berechneten Prozentsatzes gebildet wurde?

e) Welche Gefahr besteht für die Trixi GmbH, wenn für die Kalkulation der Verkaufspreise ein aufgerundeter Handlungskostenzuschlagssatz genommen wird?

4. Maximaler Einstandspreis

Ein Mitbewerber des Möbelgroßhändlers Zuse GmbH bietet hochwertige Schreibtischstühle der Marke Birkhahn B66 zum Listenverkaufspreis von 1.900,00 € an. Die Zuse GmbH möchte ihren Kunden die Schreibtischstühle zum gleichen Preis anbieten und fragt den Einstandspreis bei unterschiedlichen Lieferanten an. Die Zuse GmbH kalkuliert mit folgenden Sätzen: Handlungskostenzuschlagssatz 22,0 %, Gewinnzuschlagssatz 6 %, Kundenrabattsatz 12 %, Kundenskontosatz 3 %.

a) Berechnen Sie den maximalen Einstandspreis für einen Schreibtischstuhl der Marke Birkhahn B66, zu dem die Zuse GmbH die Stühle ins Sortiment nehmen würde.

b) Handelt es sich im vorliegenden Fall um eine kostenorientierte, eine nachfrageorientierte oder konkurrenzorientierte Preisfestlegung?

5. Rückwärtskalkulation

Ein Mitbewerber des IT-Großhändlers H & S Bruns GmbH bietet USB-Sticks der Marke CURE 4 GB für 6,00 €, USB-Sticks der Marke CURE 8 GB für 8,00 € an. Es handelt sich um Barverkaufspreise. Die H & S Bruns GmbH kann die USB-Sticks von der Uhl AG beziehen. Auf der Webseite der Uhl AG sind die Preise für jeweils 100 Stück angegeben. Mitarbeiter der H & S Bruns GmbH legen das folgende Kalkulationsschema an:

	%	CURE 4 GB	CURE 8 GB
Listeneinkaufspreis			
– Lieferantenrabatt	9 %		
= **Zieleinkaufspreis**			
– Lieferantenskonto	2 %		
= **Bareinkaufspreis**			
+ Bezugskosten		8,00 €	8,00 €
Einstandspreis			
+ Handlungskostenzuschlag	35 %		
= **Selbstkosten**			
+ Gewinnzuschlag	7 %		
= **Barverkaufspreis**			

a) Berechnen Sie für beide Artikel den maximalen Listeneinkaufspreis, indem Sie das vorliegende Kalkulationsschema rückwärts vom vorgegebenen Barverkaufspreis für jeweils 100 Stück bis zum Listeneinkaufspreis durchlaufen.

b) Auf der Webseite der Uhl AG werden die USB-Sticks CURE 4 GB zum Preis von 510,00 € angeboten. Soll die H & S Bruns GmbH diese USB-Sticks bei der Uhl AG bestellen?

c) Auf der Webseite der Uhl AG werden die USB-Sticks CURE 8 GB zum Preis von 590,00 € angeboten. Soll die H & S Bruns GmbH diese USB-Sticks bei der Uhl AG bestellen?

6. Gewinnermittlung

Der Elektronik-Großhändler Riesik KG kauft Spielkonsolen direkt beim Hersteller ein und verkauft diese Artikel über einen Onlineshop, der nur gewerblichen Kunden zur Verfügung steht. Der Hersteller bietet der Riesik KG einen Lieferantenrabatt von 7,5 % und einen Lieferantenskonto von 1,5 %. Bei Lieferungen bis zu einem Warenwert von 1.000,00 € stellt der Hersteller eine Versandpauschale von 30,00 € in Rechnung (Warenwert = Netto-Rechnungspreis = Zielpreis). Die Riesik KG hat den Handlungskostenzuschlagssatz mit 15 % ermittelt. Der Gewinn wird mit 3 % kalkuliert. Den eigenen Kunden bietet die Riesik KG einen Rabatt von 5 % und einen Skonto von 2 % an.

Im Sortiment der Riesik KG befinden sich Spielkonsolen der Marke NanSuny 3DS, die im Onlineshop zu einem Listenverkaufspreis von 220,00 € angeboten werden. Der Hersteller bietet diese Spielkonsolen zum Listenpreis von 160,00 € an. Berechnen Sie den Gewinn in Euro und in Prozent:

a) bei Bestellung von einem Artikel.

b) bei Bestellung von zehn Artikeln.

Übungen Kalkulation im Einzelhandelsbetrieb

7. Gewinnermittlung

Im Sortiment des Einzelhändlers TV-Hemken e. K. befinden sich PC-Lautsprecher der Marke Lagutec 200 (Auszeichnungspreis 69,00 €) und Lautsprecher der Marke Lagutec 300 (Auszeichnungspreis 89,00 €). Die Lautsprecher werden von der Matro AG bezogen. Auf der Website der Matro AG sind die Preise mit 45,00 € bzw. 70,00 € angegeben. Die Bezugskosten betragen pro Stück 3,00 €. Der Mitarbeiter von TV-Hemken legt das folgende vollständige Kalkulationsschema vor:

	%	Lagutec 200	Lagutec 300
Listeneinkaufspreis		45,00 €	70,00 €
– Lieferantenrabatt	19 %		
= **Zieleinkaufspreis**			
– Lieferantenskonto	2 %		
= **Bareinkaufspreis**			
+ Bezugskosten		3,00 €	3,00 €
Einstandspreis			
+ Handlungskostenzuschlag	25 %		
= **Selbstkosten**			
+ Gewinnzuschlag			
= **Nettoverkaufspreis**			
+ Umsatzsteuer	19 %		
Auszeichnungspreis		69,00 €	89,00 €

a) Berechnen Sie für beide Artikel den Gewinn in Euro und in Prozent.

b) Was schlagen Sie vor: Sollen beide Artikel im Sortiment bleiben?

c) Nennen Sie Gründe dafür, dass ein Artikel nicht aus dem Sortiment herausgenommen wird, obwohl er nur mit Verlust verkauft werden kann.

8. Maximaler Listeneinkaufspreis

Die Reste-Rampe, Neustadt, kalkuliert die eigenen Handlungskosten mit einem Zuschlagssatz von 12 %. Der Gewinn wird mit 4 % veranschlagt. Berechnen Sie für die folgenden exklusiven Wintergartenmöbel jeweils den maximalen Listeneinkaufspreis, wenn die angegebenen Auszeichnungspreise wegen der Konkurrenzsituation festliegen. Der Umsatzsteuersatz beträgt in allen Fällen 19 %. Die Artikel werden direkt vom Hersteller bezogen, der der Reste-Rampe 30 % Rabatt und 3 % Skonto bietet. Der Hersteller liefert frei Haus. Bezugskosten fallen also nicht an.

a) Wintergartenbank, Auszeichnungspreis 209,00 €

b) Wintergartentisch, Auszeichnungspreis 189,00 €

c) Wintergartensessel, Auszeichnungspreis 109,00 €

9. Kalkulationszuschlag und Kalkulationsfaktor

Die Jade-Kaufhaus GmbH kalkuliert die eigenen Handlungskosten mit einem Zuschlagssatz von 31 %. Der Gewinn wird mit 6 % veranschlagt. Die Artikel der Warengruppe „Gartenmöbel" unterliegen dem Umsatzsteuersatz von 19 %.

a) Berechnen Sie den Kalkulationszuschlag für die Warengruppe „Gartenmöbel".
b) Wenden Sie den von Ihnen berechneten Kalkulationszuschlag an, indem Sie den Auszeichnungspreis für eine Gartenbank berechnen, deren Einstandspreis 77,00 € beträgt.
c) Berechnen Sie den Kalkulationsfaktor für die Warengruppe „Gartenmöbel".
d) Wenden Sie den von Ihnen berechneten Kalkulationsfaktor an, indem Sie den Auszeichnungspreis für einen Gartentisch berechnen, dessen Einstandspreis 81,00 € beträgt.
e) Welchen Vorteil hat die Verwendung des Kalkulationszuschlags bzw. des Kalkulationsfaktors bei der Ermittlung des Auszeichnungspreises im Vergleich zur Vorwärtskalkulation mit drei Zuschlagssätzen?

10. Kalkulationsfaktor

Das Schuhhaus Elfriede Janssen e. K. kalkuliert sämtliche Artikel der Warengruppe Kinderschuhe mit einem einheitlichen Kalkulationszuschlag. Kinderschuhe der Marke „Alfredo 28" sind mit einem Auszeichnungspreis von 49,00 € ausgezeichnet. Der Einstandspreis beträgt 22,00 €.

a) Berechnen Sie den Kalkulationsfaktor, der für die Warengruppe Kinderschuhe angewandt wird. Runden Sie auf vier Stellen nach dem Komma.
b) Mit welchem Bruttoverkaufspreis wird der Kinderschuh „Claudine 32" ausgezeichnet, der zu einem Einstandspreis von 18,00 € beschafft wird?
c) Welchem Kalkulationszuschlag entspricht der von Ihnen berechnete Kalkulationsfaktor?

11. Kalkulationszuschlag, Kalkulationsfaktor und Handelsspanne

Der Verkaufspreis für eine Flasche Ottuber-Bier beträgt im Getränkefachmarkt BigBag 1,00 €. Der Einkaufspreis beträgt 0,50 €. Wie hoch sind Kalkulationszuschlag, Kalkulationsfaktor und Handelsspanne?

Übung Verwenden einer Tabellenkalkulationssoftware[1]

12. Vorwärtskalkulation, Rückwärtskalkulation und Differenzkalkulation

Der Einzelhandelsbetrieb Trixi Computershop GmbH nutzt für die Vorwärts-, die Rückwärts- und die Differenzkalkulation die allgemein einsetzbare Tabellenkalkulationssoftware Microsoft Excel. Alle drei Kalkulationsverfahren sind in einer Tabelle zusammengefasst (siehe nächste Seite).

1 Erläuterungen zur Tabellenkalkulation mit Excel finden Sie auch im Band „Informationsverarbeitung" (Best.-Nr. 3568), Kapitel 5.

C6 =RUNDEN(C5/100*B6;2)

	A	B	C	D	E
3					
4		Satz in %	Vorwärts-kalkulation	Rückwärts-kalkulation	Differenz-kalkulation
5	Listeneinkaufspreis		50,00	**40,11**	150,00
6	- Lieferantenrabatt	15,0	7,50	6,02	22,50
7	Zieleinkaufspreis		42,50	34,09	127,50
8	- Lieferantenskonto	2,0	0,85	0,68	2,55
9	Bareinkaufspreis		41,65	33,41	124,95
10	+ Bezugskosten		6,35	5,00	5,00
11	Einstandspreis		48,00	38,41	129,95
12	+ Handlungskostenzuschlag	25,0	12,00	9,60	32,49
13	Selbstkosten		60,00	48,01	162,44
14	+ Gewinnzuschlag	5,0	3,00	2,40	**4,79**
15	Netto-Verkaufspreis		63,00	50,41	167,23
16	+ Umsatzsteuer	19,0	11,97	9,58	31,77
17	Auszeichnungspreis		74,97	59,99	199,00

In der Spalte A ist als Text das gesamte Kalkulationsschema aufgelistet. Die Zuschlagssätze werden, formatiert mit einer Stelle nach dem Komma, in Spalte B geführt. Um eine Kalkulation durchzuführen, werden Daten in die gelb unterlegten Felder eingetragen, alle anderen Felder der Spalten C, D und E enthalten Formeln.

In der gezeigten Tabelle ist das Feld C6 markiert, die Formel in C6 wird mit in der ersten Zeile angezeigt.

Erläuterung einzelner Formeln:

Feld	Formel	Beschreibung
C6	=RUNDEN(C5/100*B6;2)	Der Lieferantenrabatt wird aus dem Listeneinkaufspreis in Feld C5 ermittelt. Der Rabattsatz wird aus Feld B6 übernommen. Das Ergebnis wird auf zwei Stellen nach dem Komma gerundet.
C7	=C5-C6	Der Zieleinkaufspreis wird durch eine Subtraktion berechnet. Eine Rundung ist nicht notwendig.
D6	=RUNDEN(D7/(100-B6)*B6;2)	Der Lieferantenrabatt wird aus dem Zieleinkaufspreis in Feld D7 ermittelt. Der Rabattsatz wird aus Feld B6 übernommen. Es handelt sich um eine Prozentrechnung „im Hundert“.
D12	=RUNDEN(D13/(100+B12)*B12;2)	Der Handlungskostenzuschlagssatz wird durch eine Prozentrechnung „auf Hundert“ ermittelt.

a) Rufen Sie eine Tabellenkalkulationssoftware auf und erfassen Sie das Kalkulationsschema der Trixi GmbH entsprechend der oben angegebenen Vorlage.

b) Führen Sie mithilfe Ihrer erstellten Tabelle folgende Kalkulationen durch:

- Vorwärtskalkulation, Listeneinkaufspreis 315,00 €, Bezugskosten 11,50 €. Wie hoch ist der Auszeichnungspreis?

- Rückwärtskalkulation, Auszeichnungspreis 390,00 €, Bezugskosten 22,00 €. Wie hoch ist der Listeneinkaufspreis?
- Differenzkalkulation, Listeneinkaufspreis 110,00 €, Bezugskosten 8,00 €, Auszeichnungspreis 169,00 €. Wie hoch ist der Gewinn?

c) Führen Sie mithilfe Ihrer erstellten Tabelle folgende Kalkulationen durch:
- Vorwärtskalkulation, Listeneinkaufspreis 100,00 €, Bezugskosten 5,00 €. Wie hoch ist der Bruttoverkaufspreis?
- Rückwärtskalkulation, Auszeichnungspreis 137,92 €, Bezugskosten 5,00 €. Wie hoch ist der Listeneinkaufspreis?
- Differenzkalkulation, Listeneinkaufspreis 100,00 €, Bezugskosten 5,00 €, Auszeichnungspreis 137,92 €. Wie hoch ist der Gewinn?
- Erläutern Sie, warum trotz unterschiedlicher Formeln alle drei Kalkulationsverfahren die gleichen Beträge anzeigen.

d) Kopieren Sie die von Ihnen erstellte Tabelle. Ändern Sie die Überschrift in „Kalkulation Reste-Rampe" und tragen Sie die Zuschlagssätze der Reste-Rampe in Spalte B ein: Lieferantenrabatt 30 %, Lieferantenskonto 3 %, Handlungskostenzuschlag 12 %, Gewinnzuschlag 4 %, Umsatzsteuersatz 19 %. Führen Sie mithilfe Ihrer erstellten Tabelle folgende Kalkulationen durch:
- Vorwärtskalkulation, Listeneinkaufspreis 950,00 €, Bezugskosten 17,00 €. Wie hoch ist der Auszeichnungspreis?
- Rückwärtskalkulation, Auszeichnungspreis 1.100,00 €, Bezugskosten 112,00 €. Wie hoch ist der Listeneinkaufspreis?
- Differenzkalkulation, Listeneinkaufspreis 550,00 €, Bezugskosten 4,50 €, Auszeichnungspreis 550,00 €. Wie hoch ist der Gewinn?

Übung Sortieraufgabe zum Thema Handelskalkulation

13. Sortieraufgabe zu Begriffen und Sachverhalten zum Thema Handelskalkulation

Gehen Sie folgendermaßen vor:

1. Schritt: Übernehmen Sie die Tabelle in Ihr Arbeitsheft. (Auf der zugehörigen Lehrerhandbuch-CD-ROM [Bestellnummer 3553] liegt dazu auch eine Arbeitsvorlage bereit.)

Kalkulation der Personalkosten	...	Listeneinkaufspreis	...
Prozentrechnung vom Hundert	...	Rückwärtskalkulation	...
Kundenrabatt	...	Handelsspanne	...
Kalkulationszuschlag	...	Differenzkalkulation	...
Prozentrechnung im Hundert	...	Handlungskosten	...
Listenverkaufspreis	...	Kundenskonto	...
Vorwärtskalkulation	...	Prozentrechnung auf Hundert	...
Lieferantenskonto	...	Zielverkaufspreis	...
Barverkaufspreis	...	Lieferantenrabatt	...
Gewinn in €	...	Berücksichtigung der Umsatzsteuer in der Kalkulation	...
Zieleinkaufspreis	...	Gewinn in Prozent	...
Kalkulationsfaktor	...	Bareinkaufspreis	...
Auszeichnungspreis	...	Bezugskosten	...

2. Schritt: Gehen Sie allein, ohne Gespräche mit Mitschülern zu führen, die Begriffe und Sachverhalte durch und entscheiden Sie für sich, ob Sie in der Lage sind, einem Mitschüler bzw. einer Mitschülerin den Begriff oder den Sachverhalt zu erklären. Falls ja, vermerken Sie in dem Feld hinter dem Begriff/Sachverhalt ein „+“ sonst ein „–“.

3. Schritt: Vergleichen Sie Ihr Ergebnis mit dem Ihrer Nachbarin bzw. Ihres Nachbarn. Begriffe/Sachverhalte mit „+“ und „+“ stimmen Sie untereinander ab; „+“ und „–“ werden erklärt und das „–“ möglichst in ein „+“ geändert. Bei „–“und „–“ kann man nichts machen.

4. Schritt: Die Partner treffen sich mit einer anderen Gruppe. Versuchen Sie weitere „–“ in ein „+“ zu verwandeln.

Einzelne Begriffe/Sachverhalte können in der Klasse besprochen werden.

Check-up-Fragen

Entscheiden Sie jeweils, ob die folgenden Aussagen zur Handelskalkulation wahr oder falsch sind und begründen Sie Ihre Entscheidung.

a) Die Umsatzsteuer ist Bestandteil der Kalkulation im Großhandel.

b) Liegt auf der Absatzseite ein Verkäufermarkt vor, bietet sich die kostenorientierte Preisfestsetzung an.

c) Bei der Handelskalkulation sind Fertigungsmaterialien zu berücksichtigen.

d) Der Einkaufspreis der Ware gehört zu den Gemeinkosten.

e) Der kalkulierte Zielverkaufspreis entspricht dem auf der Rechnung ausgewiesenen Preis, wenn es tatsächlich zum Verkauf kommt.

f) Das Ergebnis der Vorwärtskalkulation ist immer der Listenverkaufspreis.

g) Die Formel für die Berechnung des Kundenrabatts ist LVP : 100 · KRabSatz. Diese Formel wird in der Vorwärtskalkulation verwendet.

h) Ist der Barverkaufspreis einer Ware höher als der Einstandspreis, liegt ein Gewinn vor.

i) Ein höherer Lieferantenrabatt führt in der Regel zu einem höheren Gewinn.

j) Ein höherer Kundenrabatt führt in der Regel zu einem höheren Gewinn.

k) Zieleinkaufspreis und Bareinkaufspreis sind identisch, wenn kein Lieferantenskonto angeboten wird.

l) Bezugsgröße für den Handlungskostenzuschlagssatz sind die Selbstkosten.

m) Wenn ein Kunde den kalkulierten Kundenskonto nicht ausnutzt, erhöht sich der Gewinn.

n) Im Einzelhandel bietet sich als Kalkulationszuschlag ein Gesamtzuschlagssatz bestehend aus Handlungskostenzuschlagssatz, Gewinnzuschlagssatz und Umsatzsteuersatz an.

10.2 Kosten- und Leistungsrechnung

10.2.1 Kostenartenrechnung (Abgrenzungsrechnung)

Lernsituation Die Abgrenzungsrechnung der Blum Music erstellen

Die Blum Music4You KG hat im letzten Geschäftsjahr umstrukturiert, dadurch hat sich auch die Kostenstruktur verändert. Die Finanzbuchhaltung der Blum Music ermittelt zum 31. Dezember des Geschäftsjahres die folgenden Salden, auf deren Basis eine neue Preiskalkulation aufgebaut werden soll.

Saldenliste Blum Music4You KG				31.12.20..
Zeile	Konto	Bezeichnung	Werte der Finanzbuchhaltung	
			Soll €	Haben €
1	0510–0520	Bebaute Grundstücke, Bauten	400.000,00	
2	0700	Technische Anlagen und Maschinen	52.000,00	
3	0800–0840	Andere Anlagen, Betriebs- und Geschäftsausstattung	520.000,00	
4	2000–2280	Roh-, Hilfs-, Betriebsstoffe, Fremdbauteile, fertige und unfertige Erzeugnisse	103.000,00	
5	2400	Forderungen aus Lieferungen und Leistungen	17.500,00	
6	2800–2880	Guthaben bei Kreditinstituten, Kasse	19.800,00	
7	3000–3070	Eigenkapital		520.000,00
8	3700–3900	Rückstellungen		10.000,00
9	4230	Bankdarlehen		520.800,00
10	4400	Verbindlichkeiten aus Lieferungen und Leistungen		44.000,00
11	4800–4840	Sonstige Verbindlichkeiten		12.500,00
12	4900	Rechnungsabgrenzung		5.000,00
13	5000	Umsatzerlöse für eigene Erzeugnisse		95.000,00
14	5100	Umsatzerlöse für Handelswaren		20.000,00
15	5400	Sonstige Mieterträge		5.000,00
16	5710	Zinserträge		200,00
17	6000	Aufwendungen für Rohstoffe	56.000,00	
18	6020	Aufwendungen für Hilfsstoffe	2.800,00	
19	6050	Aufwendungen für Energie	3.300,00	
20	6080	Aufwendungen für Handelswaren	13.000,00	
21	6160	Fremdinstandhaltung	850,00	
22	6200	Löhne	12.000,00	
23	6300	Gehälter	8.000,00	
24	6520	Abschreibungen	3.000,00	
25	6930	Verluste aus Schadensfällen	300,00	
26	7020	Grundsteuer	300,00	
27	7700	Gewerbesteuer	650,00	

Egzone Zegon hat eine Übersicht mit den noch zu korrigierenden Angaben zusammengestellt:

zu Zeile 15	Die Mieterträge stammen aus dem Verleih von Equipment.
zu Zeile 16	Die Zinserträge stammen von einer Geldanlage (50,00 €) und aus einer Kundenforderung (150,00 €).
zu Zeile 24	Statt der bilanziellen Abschreibung werden lediglich 1.800,00 € angesetzt.
zu Zeile 25	Es handelt sich um abgewickelte Gewährleistungen aus dem Vorjahr.
zu Zeile 27	In den Steuern ist eine Steuernachzahlung für das vorige Geschäftsjahr (360,00 €) enthalten.
	Als Wagnis werden 8.000,00 € berücksichtigt.
	Aus Vergleichbarkeitsgründen wird eine kalkulatorische Miete einbezogen (5.000,00 €).
	Der angesetzte kalkulatorische Unternehmerlohn beträgt 12.000,00 €.

Aufträge zur Lernsituation **Die Abgrenzungsrechnung der Blum Music erstellen**

1. Entscheiden Sie, welche Kontensalden aus der Finanzbuchhaltung in die Abgrenzungsrechnung übernommen werden.
2. Entscheiden Sie, ob die übernommenen Salden betriebsfremd oder betrieblich veranlasst sind.
3. Entscheiden Sie bei den betrieblich veranlassten Salden, ob diese regelmäßig oder selten anfallen.
4. Erstellen Sie eine Tabelle mit den drei Bereichen: unternehmensbezogene Abgrenzungen, betriebsbezogene Abgrenzungen und der Kosten- und Leistungsrechnung (vgl. Grundlagenteil, Kapitel 10.2.1, Seite 139). Tragen Sie entsprechend den Zuordnungen, die Sie in den Aufträgen 1 bis 3 vorgenommen haben, die jeweiligen Werte in die Spalten der Abgrenzungstabelle ein.
5. Überprüfen Sie nun, ob die in der Übersicht dargestellten Korrekturen Anderskosten oder Zusatzkosten sind.
6. Korrigieren bzw. ergänzen Sie auf der Grundlage der unter Aufgabe 5 getätigten Feststellung Ihre Tabelle.

Übungen

1. Kostenarten

Entscheiden Sie in den folgenden Fällen, ob es sich um (1) betriebsfremde, (2) außergewöhnliche Aufwendungen und Erträge bzw. (3) Kosten oder Leistungen handelt.

a) Ein Teil der Darlehenszinsen entfällt auf das vermietete Gebäude.
b) Lebensmittel eines Supermarkts müssen aufgrund eines technischen Defekts der Kühlung entsorgt werden.
c) Die Grundsteuer entfällt auf die selbstgenutzte Lagerhalle und das vermietete Nebengebäude.
d) Verkauf von Handelswaren
e) Kauf von Schmiermitteln für die Maschinen
f) Gegen einen Kunden wird ein Gerichtsverfahren eingeleitet. Das Unternehmen bildet am Jahresende eine Rückstellung für die geschätzten Kosten.
g) Überweisung der Löhne und Gehälter
h) Abschreibung auf die Maschinen

i) Abschreibung auf das vermietete Gebäude
j) Gewerbesteuererstattung aus dem Vorjahr
k) Abbuchung der Telefongebühren und Werbeverträge
l) Zeitungsinserat für eine offene Mitarbeiterstelle

2. Ergebnistabelle

Ein Maschinebauunternehmen ermittelt die folgenden Daten in der Finanzbuchhaltung:

Konto	Bezeichnung	Werte der Finanzbuchhaltung	
		Aufwendungen €	Erträge €
5000	Umsatzerlöse für eigene Erzeugnisse		3.198.385,00
5200	Bestandsveränderungen		88.875,00
5400	Sonstige Mieterträge		31.500,00
5460	Erträge aus dem Abgang von Anlagevermögen		22.500,00
6000	Aufwendungen für Rohstoffe	1.888.750,00	
6020	Aufwendungen für Hilfsstoffe	47.500,00	
6050	Aufwendungen für Energie	90.003,00	
6160	Fremdinstandhaltung	129.762,00	
6200	Löhne	465.000,00	
6300	Gehälter	377.500,00	
6500	Abschreibungen	63.000,00	
6800	Aufwendungen für Telekommunikation	147.125,00	
6960	Verluste aus dem Abgang von Anlagevermögen	76.000,00	
7000	Betriebliche Steuern	40.607,00	
7510	Zinsaufwendungen	22.105,00	
	Summe	3.347.352,00	3.341.260,00
	Unternehmensergebnis		6.092,00
	Summe	3.347.352,00	3.347.352,00

a) Zeichnen Sie eine Abgrenzungstabelle in Ihr Heft und tragen Sie die Daten vor.
b) Entscheiden Sie, welche der vorliegenden Erfolgskonten betriebsfremde Zahlen enthalten und übertragen Sie die Salden in die entsprechenden Spalten.
c) Entscheiden Sie, welche der vorliegenden Erfolgskonten betriebsbezogene, jedoch außergewöhnlich veranlasste Zahlen enthalten und übertragen Sie die Salden in die entsprechenden Spalten.
d) Entscheiden Sie, welche der vorliegenden Erfolgskonten zweckgebundene Aufwendungen bzw. Erträge enthalten und übertragen Sie die Salden in die entsprechenden Spalten.
e) Ermitteln Sie abschließend für jeden Abgrenzungsbereich den Erfolg des Unternehmens.

3. Ergebnistabelle

Die Party OHG erstellt quartalsweise eine Gewinn- und Verlustrechnung sowie eine Abgrenzungsrechnung in tabellarischer Form. Die Werte der Geschäftsbuchführung für das vergangene Quartal liegen vor.

Konto	Bezeichnung	Werte der Finanzbuchhaltung	
		Aufwendungen €	Erträge €
5000	Umsatzerlöse für eigene Erzeugnisse		527.300,00
5400	Sonstige Mieterträge		12.250,00
5710	Zinserträge		5.780,00
6000	Materialaufwand	228.470,00	
6160	Fremdinstandhaltung	5.690,00	
6200	Löhne	117.320,00	
6300	Gehälter	22.810,00	
6400	Arbeitgeberanteil zur Sozialversicherung	27.460,00	
6520	Abschreibungen auf Sachanlagen	15.400,00	
6800	Büromaterial	2.750,00	
6960	Verluste aus dem Verkauf von Anlagevermögen	3.250,00	
7000	Betriebliche Steuern	21.900,00	
7400	Verluste aus dem Abgang von Wertpapieren	4.500,00	
	Summe	449.550,00	545.330,00
	Unternehmensergebnis	95.780,00	
	Summe	545.330,00	545.330,00

Vervollständigen Sie die Ergebnistabelle. Ermitteln Sie das Ergebnis aus der unternehmensbezogenen Abgrenzung, das Ergebnis aus der betriebsbezogenen Abgrenzung sowie das Betriebsergebnis.

4. Ergebnisse der Abgrenzungsbereiche

Die Daten aus der Finanzbuchhaltung der Meier OHG zeigen folgendes Bild:

Konto	Bezeichnung	Werte der Finanzbuchhaltung	
		Aufwendungen €	Erträge €
5100	Umsatzerlöse für Handelswaren		530.000,00
5400	Sonstige Mieterträge		6.000,00
5710	Zinserträge		800,00
6080	Aufwendungen für Waren	228.470,00	
6160	Fremdinstandhaltung	5.690,00	
6300	Gehälter	22.810,00	
6520	Abschreibungen auf Sachanlagen	35.000,00	
6800	Büromaterial	2.750,00	
6930	Verluste aus Schadensfällen	400,00	
7000	Betriebliche Steuern	21.900,00	
	Summe	317.020,00	536.800,00
	Unternehmensergebnis	219.780,00	
	Summe	536.800,00	536.800,00

Diese Korrekturen müssen vorgenommen werden:

- Die nicht genutzte Lagerhalle ist fremdvermietet.
- Die Zinserträge stammen von einer Geldanlage.
- In den Fremdinstandhaltungen sind Dachreparaturen der vermieteten Lagerhallen enthalten (400,00 €).
- Die Abschreibungen beziehen anteilige Abschreibungen für die vermietete Lagerhalle (800,00 €) mit ein.
- Die Verluste schließen Abschreibungen auf Handelswaren wegen Diebstahl (400,00 €) ein.
- In den Steuern sind Grundsteuern für die vermietete Lagerhalle (50,00 €) enthalten.
- Die Steuer umfasst eine Steuernachzahlung für das vorige Geschäftsjahr (200,00 €).
- Als kalkulatorisches Wagnis werden 2.000,00 € berücksichtigt.
- Statt der bilanziellen Abschreibung werden lediglich 30.000,00 € angesetzt.
- Aus Vergleichbarkeitsgründen wird eine kalkulatorische Miete einbezogen (6.000,00 €).
- Der angesetzte kalkulatorische Unternehmerlohn beträgt 12.000,00 €.
- Kalkulatorische Zinsen werden in Höhe von 1.200,00 € einbezogen.

Vervollständigen Sie die Ergebnistabelle und ermitteln Sie die jeweiligen Ergebnisse der Abgrenzungsbereiche.

5. Einzel- und Gemeinkosten

Erläutern Sie die Begriffe Einzelkosten und Gemeinkosten.

6. Kalkulatorische Kosten

Erklären Sie den Begriff kalkulatorische Kosten, ohne dass Sie Beispiele nennen.

Check-up-Fragen

1. Welche Aussagen sind richtig?
   a) Umsatzerlöse sind immer betrieblich veranlasst und gehören daher zu den Leistungen.
   b) Löhne stellen betrieblichen Aufwand dar und gehören grundsätzlich zu den Kosten.
   c) Verluste durch Verderb sind betrieblich veranlasst und werden in voller Höhe als Kosten erfasst.
   d) Mieterträge sind i. d. R. betriebsfremde Erträge und werden nicht in die Kosten- und Leistungsrechnung einbezogen.
   e) Die Summe aus den Ergebnissen der Abgrenzungsrechnung muss den in der Finanzbuchhaltung ermittelten Gewinn bzw. Verlust ergeben.
   f) In jeder Kostenrechnung sind alle kalkulatorischen Kosten enthalten.
   g) Hat ein Unternehmen Abschreibungen gebucht, so muss es genau diesen Betrag als Kosten in der Preiskalkulation ansetzen.
   h) Kalkulatorischen Unternehmerlohn kann nur ein Einzelkaufmann bzw. eine Personengesellschaft haben.
   i) Mieterträge werden immer in die Kosten- und Leistungsrechnung als Leistungen übernommen.
   j) Der gebuchte Aufwand für Roh-, Hilfs- und Betriebsstoffe gehört grundsätzlich zu den Kosten.
   k) Kalkulatorische Kosten werden in der Finanzbuchhaltung gebucht und sind damit Bestandteil des Gewinns bzw. Verlustes.
   l) Die in der Abgrenzungsrechnung in den drei Bereichen ermittelten Ergebnisse müssen zusammengefasst den in der Finanzbuchhaltung festgestellten Erfolg ergeben.
   m) In der Kosten- und Leistungsrechnung dürfen nur die Daten der Finanzbuchhaltung berücksichtigt werden.
   n) Mietaufwendungen der Finanzbuchhaltung stellen immer Kosten dar.
   o) Weichen die tatsächlichen Werteverluste des Anlagevermögens von den buchhalterisch ermittelten Werten ab, werden in der Kosten- und Leistungsrechnung die tatsächlichen Werte angesetzt.
   p) Zinserträge sind keine Leistungen.

10.2.2 Kostenstellenrechnung (BAB, Zuschlagssätze)

Lernsituation Ermittlung der Gemeinkostenzuschlagssätze mit Hilfe des BABs

Die Finanzbuchhaltung der Blum Music4You KG hat zum 31. Dezember die Kosten und die Leistungen ermittelt. Egzone Zegon hat diese im nächsten Schritt nach den Produktsparten aufgeteilt und einige weitere statistische Daten erfasst. Sie nimmt sich nun vor, die Kalkulationsdaten für die Verkaufspreise der selbst produzierten Gitarren festzulegen.

Gemeinkostenarten	Kosten der KLR	Verteilungsschlüssel	Hauptkostenstellen			
			Material	Fertigung	Verwaltung	Vertrieb
Gehälter	40.000,00	siehe Liste				
Aufwand für Wasser	600,00	m^3				
Aufwand für Gas	1.080,00	m^3				
Aufwand für Strom	620,00	kWh				
Büromaterial	300,00	Schlüssel				
Porto, Telefon, Telefax	120,00	Schlüssel				
Werbung	800,00	Schlüssel				
Fremdinstandhaltung	1.200,00	Schlüssel				
Reinigungskosten	600,00	m^2				
Betriebliche Steuern	300,00	Schlüssel				
Versicherungsaufwand	380,00	Schlüssel				
kalkulatorisches Wagnis	8.000,00	Schlüssel				
kalkulatorische Abschreibung	2.000,00	siehe Liste				
kalkulatorische Miete	12.000,00	m^2				
kalkulatorischer Zins	12.000,00	Schlüssel				
Summe der Gemeinkosten	**80.000,00**					

Alle Beträge in €.
Eine Arbeitsvorlage zu diesem Betriebsabrechnungsbogen finden Sie auf der Lehrerhandbuch-CD-ROM, Bestellnummer 3553.

Angaben zur Verteilung	Einheit	Material	Fertigung	Vertrieb	Verwaltung
Wasser, Gas	m^3	15000	14000	10000	10000
Strom	kWh	2500	25000	2500	2500
Gehälter	€	3.100,00	20.000,00	12.000,00	4.900,00
Raumgröße	m^2	65	200	40	40
Büromaterial		1	1	3	3
Porto, Telefon, Telefax		1	1	3	3
Werbung		0	0	1	0
Fremdinstandhaltung	h	0	7	1	1
Betriebliche Steuern		1	1	1	1
Versicherung		3	3	2	2
Wagnis		2	2	2	1
Abschreibung	€	150,00	1.350,00	250,00	250,00
Zins		2	2	2	2

▼ Aufträge zur Lernsituation **Ermittlung der Gemeinkostenzuschlagssätze mit Hilfe des BABs**

1. Teilen Sie die Kosten in Einzel- und Gemeinkosten auf. Klären Sie mithilfe des Grundlagenteils, worin sich diese unterscheiden.
2. Verteilen Sie nun die Gemeinkosten mithilfe des Betriebsabrechnungsbogens (BAB) auf die Kostenverursacher (Abteilungen, Stellen). Erstellen Sie einen BAB, indem Sie zunächst die primären Gemeinkosten mithilfe der Verteilungsschlüssel umlegen.
3. Als nächstes verteilen Sie die sekundären Gemeinkosten mithilfe des Verteilungsschlüssels.
4. Ermitteln Sie die Zuschlagssätze für die vier Hauptkostenstellen Material, Fertigung, Verwaltung und Vertrieb. Materialeinzelkosten sind in Höhe von 150.000,00 € angefallen, Fertigungseinzelkosten wurden in Höhe von 100.000,00 € ermittelt.
5. Erläutern Sie abschließend, wofür diese Zuschlagssätze verwendet werden.

Übungen

1. Betriebsabrechnungsbogen der Blum Music

Übernehmen Sie den Betriebsabrechnungsbogen für die Kalkulation der Bühnen- und Livetechnik bei Blum Music in Ihr Heft und ermitteln Sie rechnerisch die fehlenden Daten.

Eine Arbeitsvorlage zu diesem Betriebsabrechnungsbogen finden Sie auf der Lehrerhandbuch-CD-ROM, Bestellnummer 3553.

Gemeinkostenarten	Kosten der KLR	Verteilungs-schlüssel	Kostenstellen			
			EDV	Lager	Verwaltung	Vertrieb
Gehälter	87.000,00	siehe Liste	15.000,00	24.000,00	24.000,00	24.000,00
Aufwand für Wasser	600,00	m³	126,33	157,89	...	157,89
Aufwand für Gas	1.200,00	m³	...	315,79	315,79	315,79
Aufwand für Strom	600,00	kWh	192,00	...	120,00	120,00
Büromaterial	300,00	Schlüssel	37,50	37,50	112,50	112,50
Porto, Telefon, Telefax	600,00	Schlüssel	75,00	75,00	225,00	225,00
Werbung	2.000,00	Schlüssel	0,00	0,00	0,00	2.000,00
Reinigungskosten	2.000,00	m²	116,28	1.395,35	302,33	...
betriebliche Steuern	500,00	Schlüssel	0,00	0,00	250,00	250,00
Versicherungsaufwand	1.500,00	Schlüssel	150,00	750,00	300,00	300,00
kalkulatorisches Wagnis	10.500,00	Schlüssel	1.750,00	5.250,00	1.750,00	1.750,00
kalkulatorische Abschreibung	8.000,00	siehe Liste	500,00	3.500,00	...	2.000,00
kalkulatorische Miete	15.000,00	m²	872,09	10.465,12	2.267,44	1.395,35
kalkulatorischer Zins	15.000,00	Schlüssel	2.500,00	7.500,00	2.500,00	2.500,00
Summe der Gemeinkosten	**144.800,00**		**21.571,83**	...	**34.300,95**	**35.312,57**

Alle Beträge in €.

Angaben zur Verteilung	Einheit	EDV	Lager	Verwaltung	Vertrieb
Wasser, Gas	m^3	8 000	10 000	10 000	10 000
Strom	kWh	4 000	3 500	2 500	2 500
Gehälter	€	15.000,00	24.000,00	24.000,00	24.000,00
Raumgröße	m^2	25	300	65	40
Büromaterial		1	1	3	3
Porto, Telefon, Telefax		1	1	3	3
Werbung		0	0	0	1
betriebliche Steuern		0	0	1	1
Versicherung		1	5	2	2
Wagnis		1	3	1	1
Abschreibung	€	500,00	3.500,00	2.000,00	2.000,00
Zins		0	3	1	1

2. Betriebsabrechnungsbogen Müller KG

Die Müller KG hat die Daten aus der Buchhaltung für das vergangene Jahr zusammengestellt und mithilfe der Abgrenzungsrechnung die Kosten und die Leistungen ermittelt. Im nächsten Schritt sind die Zuschlagssätze zu berechnen.

a) Übernehmen Sie den Betriebsabrechnungsbogen in Ihr Heft und berechnen Sie die fehlenden Werte.
b) Ermitteln Sie die Gemeinkostenzuschlagssätze für Material und Fertigung.
c) Berechnen Sie die Herstellkosten.
d) Ermitteln Sie den Gemeinkostenzuschlagssatz für Verwaltung/Vertrieb.

Betriebsabrechnungsbogen zum 31.12.20..				
Gemeinkostenarten	Gesamt €	Kostenstellen in €		
		Material	Fertigung	Verwaltung/Vertrieb
Löhne, Gehälter	50.850,00	...	...	...
Reparaturaufwand	3.800,00	...	...	...
Abschreibung	...	...	...	...
Büromaterial	1.560,00	...	...	390,00
Raumkosten	5.100,00	...	...	2.850,00
sonstige Kosten	6.825,00	1.050,00	1.050,00	...
kalkulatorischer Unternehmerlohn	...	...	...	1.200,00
Summe der Gemeinkosten	**77.185,00**	**20.020,00**	**31.000,00**	**26.165,00**
Zuschlagsgrundlage		**50.000,00**	**30.000,00**	...
Zuschlagssätze		...	...	...

Angaben zur Verteilung	Einheit	Material	Fertigung	Verwaltung/Vertrieb
Löhne, Gehälter	Mitarbeiter	29	51	33
Abschreibung	Wiederbeschaffungswert in €	1.500,00	2.000,00	750,00
Raumkosten	m²	250	125	475
Reparaturaufwand	Verhältnis	9	3	7
Büromaterial	Verhältnis	4	5	3
sonstige Kosten	Verhältnis	2	2	9
kalkulatorischer Unternehmerlohn	Verhältnis	1	5	2

3. Exceltabelle mit Formelberechnung

Übernehmen Sie die Tabellen aus Übung 1 und 2 in eine Exceltabelle und lassen Sie die jeweiligen Umlagen und Zuschlagssätze mithilfe von Formeln berechnen.

4. Zeitpunkt für BAB

Wie häufig sollte Ihrer Meinung nach ein BAB aufgestellt werden? Begründen Sie Ihre Antwort.

Check-up-Fragen

Welche Antworten sind richtig?

a) Jedes Unternehmen hat die Kostenstellen „Material“, „Fertigung“, „Vertrieb“ und „Verwaltung“.

b) Die im BAB ermittelten Zuschlagssätze vereinfachen die Preiskalkulation von neuen Produkten.

c) Der Verteilungsschlüssel für die Reinigungskosten ist für jedes Unternehmen gleich.

d) Zur Berechnung der pro Kostenstelle angefallenen Kosten werden zunächst die Gesamtkosten durch die Summe des entsprechenden Verteilungsschlüssels geteilt und dann mit dem Schlüssel der Kostenstelle multipliziert.

e) Jedes Unternehmen muss einen für sich sinnvollen Verteilungsschlüssel zur Aufteilung der Gemeinkosten auf die Kostenstellen entwickeln; es gibt keine Vorgaben.

f) Als Kontrolle, ob alle Gemeinkosten auf die Kostenstellen aufgeteilt wurden, überprüft man, ob die Summe der Gemeinkosten pro Kostenstelle mit der Summe der Gesamtkosten übereinstimmt.

10.2.3 Kostenträgerrechnung als Deckungsbeitragsrechnung

Lernsituation Ermittlung des Deckungsbeitrags einer Kappe sowie Entscheidung über die Gewährung von Sonderkonditionen

Die Blum Music4You KG bestickt und verkauft in einem Jahr 6 000 Kappen zum Preis von 12,00 € je Stück. Dies entspricht einer Maschinenauslastung von 75 %. Laut Kostenrechnung entstehen Einzelkosten für die Kappen und das Stickgarn von 8,40 € pro Kappe. Die Gemeinkosten für Abschreibung, anteilige Energie-, Raum- und Personalkosten betragen 14.800,00 €.

Claus Blum möchte wissen, ob die Eigenfertigung der Kappen grundsätzlich noch unternehmerisch sinnvoll ist. Zudem hat ein Kölner Unternehmen angefragt, ob die Blum Music kurzfristig einen Auftrag übernehmen könne. Es handelt sich um die Bestickung von Kappen anlässlich einer Marketingaktion. Der ursprüngliche Lieferant kann aufgrund eines Hallenbrandes nicht mehr liefern. Der Auftrag würde 1 000 Kappen zum Verkaufspreis von nur 9,00 € pro Kappe umfassen.

Aufträge zur Lernsituation Ermittlung des Deckungsbeitrags einer Kappe sowie Entscheidung über die Gewährung von Sonderkonditionen

Die Arbeitsaufträge 1 bis 5 beziehen sich auf den oben geschilderten Sachverhalt der regulären Kappenproduktion bei Blum Music, ohne den zusätzlich angefragten Spezialauftrag zu berücksichtigen.

1. Ermitteln Sie die Gesamtkosten sowie den Gesamterfolg, den die Blum Music4You KG mit dem Verkauf der Kappen erzielt.
2. Berechnen Sie die Kosten pro Stück.
3. Ermitteln Sie den Deckungsbeitrag pro Stück.
4. Begründen Sie, ob die Eigenfertigung grundsätzlich sinnvoll erscheint.
5. Wie viele Kappen müsste Blum Music mindestens verkaufen, um kostendeckend zu arbeiten? Berechnen Sie dazu die Break-even-Menge.

Die Arbeitsaufträge 6 bis 9 beziehen den Spezialauftrag mit ein.

6. Kann die Blum Music4You KG den Zusatzauftrag in der gewünschten Auflage überhaupt produzieren? Errechnen Sie dazu die maximale Produktionskapazität.
7. Begründen Sie unter Verwendung Ihrer Ergebnisse aus den Teilaufgaben 5 und 6, ob sich die Annahme des Zusatzauftrags lohnen würde.
8. Nennen Sie einen Grund, der gegen die Annahme des Zusatzauftrags sprechen würde.
9. Gehen Sie davon aus, dass die Blum Music den Zusatzauftrag annimmt. Ermitteln Sie den Gesamterfolg des Unternehmens.

Übungen

1. Deckungsbeitrag PCs

Die CompuCom KG fertigt als Alleinanbieter unter anderem PCs mit extravagantem Design. Der Markt kann maximal 400 Stück aufnehmen, die Produktion wird daher auf jährlich 260 Stück zu einem Nettopreis von 830,00 € begrenzt. Die Fixkosten betragen 92.880,00 € jährlich, die variablen Kosten belaufen sich auf 486,00 € je Stück.

Ermitteln Sie für das laufende Geschäftsjahr:

a) die Kapazitätsauslastung in Prozent (zwei Nachkommastellen).
b) den Deckungsbeitrag je Stück (in Euro).
c) die Gewinnschwelle (Break-even-Menge) in Stück.

2. Deckungsbeitrag Schaltschränke

Ein namhafter Hersteller für technisches Zubehör produziert Schaltschränke. Aus der Kostenrechnung sind dazu folgende Informationen bekannt: k_v 155,00 €, K_{fix} 62.300,00 €, maximale Produktionskapazität 1 800 Stück, aktuelle Auslastung 60 %, Verkaufspreis 250,00 €.

Ein Großkunde wäre bereit, einen Zusatzauftrag über die bislang nicht ausgeschöpfte Produktionskapazität zu erteilen, sofern man ihm einen Sonderpreis von 200,00 € gewährt.

a) Ermitteln Sie für den Zusatzauftrag den Deckungsbeitrag je Stück (in Euro).
b) Begründen Sie, ob der Hersteller diesen Zusatzauftrag annehmen sollte.
c) Gehen Sie davon aus, dass das Unternehmen diesen Auftrag aus Imagegründen annimmt. Ermitteln Sie den im Geschäftsjahr erzielten Gesamtgewinn.

3. Deckungsbeitrag Bretterbeschichtung

Die Party OHG hat im letzten Jahr eine neue Betriebsstätte errichtet, in der Bretter für hochwertige Bierzeltgarnituren mit einer Spezialfolie beschichtet werden. Maximal kann die Betriebsstätte 15 000 m² in einer Periode foliieren. Die derzeitige Kapazitätsauslastung liegt bei 80 %. Die Fixkosten in dieser Periode belaufen sich auf 42.200,00 €, die variablen Kosten werden mit 3,40 €/m² angegeben. Der Verkaufspreis beträgt 9,90 €/m².

a) Ermitteln Sie die derzeitige Produktionsmenge in Quadratmetern.
b) Ermitteln Sie das Betriebsergebnis der Betriebsstätte bei der derzeitigen Produktionsmenge in Euro.
c) Die Party OHG könnte einen Zusatzauftrag von 2 000 m² zum Verkaufspreis von 8,00 €/m² annehmen. Ermitteln Sie den Deckungsbeitrag dieses zusätzlichen Auftrags je Quadratmeter.
d) Ermitteln Sie die Veränderung des oben ermittelten Betriebsergebnisses, die durch die Annahme des Auftrags entstehen würde.

Check-up-Fragen

?

Welche Antworten sind richtig?

a) Der Deckungsbeitrag sagt aus, wie viel Euro der Verkaufspreis betragen muss, damit alle Kosten gedeckt sind.
b) Ein Zusatzauftrag wird nur angenommen, wenn der Deckungsbeitrag positiv ist.
c) Der Break-even-Point wird errechnet, indem man die Fixkosten durch den Deckungsbeitrag pro Stück dividiert.
d) Verkauft ein Unternehmen mehr als die Break-even-Menge so stellt der Verkaufserlös der zusätzlich verkauften Produkte in voller Höhe einen Gewinn dar.
e) Ein Zusatzauftrag wird immer angenommen, da er zumindest einen Imagegewinn bringt.

10.2.4 Kostenrechnung – Nachkalkulation

Lernsituation Ermittlung von Kostenüber- oder Unterdeckung mit Hilfe der Nachkalkulation

Claus Blum hat für einen Musiker eine Gitarre angefertigt, die es in dieser Ausführung noch nicht gab. Bei seiner Kalkulation des Angebotspreises konnte Claus Blum daher auf keine Erfahrungswerte zurückgreifen. Nun möchte er überprüfen, ob der von ihm angebotene Nettopreis von 17.000,00 € vernünftig kalkuliert war.

Bei seiner Vorkalkulation ist Claus Blum von folgenden Werten ausgegangen: Materialkosten (Holz usw.) 5.000,00 €; Materialgemeinkosten 20,0 %; Löhne 4.000,00 €; Fertigungsgemeinkosten 124,0 %; Verwaltungsgemeinkosten 10,0 % sowie Vertriebsgemeinkosten 12,0 %.

Bei der genauen Abrechnung wurden 5.300,00 € Materialkosten und 3.755,00 € Löhne aus der Buchhaltung gemeldet.

Aufträge zur Lernsituation Ermittlung von Kostenüber- oder Unterdeckung mit Hilfe der Nachkalkulation

1. Ermitteln Sie tabellarisch den ursprünglichen Angebotspreis auf Basis der Normalkosten-Zuschlagssätze.
2. Stellen Sie in der nächsten Spalte die tatsächlichen Kosten (Ist-Kosten) gegenüber.
3. Berechnen Sie die Abweichung.
4. Entscheiden Sie für die einzelnen Positionen, ob eine Kostenüberdeckung oder Kostenunterdeckung vorliegt.
5. Geben Sie je einen möglichen Grund für die Abweichungen an.

Mittlerweile wurden mittels eines Betriebsabrechnungsbogens die Zuschlagssätze auf Basis der aktuellen Ist-Kosten des Unternehmens errechnet. Materialgemeinkosten 18,3 %; Fertigungsgemeinkosten 121,5 %; Verwaltungsgemeinkosten 11,4 %; Vertriebsgemeinkosten 14,0 %.

6. Welche Konsequenzen sollte Claus Blum daraus für die Kalkulation künftiger Aufträge ziehen?

Übungen

1. Normalkosten und Ist-Kosten

Die Klein GmbH möchte prüfen, ob die in den Preisen vorkalkulierten Kosten den tatsächlichen Kosten entsprechen. Folgende Informationen liegen vor:

Fertigungsmaterial	513.000,00 €
Fertigungslöhne	413.380,00 €

	Ist-Zuschlagssätze	Normalkosten-Zuschlagssätze
Materialgemeinkosten	28,5 %	30,0 %
Fertigungsgemeinkosten	208,9 %	207,0 %
Verwaltungsgemeinkosten	17,2 %	18,0 %
Vertriebsgemeinkosten	8,7 %	9,0 %

a) Unterscheiden Sie den Begriff der Normalkosten und der Ist-Kosten.
b) Welche Rückschlüsse kann man aus dem Vergleich der beiden ziehen?
c) Ermitteln Sie in einer Tabelle die Ist-Kosten und die Normalkosten eines Kundenauftrags, stellen Sie die Abweichungen fest und interpretieren Sie diese.

2. Normalkosten-Zuschlagssätze und Abweichungsanalyse

a) Ermitteln Sie die Ist-Kosten- sowie die Normalkosten-Zuschlagssätze in Prozent (auf eine Nachkommastelle runden) für die unten angegeben Daten.
b) Ermitteln Sie die Abweichung für die in der Tabelle errechneten Ist-Kosten und Normalkosten eines Kundenauftrags und interpretieren Sie die Abweichung.

	Normalkosten	Ist-Kosten	Abweichung
Fertigungsmaterial	200.000,00 €	200.000,00 €	...
Materialgemeinkosten	14.000,00 €	19.000,00 €	...
Materialkosten	214.000,00 €	219.000,00 €	...
Fertigungslöhne	95.000,00 €	95.000,00 €	...
Fertigungsgemeinkosten	151.000,00 €	151.000,00 €	...
Fertigungskosten	246.000,00 €	246.000,00 €	...
Herstellkosten	460.000,00 €	465.000,00 €	...
Verwaltungs- und Vertriebsgemeinkosten	42.000,00 €	44.000,00 €	...
Selbstkosten des Umsatzes	502.000,00 €	509.000,00 €	...

Anhang

Das Modellunternehmen: Blum Music4You KG

- Bilanz
- Gewinn- und Verlustrechnung
- Kontenplan
- Kunden (Debitoren)
- Lieferanten (Kreditoren)
- Artikelliste
- Gitarrenfertigung
- Ausstattung der Studio- und Livetechnik

Glossar

Sachwortverzeichnis

Das Modellunternehmen: Blum Music4You KG

Zu Beginn dieses Lehrbuchs hat sich die Blum Music4You KG vorgestellt – mit einem Organigramm und ihren Geschäftsdaten. Hier finden Sie ergänzend die wesentlichen Informationen zum Rechnungswesen (Bilanz, Gewinn- und Verlustrechnung des Geschäftsjahres 00, Kontenplan) sowie weitere Dokumente, die den Geschäftsbetrieb der Blum Music4You KG näher darstellen. Der dem Kontenplan der Blum Music4You KG zugrunde liegende Kontenrahmen ist innen auf der Umschlagrückseite eingebunden.

Bilanz der Blum Music4You KG

Aktiva	Bilanz Blum Music4You KG zum 31. Dezember Geschäftsjahr 00		Passiva
A. Anlagevermögen		**A. Eigenkapital**	**500.000,00**
1. Grundstücke und Bauten	400.000,00		
2. Technische Anlagen und Maschinen	50.000,00	**B. Rückstellungen**	**10.000,00**
3. Andere Anlagen, Betriebs- u. Geschäftsausstattung	530.000,00	**C. Verbindlichkeiten**	
Summe A. Anlagevermögen	**980.000,00**	1. Verbindlichkeiten gegenüber Kreditinstituten	533.800,00
B. Umlaufvermögen		2. Verbindlichkeiten a. LL	60.000,00
I. Vorräte		3. Sonstige Verbindlichkeiten	15.000,00
1. Roh-, Hilfs- und Betriebsstoffe	5.000,00	**Summe C. Verbindlichkeiten**	**608.800,00**
2. Unfertige Erzeugnisse	2.800,00		
3. Fertige Erzeugnisse und Waren	100.000,00		
II. Forderungen		**D. Rechnungsabgrenzungsposten**	**5.000,00**
1. Forderungen a. LL	15.000,00		
2. Sonstige Vermögensgegenstände	0,00		
III. Kassenbestand, Guthaben bei Kreditinstituten	14.000,00		
Summe B. Umlaufvermögen	**136.800,00**		
C. Rechnungsabgrenzungsposten	**7.000,00**		
Summe Aktiva	**1.123.800,00**	**Summe Passiva**	**1.123.800,00**

Erläuterungen zur Bilanz der Blum Music4You KG

Grundstücke und Bauten	Veilchenweg 19, 50677 Köln
Technische Anlagen und Maschinen	Maschinen für die Fertigung der Gitarren
Andere Anlagen, Betriebs- und Geschäftsausstattung	▪ Fuhrpark: ein Transportfahrzeug für die Ausrüstung bei Konzertveranstaltungen ▪ Büroausstattung ▪ Studiotechnik ▪ Livetechnik ▪ Studiobühne
Roh-, Hilfs- und Betriebsstoffe	▪ Rohstoffe: Hölzer für die Gitarrenfertigung, aber auch die bezogenen Fremdbauteile ▪ Hilfsstoffe: Schrauben, Leim, Lacke für die Gitarrenfertigung ▪ Betriebsstoffe: Schmieröl
Unfertige Erzeugnisse	Gitarren im Bau
Fertige Erzeugnisse	fertiggestellte, noch nicht ausgelieferte Gitarren

Fortsetzung Tabelle siehe nächste Seite

Waren	alle Artikel des Fanshops; CDs, DVDs; Raritäten
Forderungen a. LL	
Sonstige Vermögensgegenstände	Vorsteuerüberhang
Aktive Rechnungsabgrenzung	Versicherungen, Leasing, Kfz-Steuer
Eigenkapital	Anteil Komplementär Claus Blum .... 300.000,00 € Anteil Kommanditistin Franziska Neuroth .... 150.000,00 € Anteil Kommanditist Alan Cooper .... 50.000,00 €
Rückstellungen	Pensionen, Steuern, Gewährleistungen
Sonstige Verbindlichkeiten	Umsatzsteuerzahllast, Lohnsteuer, Sozialversicherungsbeiträge
Passive Rechnungsabgrenzung	Mieten, Zinsen

Gewinn- und Verlustrechnung der Blum Music4You KG

im Geschäftsjahr 00

Umsatzerlöse	1.350.000,00 €
Bestandsveränderungen fertige/unfertige Erzeugnisse	0,00 €
Sonstige betriebliche Erträge	0,00 €
Materialaufwand	190.000,00 €
Personalaufwand	800.000,00 €
Abschreibungen	115.000,00 €
Sonstige betriebliche Aufwendungen	60.000,00 €
Zinsen und ähnliche Erträge	0,00 €
Zinsen und ähnliche Aufwendungen	30.000,00 €
Steuern vom Einkommen und Ertrag	10.000,00 €
Jahresüberschuss/-fehlbetrag	**145.000,00 €**

Erläuterungen zur Gewinn- und Verlustrechnung der Blum Music4You KG

Umsatzerlöse	Erlöse aus Dienstleistungen, im Wesentlichen Organisation von Konzertveranstaltungen und Aufnahmen im Tonstudio Erlöse aus dem Verkauf von Fanartikeln, CDs, DVDs und Raritäten Erlöse aus dem Verkauf selbstgefertigter Gitarren
Materialaufwand	Aufwendungen für bezogene Waren, im Wesentlichen Fanartikel Aufwendungen für Rohstoffe und bezogene Fertigteile für die Gitarrenproduktion
Personalaufwand	Aufwendungen für 25 Mitarbeiterinnen und Mitarbeiter, darunter 5 Auszubildende
Abschreibungen	Abschreibungen auf Maschinen und BGA .... 105.000,00 € Abschreibungen auf Gebäude .... 10.000,00 €
Sonstige betriebliche Aufwendungen	Reisekosten bei Konzertveranstaltungen Druckaufträge für T-Shirts, Becher usw.

Kontenplan der Blum Music4You KG

Sachkonten

Konto	Bezeichnung	Umsatzsteuer	Zuordnung in Bilanz/GuV
0510	Bebaute Grundstücke		Aktiva: Grundstücke und Gebäude
0520	Gebäude		Aktiva: Grundstücke und Gebäude
0700	Technische Anlagen und Maschinen	VSt 19 %	Aktiva: Technische Anlagen und Maschinen
0800	Geschäftsausstattung	VSt 19 %	Aktiva: Andere Anlagen, Geschäftsausstattung
0840	Fuhrpark	VSt 19 %	Aktiva: Andere Anlagen, Geschäftsausstattung
0890	GWG Sammelposten BGA	VSt 19 %	Aktiva: Andere Anlagen, Geschäftsausstattung
2000	Rohstoffe		Aktiva: Roh-, Hilfs- und Betriebsstoffe
2010	Fremdbauteile		Aktiva: Roh-, Hilfs- und Betriebsstoffe
2020	Hilfsstoffe		Aktiva: Roh-, Hilfs- und Betriebsstoffe
2100	Unfertige Erzeugnisse		Aktiva: Unfertige Erzeugnisse
2200	Fertige Erzeugnisse		Aktiva: Fertige Erzeugnisse und Waren
2280	Handelswaren		Aktiva: Fertige Erzeugnisse und Waren
2400	Forderungen aus Lieferungen und Leistungen		Aktiva: Forderungen a. LL
2470	Zweifelhafte Forderungen		Aktiva: Forderungen a. LL
2600	Vorsteuer		Aktiva: Sonstige Vermögensgegenstände Passiva: Sonstige Verbindlichkeiten
2640	SV-Beitragsvorauszahlung		Aktiva: Sonstige Vermögensgegenstände
2650	Forderungen an Mitarbeiter		Aktiva: Sonstige Vermögensgegenstände
2690	Sonstige Forderungen		Aktiva: Sonstige Vermögensgegenstände
2800	Bank		Aktiva: Kassenbestand und Bankguthaben Passiva: Verbindlichkeiten gegenüber Kreditinstituten
2880	Kasse		Aktiva: Kassenbestand und Bankguthaben
2900	Aktive Rechnungsabgrenzung		Aktiva: C. Rechnungsabgrenzungsposten
3000	Kapital Gesellschafter Blum		Passiva: A. Eigenkapital
3001	Privatkonto Blum		Passiva: A. Eigenkapital
3070	Kapital Kommanditisten		Passiva: A. Eigenkapital
3670	Einzelwertberichtigung zu Forderungen		Aktiva: Forderungen a. LL
3680	Pauschalwertberichtigung zu Forderungen		Aktiva: Forderungen a. LL
3700	Pensionsrückstellungen		Passiva: B. Rückstellungen
3800	Steuerrückstellungen		Passiva: B. Rückstellungen
3900	Sonstige Rückstellungen		Passiva: B. Rückstellungen
4230	Bankdarlehen		Passiva: Verbindlichkeiten gegenüber Kreditinstituten

Fortsetzung Tabelle siehe nächste Seite

Konto	Bezeichnung	Umsatzsteuer	Zuordnung in Bilanz/GuV
4250	Hypotheken		Passiva: Verbindlichkeiten gegenüber Kreditinstituten
4400	Verbindlichkeiten aus Lieferungen und Leistungen		Passiva: Verbindlichkeiten a. LL
4800	Umsatzsteuer		Aktiva: Sonstige Vermögensgegenstände Passiva: Sonstige Verbindlichkeiten
4830	Verbindlichkeiten gegenüber Finanzbehörden		Passiva: Sonstige Verbindlichkeiten
4860	Verbindlichkeiten aus vermögenswirksamen Leistungen		Passiva: Sonstige Verbindlichkeiten
4890	Sonstige Verbindlichkeiten		Passiva: Sonstige Verbindlichkeiten
4900	Passive Rechnungsabgrenzung		Passiva: D. Rechnungsabgrenzungsposten
5000	Umsatzerlöse für eigene Erzeugnisse	USt 19 %	GuV: Umsatzerlöse
5001	Erlösberichtigungen für eigene Erzeugnisse	USt 19 %	GuV: Umsatzerlöse
5050	Umsatzerlöse für Dienstleistungen	USt 19 %	GuV: Umsatzerlöse
5100	Umsatzerlöse für Waren	USt 19 %	GuV: Umsatzerlöse
5101	Erlösberichtigungen für Waren	USt 19 %	GuV: Umsatzerlöse
5200	Bestandsveränderungen		GuV: Bestandsveränderungen
5400	Sonstige Mieterträge		GuV: Sonstige betriebliche Erträge
5420	Entnahme von Gegenständen und sonstigen Leistungen	USt 19 %	GuV: Sonstige betriebliche Erträge
5450	Erträge aus der Herabsetzung von Wertberichtigungen zu Forderungen		GuV: Sonstige betriebliche Erträge
5480	Erträge aus der Herabsetzung von Rückstellungen		GuV: Sonstige betriebliche Erträge
5490	Periodenfremde Erträge		GuV: Sonstige betriebliche Erträge
5710	Zinserträge		GuV: Zinsen und ähnliche Erträge
6000	Aufwendungen für Rohstoffe	VSt 19 %	GuV: Materialaufwand
6001	Bezugskosten für Rohstoffe	VSt 19 %	GuV: Materialaufwand
6002	Nachlässe für Rohstoffe	VSt 19 %	GuV: Materialaufwand
6010	Aufwendungen für Fremdbauteile	VSt 19 %	GuV: Materialaufwand
6011	Bezugskosten für Fremdbauteile	VSt 19 %	GuV: Materialaufwand
6012	Nachlässe für Fremdbauteile	VSt 19 %	GuV: Materialaufwand
6020	Aufwendungen für Hilfsstoffe	VSt 19 %	GuV: Materialaufwand
6021	Bezugskosten für Hilfsstoffe	VSt 19 %	GuV: Materialaufwand
6022	Nachlässe für Hilfsstoffe	VSt 19 %	GuV: Materialaufwand
6030	Aufwendungen für Betriebsstoffe	VSt 19 %	GuV: Materialaufwand
6031	Bezugskosten für Betriebsstoffe	VSt 19 %	GuV: Materialaufwand

Konto	Bezeichnung	Umsatzsteuer	Zuordnung in Bilanz/GuV
6032	Nachlässe für Betriebsstoffe	VSt 19 %	GuV: Materialaufwand
6040	Aufwendungen für Verpackungsmaterial	VSt 19 %	GuV: Materialaufwand
6050	Aufwendungen für Energie	VSt 19 %	GuV: Materialaufwand
6080	Aufwendungen für Waren	VSt 19 %	GuV: Materialaufwand
6081	Bezugskosten für Waren	VSt 19 %	GuV: Materialaufwand
6082	Nachlässe für Waren	VSt 19 %	GuV: Materialaufwand
6140	Ausgangsfrachten oder Fremdlager	VSt 19 %	GuV: Sonstige betriebliche Aufwendungen
6160	Fremdinstandhaltung	VSt 19 %	GuV: Sonstige betriebliche Aufwendungen
6200	Löhne		GuV: Personalaufwand
6300	Gehälter		GuV: Personalaufwand
6400	Arbeitgeberanteil zur Sozialversicherung		GuV: Personalaufwand
6440	Aufwendungen für Altersversorgung		GuV: Personalaufwand
6520	Abschreibungen auf Sachanlagen		GuV: Abschreibungen
6540	Abschreibungen auf GWG-Sammelposten		GuV: Abschreibungen
6700	Mietaufwendungen		GuV: Sonstige betriebliche Aufwendungen
6710	Leasingaufwendungen	VSt 19 %	GuV: Sonstige betriebliche Aufwendungen
6800	Büromaterial	VSt 19 %	GuV: Sonstige betriebliche Aufwendungen
6810	Zeitungen und Fachliteratur	VSt 7 %	GuV: Sonstige betriebliche Aufwendungen
6820	Portokosten		GuV: Sonstige betriebliche Aufwendungen
6830	Kosten der Telekommunikation	VSt 19 %	GuV: Sonstige betriebliche Aufwendungen
6870	Werbung	VSt 19 %	GuV: Sonstige betriebliche Aufwendungen
6900	Versicherungsbeiträge		GuV: Sonstige betriebliche Aufwendungen
6951	Abschreibung auf Forderungen wegen Uneinbringlichkeit		GuV: Sonstige betriebliche Aufwendungen
6952	Einstellung in Einzelwertberichtigung		GuV: Sonstige betriebliche Aufwendungen
6953	Einstellung in Pauschalwertberichtigung		GuV: Sonstige betriebliche Aufwendungen
6990	Periodenfremde Aufwendungen		GuV: Sonstige betriebliche Aufwendungen
7510	Zinsaufwendungen		GuV: Zinsen und ähnliche Aufwendungen
7700	Gewerbesteuer		GuV: Steuern vom Einkommen und Ertrag
8000	Eröffnungsbilanzkonto		
8009	Summenvortrag		
8010	Schlussbilanzkonto		
8020	Gewinn- und Verlustkonto		

Kunden (Debitoren) der Blum Music4You KG (Auszug)

Kundennummer 24001			
Name 1	Ikabo GmbH	**Ansprechp.**	Herr Fritz Baum
Name 2	Verwaltung Elbe-Hallen	**E-Mail 1**	info@ikabo-wvb.de
Straße	Karl-Peters-Straße 7	**E-Mail 2**	F-Baum@ikabo-wvb.de
PLZ, Ort	22455 Hamburg	**Telefon**	040 111222333

Kundennummer 24002			
Name 1	Elke Jung	**Ansprechp.**	Frau Elke Jung
Name 2	AC/BC Coverband	**E-Mail 1**	info@ac_bc-dresden-wvb.de
Straße	Rosa-Luxemburg-Straße 2	**E-Mail 2**	
PLZ, Ort	01099 Dresden	**Telefon**	0351 8807611

Kundennummer 24003			
Name 1	Josef Huber KG	**Ansprechp.**	Herr Josef Huber
Name 2		**E-Mail 1**	josef.huber@huber-wvb.de
Straße	Berliner Straße 2	**E-Mail 2**	
PLZ, Ort	80805 München	**Telefon**	089 3362099

Kundennummer 24082			
Name 1	Event 3000 GmbH	**Ansprechp.**	Frau Elina Bergk
Name 2		**E-Mail 1**	info@event3000-wvb.de
Straße	Adolf-Grimme-Allee 70	**E-Mail 2**	
PLZ, Ort	50829 Köln	**Telefon**	0221 973465-0

Kundennummer 24097			
Name 1	Karl Habben GmbH	**Ansprechp.**	Frau Sabine Thalmann
Name 2	Musikeinzelhandel	**E-Mail 1**	info@habben-wvd.de
Straße	Felsweg 13	**E-Mail 2**	
PLZ, Ort	26123 Oldenburg	**Telefon**	0441 221111-0

Lieferanten (Kreditoren) der Blum Music4You KG (Auszug)

Lieferantennummer 44001			
Name 1	2020 Sound AG	**Ansprechp.**	Herr Malte Schmidt
Name 2	Großhandel CDs, DVDs	**E-Mail 1**	info@soundag-wvb.com
Straße	Weserdeich 2	**E-Mail 2**	m.schmidt@soundag-wvb.com
PLZ, Ort	28777 Bremen	**Telefon**	0421 22233-0

Lieferantennummer 44002			
Name 1	F & S GmbH	**Ansprechp.**	Frau Antje Geber
Name 2	Instrumentenhandel	**E-Mail 1**	Antje.Geber@f-und-s-wvb.de
Straße	Südweg 8	**E-Mail 2**	info@f-und-s-wvb.de
PLZ, Ort	91060 Erlangen	**Telefon**	09131 343434

Lieferantennummer 44003			
Name 1	Elektro-Jakowski e. K.	**Ansprechp.**	Herr Karl Flau
Name 2		**E-Mail 1**	Info@jakowski-wvb.de
Straße	John-Lennon-Straße 4	**E-Mail 2**	flau@jakowski-wvb.de
PLZ, Ort	26135 Oldenburg	**Telefon**	0441 507734

Lieferantennummer 44004			
Name 1	Mühlenbach OHG	**Ansprechp.**	Frau Anke Roth
Name 2	Bürobedarf	**E-Mail 1**	service@muehlenbach-wvb.de
Straße	Blinke 39a	**E-Mail 2**	a.roth@muehlenbach-wvb.de
PLZ, Ort	26789 Leer	**Telefon**	0491 663731-0

Lieferantennummer 44005			
Name 1	Gerd Euting GmbH	**Ansprechp.**	Frau Sabine Geber
Name 2	Holzhandel	**E-Mail 1**	info@euting-wvb.de
Straße	Forstweg 3	**E-Mail 2**	sg@euting-wvb.de
PLZ, Ort	12279 Berlin	**Telefon**	030 7114532

Lieferantennummer 44006			
Name 1	Jann Bruns e. K.	**Ansprechp.**	Herr Jann Bruns
Name 2	Spezialhölzer	**E-Mail 1**	info@jann-bruns-wvb.de
Straße	Westerstraße 44	**E-Mail 2**	bruns@jann-bruns-wvb.de
PLZ, Ort	38104 Braunschweig	**Telefon**	0531 985537-0

Fortsetzung Tabelle siehe nächste Seite

Lieferantennummer 44007			
Name 1	Fan & Fun Shop UG	**Ansprechp.**	Herr Christian Schattke
Name 2	Fanartikel	**E-Mail 1**	info@fan-and-fun-shop-wvb.de
Straße	Wrangelstraße 98	**E-Mail 2**	cs@fan-and-fun-shop-wvb.de
PLZ, Ort	10997 Berlin	**Telefon**	030 65096844

Lieferantennummer 44008			
Name 1	Schadow GmbH	**Ansprechp.**	Frau Marianne Genske
Name 2	Eventbedarf	**E-Mail 1**	genske@schadow_wvb.de
Straße	Zabelweg 9	**E-Mail 2**	info@schadow_wvb.de
PLZ, Ort	90751 Fürth	**Telefon**	0911 8835107

Lieferantennummer 44009			
Name 1	Tonmeister GmbH	**Ansprechp.**	Herr Eberhard Meister
Name 2		**E-Mail 1**	info@tonmeister-wvb.de
Straße	Lambertiweg 34	**E-Mail 2**	meister@tonmeister-wvb.de
PLZ, Ort	48151 Münster	**Telefon**	0251 2150

Lieferantennummer 44010			
Name 1	Kaiserkino GmbH	**Ansprechp.**	Frau Sabine Jung
Name 2	Großhandel	**E-Mail 1**	jung@kaiserkino-wvb.de
Straße	Mühlhäuser Str. 12	**E-Mail 2**	info@kaiserkino-wvb.de
PLZ, Ort	99867 Gotha	**Telefon**	0362 394790-0

Lieferantennummer 44011			
Name 1	Freizeit Müller & Co. KG	**Ansprechp.**	Frau Magdalene Peter
Name 2	Großhandel	**E-Mail 1**	peter@freizeit-mueller-wvb.de
Straße	Winterallee 3	**E-Mail 2**	info@freizeit-mueller-wvb.de
PLZ, Ort	40474 Düsseldorf	**Telefon**	02102 44719-0

Lieferantennummer 44012			
Name 1	HARKAN GmbH	**Ansprechp.**	Herr Süleyman Gülec
Name 2		**E-Mail 1**	info@harkan-gmbh-wvd.de
Straße	Im Industriegebiet 11	**E-Mail 2**	guelec@harkan-gmbh-wvd.de
PLZ, Ort	72336 Balingen	**Telefon**	07433 491221-0

Artikelliste der Blum Music4You KG (Auszug)

Artikelnummer	Bezeichnung	VK in €
Warengruppe Konzertveranstaltungen		
10001	Veranstaltung ...	
10002	...	
Warengruppe Fanartikel		
20001	Becher 0,3 l, unbedruckt	0,35
20002	Becher 0,5 l, unbedruckt	0,45
20003	T-shirt, bedruckt	12,50
20004	Fanschal, unbedruckt	8,00
Warengruppe CDs und DVDs		
20101	Who: TOMMY, 1969	9,00
20102	Who: QUADROPHENIA, 1973	9,00
20103	Rolling Stones: Beggars Banquet, 1968	12,00
20104	Beatles: Sgt. Pepper's Lonely Hearts Club Band, 1967	11,00
20105	Westernhagen: LIVE, 1990	8,50
20106	Werbe-CD Jazz and Blues	3,00
Warengruppe Raritäten		
20201	Peking Motel, Live in Berlin, 14. Aug. 1987, 4 CDs	92,00
20202	Combo Flaschenpost: Flaschenpostbox, 4 CDs + DVD	110,00
20236	Konzertreihe „Bayreuth", 24 DVDs	80,00
Warengruppe E-Gitarren		
30001	Modell „Keith"	3.400,00
30002	Modell „Special Edition"	3.000,00
30003	Modell „Jackson"	1.189,00
30004	Modell „Jimmy"	1.450,00
Warengruppe Tonstudio		
40001	Vermietung Stundensatz	140,00
40002	...	

Materialien zur Fertigung der E-Gitarren (Auszug)

Material-Nr.	Bezeichnung	Lieferer 1	EK 1 in €	Lieferer 2	EK 2 in €
50001	Ahornblock 0,9	Euting GmbH	6,40	Jann Bruns	7,10
50002	Ahornblock 7,5	Euting GmbH	53,00	Jann Bruns	61,00
50010	Klangregler (Set)	Tonmeister GmbH	29,00		
50011	Kippschalter	Elektro-Jakowski	4,00		
50020	Saiten (Paket à 100 St.)	2020 Sound AG	100,00		
60000	Schraubenset	Elektro-Jakowski	0,50		
60010	Polyesterlack (100 ml)	Jann Bruns	3,00		

3552297

Die Gitarrenfertigung der Blum Music4You KG

Die Blum Music4You KG baut E-Gitarren ausschließlich in **Einzelfertigung** und in Handarbeit. Sie verwendet dazu Ahornhölzer aus heimischem Anbau. Gitarrenhals und Gitarrenkorpus werden aus abgelagerten Ahornhölzern ausgesägt, geschliffen und lackiert. Die Verbindung von Gitarrenhals und Gitarrenkorpus erfolgt durch Verschrauben. Alle anderen Teile (die Elektronik, die Saiten) werden angeschraubt.

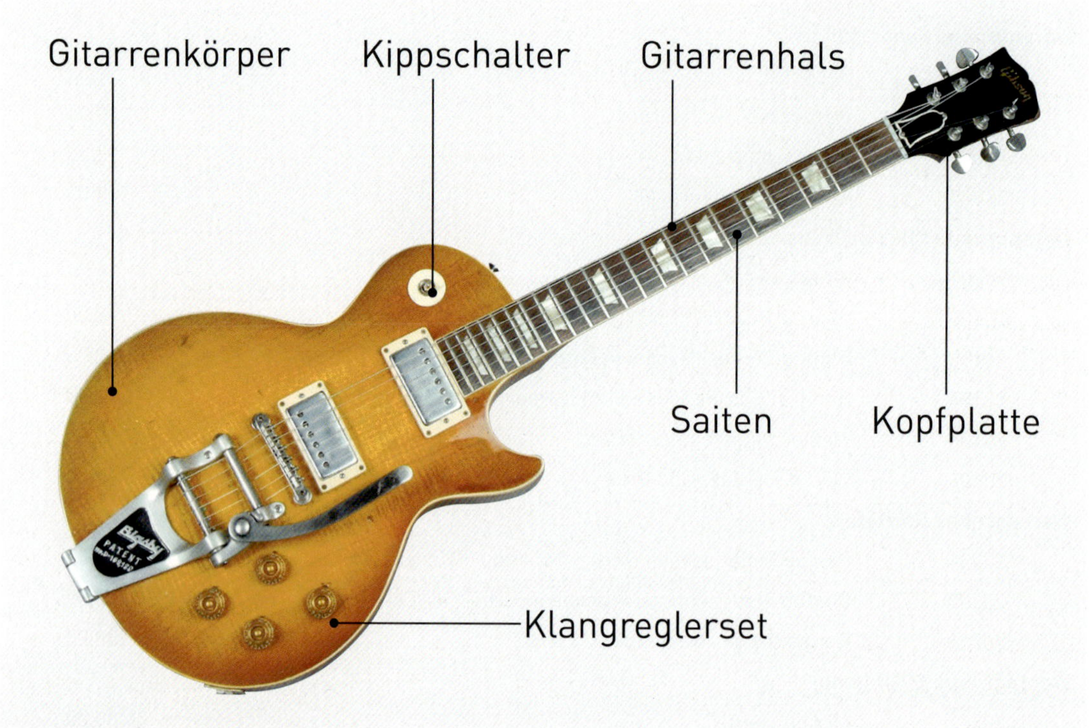

Fertigung E-Gitarren	Werkstattfertigung, Einzelfertigung
Rohstoffe	abgelagerte Ahornholzblöcke, geliefert in den Größen 5 cm x 50 cm x 30 cm (7,5 dm^3) und 3 cm x 5 cm x 60 cm (0,9 dm^3)
bezogene Fremdbauteile	Elektronik: Kippschalter, Bassregler, Höhenregler, Lautstärkeregler, ... Gitarrensaiten

Ausstattung der Studio- und Livetechnik

In den letzten Jahren hat sich Claus Blum vor allem den Nachwuchskünstlern verschrieben. Er möchte ihnen die Möglichkeit geben, bekannter zu werden und stellt daher Solokünstlern, Musikern und Bands das Tonstudio der Blum Music zu günstigen Konditionen zur Verfügung. Daneben unterstützt er sie beim Produzieren ihrer Alben und im Bereich der internationalen Vermarktung.

Ausstattung Aufnahmeraum					
Beschreibung	**Anwendung**	**Anzahl**	**Einzelpreis in €**	**Gesamtpreis in €**	**Nettopreis in €**
Sanar Delite Stage 1 Shell Set	Schlagzeug	1	2.699,00	2.699,00	2.268,07
Software	Schlagzeug	1	1.000,00	1.000,00	840,34
Sanar AS071406BRB Artist Sanar 14 x 6" Bronze	Schlagzeug	1	1.499,00	1.499,00	1.259,66
Audio DP8 Elite Pack Drumkoffer	Mikro-Schlagzeug	1	2.639,00	2.639,00	2.217,65
Lane 5 Vetta II Head 2 x 150 Watt Stereohead	Gitarren-verstärker	1	1.799,00	1.799,00	1.511,76
Lane 5 Spider Valve 412 T	Gitarrenbox	2	689,00	1.378,00	1.157,98
Fender Am. Deluxe SRS Strat	Gitarre	1	1.269,00	1.269,00	1.066,39
Sannhauser E 906 Evolution Instrumentenmikrofon	Mikro-Saiteninstrument	5	168,00	840,00	705,88
Silberschelle Soul II Top	Bassverstärker	1	1.239,00	1.239,00	1.041,18
Silberschelle Bugatti 120 Endstufe 2 x 120 Watt	Bassendstufe	1	1.235,00	1.235,00	1.037,82
Silberschelle Uno Rock Deluxe 8 Ohm	Bassbox	1	765,00	765,00	642,86
Silberschelle Take Five 4 Ohm	Bassbox	1	1.444,00	1.444,00	1.213,45
Rock Man Stingray 5 HH MN WH	Bassgitarre	1	2.399,00	2.399,00	2.015,97
Muug Voyager Fire Mahagoni	Synthesizer	1	2.890,00	2.890,00	2.428,57
Muug Etherwave Theremin Cherry	Synthesizer	1	399,00	399,00	335,29
Hemmand XK-3C	Orgel	1	2.399,00	2.399,00	2.015,97
Astoria Q + Phoenix Edition	Synthesizer	1	2.990,00	2.990,00	2.512,61
Kowoe GM 10 MEP Flügel	Flügel	1	7.790,00	7.790,00	6.546,22
Kabel		1	1.500,00	1.500,00	1.260,50
Naumann U89 I MT	Gesangsmikrofon	2	2.890,00	5.780,00	4.857,14
Rosiol Engineering JDI Duplex MK4	Mikro-Direktbox	2	355,00	710,00	596,64
CSS AR133	Mikro-Direktbox	3	111,00	333,00	279,83
L&O 21430	Mikro-Stativ	3	209,00	627,00	526,89
L&O 25960	Mikro-Stativ	5	49,00	245,00	205,88
Naumann M214/1	Mikro-Stativ	2	172,00	344,00	289,08
Naumann PS15	Mikro-Stativ	1	79,00	79,00	66,39
Einrichtung und Material		1	4.000,00	4.000,00	3.361,34
Summe Aufnahmeraum				**50.291,00**	**42.261,36**

Ausstattung Regieraum					
Beschreibung	**Anwendung**	**Anzahl**	**Einzelpreis in €**	**Gesamt-preis in €**	**Nettopreis in €**
Trennwand		1	1.500,00	1.500,00	1.260,50
Regiescheibe		1	400,00	400,00	336,13
Anschlussfeld		1	400,00	400,00	336,13
Ledercouch	Möbel	1	1.199,00	1.199,00	1.007,56
Bürostuhl	Möbel	2	319,00	638,00	536,13
Musicbox BIG-Station Buche, lackiert 2 x 1 m	Möbel	1	1.069,00	1.069,00	898,32
SQ Audio VTC 40 Valve Mixing Console	Studiomischpult	1	34.995,00	34.995,00	29.407,56
Isasis HD 24XR 24-Spur HD-Rekorder, 24 bit/96 k	Aufnahmegerät	2	2.059,00	4.118,00	3.460,50
SQ Audio Classic EQ-2	Aufnahmeeffekt	1	1.295,00	1.295,00	1.088,24
SQ Audio Classic C-1	Aufnahmeeffekt	1	1.295,00	1.295,00	1.088,24
Music PCM 96 Digital Reverb.	Aufnahmeeffekt	1	2.890,00	2.890,00	2.428,57
Hipe Eclipse Harmonizer	Aufnahmeeffekt	1	1.999,00	1.999,00	1.679,83
CSS FCS 960 2 x 30 Band Graphic EQ	Aufnahmeeffekt	1	1.375,00	1.375,00	1.155,46
Isasis Masterlink ML 9600 Highend HD/ CD Master-Rekorder	CD-Rekorder		859,00	859,00	721,85
KPR Electronics Transducer Speaker Simulator, analog	Aufnahme-medium	1	795,00	795,00	668,07
L&O 26740	Abhörbox-Stativ	2	85,00	170,00	142,86
MARC+BEAN O 410	Abhörbox	2	3.699,00	7.398,00	6.216,81
Kabel			500,00	500,00	420,17
Meyerpower DT 660 Studiokopfhörer geschlossen, 32 Ohm			199,00	199,00	167,23
NDO Absorber Room Kit	Akustikmöbel	1	599,00	599,00	503,36
Summe Regie				**63.693,00**	**53.523,52**
Summe Aufnahmeraum				**50.291,00**	**42.261,36**
Gesamtkosten Studio				**113.984,00**	**95.784,88**

Ausstattung Livetechnik					
Beschreibung	**Anwendung**	**Anzahl**	**Einzelpreis in €**	**Gesamtpreis in €**	**Nettopreis in €**
marshall&steam ML5000-48	Livemischpult	1	19.999,00	19.999,00	16.805,88
Roadkit The Box	Kisten	4	4.700,00	9.400,00	7.899,16
marshall&steam ML3000-832B	Monitor-Mischpult	1	5.390,00	5.390,00	4.529,41
Flop	Untergestell Pulte	2	1.200,00	2.400,00	2.016,81
pro duck nrt 40/8M-40 Multicore	Bühnenkabel	1	1.149,00	1.149,00	965,55
pro duck nrt 24/8M-40 Multicore	Bühnenkabel	1	669,00	669,00	562,18
CSS FDS 366 T Omnidrive	Boxencontroller	2	2.990,00	5.980,00	5.025,21
Highmoon Delta 14.4	Verstärker	3	7.000,00	21.000,00	17.647,06
CSS FCS 960	Liveeffekte	2	1.375,00	2.750,00	2.310,92
Right ULX/Gitarrenset/R4	Mikrofone	4	1.098,00	4.392,00	3.690,76
Right ULX P4/Beta 87A SET/R4	Mikrofone	3	1.219,00	3.657,00	3.073,11
Audio DP7 Drumkoffer	Mikrofone	1	1.279,00	1.279,00	1.074,79
Mott Speedi Vario Stage 40–60 cm	Bühnenpodest	2	1.349,00	2.698,00	2.267,23
Sannhauser EW 300 IEM G2/D-Band	Bühnenmonitor	8	598,00	4.784,00	4.020,17
TC Electronic Digital Broadcast Delay	Liveeffekte	1	2.150,00	2.150,00	1.806,72
CSS DPR 402	Liveeffekte	2	1.298,00	2.596,00	2.181,51
View DTC Dual Tube Channel	Liveeffekte	1	2.199,00	2.199,00	1.847,90
The Box FOH Effekte	Kisten	1	700,00	700,00	588,24
The Box Sendeeinheiten	Kisten	4	1.000,00	2.000,00	1.680,67
Meyerpower DT-297-PV/80	Bühnenfunk	2	219,00	438,00	368,07
DINA DN-D4500	CD-Player	1	649,00	649,00	545,38
Boxensystem PG Audit	Boxen	1	25.000,00	25.000,00	21.008,40
world truss Traverse	Alu-Arbeitsbühne	1	5.500,00	5.500,00	4.621,85
Look Viper 2,6 Nebelmaschine	Nebeleffekt	1	1.050,00	1.050,00	882,35
KL-Lighting Licon CX Tourpack	Lichtmischpult	1	3.599,00	3.599,00	3.024,37
Light Moving Head 200RGY	Laserlicht	2	1.699,00	3.398,00	2.855,46
KL-Lighting KLLED A4	bewegl. Lampen	8	2.175,00	17.400,00	14.621,85
Pro Line DMX Kabeltrommel 50M 3 POL	Lichtkabel	10	149,00	1.490,00	1.252,10
The Box Material	Kisten	1	4.500,00	4.500,00	3.781,51
Kabelmaterial		1	4.000,00	4.000,00	3.361,34
Kof 65 CF 250 AS-Tronic		1	76.000,00	76.000,00	63.865,55
Gesamtkosten Livetechnik				**238.216,00**	**200.181,51**

Gesamtinvestitionen in €		
Studio (Aufnahme und Regieraum)	113.984,00	95.784,88
Livetechnik	238.216,00	200.181.51
transportable Bühne inkl. Konstruktionshandbuch, Arbeitskosten und Materialkosten	150.000,00	126.050,42
Transportfahrzeug	100.000,00	84.033,61
Summe	**602.200,00**	**506.050,42**

Glossar

- **Anschaffungskosten** sind nach Handelsgesetzbuch (HGB) die Aufwendungen, die geleistet werden, um einen Vermögensgegenstand zu erwerben und ihn in einen betriebsbereiten Zustand zu versetzen. Dazu zählen der Anschaffungspreis abzüglich der Anschaffungskostenminderungen (z. B. Rabatte) sowie die Anschaffungsnebenkosten (Bezugskosten, z. B. Transportkosten, Verpackungskosten). Die **durchschnittlichen Anschaffungskosten** ergeben sich durch Division der Gesamtwerte durch die Gesamtmenge.

- **Bankguthaben:** positive Bankguthaben bei Kreditinstituten.

- **Betriebs- und Geschäftsausstattung (BGA):** alle Ausstattungsgegenstände der Verwaltung und der Büros wie zum Beispiel Mobiliar, EDV-Anlagen.

- **Betriebsmittel** umfassen die technischen Einrichtungen, die das Unternehmen benötigt, um den Leistungsprozess aufrechtzuerhalten. Sie werden in der Buchführung als Anlagevermögen bezeichnet und stehen dem Unternehmen mittel-/langfristig zur Verfügung.

- **Betriebsstoffe** werden für die Produktion benötigt und verbraucht (z. B. Schmierstoffe). Sie dienen der Aufrechterhaltung der Leistungsprozesse sowie der Energieversorgung, gehen aber nicht direkt in das Endprodukt ein.

- **Bilanz:** Gegenüberstellung von Vermögen (Geldmittelverwendung) und Kapital (Geldmittelherkunft).

- **Bilanzpositionen** ist der Sammelbegriff für alle in einer Bilanz dargestellten Aktiv- und Passivposten. Die gängigsten Posten dabei sind: → Grundstücke, → Gebäude, → Technische Anlagen und Maschinen, → Fuhrpark, → Betriebs- und Geschäftsausstattung (BGA), → Vorräte, → Forderungen, → Bankguthaben, → Kassenbestand, → Rechnungsabgrenzungsposten, → Eigenkapital, → Rückstellungen, → Verbindlichkeiten.

- **Debitor** ist der Kunde, für den in der Finanzbuchhaltung ein Konto erfasst ist. Ausgangsrechnungen werden auf dem Debitorenkonto im Soll gebucht. Die Salden aller Debitoren werden auf dem Konto → Forderungen zusammengefasst.

- **Disagio** (Abgeld) ist der Betrag, der bei Auszahlung der Hypothek vom Kreditgeber einbehalten wird. Er wird zunächst aktiviert und mit der Laufzeit der Hypothek abgeschrieben.

- **Eigenkapital** ist das Kapital, das von den Eigentümern bereitgestellt wird und dem Unternehmen unbefristet zur Verfügung steht.

- **Fifo-Methode** (fifo = first in, first out) ist ein Bewertungsverfahren. Es geht davon aus, dass die Güter, die zuerst bezogen wurden, auch zuerst verbraucht wurden, sodass die Bewertung nach den Anschaffungs- bzw. Herstellungskosten der zuletzt gekauften Güter erfolgt. Im Rahmen der steuerrechtlichen Bewertung ist das Fifo-Verfahren nicht erlaubt, hier ist allein die → Lifo-Methode zulässig.

- **Forderungen** sind offene Rechnungen von Kunden, die diese noch bezahlen müssen.

- **Fremdbauteile** (bezogene Fertigteile) werden dazugekauft (z. B. Gitarrensaiten). Sie gehen zwar wie die Roh- und Hilfsstoffe in das Produkt ein, werden aber nicht be- oder verarbeitet, sondern in unveränderter Form eingebaut bzw. eingearbeitet.

- **Fristigkeit** gibt an, innerhalb welcher Zeiträume die Schulden zurückgezahlt werden müssen. Langfristige Schulden haben in der Regel eine Laufzeit von mehr als zwei Jahren, kurzfristige Schulden sind dagegen innerhalb weniger Tage oder Wochen fällig.

▸ **Fuhrpark:** Fahrzeuge, in der Regel solche, die für den Straßenverkehr zugelassen sind.

▸ **Gebäude:** Lagerhallen, Verwaltungsgebäude, Produktionshallen.

▸ **Grundbuch:** Das Grundbuch (Journal) ist wie das → Hauptbuch Teil der „Handelsbücher", die jeder Kaufmann führen muss. Im Grundbuch werden die Buchungen in zeitlicher (chronologischer) Reihenfolge erfasst mit folgenden Angaben: Belegdatum, Belegnummer, Soll-Konto und Haben-Konto jeweils mit dem Euro-Betrag sowie Buchungstext.

▸ **Grundstücke:** unbebaute und bebaute Flächen. Für bebaute Flächen müssen in der Finanzbuchhaltung getrennte Konten für das Grundstück und für das Gebäude geführt werden. Grund sind die unterschiedlichen Abschreibungen.

▸ **Gutschrift:** Der Begriff „Gutschrift" ist seit 2013 zwingend vorgeschrieben für Abrechnungen des Leistungsempfängers, also des Auftraggebers, jedoch nicht mehr für Belege, die vom Leistungsersteller geschrieben werden (vgl. → Rechnungskorrektur). Geschäftsvorfälle, die die Abrechnungen des Leistungsempfängers betreffen, spielen im klassischen Rechnungswesen keine Rolle und sind aus diesem Grund in dem vorliegenden Band nicht vorgesehen.

▸ **Handelswaren** ergänzen das Sortiment eines Industrie- oder Handwerksbetriebs. Waren werden nicht bearbeitet, sondern gekauft, gelagert und verkauft.

▸ **Hauptbuch:** Das Hauptbuch ist wie das → Grundbuch Teil der „Handelsbücher", die jeder Kaufmann führen muss. Im Hauptbuch werden die Geschäftsvorfälle in sachlicher Ordnung auf Sachkonten erfasst. Es umfasst die Gesamtheit aller Konten des betrieblichen Kontenplans.

▸ **Hilfsstoffe** sind Nebenbestandteile der Fertigerzeugnisse, die in vielen Fällen das Endprodukt „zusammenhalten" und in das Produkt eingehen (z. B. Schrauben).

▸ **Kassenbestand:** Bargeld.

▸ **Kreditor** ist der Lieferant, für den in der Finanzbuchhaltung ein Konto erfasst ist. Eingangsrechnungen werden auf dem Kreditorenkonto im Haben gebucht. Die Salden aller Kreditoren werden auf dem Konto → Verbindlichkeiten zusammengefasst.

▸ **Lifo-Methode** (lifo = last in, first out) ist ein Bewertungsverfahren von betrieblichen Vorräten (z. B. Roh-, Hilfs- und Betriebsstoffen), die zu unterschiedlichen Einkaufspreisen bezogen wurden. Das Lifo-Verfahren geht davon aus, dass die zuletzt gekauften Güter (last in) zuerst verbraucht werden (first out). Die noch verbleibenden Lagervorräte werden nach den Preisen der zuerst angeschafften Güter bewertet. Im Unterschied zur → Fifo-Methode ist die Bewertung nach der Lifo-Methode sowohl handelsrechtlich als auch steuerrechtlich zulässig.

▸ **Liquidität** (= Flüssigkeit) bezeichnet die Zahlungsfähigkeit eines Unternehmens. Zu den liquiden Mitteln zählen Kassenbestand, Bankguthaben und Schecks, im weiteren Sinne auch Wechsel und Forderungen sowie leicht veräußerbare Vermögensgegenstände. Die Sicherung der Liquidität ist Aufgabe der betrieblichen Finanzierung. Liquiditätsgrade sind Kennzahlen der Bilanzanalyse zur Beurteilung der Liquidität eines Unternehmens. Es werden drei verschiedene Liquiditätsgrade unterschieden: Liquidität I (Barliquidität), II und III.

▸ **Materialien** umfassen → Werkstoffe und → Handelswaren. Sie gehören zusammen mit den fertigen und unfertigen Erzeugnissen zu den → Vorräten. Die Materialaufwendungen erscheinen in der Gewinn- und Verlustrechnung, die Materialbestände werden in der Bilanz aufgeführt.

- **Rechnungsabgrenzungsposten:** Damit sind Vorgänge gemeint, die bereits im laufenden Geschäftsjahr als Ausgaben oder Einnahmen getätigt wurden, jedoch für das folgende Geschäftsjahr vorgesehen sind (z. B. Versicherungsbeiträge, Kfz-Steuer, Mietzahlungen).

- **Rechnungskorrektur:** Mit diesem Begriff werden Belege für Rücksendungen und Preisnachlässe, die vom Leistungsersteller angefertigt werden, bezeichnet. Der für diese Belege bis 2013 übliche Begriff „Gutschrift" darf nach dem „Amtshilferichtlinie-Umsetzungsgesetz" vom 29.06.2013 für diese Art Belege nicht mehr verwendet werden. (Vgl. → Gutschrift.)

- **Rohstoffe** bilden den Hauptbestandteil der Fertigerzeugnisse und bestimmen somit deren Eigenschaften sowie Funktions- und Belastungsmöglichkeiten. Sie gehen unmittelbar in das Produkt ein (z. B. Holz).

- **Rückstellungen** sind Zahlungsverpflichtungen eines Unternehmens – ähnlich wie die → Verbindlichkeiten. Sie sind jedoch hinsichtlich der Höhe und/oder des Zeitpunkts noch nicht genau bestimmt (z. B. Rückstellungen für Pensionen oder Steuerzahlungen).

- **Technische Anlagen und Maschinen:** alle Maschinen der Produktion, Transportbänder, Gabelstapler u. a.

- **Verbindlichkeiten** sind Schulden, die das Unternehmen bei anderen hat (z. B. Kreditschulden bei einer Bank, Steuerschulden beim Finanzamt, noch nicht bezahlte Rechnungen bei Lieferanten). Verbindlichkeiten sind hinsichtlich der Höhe und des Zeitpunkts genau bestimmt.

- **Vorräte** umfassen → Rohstoffe, → Hilfsstoffe, → Betriebsstoffe, fertige und unfertige Erzeugnisse, → Handelswaren.

- **Werkstoffe** umfassen → Rohstoffe (= Hauptbestandteile der fertigen Erzeugnisse), → Hilfsstoffe (= Nebenbestandteile der fertigen Erzeugnisse) und → Betriebsstoffe (= Stoffe zur Aufrechterhaltung der Produktion, Energie) sowie die Vorprodukte/→ Fremdbauteile (= fremdbezogene Ein-/Anbauteile). Werkstoffe gehören zum Umlaufvermögen des Unternehmens.

Sachwortverzeichnis

A

B

C

D

E

F

G

H

I

J

K

L

M

Z